韓国ジャーナリズムと言論民主化運動

『ハンギョレ新聞』をめぐる歴史社会学

森 類臣

日本経済評論社

目次

凡例

1. 韓国の人名・地名については、原則として漢字表記とした。漢字表記は、日本語における常用漢字を使用し、初出に限ってルビをふることを基本方針とした。漢字が不明な場合はカタカナ表記とし、〔 〕内にハングルを記した。
2. 典拠については、基本的に本文に［筆者 発行年：頁数］と示し、本書末尾の主要参考文献で正式タイトル等を示した。同年に発表されたものについては、参考文献に挙げた順番に発行年の後ろにａ、ｂをつけて区分した。（例えば［筆者 発行年ａ：頁数］）。ただし、新聞記事や一部雑誌記事、本書末の引用・参考文献一覧において一次資料として扱っている文献資料については、脚注に書誌情報を記した。
3. 聞き取り調査録の引用において、文意が通りにくいと本書筆者が判断した場合は、本書筆者の責任において〔 〕を使って意味を補った。また、一次資料を引用する場合についても、本書筆者の責任において日本語訳に〔 〕を使って意味を補った。
4. 本書に登場する人物の肩書については、特に断りのない限り現時点（二〇一九年三月）のものである。
5. 図表について、出所のないものについては、本書筆者が作成した。
6. 韓国語文献の引用については、本書筆者が日本語訳を行った。特に断りがない限り同様とする。

序論　韓国ジャーナリズム研究の視角

1　問いの設定

(1)　本書の課題と分析の視角

『ハンギョレ新聞《シンムン》』(1)は、一九八八年五月一五日に創刊され、二〇一八年で創刊三〇周年を迎えた。この新聞に着目し、その創刊過程と理念、報道・論評活動を分析することを通して、韓国ジャーナリズム（言論）(2)と民主化運動に関するダイナミズムの一端を解明すること――これが本書の目的である。

韓国言論史研究では、『ハンギョレ新聞』を韓国民主化運動の重要な結果の一つと捉える学説がある。(3)そうであれば、同紙の成り立ちと現状を分析することは、韓国ジャーナリズムと民主化運動の関係性を明らかにすることに資す。なぜ、どのような過程を経て同紙が民主化運動の重要な位置を占めることになったか、そしてその結果どのような影響を韓国社会に与えた／与え続けているのか、という問いを立て再検討をすることは、韓国の現代史・市民社会・言論史などの研究分野に深く関わることである。

また、この新聞の成立は、右記に述べたような韓国・朝鮮研究（korean studies）的な視角のみならず、ジャーナリズム研究の考察対象として非常に興味深い。その主たる理由は、『ハンギョレ新聞』が一般的なマスメディアとは非常に異なる創刊過程を経たこと、当時の韓国ではきわめて珍しく権力監視報道を徹底することができたことなどにある。どのような点が他のマスメディアの創刊過程と異なっていたのか、そして、なぜ同紙は権力監視報道を持続させることができたのか――この問いはジャーナリズム研究において重要である。(4)

このような問いに答えるためには、韓国現代史に即した言論史的なアプローチによって言論民主化運動の流れを整理することが必要であると同時に、ジャーナリズムの社会的機能という視点から『ハンギョレ新聞』を分析することが重要である。

したがって、本書では次のような章立てとした。

第1章では、李承晩政権時代からの韓国言論史を概観し、ジャーナリズムと政治の関係を象徴する代表的な事象を取り上げ検討する。

第2章では、ジャーナリズム論および社会運動論の観点から、『ハンギョレ新聞』創刊と言論民主化運動の関係性について考察する。

第3章では、「民主言論」「民衆言論」「民族言論」など『ハンギョレ新聞』の理念を、韓国社会における社会思想やジャーナリズムの規範理論を援用して検討する。

第4章では、『ハンギョレ新聞』が創刊後に推進した言論民主化について、象徴的な事象を選択し、事例研究を通して検討する。

第5章では、金大中《キムデジュン》政権期以降から李明博《イミョンバク》政権期までの『ハンギョレ新聞』について、特徴的なトピックを分析することで、韓国言論界における同紙の位置と課題について考察する。なお、第5章には「時代性」の視点を導入する。すなわち、インターネット時代のマスメディア論(5)を踏まえつつ、オルタナティブメディア(以下、代案言論とする)論および市民ジャーナリズム論から同紙のあり方を考察する。方法論として、参与観察も援用した。

(2)『ハンギョレ新聞』概観

さて、ここで本書の研究対象である『ハンギョレ新聞』を概観したい。

『ハンギョレ新聞』は二〇一九年現在、『朝鮮日報』『東亜日報』『中央日報』『京郷新聞』『韓国日報』などと並んで韓国を代表する全国日刊紙の一つである。創刊は一九八八年五月一五日であるから、日本による朝鮮半島の強制占領期（植民地期朝鮮）に創刊された『朝鮮日報《チョソンイルボ》』（一九二〇年三月五日）や『東亜日報《トンアイルボ》』（一九二〇年四月一日）、解放後に創刊された『京郷新聞《キョンヒャンシンムン》』（一九四六年一〇月六日）と比べて歴史ははるかに短い。(6) つまり、他の新聞社と比較すると、ハンギョレ新聞社は二〇一八年九月現在、創刊から三〇年余りを経過したばかりの比較的若い新聞社と言える。しかし、『ハンギョレ新聞』は創刊当初から全国日刊紙として登場し、現在ではソウルなど都市部を中心に広く読まれてきた。募金同然の株を市民に購入してもらい創刊するという「国民株方式」は、当時、ハンギョレ新聞社にしか見られなかった方法である。(7) それは独創的な方式であり、『ハンギョレ新聞』創刊の大きな特徴の一つといえよう。同紙創刊の「国民株方式」の独特な性格は、他国の経験と比べるとわかりやすいかもしれない。例えば英国のクオリティーペーパーとして知られる『ザ・インディペンデント（The Independent）』と比較してみよう。『ハンギョレ新聞』と『ザ・インディペンデント』は同時期に短期間で創刊され創刊規模も似ていたという共通点があるものの、『ザ・インディペンデント』が少人数の有志によってベンチャーキャピタルを基本に創刊されたのに対し、『ハンギョレ新聞』は本書で述べるとおり「言論民主化運動」という社会運動の一つの帰結として創刊された。これは大きな違いである。同紙は激動の韓国現代史を背負って創刊されたといっても過言ではない。したがって、韓国現代史への理解なしには創刊過程を正確に捉えることができない。このような認識に基づいて、いわば同紙の創刊前史について、第1章と第2章で論じた。

次に、発行部数について述べよう。二〇一八年一二月七日に韓国ＡＢＣ協会は「二〇一八年度日刊新聞発行有料部数」(8) を発表したが、発表時の詳細な資料である「二〇一八年度（二〇一七年分）日刊新聞一六四社認定部数」【表

表序－1　韓国日刊紙新聞発行部数（2017年）

順位	媒体名	発行部数	有料部数
1	朝鮮日報	1,458,614	1,238,548
2	東亜日報	959,260	736,546
3	中央日報	970,968	726,390
4	毎日経済	707,292	551,234
5	農民新聞	381,144	373,868
6	韓国経済	530,075	357,526
7	ハンギョレ新聞	232,025	200,223
8	文化日報	184,303	169,911
9	京郷新聞	192,237	165,618
10	韓国日報	219,644	165,240
11	国民日報	185,879	138,445
12	スポーツ東亜	151,985	119,044
13	ソウル新聞	165,617	116,843
14	釜山日報	143,084	113,703
15	スポーツ朝鮮	135,275	107,339

出所：한국 ABC 협회 '2018 년도（2017 년분）일간 신문 164 개사 인증부수'〔韓国 ABC 協会「2018 年度（2017 年分）日刊新聞 164 社認定部数」〕を参考に筆者が作成。

序－1】によると、二〇一七年の『ハンギョレ新聞』の発行部数は二三万二〇二五部であり、そのうち有料部数は二〇万二二三部であった。これは、日刊紙一六四紙（経済紙、スポーツ紙、地方紙、業界紙を含む）中第七位である(9)。

『朝鮮日報』『東亜日報』『中央日報』の三紙とは発行部数・有料部数とも大きく離されているものの、『毎日経済』『韓国経済』の経済紙二紙と『農民新聞』という業界紙を除けば、『ハンギョレ新聞』は全国日刊紙で四番目であり、影響力をある程度の大きさで保持しているといえよう。

第三に論調である。『ハンギョレ新聞』は創刊から現在に至るまで、韓国ジャーナリズム界における「進歩（革新）(10)」陣営を代表する存在であり、その論調は韓国社会に大きな影響を与えてきた。ここで、論調の基底にある同紙の理念と報道姿勢についても言及しておこう。詳細は第3章以降で検討することになるので、ここでは簡単な紹介に留めたい。

まず『ハンギョレ新聞』という名称である。「ハンギョレ（한겨레）」とは「ひとつの民族（同胞）」という意味であり、その名前が示すように表面的には「民族主義(11)」的傾向が強い新聞と捉えることができる。ただし、その「民族主義」を理解するのには注意が必要である。歴史家の韓洪九《ハンホング》(12)が「一九八八年に『ハンギョレ新聞』が初めて創刊されたとき、分断された祖国の南側で暮らしてきたわれわれは、そして六月抗争の血と汗が地域感情に吸い取られるのを見たわれわれは、『ハンギョレ新聞』というタイトルをよくぞ名づけたと思った」〔韓洪九 2003：68-69〕と述べているよ

うに、『ハンギョレ新聞』に込められた意味は、狭義のナショナリズムではなく、朝鮮半島の南北分断体制を克服するための民族主義と表現した方が適切である。この点については第3章で詳しく論じる。

実際に『ハンギョレ新聞』は、「権力と資本からの独立」を掲げて「報道・言論・表現の自由」を勝ち取ることを創刊の精神とし、南北朝鮮の和解と分断体制の克服を目指した。同紙が創刊号一面に掲載した写真が創刊の精神を象徴的に表している。それは、南北および海外にまたがる朝鮮民族発祥の地とされている白頭山頂上の全景写真であった[13]。同紙の創刊は一九八八年五月一五日である。この時代は、まだ軍を基盤とした権威主義体制の雰囲気が強く残っていた時代である。一九八七年六月二九日に盧泰愚《ノテウ》政権によって「民主化」が宣言され一定の手続き的民主主義が保障されるのと同時に軍を基盤とした権威主義体制は終わりを告げたが、「反共産主義」を国是とする権威主義体制のなごりは社会に強固に残っていた。その最たるものの一つが国家保安法であり[14]、この国家保安法の脅威が非常に大きかった時代に、朝鮮民主主義人民共和国を連想させる「白頭山」を創刊号の一面トップに載せたことは、同紙の志向性を端的に表していた[15]。

現在でも『ハンギョレ新聞』は進歩的な論調を展開する報道機関であると韓国の市民からは認識されている。二〇〇〇年代初めには『オーマイニュース』や『プレシアン（Pressian）』[16]、二〇一〇年代には『国民TV』『ニュース打破』など、影響力のある進歩的な論調のインターネットメディアが誕生したが、同紙は既存マスメディアであるにもかかわらず、その論調ゆえにこれら進歩的論調の新興インターネット新聞らと同列に論じられることが多い。例えば、『プレシアン』創刊メンバーで代表取締役社長を務める朴仁奎《パクインギュ》は、「『ハンギョレ新聞』と協力関係はあるか」という本書筆者の質問に対して「『ハンギョレ新聞』と読者は相当重なる。いわゆる精神的な協力関係がある。時々、広告交換や事業交換をする。事業を一緒に行うというより、読者キャンペーンなどを一緒に行う」と答えている[17]。

また、第5章第3節で詳述するが、『ハンギョレ新聞』と同じように紙媒体を主としてきた『京郷新聞』は、近年急激に進歩的論調の傾向を強め、二〇〇八年のキャンドルデモではデモに参加した市民から大きな支持を得た。

このように、進歩的論調を路線とする報道機関が多数登場するようになった近年では、『ハンギョレ新聞』の存在意義が相対的に弱まってきたのではないかと見ることもある意味では可能であろう。

第四に、『ハンギョレ新聞』は、一九八八年の創刊当時、既存のマスメディア（企業メディア）[18]とは一線を画す、一種の「代案言論（オルタナティブメディア）」であったとも指摘できよう。一九九〇年代末以降は主にインターネット上で、既存マスメディアに対抗する代案言論の勃興が大きな流れとなった。二〇〇〇年二月に創刊された独立系インターネット新聞『オーマイニュース（OhmyNews）』が影響力のある代案言論として有名である。しかし、インターネットがなかった一九八〇年代末当時は、既存マスメディアに対抗する代案言論ジャーナリズムは、『ハンギョレ新聞』が唯一であったといえる。二〇〇〇年代からはインターネット空間の広がりによって、前述した『オーマイニュース』『プレシアン』『国民ＴＶ』『ニュース打破』が代案言論としての存在感を強め、さらに様々なメディアがインターネット空間上に誕生した。なお、インターネット新聞と『ハンギョレ新聞』の関係性については第5章で取り上げる。

第五に、ハンギョレ新聞社の経営基盤について言及しておきたい。第2章で詳述するように、『ハンギョレ新聞』は、国民株方式を通して民衆の力で創刊され運営されてきた新聞である。この国民株方式は、韓国の民衆が主体となって募金に近い形で、創刊・運営のための株を購入するという制度であり、言論史上類を見ない制度であるといっても過言ではない。国民株方式というときの「国民」であるが、これは国籍上の韓国国民に限るといった厳密な意味ではなく、「民衆」や「市民」という使用法に近い。同紙の創刊に賛同する人ならば基本的に誰でも参加できると言える。

国民株は、少数の大株主が存在しえない制度であり、創刊準備段階では法人による株購入も認めていなかったため、他の新聞社では構造化されていた社主の強力な主導や圧力から原則的に自由である。発刊時は約二万七〇〇〇人が株主となり、二〇一八年三月時点では六万九五〇九人が株主である。[19]

第六に、『ハンギョレ新聞』を創刊した中心人物たちについて確認しておきたい。前述のように、同紙は韓国の民衆が作り支えた新聞であると言えるが、創刊構想は朴正熙《パクチョンヒ》政権・全斗煥《チョンドファン》政権時代に主要新聞社（主に『朝鮮日報』『東亜日報』）から不当解雇された記者たちが中心となって準備した。報道の現場で、民主化運動を展開した結果、政権および所属新聞社から弾圧を受けて辞めざるを得なかった記者たちは、「言論の自由」を実践できる新聞社を作ることを決意し、実行に移した。不当解雇された記者たちが、言論の民主化を叫んで立ち上がらなかったら同紙はこの世に生まれなかったと言っても過言ではない。この点については、第1章および第2章で詳述する。

冒頭でも述べたように、『ハンギョレ新聞』は二〇一八年五月一五日で創刊三〇周年を迎えた。一九八八年の創刊当時には、組織・理念・論調とも進歩的だった同紙は、金大中政権・盧武鉉《ノムヒョン》政権と二代続いて、自らの主張と近い政権が成立した韓国社会で、ジャーナリズムとしての真価が問われた。両政権期において、代案言論から韓国を代表する主流マスメディアとして認定を受けた同紙は、「政権党に近い新聞」との批判も多々受けた。政権とジャーナリズムの関係性は、民主主義社会において常に問われることであり、それは同紙に限ったことではない。韓国の政治社会的文脈に則して考えれば、『朝鮮日報』『東亜日報』『中央日報』の三紙が「保守」論調を堅持して未だに大きな影響力を保持している現在、韓国における保守と進歩のバランスはまだまだ不均衡であり、そのような意味で進歩的論調のマスメディア（以下、進歩言論とする）としての同紙の存在意義は大きい。しかし、一方で、保守と進歩という二極構造のイデオロギー論争に埋没していくのではなく、ジャーナリズムとしてどのようにアイデンティティを探求していくのかということが同紙の課題の一つであるともいえる。

2　先行研究の検討

前節では、本書における目的、背景、研究を進めるための接近方法、『ハンギョレ新聞』の概観と特徴について述べた。本節では、言論民主化運動・ジャーナリズム・『ハンギョレ新聞』をめぐる先行研究を検討し、その達成点を明確にした上で、本書の果たすべき学術的貢献と意義についてより明確にしたい。

朝鮮半島は一九四五年八月一五日に日本による植民地支配から解放された。しかし、その後、冷戦および民族内部における極度のイデオロギー対立の結果、南北が分断され現在に至っている。[20] 一九四八年八月一五日に、朝鮮半島の南部に「大韓民国（Republic of Korea）」が成立し、続く九月九日には北部に「朝鮮民主主義人民共和国（Democratic Peoples Republic of Korea）」が成立した。一九五〇年から一九五三年の朝鮮戦争を経て分断体制は決定的となり、二〇一八年八月現在、休戦状態となっている。南では、分断体制成立後は反共イデオロギーを国是とした権威主義体制および軍事独裁政権・開発独裁が続いた。一方で、そのような軍事独裁体制を打破しようとした勢力によって民主化闘争が繰り広げられた。そして一九八七年六月に行われた「六月民主抗争」（全国一斉の大規模デモ）とその結果である「民主化宣言」によって一定程度の政治的な民主化がなされた。当時民主正義党代表だった盧泰愚が一九八七年六月二九日に行った「民主化宣言」の内容は、①与野党の合議下において改憲によって速やかに大統領直接選挙制を敷き、一九八八年二月に平和的に政府を委譲すること、②大統領選挙法を改定し、公明正大な選挙管理を行うこと、[21] ③金大中の赦免および復権、政治犯の釈放、④基本的人権の最大限の伸張（拘束適否審の拡大、大韓弁護士会との会合を通して人権侵害の是正と制度的改善を行うこと）、⑤言論基本法の改善または廃止、[22] ⑥社会各部門における自治と自立の保障（地方議会の構成、大学の自立化、教育の自治）、⑦政党の健全な活動の保障、⑧社会浄化措置（暴力団の取り締まりなど）であった。[23]

その後、韓国では「民主化」という社会的経験を学問的に整理し解明する試みが不断に行われた。著名な研究者がこの課題に挑み、政治学・法学・経済学・社会学・歴史学・文学など、社会科学と人文学の両側面から研究が行われてきた。さらには二〇〇一年に、民主化記念事業会法に基づいて行政安全省傘下に民主化記念事業会が組織され、同会は研究、資料収集・整理・編集、教育などの事業を推進した。

もちろん、民主化運動を研究する過程において、ジャーナリズムと民主化の連関性についても論壇や学界で少なからず追究されてきた。しかし、本書の中心課題である『ハンギョレ新聞』の創刊過程や実態に焦点を当てた研究は多くない。

このような実情を踏まえた上で、『ハンギョレ新聞』に対してどのような学術的な関心のもとに、いかなる分析が行われてきたのかについて以下で辿ってみる。

(1) ジャーナリズム研究と『ハンギョレ新聞』分析

・ジャーナリズムの原則と『ハンギョレ新聞』

ジャーナリズムには社会的規範、つまり「原則」が存在するということは、ジャーナリズム研究において主張されてきた。マクネア（B. McNair）は「報道メディアは番犬であり、報道メディアは全体として『第四権力』を構成している。それは他の権力領域の活動を吟味し監視する、政治的・文化的権力から独立した制度的資源である」として、これを「競争パラダイム（規範的アプローチ）」と名付けた［マクネア 1998＝2006：41］。また、コヴァッチ（B. Kovach）とローゼンスティール（T. Rosenstiel）は、ジャーナリズムの原則を九つにまとめあげ、この原則を実践することがジャーナリズムの機能・責務であると述べた［コヴァッチ＆ローゼンスティール 2001＝2002：6-7］。コヴァッチ＆ローゼンスティールが指摘しているジャーナリズムの九つの原則とは次のようである。

① ジャーナリズムの第一の責務は真実である。
② ジャーナリズムは第一に市民に忠実であるべきである。
③ ジャーナリズムの真髄は検証の規律である。
④ ジャーナリズムに従事する者はその対象からの独立を維持しなければならない。
⑤ ジャーナリズムは独立した権力監視役として機能すべきである。
⑥ ジャーナリズムは大衆の批判および譲歩を討論する公開の場を提供しなければならない。

⑦　ジャーナリズムは重大なことをおもしろく関連性のあるものとするよう努力しなければならない。
⑧　ジャーナリズムはニュースの包括性および均衡を保たなくてはならない。
⑨　ジャーナリズムに従事する者は自らの良心を実践することを許されるべきである。

『ハンギョレ新聞』は創刊後、政治権力および資本の隷属者とはならないことを宣言し、弱者・被抑圧者の視点から報道を続け、権力監視に徹することを宣言し、実際にそのような報道姿勢を保とうとした。リベラルデモクラシー(liberal democracy, 自由民主主義もしくは自由民主制）の社会におけるジャーナリズムの役割という視角から検討すると、同紙の理念は前出のマクネア［1998］やコヴァッチ&ローゼンスティール［2001=2002］で言及されたジャーナリズムの原則と通じるものがある。したがって、同紙の報道姿勢はこれまで追求されてきたジャーナリズムの原則や規範に一石を投じるような論争的な性質のものではない。しかし、民主化宣言以降も権威主義体制が続いていた当時の韓国においては、同紙の報道姿勢は稀有なものであったこともまた事実である。同紙を長年研究してきたメディア研究者の韓東燮《ハンドンソプ》(24)は次のように『ハンギョレ新聞』の特異性を強調している。

創刊当時、ハンギョレ新聞は非常に無謀な実験のように見えた。この新聞は、進歩的かつ独立的言論を志向しながらも、大規模言論としての発展を企図した。資本主義のメディア環境でこのような目標が両立することは極めて難しい。他の国の場合、大規模な進歩言論は創刊さえ難しく、仮に創刊したとしても一年か二年続けるのがやっとだった。［韓東燮 2000：3］。

『ハンギョレ新聞』は、「一年か二年」どころか、二〇一八年五月で三〇年継続した。創刊時から参画し、第一五代編集局長を務めた権台仙《クォンテソン》は、筆者のインタビュー調査に対して「ハンギョレ新聞がここまで続けられたことが奇跡のようなものだ」と率直に心情を明かした[25]。

『ハンギョレ新聞』は創刊当初から「タブーなき言論」を志向した。業界のタブーであった他マスメディアの動向監視と批判を堂々と展開し、マスメディアと政権の癒着を暴露し続けた。また、記者クラブの構造にメスを入れ、紙面を通して徹底的な批判キャンペーンを張っただけでなく、韓国大統領官邸（青瓦台）記者クラブを相手取ってアクセス権をめぐる闘争を展開した[26]。また、人権侵害事件を数多く報道し、韓国中央情報部が関係した事件をも報道した[27]。さらに、国家保安法が存在する韓国で、朝鮮民主主義人民共和国をむやみに敵視せずに、南北の融和と統一に寄与するジャーナリズムを志向した。その結果、同紙は何度も政治権力による弾圧の対象となった。

・ジャーナリズム史上類例を見ない創刊過程

『ハンギョレ新聞』は計画立案から約一年で組織面・資金面・インフラ面（社屋や輪転機など）などすべての準備を整えて創刊した。しかも、少部数から始めて次第に部数を伸ばしたのではなく、創刊当初から五〇万部を発行し、全国総合日刊紙として出発した。

新聞社を創設して新聞を創刊するという作業は、非常に大規模な資本（資金・人材・インフラ）が必要であるが、そのような資本がほとんどない状態から一年で全国総合日刊紙を発刊する新聞社を創設したことは世界的にも類例を探すのが難しく、その意味ではジャーナリズム研究における実に興味深い研究対象である。

さらに、ハンギョレ新聞社は既存マスメディアとは一戦を画す試みをし続けた。特定の社主ではない民衆の有志が株主となった国民株主方式、それまでタブーであった他メディアの監視・批判を行う「世論媒体部」の設置、記者クラブと権力の癒着を暴露したこと、後の市民参加型ジャーナリズムに連なる発想の実践（「国民記者席」）などが、ジャーナリズム研究において特に注目に値する。代表取締役候補や編集局長を従業員による選挙で選出するなど、社内民主主義の実践にも取り組んだ。なぜ同紙がこのような果敢かつ実験的な姿勢を維持できたのかを探求することは、本書執筆の動機でもある。

・日本における『ハンギョレ新聞』への関心

日本においては、一九九〇年代序盤から、学術研究の対象というよりも一部のジャーナリストやマスメディア従事者の中で『ハンギョレ新聞』の報道姿勢とそれを維持し得る構造への関心が高まったことがある。日本における代案言論、つまり既存の大手新聞や放送局ではない新しいマスメディアを創出するためのヒントを、韓国の『ハンギョレ新聞』から得ようとしたのである。例えば、ジャーナリストの本多勝一は同紙をモデルに新聞創刊を計画したことがある。(28)

本多の新聞創刊宣言は、『朝日ジャーナル』終刊号（一九九二年五月二九日号）で発表された。そこで本多は一九項目に及ぶ新・新聞創刊案を示しているが、その内容を確認すると『ハンギョレ新聞』を念頭に置いていたことは明らかである。本多は宣言の中で次のように書いている。

> 外国で最近創刊されて成功した例に、イギリスの『ザ＝インデペンデント』紙や韓国の『ハンギョレ』紙などがある。どちらもジャーナリストとしての高い志が動機となっているが、『ハンギョレ』の方が「一切のタブーを排する」点で理想に近い。なぜなら『ハンギョレ』は、全読者を株主とするところからスタートしているからである。資金の主要出所が読者なので、外部勢力（企業や政党や圧力団体等）に対して顧慮する必要がない。(29)

特に次の部分については、本多は明らかにハンギョレ新聞社創立の重要要素だった国民株方式から影響を受けている。

経営の独立堅持のため一種の会員制とし、創刊時の全読者に株主になっていただく。一株五万円（商法第一六六条ノ二による）とし、創刊時読者（株主）は半年間の購読料を無料に。読者（株主）数を五万人確保できた時点で創刊開始とする。影響力をもつメディアとしての安定部数の目標は三〇万部。一定限度内で多数の株を一人が持つことも可能なので、五万人は五万部に相当するが、株数はもっと多くなって約三〇億円の見込み。利潤があれば株主の購読料を半年単位で値下げしてゆく。(30)

本多は新聞創刊計画を進めるが、諸事情により日刊紙の早急な発行は難しいと判断した。そこで、日刊紙ではなくまずは週刊誌から創刊することにし、『週刊金曜日』（一九九三年一一月創刊）の発行となった。

その後、本多は『ハンギョレ新聞』への言及を度々『週刊金曜日』誌上で行う。例えば、「最初の資金と経営形態は、やはり韓国の『ハンギョレ』新聞が一番参考になりますね。読者が株主になるメディア」(31)であるとか、さらには次のような言説である。

朝日新聞社の硬派週刊誌『朝日ジャーナル』終刊号（一九九二年五月二九日号）で、「ジャーナリスト党宣言」と題して日刊紙創刊の構想を発表したことがあります（注《原文ママ》）。その中で、読者が株主になる案を提唱したわけですが、これには『ハンギョレ』が念頭にありました。当時まだ創刊四年目の『ハンギョレ』でしたが、すでに確かな地歩をかためつつあったので、『朝日ジャーナル』でのこの「宣言」の直前に『ハンギョレ』の東京特派員・李柱益氏から詳細を聞くとともに、ソウルも訪ねて二日間ほど見学してきたのです。あのときからすでに八年、『ハンギョレ』は六〇万部となり、韓国の全国紙一〇紙のうち部数と影響力で四位をしめるに至りました。韓国の人口は日本の約半分ですから、日本でいえば一二〇万部に相当するわけです。(32)

このように本多の関心は、『ハンギョレ新聞』の韓国言論史における意義や韓国における同紙の影響よりも、代案言論創出という観点から見た『ハンギョレ新聞』の創刊過程やハンギョレ新聞社の構造にあった。

以上に言及した本多の関心を共有しつつ、実際にハンギョレ新聞社を取材して記事化したのが『朝日新聞』記者の伊藤千尋である。伊藤は『週刊金曜日』誌上に、二〇〇〇年九月から一〇月にかけて同紙の概要について八回連載した(33)。伊藤の関心は同紙が権力監視機能を失わずにジャーナリズム活動を継続できる要因を解明することにあったと思われる。

日本の著名なジャーナリストは、以上のように『ハンギョレ新聞』を興味深く見ているが、管見の限り、日本のジャーナリズム研究者が抱く同紙に対する関心も、その方向性において本多や伊藤と重なるところが多い。それは、マスメディアが持つ二つの側面——ジャーナリズムを追求する報道機関でありながら利益を出す企業であること——をどのように考えるかという問題である。

ジャーナリズムを実践するマスメディアおよびジャーナリストにとって、あらゆるものからの「独立」は必須である。政治権力からの独立、経済的圧力からの独立を始めとして、時には世論や周囲の意見からも独立しなくてはいけない。民衆・人民（people）の「知る権利（night to know）」に応えるために良心に従って取材・報道活動で真実を明らかにし、「公衆の権益（public interest）」に資するのである。その過程での不当な圧力・懐柔に屈してはならない。しかし、この「独立」は往々にして危機に瀕する。最も分かりやすい例は広告主による圧力である。通常、収支の大きな部分を広告収入に依存しているマスメディアは、経営基盤に重大な影響を及ぼす広告主との関係に敏感である。また、所属マスメディアの株の大部分を保有する大株主（オーナー）が編集局に対して圧力をかけるとか、政治権力と結託して報道を抑制するケースもある。

『ハンギョレ新聞』が注目を受けるのは、このような経営・会社所有権・言論統制が絡み合う問題への一つの解答として、新しい経営形態モデルを創出したからである。それが国民株方式であった。

マスメディアが、ジャーナリズム性と経営をどのように調和させるべきかという問いは、長年議論されてきた「古くて新しい」問題である。マスメディアの大部分は民間企業である。民間企業であるがゆえに利潤を出さなければならないが、一般企業のように利潤追求を企業活動の最大の目的としてはならない。なぜならば、マスメディアは民主主義社会が成立するための重要な機能を担っており、公的な役割を担うという側面が大きい企業であるからである。ゆえに、マスメディアは一般的な企業とは一線を画す必要がある。しかし、ジャーナリズム機能を正常に維持しつつ、新聞社経営に支障のない利益を出す経営モデルを構築すること自体が非常に難しいのが現実である。ハンギョレ新聞社が創設時に選択した経営モデルは、この難題に対する一つの答えであった。

(2)　韓国言論史研究における『ハンギョレ新聞』の位置づけ[34]

韓国言論史における『ハンギョレ新聞』の位置づけを明確にすることも、ジャーナリズム研究にとって重要である。特に、一九八八年五月一五日の同紙の創刊が、韓国言論史的にどのような意味を持つのかは議論されるべきことである。

韓国の言論史研究では、『ハンギョレ新聞社』創刊は一九八七年の六月民主抗争および「民主化宣言」の大きな成果物として位置付けられている学説が有力である[35]。例えば、金珉煥《キムミンファン》は次のように記述する。少々長いが引用したい。

> 一九八七年六月、軍部独裁に対する抵抗が絶頂に達するや、政府はいわゆる六・二九宣言を通して一歩後退した。政府は、民主化に対する国民的熱望を収斂して、漸進的民主化措置を取った。大統領直接選挙制を受け入れた憲法改正が果たされ、新憲法によって大統領選挙を行った。国会では、言論基本法を廃止し、新しい代替立法である定期刊行物の登録に関する法律を制定した。記者・ジャーナリストらは、各社別に労働組合を結成し、言論民主化の具現のために闘争した。

新聞の発刊が自由となり、『ハンギョレ新聞』を始めとして様々な新聞が創刊された。『ハンギョレ新聞』は、「七五年解職[36]事件[37]」における『東亜日報』と『朝鮮日報』の解職記者[38]と一九八〇年の新軍部登場以後の解職記者などが主軸となって、約五万人の株主から五〇億ウォンの寄金を集めてつくり、一九八八年五月一五日に創刊号を出した。発行人は宋建鎬《ソンゴノ》、編集人は任在慶《イムジェギョン》であった。このほかに、権根述《クウォングンスル》と慎洪範《シンホンボム》が編集理事を、成裕普《ソンユボ》が編集委員長を担当した。この新聞は、安国洞《アングクドン》に事務室を構えて創刊準備に着手し、永登浦《ヨンドゥンポ》の広い倉庫に移って創刊号を発行したが、一九九一年一二月に麻浦区《マッポグ》孔徳洞《コンドクトン》へ移転した。この新聞は権力と資本から自由な基層民衆の代弁紙であることを標榜し、創刊初期から記者クラブに参加せず、独自の取材を繰り広げて、進歩的主張を広めるなど、新しい風を吹かせた。［金珉煥 2009：518］

しかし、六・二九民主化宣言後に作られたマスメディアは『ハンギョレ新聞』に限られたものではなかった。「宗教団体を中心としてソウルでいくつかの新聞社と放送局がこれに続いて出現した」のである［金珉煥 2009：519］。また、金敏男・金有源・朴智東・柳一相・林東旭・鄭大秀［2011］の第六章（鄭大秀）では、『ハンギョレ新聞』創刊について次のように述べられている。

七〇年代の自由言論実践運動と八〇年代の民主抗争の一番大きな成果物の一つが『ハンギョレ新聞』の創刊だろう。東亜・朝鮮闘委と八〇年解職言論人協議会・民主言論運動協議会・全国言論労働組合連盟・韓国記者協会・韓国放送プロデューサー連合会など民主言論運動[39]の主体と様々な民主運動団体が国民を相手として起こした民主・民族・民衆言論の現実的成果としてこの世の中に誕生したのが『ハンギョレ新聞』といえる。〔中略〕「世界の言論史において類例のない新聞」という評価を受けている『ハンギョレ新聞』がこのように成功することができた背景には、六月民主抗争を経験して高揚した国民の民主化への熱望と言論民主化闘争で強制追放された解職言論人たちに対する強い信頼があったからである。［金敏男・金有源・朴智東・柳一相・林東旭・鄭大秀 2001：376-379］

また、元『東亜日報』記者で『ハンギョレ新聞』世論媒体部記者の経験を持つ孫錫春《ソンソクチュン》は、『ハンギョレ新聞』創刊について次のように言及している。

> 六月大抗争後、制度言論内部の変化を中心に「言論権力の出現」を診断したが、実は六月大抗争は韓国言論に二人の「息子」を残した。言論労働組合とハンギョレ新聞社である。大抗争が開いた「民主空間」がなかったならば、『ハンギョレ新聞』のような国民株新聞の創刊は難しかったはずである。[40]［宋建鎬《ソンゴノ》ほか 2000：509］

このように、韓国言論史研究の一部では、『ハンギョレ新聞』創刊が民主化運動の延長線上で創刊されたと位置づけられており、直接的には、六月民主抗争と六・二九民主化宣言がきっかけであるという認識がある。メディア研究者の玄武岩《ヒョンムアン》も「権力に追従するメディア状況のなかで苦しんできた民主言論運動勢力は、権力に束縛されない公正な新聞の必要性を切実に感じていた。それは、一般市民が株主となる国民株を基盤にした『ハンギョレ新聞』（九六年一〇月より『ハンギョレ』に題号変更）の創刊として実を結んだ」としており、やはり同様の認識を共有している［玄武岩 2005：57］。

以上の先行研究では、言論民主化運動が『ハンギョレ新聞』創刊に結び付いたということは言及されているものの、どのように結びついていったかについての具体的な説明または実証的な検討は詳細になされておらず、不十分な印象を多少抱かせる。もちろん、上記に挙げた各研究は同紙に焦点を合わせたものではなく、近代から現代におけるメディアの歴史を包括的に概観し論じることに目的があるのだから、当然といえば当然ではある。しかし、言論民主化運動および一九八七年の六月民主抗争とその結果である六・二九民主化宣言、そして『ハンギョレ新聞』創刊の接合性と連続性が、言論史的なアプローチからより詳しく、かつ実証的に説明される必要があるだろう。この点については第一章で具体的に論じることとする。

(3) ジャーナリズムと民主化の関係を扱った研究

『ハンギョレ新聞』創刊過程を論じる上で重要となるのは、特に一九七〇年代朴正煕政権後期および全斗煥政権期におけるジャーナリズム状況である。(41) この時期の政府による報道機関に対する弾圧や懐柔政策については、韓国国内で研究が進められている。中でも、金周彦《キムジュオン》[2008] は近年の優れた研究成果の一つに挙げられるだろう。金周彦は、ナチスドイツおよび軍国主義日本の言論統制と、韓国の軍事独裁政権の政策とを比較し共通点をあぶり出し、ドイツのメディア学（コミュニケーション研究）者であるG・マレッケ（Gerhard Maletzke）のCMMRモデルを援用して言論統制を類型化し、一九六一年から一九八七年までの軍事政権による言論統制について韓国の言論統制の事例研究を行っている。(42) さらに、一九八七年民主化宣言以降の文民政権（金泳三《キムヨンサム》・金大中・盧武鉉の各大統領）のマスメディア政策についても分析している。

金周彦は一九八〇年に韓国日報社に入社しており、既存マスメディアに記者として身を置きながら言論民主化運動にコミットしてきた。この経験が、韓国の言論統制についての研究に役立っているようである。しかし、金周彦[2009]が斬新だった最も大きな理由は、盧武鉉政権になってから過去事整理委員会が発足し、今まで公開されていなかった韓国中央情報部（国家安全企画部）や保安司令部の言論統制に関する公的文書が公開され、これらの資料を筆者である金周彦が使用できたことにあると指摘できるであろう。金周彦[2009]の研究成果は、政権側つまり加害者の言論統制論理を詳細に明らかにしたことに第一義的な意義がある。それ以前の研究は、資料制約上の理由から言論弾圧・統制を受けた側から研究されることが多かったが、言論弾圧・統制を行使する側の視点を加え一次資料により裏付けたことで、その実態をより立体的に描き出した。この点について金周彦は次のように述べている。

現在までの言論弾圧についての文献が、ほとんど大部分、被害者中心の記録や証言に依存していた。今や加害者の記録が公開されたことで、加害者と被害者の記録を適切に補完しながら独裁政権の言論弾圧の実相にもう少し近づくことができるという確信が生まれた。〔中略〕政権の言論統制に対抗して闘った言論人たちの、流血の闘争よりは、政治権力がなぜ、そしてどのようにマスメディアを統制したのかに焦点を合わせた。また、できる限りナチスドイツや軍国主義日本、韓国の軍事独裁政権などファシズム（fascism）体制における言論統制の類型がどのくらい類似しているのかを明らかにしようと試みた。［金周彦 2008：10–11］

一九八〇年代における言論弾圧と社会運動についても資料が数多くあるが、ここで特筆すべきなのは、一九七〇年代と比べて、専門誌における特集が多く見られるようになったことである。解職言論人たちの原状回復と名誉回復が社会的関心事として大きな注目を集めていた八〇年代末には、季刊誌『ジャーナリズム』一九八八年冬号（韓国記者協会発行）の巻末に掲載された「巻末特集　解職言論人原状回復のための公聴会」や、同誌一九八九年秋・冬号に掲載された「随想　私が経験した八〇年代」など、解職言論人本人たちによる記録など枚挙にいとまがない。本書では、これらを一次資料として活用した。

それに関連して、一九八〇年代言論民主化運動の転換点となる東亜自由言論守護闘争委員会（以下、東亜闘委という）の活動については、例えば、東亜日報社労働組合がまとめた『東亜自由言論実践運動白書』（サンファ印刷株式会社、一九八九年、非売品）や、東亜闘委による『自由言論　一九七五〜二〇〇五東亜闘委三〇年の足跡』（二〇〇五年）などがある。これらは、一九八〇年代に既存マスメディアから解雇された後に名誉回復運動に身を投じた当事者によって書かれたものであり、これらも一次資料として活用した。

(4) 内容分析アプローチによる研究

韓国では、『ハンギョレ新聞』を扱った研究のほとんどは、特定のテーマを選択し、同紙がどのように報じているかを内容分析するものである。内容分析は、同紙と対比する形で『朝鮮日報』や『東亜日報』なども分析対象とし、比較検討する。ここでも『ハンギョレ新聞』が進歩言論であり、『朝鮮日報』『東亜日報』『中央日報』など大手三大マスメディアが保守系マスメディアであるということが自明の前提とされている。

例えば、韓国国会図書館に所蔵されている『ハンギョレ新聞』関連の学位請求論文は、二〇一二年九月時点で一三八本に及んだが[43]、そのうち、上記のように、ある事例の報道姿勢を比較する方法で内容分析を進めた論文は一二六本に達した。ここでは個別具体的に内容を紹介することは控えるが、論文発行を年度降順で紹介すれば、二〇一二年度は三本、二〇一一年度は八本、二〇一〇年度は一一本、二〇〇九年度は一一本、二〇〇八年度は五本、二〇〇七年度は八本、二〇〇六年度は一四本、二〇〇五年は六本、二〇〇四年は一〇本、二〇〇三年は五本、二〇〇二年は三本、二〇〇一年は一二本、二〇〇〇年は七本、一九九九年は四本、一九九八年は一本、一九九七年は六本、一九九六年が四本、一九九五年は三本、一九九四年は一本、一九九三年は二本、一九九一年は一本、一九八九年は一本であった。一九九九年から、同紙の論調を『朝鮮日報』『東亜日報』などの論調と比較検討する研究が増えている。これは、同紙が初期の報道姿勢から進歩的論調をより鮮明に打ち出していく時期、言い換えれば『朝鮮日報』『東亜日報』『中央日報』が保守言論、同紙が進歩言論という認識が社会的に定式化してきた時期と重なると指摘できる。この点については、第三章で詳しく論じる。

これらの内容分析は『ハンギョレ新聞』を研究する上で確かに重要ではあるが、二つの点で不足がある。一つは、上記の研究群は、一過性もしくは時宜性の強い社会問題の報道を比較分析しているため、取り上げた社会問題に関する報道の違いや論点は明らかになる一方、同紙の報道姿勢が時系列的にどのように変化していったのかを捉えにくいということである。二つ目は、保守言論と進歩言論とが対立しやすい社会問題を研究対象として選んでいるケースが多いので、分析前から結論が予想しやすく「発見」が少ないという点である。

一方、長期間に渡る『ハンギョレ新聞』紙面を内容分析することによって先に挙げた比較分析の限界点を克服し、同紙の報道姿勢および思想の一端を解明した研究に、牧野武章［2010］がある。牧野の関心は、一九八七年体制の内容とその影響について、『ハンギョレ新聞』の民族民主主義を手がかりに明らかにすることであった。牧野は、分析の目的を①『ハンギョレ新聞』の「社説」に表出する民族民主主義を明確にすること、②『ハンギョレ新聞』の民族民主主義の観点から、一九八七年体制における民主化の特徴を明らかにすること、③民族民主主義が、一九八七年体制内と朝鮮半島内の民主化を同時に追求することが民衆の抱く理念であることを確認し、韓国政府の政策、この理念に規制されてきたことを論証すること。［牧野 2010 : 1］としている。

牧野は、『ハンギョレ新聞』一九八八年五月一五日の創刊号から二〇〇二年一二月一九日の盧武鉉大統領当選までの社説を一次資料として、一九八七年体制とはどのような体制であったのかを実証的に論じており、結論として、次のようにまとめている。少々長いが引用したい。


民主化を求める韓国の民衆が、六月民主化抗争によって、軍事政権側に大統領直接選挙制を約束させることで、一九八七年体制は成立した。即ち、一九八七年体制は、韓国の民衆の要求を受け入れて成立した体制である。そのため、一九八七年体制は、社会運動の理念である民族民主主義を実現する媒体だということになる。従って、この民主体制は、韓国国内の民主化を推進する枠組みであると共に、朝鮮半島の冷戦の清算、即ち両体制を統一し国民国家の形成を推進する枠組みでもあることになる。

韓国民衆の立場から、民族民主主義の理念によって論じることを標榜して、『ハンギョレ』が創刊された。『ハンギョレ』の論評に流れる民族民主主義の観念は、（対米）自主、民主（主義）、（平和）統一の三つの要素から成り立っている。この『ハンギョレ』の掲げる理念における民族民主主義の要素は、脱冷戦と民主主義との原理に規定される。朝鮮半島の南北両政府の統一は、冷戦の論理による分断を清算する意味と、南北両体制の下で生活する民衆が、民主主義の理念によって国民国家を形成する意味とによってのみ、戦後世界で正当性を訴えることができる。

『ハンギョレ』の叙述における民主主義は、韓国と朝鮮半島全体との二つの領域を前提としながら、多様な民主化課題を、記事毎に民主主義の強調点を変えながら論じる性格を有する。［牧野 2010：159］

本書は、上記のような内容分析型の研究の重要性を十分に認めつつも、言論内部の思想を実践し表面化させた報道の分析よりは、マスメディア内部の動態的な動きに着目することで『ハンギョレ新聞』の全体像を把握することに努めた。また、第五章では一部内容分析を援用しているが、ここでも通常の内容分析に留まることなく、取材・報道活動の過程を参与観察することで、記者の視点がどのように紙面に反映されるかという視角から分析をした。

(5)『ハンギョレ新聞』の創刊過程・制度的側面などに焦点を当てた研究

ハンギョレ新聞社の形成過程（『ハンギョレ新聞』の創刊過程）や制度的側面、経営状況に焦点を当てた先行研究は多くないが、重要な論文が散見される。そこで、分析の観点別に整理して、本書の関心と相関する部分を中心に先行研究を概観・評価していく。

まず、研究者・ジャーナリストらによる本格的な考察として、一九九〇年七月に寛勲《クァヌン》クラブから発行された『新聞研究』一九九〇年夏号の特集「ハンギョレ新聞研究」を取り上げたい(44)。ここでは、文学振《ムンハクジン》（『ハンギョレ新聞』政治部記者）、安秉峻《アンヒョンジュン》（『ソウル新聞』第二社会部記者）、金正鐸《キムジョンタク》（成均館大学教授）、宋鍾吉《ソンジョンギル》（慶熙大学大学院生）、鄭晋錫《チョンジンソク》（韓国外国語大学教授）、扈英珍《ホヨンジン》（『韓国経済新聞』主筆）が論文もしくは長文レポートを寄稿している。

文学振による長文レポート「萬里峙《マルリジェ》から駆け足を……」では、創刊に参加型した人物の一人として、ハンギョレ新聞社の創立過程ついて躍動感のある叙述をしている。「『ハンギョレ新聞』はどのように胎動したのか」「発起人大会——創刊委員会構成」「『国民募金キャンペーン』一〇〇日あまり」「配達員の学生、主婦、会社員、お坊さんまで『快く寄付』」「五〇億ウォン集めて株式会社として設立登記」「キャリア記者・修習記者募集に約八千名が押し寄せて」「『登録証明書』が出ずに連座デモ」などのように、八七年から九〇年までの『ハンギョレ新聞』の動きを追っている。このレポートは当事者によって書かれた資料であるので、本書では一次資料として扱った。

その他にこの特集で目を引くのは、金正鐸《キムジョンタク》(45)による論考「党派紙か、不偏不党紙か」である。金正鐸はこの論稿の問題意識として次のように語っている。

> ハンギョレ新聞の性格は、人々にとって大きな話題となっている。それくらい特徴ある新聞だからである。しかし、その話を総合的にみると、ハンギョレ新聞は公正な報道それ自体を目的とする〈不偏不党紙〉というより、階層や階級の利益に奉仕する「党派的性格」が強いという話が主軸を成す〔中略〕果たしてハンギョレ新聞が不偏不党紙なのか、或いは党派紙なのかを把握し、さらにこのような性格の新聞が、公正な報道をどのくらい志向しているのかをきちんと把握する必要性が生じる。［金正鐸 1990：88］

そしてこの課題を達成するための方法として「最も容易く合理的な方法は、ハンギョレ新聞の記事を内容分析することだ」と内容分析の有効性を認めつつ、「本格的な内容分析をしたとしても、その記事の後ろに隠れている意味をきちんと把握できないという限界点も同時にもっている」として、それに代わる研究方法として「ハンギョレ新聞の所有形態とハンギョレ新聞の記者の性格を把握すること」を挙げている［金正鐸 1990：88］。

金正鐸はこの方法論にしたがって、「メディア構造」「記者の性格」「報道態度」の三つに分けて『ハンギョレ新聞』を分析し、その上で「ハンギョレ新聞の問題点」と「追及しなければならない目標」を提示した。

『ハンギョレ新聞』の「メディア構造」について、金正鐸は国民株方式をその核心と捉えており「ハンギョレ新聞の構造の質的な特徴は、これら株所有者たちが、お金がある企業人ではなく平凡な市民であるという点だ。当時、この人たちの中に共通点があったとすれば、過去のジャーナリズム状況が、政治を始めとして、ほとんどすべての社会状況を屈折させたとみて、これを是正するために、新しい次元のマスメディアが必要だということを痛切に感じた『意識ある市民』たちであるという点だ」［金正鐸 1990：90］と指摘している。実は、二〇〇二年にインターネット新聞『オーマイニュース』を立ち上げた呉連鎬《オヨノ》は、『オーマイニュース』が短期間で急成長し、既存の保守系マスメディアに対抗できるようになった理由として「韓国では市民運動が盛んだ。軍事政権との長い民主化を求める闘いで、共同体の抱えている問題に参加する『準備された市民』がいた」［浅野・李・森 2005：11］としている。呉が言う「準備された市民」とは、「現在の社会にどういう問題があり、どう改革すべきか、他の市民とどう連体し協力していくべきかを認識して行動できる人たちのこと」である［浅野・李・森 2005：12］。金正鐸が指摘している「意識ある市民」と呉の指摘した「準備された市民」とはほぼ同義と考えられる。

さらに、株主の構成について「大企業所有者、政治家、そして彼らの言葉を借りれば、維新の残党ならびに本党[46]すべてを株主から除外したという点」［金正鐸 1990：90］を強調している。

また、「記者の性格」について、金正鐸はまず、韓国言論学界においては記者の職業上の定義を「闘争職」と「専門職」に分けていると指摘した上で、「闘争職という言葉が意味するところは、記者は社会正義を実践するために政治権力と、または経済権力と不断に闘わなければならないということだ。そして、このような闘いを効果的に展開するために、際限なく努力しなければならないということだ」としている［金正鐸 1990：91］。また、「専門職」については、「現代社会が多元化し、複雑になっているので、記者の専門性はより強調される実情」であり、「社会正義を実現するという意志を持つだけでは、現実的にこれを実践するのは簡単ではない」のであって、「社会正義の『実践意志』と『実践方法』すべてを習得しなければならない」のである［金正鐸 1990：91］。金正鐸は、記者とは「闘争職」ではなく「医者・弁護士・教授と同じように専門職に該当する」としている［金正鐸 1990：91］。

この前提の上で、金正鐸は「記者が闘争職か専門職かというパラダイムから見たとき、ハンギョレ新聞の記者は、専門職の性格より闘争職の性格が強いのではないかと判断される」と述べている。

次いで、韓東燮《ハンドンソプ》の研究も注目に値する。先述したように、韓東燮はハンギョレ新聞社の制度的側面を継続的に研究している代表的な研究者であり、「メディア政治経済学」の視点から『ハンギョレ新聞』を分析している。韓東燮によると、「メディア政治経済学はマルクスの史的唯物論（historical materialism）に依存している」［韓東燮 2000：11–12］。

韓東燮は「この本はハンギョレ新聞の創刊と創始期の三〜四年間の現象を分析し、その理論および実践的意味を議論したものである。ハンギョレ新聞が創刊されてからおよそ一〇年の歳月が流れたにもかかわらず、この時期のハンギョレ新聞に焦点を合わせている理由は、当時のハンギョレ新聞が世界の言論史上で類例を探すのが難しい独特の現象を見せ、これは理論的にも実践的にも非常に大きな意味があるからである」［韓東燮 2000：3］とし、同紙が持つメディア政治経済学的な意味が、特に一九八八年前後にあると指摘している。

金正澤や韓東燮のように、『ハンギョレ新聞』を紙面の内容分析以外の方法で分析した研究には、高昇羽《コスンウ》［2002, 2004］もある。高昇羽は元『ハンギョレ新聞』記者で、『メディア今日』[47]の論説室長も務めた。高昇羽は一連の研究で、『ハンギョレ新聞』創刊過程を社会運動の一形態として捉え、C・ティリー（C.Tilly）の社会運動理論を応用して『ハンギョレ新聞』の創刊に至る過程を三段階に分けて説明を試みている。それは、創刊のための「組織化」（organization）、集合運動のための「動員化」（mobilization）、創刊結果としての「制度化」（institutionalization）である。高昇羽は「第1章　総論　第1節　問題提起」で研究の基本的観点として「第一に、この新聞『ハンギョレ新聞』の創刊は政治的民主化運動の一環としてまたはその重要な手段の一つとして推進された。第二に、この新聞の創刊運動は言論自体の民主化、すなわち言論民主化運動の性格も備えている。第三に、産業主義的言論と区別される市民または国民株主新聞として創刊された当為性、すなわち代案言論運動の性格を持つ」としている［高昇羽 2002：3］。この観点に基づいて、

①権威主義体制下のジャーナリズムの性格、②市場経済下のジャーナリズムの性格、③政治的社会運動としての言論運動、④社会運動の動員化過程という四つを分析枠組みとし、「『ハンギョレ新聞』創刊運動の構造的背景」「『ハンギョレ新聞』創刊運動の展開過程」「創刊した結果」について分析結果を提示した。

高昇羽は結論として、少なくとも創刊から一〇年間までは、社会運動および言論民主化運動を展開したことを積極的に評価した。「ハンギョレ新聞創刊に肯定的影響を与えた要因は、新たな新聞資本の構造、新聞編集と制作方式、組織体の倫理観提示などである。既存マスメディアの所有構造と権力の要求に順応した報道傾向、寸志受け取りの蔓延現象などは、新たな新聞が市民社会に約束したアイデンティティとは相反する代表的要因である」［高昇羽 2002：184］とし、次のように結んでいる。

ハンギョレ新聞創刊は、権力と資本から独立した代案言論を志向した言論民主化運動が実を結んだものと評価される。この新聞が創刊運動過程で市民社会運動勢力の全幅の支持の中で資源の動員化目標を数カ月間のうちに達成した。これは、朴正熙政権以来、全斗煥政権まで累積した権力の弾圧とその克服運動が市民社会の信頼を獲得した結果だった。新たな新聞が採択し公開した編集戦略は、既存言論の体質化した不正な側面に全面的に挑戦した、独創的かつ改革的性格を持っており、それは『ハンギョレ新聞』が創刊され数年が過ぎる過程で既存言論の体質改善に大きな影響を与えた。新たな新聞は既存言論が無視していた社会運動部門に対する集中的な報道などを通して、市民社会運動の力量増大に寄与し、ジャーナリズム文化の改革にも寄与した。ハンギョレ新聞が創刊されながら、国内では制限的な民主化措置が取られ、言論の創刊と復刊が相次ぎ、国際的には社会主義圏の崩壊、東西イデオロギー対立の終息という世界的地殻変動が起こった。創刊前後が全く異なる時代状況に直面した『ハンギョレ新聞』が、独占資本が支配する無限競争市場で創刊過程を大過なく通過したことは、成功した社会運動または言論民主化運動の事例と評価することができると判断する。［高昇羽 2002：190］

高昇羽の研究は、『ハンギョレ新聞』創刊という現象について、社会運動論の側面から検討している。例えば、元『読売新聞』ソウル支局長の大江志伸は「『ハンギョレ新聞』創刊時私はソウル支局に勤務していたが、『ハンギョレ新聞』が社会運動の結果として創刊したという観点はその通りだと思う」と評した。(48) また、本書も、高昇羽が提示した「組織化」(organization)、「動員化」(mobilization)、「制度化」(institutionalization) という社会運動論の概念を基本的に踏まえる。

高昇羽の研究は『ハンギョレ新聞』創刊過程を学術的に分析・検討した論文としては評価できるが、高昇羽自身も指摘しているように、「関連資料が満足できるほど十分だったとは言い難く、また、資料不足ではあったけれども、体系的に分類して説明する能力が不足した点が今回の研究の限界として明らか」であり、「今回の研究の範囲を社会運動の過程である創刊過程に限定したことはそれなりに意味があったとはいえ、創刊以後約一〇年間が経過した現時点で分析期間をさらに延長しなければならなかったのではないかという残念な点」〔高昇羽 2002：191〕がある。

これらの研究はそれぞれ、ジャーナリズム論、政治経済学的アプローチ、社会運動論といった三つの視点から『ハンギョレ新聞』創刊に迫っている点で評価できるが、分析期間については不十分な部分があり、その点が課題である。金正鐸の研究は、一九九〇年に出版された月刊誌上で発表されているので、同紙の創刊後約二年という期間に限定した分析である。また、韓東燮の研究も「ハンギョレ新聞の創刊と草創期三～四年の現象を分析してその理論および実践的意味を論議したものである」〔韓東燮 2000：3〕としており、高昇羽も「研究範囲はハンギョレ新聞創刊背景と創刊過程、そして創刊後三年以内の主要事項に対するものに限定する」〔高昇羽 2004：17〕としており、各々の研究は同紙の創刊過程および創刊から四年間に研究の範囲を限定している。

一方、本書は『ハンギョレ新聞』の創刊過程およびその背景に大きな関心を注いではいるものの、研究対象の射程を李明博政権期（二〇〇八年）まで延長している。例えば、第5章第1節では、ハンギョレ新聞社がインターネット時代に合わせて創設した「ハニ（hani）レポーター」制度を取り上げ、市民参加型ジャーナリズムの一形態として、独立系インターネット新聞『オーマイニュース』と比較する形で論じ、第5章3節で扱ったキャンドルデモ報道については、『ハンギョレ新聞』記者が現場で取材し記事化する過程に寄り添って、その結果を内容分析に反映させた(49)。また、第3章、第4章ともに入手困難な一次資料や当事者への聞き取りを積み重ねて論を構成しており、それらは先行研究にはない本書の特色であると考える。

3 本書の構成

繰り返しになるが、本書の目的は韓国ジャーナリズムと言論民主化運動の関連性について、すべてを扱うことは難しいが、重要な一断面を照射することにある。本書では、解明のための最も重要な現象として『ハンギョレ新聞』の創刊と報道活動を分析対象として取り上げている。言い換えれば、言論民主化運動から『ハンギョレ新聞』へと続く過程を分析することを通して、韓国ジャーナリズムの変動過程とダイナミズムの一端を解明するということである。『ハンギョレ新聞』が言論民主化運動の結実体であったとすれば、同紙の動向は、少なくとも創刊当時においては言論民主化の動向の一端に他ならない。しかし一方で、当然のことながら同紙は今や社会運動体ではなくマスメディアである。言論民主化運動の過程で創刊された新聞が、社会運動体としてではなくジャーナリズムとしてどのような報道を志向すべきか、という重要な問題が横たわっている。それと同時に、インターネット時代のメディア論、すなわち代案言論論および市民ジャーナリズム論の観点からも同紙のあり方は問われている。本書ではこれについても示唆を与えるような論を展開したい。

本章第1節で述べたが、本書は方法論として、言論史的な分析方法やジャーナリズム論（ジャーナリズムの社会的機能）、社会運動論などを援用している。資料としては、当事者によって書かれた論稿など一次資料を活用しながら、一方では社会学的手法であるフィールドワークを行い、その結果を反映している。特に、フィールドワークにおける代表的な手法である、①当事者への聞き取り調査、②参与観察法、③ドキュメント分析の三つを駆使した(50)。

次に、本書の構成について概観したい。

第1章では、李承晩政権期から一九八七年の六・二九民主化宣言までを時期別に区切り、政権の言論統制・弾圧とそれに対抗するジャーナリズムの動きを中心に議論を展開した。

韓国において初めて近代的な新聞が登場したのは、一九世紀末の『漢城旬報《ハンソンスンボ》』であり、植民地期朝鮮期の一九二二年には『朝鮮日報《チョソンイルボ》』『東亜日報《トンアイルボ》』が創刊された。したがって、本書においても近代韓国の言論史について一九世紀末まで遡って検討する必要性も感じられたが、それを行うと本格的な歴史叙述をしなければならなくなり、本書で検討したい焦点がぼやける懸念がある。したがって、韓国言論史を李承晩《イスンマン》政権期以前は割愛して、それ以降に限定した。言論史を全面的に展開するのではなく、本書で中心的に扱う「言論民主化運動」と『ハンギョレ新聞』の創刊に結びついていく事項を叙述することに留めた。

具体的には、韓国の権威主義体制下における言論弾圧と言論統制、それに対するマスメディアの姿勢について述べた。朴正煕政権下のマスメディアおよび記者の動向、そして創刊に直接結び付いていく全斗煥政権下の言論界の動きを考察する。全政権期については、光州民主化運動も重要な要素として言及する。さらに、創刊の直接的契機となった六月民主抗争と六・二九民主化宣言については、民主抗争の過程と結果が言論の民主化にどのような影響をもたらしたかを中心に論じる。

第2章では、『ハンギョレ新聞』創刊過程を扱った。

まず、第一節の「創刊運動の進捗」では、東亜自由言論守護闘争委員会・朝鮮自由言論守護闘争委員会の主要メンバーが、『ハンギョレ新聞』の原形となる新聞の構想をしていたことに言及し、八〇年解職言論人協議会も、言論民主化運動と新たな新聞構想の推進団体の一つになっていく経緯を辿った。これらが参加する団体として民主言論運動協議会が結成され、新たな新聞創刊の構想を月刊『言葉《マル》』[51]上で具体化していく過程について検討した。さらに、創刊プロセスを時系列的に示した。実務グループである「新言論創設研究委員会」に始まり、「新たな新聞創刊発議準備員会」へと発展、次には「新たな新聞創刊発議推進委員会」となり、最終的には「ハンギョレ新聞創刊委員会」となった過程を示すと同時に、創刊を支持する各界の動きについても言及した。

第2節では、国民株方式の構想が出てきた時代背景と採用に至るプロセスに焦点を当てて、国民株方式の本質とは何かを明らかにした。東亜闘委による安鍾柲《アンジョンピル》の構想、月刊『言葉《マル》』における国民所有の報道機関構想、鄭泰基《チョンテギ》ら『ハンギョレ新聞』創刊メンバーの構想など、時期を追って国民株構想がより具体化されてきたことを実証した。さらに、国民株方式が成立する背景には、韓国における言論民主化運動の歴史があり、運動に対する民衆（民主化運動勢力）の積極的な理解がそれを支えていたということを指摘した。

第3章では、文献調査や聞き取り調査で明らかになった創刊理念・編集方針・倫理綱領体系・取材報道準則について分析した。これは理念型の分析とでもいうべき作業である。上位概念である創刊理念について、「民主言論」「民衆言論」「民族言論」の概念について検討を加えた上で、下位概念である編集方針・倫理綱領について詳細に論じた。

第4章では、『ハンギョレ新聞』による言論民主化運動の牽引過程を論じた。特に、記者クラブ問題を事例として分析した。ここでは、韓国における記者クラブ問題の実態を確認した後に、同紙記者らの記者クラブ出入闘争と「保険社会省記者クラブ巨額寸志授受事件」報道を取り上げた[52]。

第5章では、金大中政権期以降の『ハンギョレ新聞』の動向について、ジャーナリズム論およびマスメディア論の視角から再検討した。まず、ニューメディア時代が始まった金大中政権期に、同紙がどのように適応していったのかを、ハニレポーター制度を取り上げて論じた。次に、盧武鉉政権の言論政策を取り上げ、それに同紙がどのように反応していったかについて論じた。さらに、李明博政権後の同紙の報道姿勢について、二〇〇八年に約三ヵ月間ソウルを中心に韓国全土に波及した「キャンドルデモ」を取り上げ、フィールドワーク（参与観察）による分析を行った。

結論では、序論で提示した問いに対して、各章の分析結果を総合・整理して答えを導出し、本書で得た知見を提示した。

注

（1）一九九六年一〇月一四日に題号を『ハンギョレ新聞』から『ハンギョレ』へ変更し現在に至るが、本書では『ハンギョレ新聞』という表現を一貫して用いることとする。

（2）韓国・朝鮮語の「言論（언론）」という言葉は、韓国では主に次の三つのことを意味する。

① 媒体を通して自分の考えや認識を言葉や文字などで表現する行為。

② ジャーナリズム性を持った報道機関（韓国では「言論媒体（언론매체）」という）。

③ ②による報道または論評活動（韓国では「言論報道（언론보도）」という）。

本書では、「言論民主化（언론민주화）」や「民主言論（민주언론）」「民族言論（민족언론）」「自由言論（자유언론）」などの固有概念が出てくるが、これらの概念や韓国・朝鮮語原文の引用などについては、韓国における「言論（언론）」という言葉が持つニュアンスをそのまま生かすために、あえて「言論」と直訳してそのまま用いた部分がある。同様に、ジャーナリストなどこれらに関わる人間の属性を指す「言論人（언론인）」という言葉も、文のニュアンスを生かすために、韓国・朝鮮語の直訳のまま「言論人」とした部分もある。ただし、わかりやすさを優先させるための「ジャーナリズム」「ジャーナリスト」「マスメディア」と訳し分けた部分もある。なお、本書で言う「言論史（언론사）」はジャーナリズム史を指している。ところで、現在、日本では「言論」という言葉はあまり使われず、学界でも「マスメディア」「メディア」「ジャーナリズム」などというように、英語を元にしたカナカナで表現することが多い。しかし、日本語における「言論」という言葉も、そもそも韓国の場合と同じ意味を持っていると思われる。例えば「言論の自由」でいう「言論」は、「speech」という意味のほかに「press（報道）」という意味がある。本来は、あえて英語圏の表現を借りずに「言論」のままでもよいかもしれない。なお、本書においては「言論」以外にも文脈によっては「ジャーナリズム」「マスメディア」「報道機関」という用語も併用している。

（3）代表的な書籍がキムミンナム、キムユウォン、パクジドン、ユイルサン、イムドンウク、チョンテス著［2001］である。

（4）日本では一般に「メディア史」と言うが、本書では「言論史」とする。韓国語の「言論（언론）」が持つ意味合いを重視するためである。

（5）本研究においては、「マスメディア」は、報道機関を指す。娯楽や情報の売買を中心とする情報産業ではなく、ジャーナリズムを実践する報道機関のことである。

（6）『京郷新聞』は、大韓帝国末期の一九〇六年一〇月一九日にカトリック朝鮮教区のカトリック財団がベースとなり、神父フロリアン・ドマンジュ（Florian Demange）を発行人兼主幹としてソウル（当時は漢城）で一度創刊されている。この新聞は、タブロイド版週刊新聞から始まったが、一年後の一九〇七年一〇月一八日からブランケット版となり、一九一〇年一二月三〇日に終刊となった。現在の『京郷新聞』も、一九四六年一〇月六日にカトリック財団によって創刊された。一九〇六年に創刊された『京郷新聞』と一九四六年に創刊された『京郷新聞』を比べると、題号は一緒でもやはり別の媒体であるといった方が実情に合っていると思われる。

（7）ハンギョレ新聞社が創立された後、韓国の地方（道）において国民株方式と似た方式で新聞社が設立された。これを「道民株」といい、国民株方式が伝播した結果であるといえる。道民株を取り入れた新聞社は済民日報社慶南道民日報社が有名である。

（8）「有料部数」とは発行部数のうち、実際に購買された新聞の部数を指す。また、「二〇一八年度日刊新聞発行有料部数」とは、二〇一七年分を集計した日刊新聞発行有料部数を二〇一八年度において発表することという意味である。したがって、二〇一七年の数値である。

（9）한국ABC협회「二〇一八년도 일간신문 발행 유료부수」〔韓国ABC協会「二〇一八年度日刊新聞発行有料部数」〕を参照。http://www.kabc.or.kr/about/notices/100000002660?param.page=&param.category=&param.keyword=

（10）韓国において政治社会的な概念である「進歩（진보）」は、英語で表現すると「progressive」であり、日本語では通常「革新」と表現される。しかし、本書ではあえて「進歩」という言葉を使う。韓国でいう「進歩」と日本でいう「革新」は共通の意味合いを含む部分もあるが、違う部分も多いためである。社会状況の違いから概念の意味に違いが生じるのは当然である。本書では「進歩」という言葉を使うことで、日本語の「革新」とは違う韓国的な意味合いを含ませた。

（11）民族主義および民族言論の関係性については第3章で扱う。

（12）二〇一二年現在、聖公会大学教養学部教授（韓国現代史専攻）。

（13）撮影者は、日本人写真家の久保田博二である。久保田は、世界的な写真家集団「マグナム・フォト」の一人である。白頭山は朝鮮民主主義人民共和国と中国の国境にまたがる形で存在している。

（14）実際は、共産主義者のみならず国家政策に批判的な人物を不当に拘束し刑罰を加えるなど人権侵害の温床となっている。日本における戦前の治安維持法に近い法律である。

（15）以下、本書では「北朝鮮」という呼称を用いずに、あえて「朝鮮民主主義人民共和国」という正式名称を用いる。日本では、朝鮮半島の北部に存在する朝鮮民主主義人民共和国を指す呼称として「北朝鮮」が一般的だが、正確には「北朝鮮」は地域を指す用語であり国名ではない。韓国では現在、朝鮮半島北部を指す呼称およびそこに現存する国家体制を「北韓」と呼ぶ。しかし、この呼称は『ハンギョレ新聞』が創刊された後に徐々に浸透した用語であると言える。それまでは、主流メディアにおいて「朝鮮民主主義人民共和国」を指すときは「北傀」（朝鮮半島北部の傀儡政権）という言葉を主に使っていた（一部メディアでは「北韓」も使われていた）。

（16）インターネット新聞界のクオリティーペーパー（高級紙）を目指して二〇〇一年九月に創刊された。

（17）朴仁奎への聞き取り調査は、二〇〇四年二月二五日にプレシアン本社で行った。以下、朴の発言を引用する場合は、特に断りがない限り、同日に実施した聞き取り調査に基づくものとする。なお、筆者による他の聞き取り調査についても同様である。

（18）米国のジャーナリストらは、規模が大きく従って影響力も大きい報道機関（main stream media、news organization）を、公共放送などと区別して「企業メディア（corporate media）」と呼ぶことも多い。

（19）「七만 국민 주주가 지켜온 한겨레」『한겨레』（「七万の国民株主が守ってきたハンギョレ」『ハンギョレ新聞』）http://www.hani.co.kr/arti/society/archives/846787.html#csidx0341f36000b9d979fe94a9cf878abe0

（20）木宮［2003］は、朝鮮半島の分断体制について「朝鮮半島における冷戦」「朝鮮半島冷戦」という表現を用いながら、三層構造であると説明している。すなわち、「米ソ対立もしくは米中対立という国際冷戦」、「韓国と日米との関係、および北朝鮮と中ソとの関係で構成される地域政治という次元」、さらに「民族内部の対立」である。そして、「こうした三層構造がどのように連携したのか、換言すれば、相互に増幅もしくは相殺しながらどのように展開していったのかという視角」を導入することによって、「朝鮮半島がなぜ南北に分断されたのか、朝鮮戦争がなぜ起こったのかという歴史上の問題」と同時に「なぜ、冷戦が終焉したにもかかわらず、朝鮮半島における冷戦が持続するのか」という問題にも答えられるとしている［木宮 2003：20］。

（21）拘束適否審（制）とは、韓国法院電子国民請願センター（https://help.scourt.go.kr/nm/main/index.html）の説明によると「拘束令状によって拘束された被疑者に対して、一定の人の請求があるときに、法院〔裁判所〕がその拘束が適法かどうかと拘束を継続する必要があるかどうかを審査し拘束が不適法または不当であると判断される場合には、被疑者を釈放する制度」をいう。URL：https://help.scourt.go.kr/nm/min_9/min_9_2/index_03.html

(22) これについては、第2章第1節で詳しく述べることとする。
(23) 一九八七年六月二九日の『東亜日報』『京郷日報』『毎日経済新聞』などを参照した。
(24) 二〇一八年現在、漢陽大学社会科学部メディアコミュニケーション学科教授。
(25) 権台仙への聞き取り調査は、二〇〇九年八月二六日にハンギョレ新聞社本社で実施した。
(26) 記者クラブの定義については、記者クラブ問題について長年の間、研究および実践課題として取り組んでいる浅野健一（同志社大学社会学部メディア学専攻教授）による定義を踏まえたい。浅野の定義に従うと、記者クラブとは、「日本新聞協会加盟社の社員である常駐記者たちが、日本の官庁など公的機関の主要なニュース・ソースの建物の中にある記者室を独占的に使用し、排他的に取材・報道する日本独自のユニークな記者集団のことである。一種の不法なカルテル」［浅野 2011：43］である。ただし、韓国でも、植民地支配を受けた〝遺産〟として、この日本独自の記者クラブ制度が盧武鉉政権初期まで残った。韓国における記者クラブ問題については、第4章第1節で詳しく検討する。
(27) 韓国中央情報部は金大中政権時に「国家情報院」と名称を変え、現在に至る。
(28) 日本では、本多の構想以前にも新たな新聞をつくろうという動きがあり、実践されてきた。その代表は、大森実らによって一九六七年四月に創刊された『東京オブザーバー』である。この新聞は、ベトナム戦争報道など国際報道分野で有名だった『毎日新聞』記者の大森が、退職後に有志と創刊した週刊新聞である。大森は、一九六五年九月に資本主義国の記者として初めて北ベトナムに入り、スクープを連続的に報道した。しかし、一九六五年一〇月三日に掲載された「米軍機ハンセン病病院を爆撃」の記事について、米国大使のE・ライシャワー（Edwin Reischauer）が非難し、これに対して『毎日新聞』は大森の反論を紙面に掲載しなかった。大森はこの事件がきっかけとなって『毎日新聞』を辞職し、フランスの「ル・モンド」のようなクォリティーペーパーを構想して『東京オブザーバー』の創刊に力を注ぐ。しかし、創刊後、新聞界の専売制度によって販売ルートの確保・拡大が難しくなり、三年後の一九七〇年に廃刊となった（大森実「『東京オブザーバー』暁に死す」『中央公論』一九七〇年五月号、浅野健一「大森実　ペン一本、国際事件記者の夢。」『潮』一九九五年九月号を参照）。
(29) 本多勝一「ジャーナリスト党宣言――タブーなき第四権力、新しい日刊新聞のために」『朝日ジャーナル』一九九二年五月二九日号、一〇六～一〇九頁
(30) 同前。
(31) 本多勝一「貧困なる精神（123）対談　伊藤千尋・本多勝一　日本に真のジャーナリズムを創るために（下）」『週刊金曜日』

二〇〇〇年七月二八日号、五〇～五三頁

(32) 本多勝一「貧困なる精神(125) 今なぜ『ハンギョレ』なのか」『週刊金曜日』第三三〇号(二〇〇〇年九月八日)、三〇頁。

(33) 『週刊金曜日』第三三〇号から第三三七号に連載。この連載はまとめられ、後に『たたかう新聞「ハンギョレ」の一二年』(岩波書店、二〇〇一年)としてブックレットの形で発行された。

(34) 韓国言論史研究は、ジャーナリズム研究の一部であると同時に韓国現代史研究の一部であるともいえる。

(35) 「六・二九民主化宣言」におけるジャーナリズム関連部分は、第2章第1節で詳細に検討する。

(36) 「解職(해직)」は「免職」という意味である(小学館、韓国・金星出版社共同編集『朝鮮語辞典』)。日本語では「解職」はあまり一般的には用いられないものの、言語としては存在しており、「職をやめさせること。免職」(『旺文社　国語辞典[第八版]』)という意味である。したがって本書では「解職」を本文中で用いることもある。以下、「解職記者」(不当解雇された記者)などというようにも使用する。

(37) 七〇年代から八〇年代に自由言論運動を牽引した記者たちは、七五年の事件を「七五年解職事件」、一九八〇年の事件を「言論大虐殺」と呼んだ。第1章第4節で詳述するように、正確にいうと「言論大虐殺」とは全斗煥政権下で行われた言論弾圧の総称であり、八〇年の大量不当解雇は、その中の一つである。詳細は、第1章第2節以降で論じる。

(38) 本書では一九七〇年代から八〇年代にかけて、政治権力およびマスメディア経営陣によって不当解雇された記者たちを「解職記者」と基本的に表現する。

(39) 筆者が使用した第二版二刷では、原文が「민주화운도」〔民主化ウンド〕となっているが、これは「민주화운동」〔民主化運動〕の誤記だと思われる。

(40) 制度言論とは「国家の規制範囲内で支援と統制をうける言論」である。詳細は、第1章第3節で説明する。また、拙稿「宋建鎬のジャーナリズム論の研究――『民主言論』『民族言論』概念を中心に」(『次世代研究者フォーラム論文集』第三号、立命館大学コリア研究センター、二〇一〇年七月所収)も参照されたい。

(41) ここでは一九七〇年代朴正熙政権後期とは一九七二年一〇月一七日から一九七九年一〇月二六日の第四共和国時代を指す。「維新体制」とも呼ばれる。また、全斗煥政権期とは一九八〇年八月二七日から一九八八年二月二四日の第五共和国を指す。

(42) CMMRモデルはコミュニケーションの過程をC(communicator)、M(message)、M(media)、R(receiver)と分けて説明する理論である。金周彦は「マスメディアの場合、言論人などをコミュニケーターというならば、言論人がメッセージ（記事など報道内容）をメディア（新聞・放送など言論媒体）を通して受容者（読者または視聴者）へ伝達する方式で情報が流れるのである」としている［金周彦 2008：12］。

(43) 修士論文一三七本、博士論文一本であった。韓国国立国会図書館のデータベースを使用して検索した結果である。キーワードは「한겨레」または「한겨레신문」とし、「学位論文」のカテゴリーに限定した。

(44) 寛勲クラブは一九五七年一月一一日に、一八名の若い記者たちがソウル市鍾路区寛勲洞で創立したジャーナリズム関連団体である。ジャーナリズムの発展と会員の親睦を目的とする。主要な活動に、討論会やセミナーの開催、寛勲ジャーナリズム賞および国際報道賞の授与、『寛勲ジャーナル』の発刊などがある。韓国国内で最も古いジャーナリズム関連団体である。『新聞研究』は寛勲クラブが発行するジャーナリズム研究誌、批評誌である。一九五九年に創刊された。創刊の辞では、創刊の目的を「新聞の自由なくして民主社会はない。すべての自由の土台としての新聞の自由がどれほど重要なのかを正しく認識してこれを守っていくことは、民主社会の維持ための新聞人の社会的任務である。しかし、新聞の自由とはいっても、責任に縛られないわけにはいかない。責任のみを問い、自由を軽視するくせが、我が国にありふれているのは恨めしいが、責任に蓋をして、声高く自由を叫んでも社会の支持を受けることはできない。原子力に比喩される新聞の巨大な力を一部ながら動かしているわれわれは、『自由で責任ある新聞』を新聞の真の姿と考え、われわれの新聞をより自由で責任あるものとしてつくろうと努力する」としている（例えば、『新聞研究』一九九〇年夏号の裏表紙を参照されたい）。一九九九年に誌名を『寛勲ジャーナル』に変更した。筆者は同誌を創刊からすべて調査したわけではないが、一九八〇年代後半から一九九〇年代初版の時期は、ジャーナリズムの改革を志向する論陣を張っていたようである。言論民主化運動（本書第2章で詳述）を扱う特集も掲載された。

(45) 二〇一九年現在、成均館大学新聞放送学科教授。

(46) 朴正熙政権の流れを汲む勢力のことを指す。

(47) 『미디어오늘』（『メディア今日』）は一九九五年に創刊したマスメディア批評専門紙。マスメディアの動向に焦点を当て、政権によるマスメディアコントロールや、マスメディア自体の権力化について調査報道をしている。また、マスメディアの労働組合の動向を報道することも多い。公式ホームページ http://www.mediatoday.co.kr/

(48) 大江は二〇一三年現在、江戸川大学メディアコミュニケーション学部マス・コミュニケーション学科教授。二〇一〇年一一月一三日に現代韓国朝鮮学会第一一回大会若手研究者報告会（於・明治学院大学白金キャンパス）で筆者が発表した「『ハンギョレ新聞』の倫理綱領体系とその実践についての一考察――「保険社会省記者クラブ巨額寸志授受事件」報道を中心に」へ対する、大江のコメントである。

(49)「ハニ（hani）レポーター」の「hani」とは、『ハンギョレ新聞』インターネット版のアドレス（www.hani.co.kr）に因んでいるものである。以下、本書ではカタカナで「ハニ」と表記する。

(50) フィールドワークの代表的な方法については、大畑・成・道馬・樋口［2004：275-277］の整理に依った。

(51)「マル（말）」は韓国・朝鮮語で「言葉」という意味である。本書では以下、『言葉』とする。

(52) 保険社会省は事件当時（一九九一年）の名称であり、二〇一九年三月現在は保健福祉省（보건복지부）という。日本の厚生労働省に相当する。韓国の「부（部）」は日本の「省」に相当するため、本書では「省」を用いた。当時の『ハンギョレ新聞』記事では「保健社会省巨額寸志授受事件」となっているが、本書では、事件の本質をより明確にするために「保健社会省記者クラブ巨額寸志授受事件」と表記した。

第1章　言論民主化運動の展開過程

本章の目的は、『ハンギョレ新聞』が創刊される背景を検討することである。そのために、課題を二つ設定した。一つは、一九四八年八月一五日、すなわち大韓民国成立以降の韓国言論史について、政治権力とジャーナリズムの関係性という観点から概観し、言論民主化がどのような形で実践されてきたかを具体的な資料に基づいて明らかにすることである。もう一つは、「言論民主化」を標榜した社会運動団体の内的論理を解きほどきながら、「言論民主化」という概念を定義し、韓国における文脈および時代的制約性を踏まえて検討することである。

この二つの課題に答えるため、第1節以降では、言論民主化運動が時期別にどのように展開されたのかを、政治権力による言論統制および弾圧の実態と関連させて論じる。ただし、本書は厳密な歴史叙述を目指しているのではなく、言論民主化運動の動態を描く背景として李承晩《イスンマン》政権期から全斗煥《チョンドファン》政権期の言論政策を扱う。したがって、政治権力による言論政策については一つひとつを詳細に論じるのではなく、重要な事例をいくつか選定して提示するに留めた。

以下に第1節から第4節までの概略をもう少し詳しく述べたい。

第1節では、李承晩政権期（一九四八～六〇年）における政治状況と民衆、ジャーナリズムの関係について論じた。

まず、李承晩政権の言論政策について検討した。李承晩政権は、言論を統制・弾圧する様々な手段を用いたが、本書では「言論政策七項目」と国家保安法改定および地方自治法改定による「言論の自由」への法的規制の実態について言及し、さらにこれら法改定に対するジャーナリズムの抵抗について述べた。

次に、李承晩政権が崩壊する直接的契機となった一九六〇年の四月革命の過程を概観し、当時の民衆の動きとジャーナリズムの論調について整理した。

第2節では、朴正熙《パクチョンヒ》政権期（一九六二～七九年）について論じた。

第一に、言論に対する朴正熙政権の基本認識を明らかにしたうえで、そのような言論観が反映された利権誘導・懐柔政策と言論統制・弾圧政策を、大統領緊急措置第一号などを例に分析した。

第二に、朴正熙政権の言論統制・弾圧の代表的な事例を分析した。韓国言論史上重要な事件である一九六一年の『民族日報』事件、一九七四年の『東亜日報』白紙広告事件、一九七二年および一九七五年に行われたマスメディア記者の大量不当解雇事件などを取り上げた。同時に、「維新体制」（朴正熙政権が第四共和国憲法のもとで行った政治体制。大統領直接制が廃止され間接選挙となった。また、戒厳令・緊急措置などを発令し社会統制を強力に強めた）に抵抗した学生運動にも言及した。

第三に、政治権力と癒着構造を作り上げつつあったマスメディア内部からの民主化運動として、一九七四年一〇月の『東亜日報』記者らによる「自由言論実践宣言」を取り上げた。具体的には、宣言に至る背景と宣言が採択された過程、そして宣言の波及効果と限界、政治権力の巻き返しなどを分析した。

第3節では、全斗煥政権期（一九八〇～八八年）の言論政策について論じた。

まず、光州民主化運動と当時のマスメディアの関係性を検討した。全斗煥政権が軍事力を背景にした言論統制をどのように進めたのかを、当時の記者の証言をもとに再構成した。その一方で、マスメディアが報道しなかった光州民主化運動の事実が、個人を介して草の根的に少しずつ広がった事例についても取り上げた。

次に、言論統制および弾圧について論じた。大規模な言論統廃合と記者の不当逮捕及び大量強制解雇などが行われた一九八〇年の「言論大虐殺」および「報道指針」や言論基本法に代表される言論統制などを主要な事例として取り上げた。

第3節では一九八七年の六月民主抗争も扱った。まず、朴鍾哲《パクジョンチョル》拷問致死事件がどのように報道・拡散され大規模なデモに結びついていったのかについて、時系列的に整理した。さらに、六月民主抗争によってもたらされた六・二九民主化宣言の意義を、ジャーナリズムの観点から評価し、宣言がどのような形で言論民主化と新しい報道機関の創設に影響を与えたのかを論じた。

第4節では、言論民主化運動の中心を担った解職記者らによる言論運動団体について論じた。

第一に、言論民主化という概念の検討を行った。まず、ジャーナリズム研究の蓄積、主に規範論に依拠する形で、リベラルデモクラシー社会におけるジャーナリズムの原則を提示し、ジャーナリズムが持つ価値体系と韓国における言論民主化という概念とが、その基本的な部分において通底することを示した。次に、言論民主化が示す具体的な内容を韓国現代史の文脈から読み解く作業を行った。そのために、韓国言論界の重鎮であり、一九七〇年代から一九八〇年代にかけて言論民主化運動を牽引してきた宋建鎬《ソンゴノ》の言説を検討した。

第二に、言論民主化を標榜した社会運動団体の系譜分析を行った。一九七五年に結成された「東亜自由言論守護闘争委員会」および「朝鮮自由言論守護闘争委員会」、一九八四年三月に結成された「八〇年解職言論人協議会」、同年一二月に結成された「民主言論運動協議会」を取り上げ、その結成の背景と過程、これらの団体の相互関係などについて分析した。特に、一九七〇年代および一九八〇年代の言論運動団体の流れを結集し、より強力に言論民主化を達成しようとした民主言論運動協議会については、創立宣言文の検討を通して、その理念と具体的な行動指針を分析した。また、民主言論運動協議会の機関紙であった月刊『言葉《マル》』の性格についても言及した。

第1節　李承晩政権期（一九四八〜六〇年）

1　李承晩政権の言論政策

大韓民国初代大統領の李承晩は、朝鮮戦争後に長期政権維持に乗り出した。大統領であった自らを支持する自由党の勢力を強化するのはもちろんのこと、民間の暴力組織（政治暴力団）などを利用して敵対勢力を攻撃した。この方法によって世論を沈黙させ、憲法改定によって権力を強化するという強圧的手法を用いた。その一方で、李承晩はマスメディアを懐柔した。政治権力を動員して『東亜日報』を基盤とした「東亜日報グループ」に正統性を付与し、庇護下に置き、資金・組織力・人脈を「東亜日報グループ」から得た［木村 2001］。

一九四八年七月一七日に制定・公布された大韓民国憲法（以下、建国憲法）(1)は、国民主権・権力の分配・国民の基本的な権利の保障を明記した憲法であったが、一方では第一三条で「すべて国民は法律によらずには言論、出版、集会、結社の自由を制限されない」と定めた。これは、言論、出版、集会、結社の自由を法律によって規制できることを憲法で規定し、「表現の自由」は国民が持ちうる絶対的な権利ではなく、「法律によってそれが制限され得る相対的権利であることを明確にし」た［韓永學 2010 : 31］。

この建国憲法を法的根拠に、李承晩は一九四八年九月に「言論政策七項目」を発表し、独自のマスメディア政策に乗り出した。この七項目は、①大韓民国の国是・国策に違反する記事、②政府に対する謀略記事、③共産党と以北傀儡政権を認定ないしは庇護する記事、④虚位の事実を捏造・扇動する記事、⑤友邦との国交を阻害し国威を損傷する記事、⑥刺激的な論調や報道により民心を激昂・騒乱に陥れ、民心に悪影響を与える記事、⑦国家機密を漏えいする記事、を取り締まることができると定めていた(2)。その結果、ジャーナリズムは権力監視報道が全くできない状況に置かれた。

また、任期満了に伴って行われた一九五二年の大統領選挙時には、大統領選挙実施日であった八月五日の約一ヵ月前に憲法を改定し（抜粋憲法）、大統領を選ぶ方式が国会議員による間接選挙制から国民による直接選挙制に変わった(3)。これは、李承晩が引き続き大統領職を務めるための改定であり、韓国の憲法史上第一回目の改憲であった。改憲は手続き的に大きな問題があったと指摘できる。韓国の国家記録院ではこの「抜粋憲法」について、「六・二五戦争〔朝鮮戦争〕の渦中だった当時、李承晩大統領は戒厳令を宣布し、一部国会議員を監禁した状態で大統領および副大統領を直接選挙で選び、一院制の国会を二院制へとする改憲案を通過させた」と記述されている。[4]

李承晩政権は、このように適正手続きを著しく欠いた改憲を断行し、政治権力の基盤を固めようとした。一九五八年一月二五日には大統領令として民議院議員選挙法施行令を施行し、その第四八条（新聞広告の規格）と第四九条（政治団体の新聞広告）で、政治運動における新聞広告活用を制限した。政治権力の基盤を強化するという意味では、一九五八年一二月二四日の地方自治法改定案の国会通過も指摘しておかなければならない。地方自治法改定は、市・邑・面の首長を任命制とすることで中央政府による地方政府のコントロールを可能にした。[5]

韓国言論史の中でも、李承晩政権が強行した一九五八年一二月二四日の国家保安法改定案は、表現の自由を法的に厳しく規制するという意味で特に重要である。国家保安法改定の要点は次のようであった。

①　適用団体の範囲を拡大
②　利敵行為概念の拡大
③　軍人及び公務員の反政府活動・扇動行為の禁止
④　国家機関に対する名誉棄損行為に対する処罰規定
⑤　検察権力の拡大
⑥　軍隊および情報機関の捜査権限拡大

国家保安法改定は、政治権力が恣意的な法運用によってマスメディアおよびジャーナリストのみならず、あらゆる表現者を統制することを可能にさせた。李承晩政権が国家保安法を改定した直接的な理由は、一九五八年五月二日に実施された民議院選挙で、自らが率いる自由党が、都市部など重要選挙区で野党の民主党に大敗したからである。李承晩は当時、大敗した理由を『東亜日報』など野党寄りの論調を持つマスメディア報道とそれらの報道に影響を受けた民衆の動向にあると考え、法改定を行ったのである。これに対してジャーナリズムは一斉に抵抗した。一一月一六日の『朝鮮日報』は社説「国家保安法を改正する必要は何か」を掲載し、一二月二八日まで国家保安法に直接関係した社説を一六回掲載した。『東亜日報』も、一一月一二日の社説「とんでもない保安法改正案」という社説を始め、一二月二九日までに一三回に亘って国家保安法改定に反対する社説を掲載した[6]。また、一一月二一日に、韓国新聞編集人協会は、改定案の中のマスメディアに関連する条項が、表現の自由に抵触・侵害することを指摘し、明確に反対する声明を出した。同時期に、大韓弁護士協会もまた「国民の基本権を侵害する」と問題視する指摘をしている。

この時期、政府批判の論調を最も先鋭的に展開していた『京郷《キョンヒャン》新聞』が、内乱扇動罪の嫌疑により強制廃刊処分を受けた。「京郷新聞廃刊事件」である。『京郷新聞』はこの処分を不服として行政裁判を起こし、結果として勝訴した。これにより、政府は一旦は廃刊処分を撤回したが、その後に無期定款処分を下したため、同紙は違憲訴訟を起こした。一九六〇年四月二六日に、最高裁判所から無期定款処分の停止決定が下され、政府もこの決定に従った。

この後、大統領および副大統領選挙に向けて李承晩は具体的行動に出ることになる。まず、前述した一九五八年五月の民議院選挙後に、内務長官として崔仁圭《チェインギュ》を抜擢した。崔仁圭は、民議院選挙において李承晩が率いる自由党の選挙工作を担当した中心人物であり、当時は選挙主務長官であった。崔仁圭は、①警察人事刷新、②道知事の直接任命、③公務員による選挙への関与奨励、を断行し、李承晩の計画通りに選挙体制を構築していった。

李承晩の選挙対策は、通常五月に行われていた選挙を三月に突然繰り上げたことから本格的に始まった。この方策は、民主党の大統領候補であった趙炳玉《チョビョンオク》が二月に死去したことを好機として民主党に新候補選出の余裕を与えないという効果を狙ったものであった。大統領選挙の立候補者を事実上、自由党の李承晩一人にするための工作だった。さらに、崔仁圭は、各地方公共団体長・道警の責任者、警察署長などを招集して、自由党候補を当選させるよう協力を求めた。崔仁圭は、事前投票制の導入、三人組半公開投票[7]、民主党支持者の買収などさまざまな不正工作を展開した。そして、一九五九年には進歩党の中心人物であった曺奉岩《チョボンアム》を国家保安法違反で死刑に追い込んだ。

2　四月革命と言論界

これら政権側の動きに対して、学生を中心に猛烈な反対運動が高揚し、短期間で全国的なデモに発展した。そのデモが最大限に高まり、李承晩政権が崩壊したのが「四月革命（四・一九革命）」である。

学生デモは、一九六〇年二月二八日に慶尚北道《キョンサンプット》大邱《テグ》から始まった。当時、李承晩率いる自由党と敵対関係にあった民主党の張勉《チャンミョン》は、大統領選挙のために各地で遊説を行い、二月二八日は大邱で集会をする予定であった。李承晩政権は、学生が集会に参加することを妨害する工作をおこなった。それに対して、大邱の慶北《キョンブク》高校の学生らが反対するデモを行った。学生らは三月に「全国の学生よ、目を覚ませ。あなたたちの胸に真の革命烈士の血が流れているならば、目に銃弾が撃ち込まれたまま惨死したわれわれ兄弟の死体が漂流している馬山《マサン》を想起せよ。平和的なデモは、われわれの自由である。馬山事件で銃口の前に民主主義を叫んで行方不明になった兄弟たちの殺傷の責任を問う。この惨劇を見て義憤に燃えるわれわれは、もう我慢できない〔後略〕」という宣言文を発表した［金三雄《キムサムウン》 1984：15］。

三月五日にはソウル、三月八日には大田《テジョン》でデモがあった。さらに、三月一〇日以降も釜山《プサン》・大田《テジョン》・水原《スウォン》・清州《チョンジュ》・忠《チュン》州《ジュ》などで学生デモが続いた。

三月一五日に予定通り大統領選挙が行われ、李承晩候補が大統領に選出されたが、不正選挙に抗議する動きは止まず、民主党馬山支部および慶尚南道《キョンサンナムド》支部は選挙当日に早々に「不正選挙無効」を宣言し、デモが発生した（第一次馬山デモ）。このデモには約一万人が参加した。警察は、「第一次馬山デモは背後にいる共産主義勢力が操ったものである」という論理を組み立て、民主党をはじめ主要なデモ参加者を徹底的に弾圧した。四月一一日には、政府および警察の弾圧に抗議する三万人のデモが馬山で繰り広げられた（第二次馬山デモ）。

これらのデモはソウルに飛び火し、四月革命につながっていく。四月一八日に高麗《コリョ》大学学生会は「この濁流の歴史を浄化することができないならば」という時局声明を発表し、その中で馬山デモの弾圧について「既存独裁の最後のあがきは、今や国民全体の生命と自由を危険にさらしている」とし、「このような極端な悪徳と人倫に背いた行為を受け入れているこの濁流の歴史を浄化できないのであれば、われわれは後世の呪いを永遠に免れないであろう」と宣言した。そして、①既存世代は自省せよ、②馬山事件の責任者を即刻処断せよ、③われわれは行動性のない知識人を排撃する、④警察が大学に出入するのを厳禁とする、⑤今日の平和的デモを妨害するな、という五つの具体的要求を挙げた［金三雄 1984：17-18］。同日、高麗大生約三〇〇〇人を中心とした大学生によるデモが、国会議事堂前で行われた。そのスローガンは「馬山の学生を即時釈放、三・一運動の精神で民主政治を成し遂げよう」であり、市民約三万人が合流して大規模なデモに発展した。これに対して政府は暴力団を動員して学生を襲わせ、十数人が負傷した。注目すべきは、高麗大学学生会のデモはスローガンから分かる通り、三・一運動の精神、つまり「抗日」と平和的な手段による社会変革の必要性を運動の正当性としていたことである。李承晩政権は民衆にとっての敵であり、その次元においては「日本帝国主義」と同じであり打倒の対象として認識されていたのであった。

四月一九日『東亜日報』は、四月一八日のデモを一面トップで大々的に報道した。また、暴力団による弾圧の模様を三面で詳報した。歴史学者の徐仲錫《ソジュンソク》が「〔四月一八日のデモの模様を〕翌日の朝刊は写真入りで大きく報道した。新聞は連日学生デモを詳しく報道していた。三、四月抗争で新聞は事態の進展に少なからず影響を及ぼしていたのである」と指摘しているとおり、「四・一九革命」成立に新聞報道も大きな影響を与えたのである［徐仲錫 2008：55］。

四月一九日朝、報道などを通して前日行われた高麗大学学生のデモの模様を知った学生たち、特にソウル大学・建《コン》国《グク》大学・高麗大学・東国《トングク》大学らの学生が「李承晩退陣」を叫んで午前中からデモを開始した。市民と合流して膨れ上がったデモ隊が中央省庁と大統領官邸に向かって進んだため、途中で警察と衝突した。この時、警察の発砲により、二一人が死亡、一七二人が負傷した。この日、延世大学学生会は「血管に脈打つ正義の良識」と題した宣言文を発表した。そこでは「発作的放縦ではない民主主義というものは、各人の意思を自由に表示することができるばかりでなく、集会・言論・結社の自由が厳然に保障されなければならないことはもちろん、国民によって選出された政府と立法府は国民の意思を尊重し、全国民のための政府にならなければならないのである」と述べられ、①三月一五日に行われた不正選挙の創案集団を法で処罰すること、②権力にへつらう佞臣の輩を追い出すこと、③国民の自由な意思表示を許容すること、④警察は国民の権利と自由を侵害しないこと、⑤政府は馬山事件の全責任をとること、という五つの要求を掲げた(8)。延世大学学生会の宣言は、「表現の自由」への言及が特徴的であった。また、同日、ソウル大学学生会も「自由の鐘を乱打する多数の一翼を」という宣言文を発表した。

この後、首都ソウルでのデモは二〇万人を越える規模に発展し、警察との衝突によって一〇四人が死亡した。六月一九日のデモは、ソウルのみならず釜山や光州《クァンジュ》など主要都市に波及したため、李承晩政権は非常戒厳を発令して軍隊を出動させた。釜山では少なくとも一三人が死亡、六〇人以上が負傷し、光州でも六人が死亡して七〇人以上が負傷した。これに衝撃を受けた李承晩政権は収拾策を提示したが解決せず、二〇日には米国までもが李承晩政権の不正を指摘しつつ社会の民主化を促すべきという声明書を発表した。

二五日になると、高麗大学のイジョンナム［이정남］や延世大学のチョンソクヘ［정석해］、ソウル大学のイヒスン［이희순］らを中心とした大学教授二五八人が「大学教授団」を結成し、「不正不義に抗うことは民族精気の表現」という題名の「大学教授団四・二五時局宣言文」を発表し、デモを行った（四・二五大学教授団デモ）。この宣言文の所信は一五項目に及ぶが、そのうち最も重要と考えられるものをいくつか抜粋・引用したい。

第一項

馬山・ソウルその他の各地のデモは、主権を奪われた国民の鬱憤を代弁しており、決起した学生たちの純粋な正義感の発露であり、不義にはいつでも抗う民族精気の表現である。

第二項

このデモを共産党の操縦や野党のそそのかしと考えるのは故意の歪曲であり、学生たちの正義感を冒涜するものである。

第五項
三月一五日の選挙は不正選挙である。公明な選挙によって政府統領を再選挙せよ。
第六項
三月一五日の不正選挙を操縦した者は重い処罰に処さなければならない。
第一四項
時局の重大性を認識して、学生たちは興奮を静めて理性を守り、早く学業の本分に戻れ。
第一五項
学生諸君は、三八度線以北で虎視眈々と狙っている共産傀儡たちが、諸君たちの義挙を一〇〇％宣伝に利用しているという事実を警戒せよ。また、以南でも、従来の反共名義を盗用する方式で諸君たちの流れた血の対価を政治的に悪用しようとする不純分子がいることに注意せよ。［金三雄 1984：20-21］

四・二五大学教授団デモを主導した大学教授らは、学生によるデモ行為について、その動機と意義を認めた上で、早期にデモをやめて学業に戻るように促している。

国民の猛反発のみならず、米国からの支持まで失った李承晩は、二七日についに大統領職を辞任した。翌二八日の『東亜日報』は一面で李承晩の大統領辞任を伝え、三面で李承晩政権の崩壊を「四・一九義挙」と表現した。同日紙面ではソウル大学法学部学生の金南薫の「反民主集団の粛清を望んで」という小論文を掲載している。

上記の紙面でも見られるように、少なくとも四月革命および李承晩政権崩壊では、『朝鮮日報』『東亜日報』など主流マスメディアの一部は、言論統制に対して抵抗を示し、不正選挙を追及する姿勢を見せていたのである。

ここで、後に『ハンギョレ新聞』創刊の中心人物となる鄭泰基《チョンテギ》の言葉を紹介したい。一九四一年生まれの鄭は四月革命を大学生時代に経験した。鄭は、この時代の新聞は、ジャーナリズムの権力監視機能を保持していたと評している。

韓国のジャーナリズムは自由党末期の時代、一九六〇年に李承晩を追い出した。四月革命だ。その時の韓国のジャーナリズムは、非常に未発達で部数も少なかった。零細新聞社が全国の地域ごとにあったのだが、その中でも〔ソウルの〕『東亜日報』『朝鮮日報』『京郷新聞』が中心的な新聞だった。新聞がそのときに徹底的に反政府路線を繰り広げた。反政府反独裁だ。その影響もあって四・一九革命が起こって民主化になった。(9)

四月革命は、学生運動が主体となり、ジャーナリズム界も学生運動を大きくとりあげつつ政権に批判的な論陣を張った。例えば、言論糾弾大会準備委員会が一九七一年三月二五日に発表した宣言文「言論人へ送る警告状」でも、朴正煕政権と癒着するジャーナリズム界を批判する一方、「新聞と学生の共同闘争がもたらしたあの四月の溢れそうな歓喜」として、四月革命に参与したジャーナリズム界を高く評価している〔金三雄 1984：136〕。

四月革命後に、韓国は大統領制への反省から議院内閣制に移行した。亡命した李承晩に代わって、李承晩政権下で駐米大使や副大統領を歴任し民主党を率いていた張勉《チャンミョン》が国務総理に就任し、政治権力の実質的なトップに立った。また、政治的な実権はほとんど持たない大統領には尹潽善《ユンボソン》が就任した。このようにして議院内閣制による新体制〔第二共和国〕が始まったが、政権基盤が弱く、軍の統制も掌握できなかった張勉政権は、四月革命後の処理を適切にできず、民主化路線にスムーズに移行できなかった。この間隙をぬって、当時陸軍少将だった朴正煕を中心とした軍部勢力がクーデターを起こした〔以下、「五・一六クーデター」という〕。前述した鄭泰基は「〔李承晩政権崩壊後の〕一年後に朴正煕がクーデターを起こして〔四月革命を〕ひっくり返した。民主主義というものは簡単ではない。四月革命後の一年間は非常に無秩序になり、すべての分野で自由化が叫ばれた。政府には〔社会を〕統制する能力がなかった。そのような状況を大義名分として、軍隊がつけ込んだのだ」と述べ、朴正煕を中心とする軍部勢力が、四月革命後の混乱期を利用して五・一六クーデターを起こしたと分析した[10]。

この五・一六クーデターはジャーナリズムにも影響を与えた。四月革命で本来の役割を果たすようになったと思われたジャーナリズムは、朴正熙政権下で徹底弾圧と懐柔を兼ね備えた政策によって権力監視機能が弱体化し、政治権力とジャーナリズム（言論）が非常に近い関係となる「権言癒着」に陥っていくことになった。一九八〇年にマスメディアから不当解雇され、後に『ハンギョレ新聞』創刊に合流する高昇羽《コスンウ》は「四・一九後、言論は社会の木鐸として登場する機会があったが、五・一六クーデターでその気が折れてしまった。軍部統治の中で、反民衆的言論活動の強要に慣れさせられた言論の姿に変わった」と述べている[11]。朴政権時代に基礎づけられた政治権力と言論の癒着構造は、現在の韓国の言論状況にも大きな影響を与えているという意味で今日的な問題でもある。この朴正熙政権期の言論政策については、次節で詳細に検討していく。

第2節　朴正熙政権期（一九六二～七九年）

1　朴正熙政権のジャーナリズム認識

当時陸軍少将であった朴正熙を中心とした韓国陸軍士官学校の八期生および九期生は、一九六一年五月一六日に軍事クーデターを起こした。クーデター勢力は、軍事革命委員会を設置し、革命公約六項目を定めて国家権力を掌握した。軍事革命委員会の議長には、陸軍参謀総長であった張都暎《チャンドヨン》が就任し、副議長には朴正熙が就任した。

二日後の五月一八日に、当時国務総理であった張勉は、臨時閣議を経て軍事革命委員会への政権移譲を決定した。これを受けて、軍事革命委員会は五月一九日に国家再建最高会議へと再編し、六月一〇日には金鍾泌《キムジョンピル》を部長とする中央情報部が創設された[12]。中央情報部は国家再建最高会議直属の部署であり、諜報活動はもちろん捜査権も兼ね備えているという強大な権限を持っていた。さらに、朝鮮民主主義人民共和国のイデオロギー浸透はもちろん、韓国国内における民族左派運動、労働運動などを徹底的に取り締まるため、国家主導で全国民運動を企図することとなった。そのために、再建国民運動本部を発足させ、①耐乏生活の実践、②勤勉精神の鼓吹、③生産と建設意欲の増加、④国民道義の高揚、⑤秩序観念の純化、⑥国民体力の向上などを目標に運動を繰り広げた。

軍事的な力を背景に権威主義体制を確立した朴正煕らクーデター勢力は、批判を抑えるためにマスメディアの統制へと動き出していく。ここでは、統制の思想的背景つまり朴正煕の言論観を見てゆくこととする。

朴正煕は、一九七三年一月二六日に行った文化公報省の年頭巡視で、その言論観を分かりやすく説明した。朴正煕は「国家の綱紀確立面で特に重要な影響を与えるのは、まさしく言論」であり、ジャーナリズムが国政運営において重要性を持つがゆえに「言論が好き放題に責任なく何でも書き、政府は干渉することなく放置しておくのが言論の自由であると錯覚する人々」は「国家のため、言論自身のために、決して良くありません」とジャーナリズム観を披露した[(13)]。この認識は、リベラルデモクラシー社会におけるジャーナリズムの役割と真逆であり、国家権力に言論を従属させる考え方であるといえる。

また、公報処が一九九二年一二月に発行した『第六共和国実録　盧泰愚大統領政府五年』一巻では、朴正煕は「第一に国家利益の追求が言論の一次的機能であると同時に、究極的な目標でなければならず、第二に、このために言論は制度的機能を優先して遂行しなければならず、第三に、言論の自由よりは言論の責任が強調されなければならない」というジャーナリズム観を持っていたと総括している[(14)]。

これらは、朴正煕がマスメディアの社会的機能やジャーナリズムというものに対してどのような認識を持っていたかを端的に表している。

朴正煕の言論観は、言論統廃合やマスメディアへの圧力政策に反映され、一九六二年から実行に移された。その圧力政策を見ると、まず、朴正煕政権は、一九六一年五月から一九六二年六月の一年間で約九六〇人のジャーナリストを「言論浄化」を口実に逮捕し、裁判を進めた。一九六二年には「新聞通信など登録に関する法律」を制定して言論統制を制度化した。これは、朴正熙政権による言論弾圧の重要な側面であった。

それに対して、言論界は基本的に沈黙し、政権批判どころか言論政策に関する報道そのものを自粛した。例えば、張琪杓《チャンギピョ》は「このような状況について、制度言論はきちんと報道しませんでした。結局これは、暴動の様相を帯びた民乱が起こるときだけ報道を〔しました〕。暴動が起きたということだけ報道し、惨状をきちんと報道しませんでした」と述べた[15]。

前述した鄭泰基は「四月革命後に〔ジャーナリズムは政権に対して〕非常に抵抗的だったが、〔朴正熙政権は〕様々な方法を使った。それは、一方では暴力を使い一方では記者へ金品を渡して〔抵抗力を〕なくすという方法だった。『プレスカード制度[16]』を導入したのもそのときだった。『プレスカード』とは新聞記者の資格証のようなカードだ。このような方法は、ナチスドイツのゲッペルスの言論政策をそのまま踏襲したものだ」と証言した[17]。金周彦もナチスドイツの言論政策に言及したが、さらに軍国主義下の日本の言論統制構造との類似性にも着目し、「韓国の軍事政権の言論統制は、ナチス統治下のドイツと軍国主義治下の日本の言論統制政策をそのまま模範としてなされた。これら政権は言論をファシズム体制維持のためのイデオロギー的国家機構として編入した」と指摘した〔金周彦 2008：31〕。鄭泰基は、金周彦のいう「言論ファシズム体制」が当時どのようなものであったのか、次のように証言した。

一九六九年に、朴正熙が終身大統領になるという考えから改憲をし、三選できるように多くの言論に対して様々な工作をした。そのときは情報機関が非常に多かった。最も大きいのは中央情報部だ。南山《ナムサン》[18]に本部があるので、われわれは『南山』と呼んだ。さらに国軍に保安司令部があり、警察に各種情報機関があった。新聞社の編集局に、これら情報員たちが記者たちと一緒に出勤し、新聞が発行される前に〔記事内容をチェックして政権に不利な記事があれば〕『この記事は掲載するな』と圧力をかける最悪な状況だった。私は当時『朝鮮日報』経済部記者だったが、朴正熙政権による第二次五か年計画が真っ盛りだった時期だったので、経済分野に〔情報員たちの神経が」集中していた[19]。

鄭泰基の証言からは、中央情報部などの組織が多重に言論を監視・統制した事実が分かる。

このような中、朴正熙政権は、一九七四年一月八日に大統領緊急措置一号を発動してマスメディアを国家統制のもとに置く処置を断行した[20]。大統領緊急措置一号は、表現の自由を根本的に封殺する法令であり国家緊急権発動の一形態であった。宋石允［2006］は次のように整理している。

一九七二年一〇月の維新クーデターの後に制定されたいわゆる第四共和国憲法は緊急措置権（第五三条）と戒厳宣布権（第五四条）を規定しており、このうち特に緊急措置権はそれ以前の国家緊急権とは異なり、国民の自由と権利を停止することができ（同条第二項）、また司法府と立法府の統制を受けない「無所不為」〔オールマイティ〕の超憲法的なものであった（同条第三、四、五項）。［宋石允 2006：53］

宋石允［2006］の指摘通り、第四共和国憲法下では、政権の恣意的な判断により基本的人権を限度なく制限できたと言っても良い。緊急措置は超法規的な性質を持つものであり、憲法が歯止めにならず、それまでの国家緊急権発動と本質的に異なるものであった。また、第二号は第一号の違反者を裁判にかけるための訴訟法的位置づけとして発令された。

このような朴正熙政権時代には、リベラルデモクラシー社会におけるジャーナリズムの実践は非常に難しく、報道活動は自由闊達さを失った程度の水準ではなく、政治権力によって手足を縛られているような状態であったことがジャーナリストらの証言でも明らかである。一九七五年まで『東亜日報』記者であり、後に『ハンギョレ新聞』創刊に深くかかわっていく成裕普《ソンユボ》[21]は、この時期を「息をするのも大変な時代だった」と表現した[22]。

2　朴正煕政権による言論弾圧――『民族日報』事件

朴正煕は軍部の力を背景に、利権誘導と言論弾圧を並行して使い、言論弾圧・言論統制に乗り出した。本項では言論弾圧の代表例として「民族日報事件《ミンジョクイルボ》」を取り上げる。「民族日報事件」は、朴正煕政権期初期における重大な言論弾圧事件として知られ、朴正煕政権のジャーナリズム観を象徴する事例の一つである。事件の全面的な解明には長く時間がかかり、盧武鉉政権時代に創設され活動を行った「真実・和解のための過去事整理委員会（以下、真実和解委員会）」の調査対象となった。本項では、二〇〇六年に公表された真実和解委員会の調査報告書を元に事件を整理してみたい。

『民族日報』発行人の趙鏞壽《チョヨンス》は在日朝鮮人であり、在日居留民団幹部として日本で活動した後、一九六〇年の四月革命直後に韓国に戻り政治活動に入った。社会大衆党の候補として民議院選挙に出馬したが落選し、その後に本格的に言論活動を開始した(23)。

一九六一年二月一三日に趙鏞壽らが創刊した『民族日報』は進歩的な論陣を張る新聞であり、「民族の進路を指し示す新聞、不正と腐敗を告発する新聞、労働大衆の権益を擁護する新聞、両断された祖国の悲願を訴える新聞など四つの社是を通して進歩的な論調で大きな反響を呼び起こした」とされる(24)。特に、南北関係においては民族主義進歩陣営の主張した南北協商、中立化統一、民族自主統一を政治的目標として明確に打ち出しており、民衆運動の主体勢力層を始めとして創刊当時から人気を博したようである。真実和解委員会の調査報告書によると、当時の『民族日報』の評価は次のようである。

『民族日報』は、創刊されるや否や、統一問題・韓米経済協定・反共法問題など当時韓国社会で焦眉の関心事として注目されていた問題と関連した論説および記事を掲載することで進歩的性向を現し、世間で大きな人気を博した。『民族日報』は当時、毎日三万五〇〇〇部程度を発行したが、これは当時の主要新聞であった『東亜日報』

『朝鮮日報』に及ばなかったものの、短期間に一気に多くの読者を確保したのである。[25]

『民族日報』の報道姿勢は政府から非常に急進的と見られ、四月革命で李承晩が下野した後の張勉政権から「印刷中断」という弾圧を受けた。『民族日報』の主張が一部の民衆に受け入れられ影響力を持つ可能性があったため、政治権力がすぐに弾圧に動いたのである。『民族日報』は、「韓米経済協定締結と反共特別法およびデモ規制法という二大悪法反対運動を展開、結局二大悪法制定阻止に成功するなど相当の影響力を誇示した」のである。[26]

一九六一年五月一六日に朴正熙少将率いる「軍事革命委員会」が軍事クーデターを起こしてからは、『民族日報』は張勉政権よりもはるかに苛烈で徹底的な弾圧の対象となった。軍事革命委員会が改称した国家再建最高会議は反共産主義政策を基本としていた。趙鏞壽を含む民族日報社の主要幹部は軍事クーデターの二日後である五月一八日に社屋から警察の捜査官によって連行され、ソウル中部警察署の留置場に収監された後に西大門刑務所に移送された。[27]また、翌一九日に『民族日報』は廃刊通告を受け強制廃刊させられた［金周彦 2008：252］。

連行された『民族日報』の幹部らは、「容共」容疑で軍・警察・検察の合同調査を受け、さらに革命検察部の取り調べを受けた後、同年七月二三日に革命裁判所に起訴された。[28]趙鏞壽らに適用されたのは「特殊犯罪処罰に関する特別法」であった。この特別法は同年六月二二日に制定されたが、連行時である五月一八日に遡及されて適用された。附則によって三年六ヵ月遡及が可能だとされていたのである。[29]二一日に制定された「革命裁判所および革命検察部組織法」附則も「同法施行当時にすでに捜査、起訴された者は同法によって操作、起訴された者とみなす」と規定されていた。真実和解委員会は、この点について「国家再建最高会議で『革命裁判所および革命検察部組織法』、『特殊犯罪処罰に関する特別法』などを制定したことは近代立憲民主国家では法理的に成立不可能なほど国民主権主義および立憲民主主義に真っ向から反したことであり容認できない。また、『特殊犯罪処罰に関する特別法』を三年六ヵ月まで遡及適用できるようにしたことは、遡及立法禁止の原則に違反しており、革命裁判所を二審制で制限したことは、国民の基本権を重大に侵害していたのである」と厳しく批判している[30]。
趙鏞壽は、同年一〇月三〇日に死刑が確定し、同年一二月に死刑に処された[31]。趙鏞壽が死刑執行をされるまでのプロセスについて、真実和解委員会は次のように叙述している。

民族日報の趙鏞壽事件は、まず民族日報関連者たちを逮捕し拘禁した後に彼らに適用する遡及立法を作って起訴と裁判手続きを経て処罰する過程を踏んだ。趙鏞壽に対しては社長の地位で掲載した民族日報の論説などを政党の主要幹部の地位で掲載したのでありその内容が北韓[32]を鼓舞・同調したと歪曲し、死刑を宣告した。以後、国家再建最高会議議長の確認を経る過程で減刑なく死刑を執行し生命権を剥奪した[33]。

朴正熙ら国家再建最高会議の首脳部は、『民族日報』を徹底的に弾圧すると決め断行したと解釈して間違いないだろう。このような国家再建最高会議首脳部の行動とは逆に、皮肉にも趙鏞壽は、一時期は朴正熙らを支持する論説を紙面で展開していた。

『民族日報』の趙鏞壽社長は、朴正熙が南労党〔南朝鮮労働党〕出身だという言葉だけを聞いて興奮し、クーデターを礼賛する社説を書いた。しかし、朴正熙は趙鏞壽が期待していたそのような人ではなかった。社説が出た二日後である五月一九日、『民族日報』は廃刊通告を受けた。朝総連系から資金を受けて「北傀[32]」のために働いてきたというねつ造の嫌疑だった。軍事クーデターを礼賛して統一に関心を置いたのと同時に、北韓の主張を時折批判してきた新聞にかぶせられた嫌疑だった。趙鏞壽を含めた八名が拘束されて三名には死刑宣告が下され、他の五名には五年から一五年に及ぶ重刑が宣告された。［ハンユンヒョン 2010：29］

結局、朴正煕らクーデター勢力から見れば、『民族日報』は朴正煕ら自身の政治的正当性を脅かす存在であり、趙鏞壽を始めとする『民族日報』幹部らは決して容認し得ない「危険分子」だったのである。趙鏞壽らは、国家再建最高会議に批判的なジャーナリストがどのような末路を辿るかの見せしめとして処刑されたと言えよう。事件を捏造した国家再建最高会議の真の狙いについて、前述の真実和解委員会は次のように分析している。

当時、対外的に五・一六〔クーデター〕主導勢力が徹底的な反共態勢を備えていることを見せつけ、対内的には政権掌握に障害となる要員を除去する必要性があり、特に軍事政変の第一号として「反共」を掲げているにもかかわらず、米国などから核心主体勢力の思想に関する疑心が提起されるや、対外的に反共の意志を強力に見せつける画期的な対応策を準備する必要があった状況だった。こうして、当時革新系〔の人々や勢力〕の主張を強く代弁する代表的な新聞だった『民族日報』社長の趙鏞壽を犠牲にすると判断した。(34)

これは言論弾圧事件であると同時に、重大な人権侵害事件でもあった。これ以降、ある程度の影響力を持つマスメディアとしての進歩言論は存在すること自体が難しくなった。次にマスメディアとしての進歩言論が韓国言論史に登場するのは、『ハンギョレ新聞』創刊（一九八八年五月一五日）となる。それまでは、進歩言論的な言説は在野に舞台を移していく。

一九八〇年にマスメディアを不当解雇された鄭大秀《チョンテス》（元慶南大学新聞放送学科教授）は「この新聞〔『民族日報』〕は進歩性向を標榜し、国民株募金で一九八八年五月一五日に『ハンギョレ新聞』が誕生するときまで、この地〔韓国〕に存在した唯一の進歩言論媒体だったということができるのである」と評価している。〔金敏男ほか 2001：319〕

3 言論と政権の癒着、そして学生による抵抗

朴正熙政権による言論への介入政策は、弾圧一辺倒の単純なものではなく、マスメディアを懐柔する方式も併用した。そして、マスメディアは、経営者らを中心に政権の懐柔政策にむしろ自ら積極的に応じて経済的利益を得て、成長した側面もある。このようなマスメディアの姿勢に対して、一九七〇年代になると全国大学生連合会がマスメディア糾弾大会を繰り広げた。特に、一九七〇年代前半は、ソウル大学を中心にその動きが活発化した。

まず、一九七〇年一一月にソウル大学総学生会が「行儀のよい言論人たちよ、荒々しく抵抗せよ」という宣言を行った。[金三雄 1984：127-129]

続く一九七一年三月二四日には、ソウル大学法学部の学生が、ソウル大学キャンパス合同会議室で言論糾弾討議大会を開催し、同日に法学部付属図書館の裏庭で「言論火刑式」を行った。「言論火刑式」とは、民主化運動の事実を報道せず、歪曲報道を繰り返し、民衆ではなく権力の代弁人として報道・論評活動をするマスメディアを象徴する人形を作り、それを大勢の前で火あぶりにすることでマスメディア報道への反発を民衆にアピールする儀式であった(35)【写真1－1参照】。

そして一九七一年三月二五日、全国大学生連合会の言論糾弾大会準備委員会が「言論人へ送る警告文」という宣言文を発表した。この宣言文では、以前は政権批判的な論調が目立っていたにもかかわらず朴政権時代の懐柔政策によって権力監視機能を失いつつあった『東亜日報』に批判の焦点が向けられていた。それは「『東亜〔日報〕』よ、お前は見るのか。天を恐れることも知らず、ひたすら昇っていく『朝鮮〔日報〕』の醜い抜け殻を。お前までもあのように凋落するのか。『東亜〔日報〕』よ、お前も中身は消え去り抜け殻だけが残ったのか」という文章から分かる。『朝鮮日報』は政権と密な関係を築くことでマスメディア企業として急成長していたが、政権批判的な野党紙として知られていた『東亜日報』には政権批判的な学生や民主化運動を担っていた学生はまだ期待を残していた。しかし、『東亜日報』まで政治権力と近しい関係になろうとしていることについて学生は怒り、言論糾弾大会準備委員会の宣言文

写真1－1　ソウル大学法学部の学生によって行われた「言論火刑式」（1971年3月24日）

出所：大学新聞（대학신문）／提供：大学新聞社（대학신문사）

を通して警告したのである。

さらにこの宣言では、①われわれは不屈の意思で闘争するのであり、言論も共同の闘士として進み出ることを再三促す、②われわれはすべての言論人が編集権の独立のために「労働組合」を結成することを促す、③われわれは目下の選挙において、不正不法が必ず行われると予想するが、言論がこれを傍観するならば、共犯者の断罪を免れない、④このようなわれわれの主張が無視される場合、われわれは不買運動を始めとした、それ以上の極端な方法も辞さない、という4点が決議文として採択された。

この警告文が印刷されたビラは、採択日翌日の三月二六日、ソウル大学の物理・法・商学部所属の学生ら約三〇人が東亜日報社本社前で行ったデモで、通行人に対して散布され、また「言論火刑宣言文」(36)が朗読された［東亜自由言論守護闘争委員会 1987：6］。宣言文では、一九七〇年三月一七日に行った鄭仁淑《チョンインスク》殺害事件(37)および同年四月八日に起こった臥牛《ワウ》アパート崩落事故(38)を例にとり、その事件の真相に迫らなかった報道態度を批判し、「今や権力の走狗、金力の侍女になり下がった言論を悲しみつつ、祖国に反逆し民族の呼びかけに背いた言論を民族に対する反逆者、祖国に対する反逆者として糾弾し、半世紀の燦然と輝いた伝統に思いを残したまま全国民の名前で火刑に処す」と宣言した［東亜日報労働組合 1989：151］。しかし、デモは長く続かなかった。開始した一〇分後には警察によって法学部会長の張成圭《チャンソンギュ》ら四人が逮捕され、デモ自体は強制解散させられたからである。[39]『東亜日報』はこの事件を翌日三月二七日に七面で小さく扱っただけであった。『民衆の声　無視するな』ソウル大学生会長団　本社前で言論糾弾」という見出しのこの記事は、デモの事実はストレートニュースとして記述されているものの、なぜこのようなデモが起こったのかなど背景についての詳しい説明は一切されなかった。

このように、大学生は民主化運動の主体として言論に対しても批判の矛先を向けた。当時のマスメディア報道に対する大学生の反発は、宋建鎬の言説の中にも見て取れる。宋建鎬［1987］は、この時期の韓国言論界の傾向を、事例を挙げて批判している。すなわち、一九七一年一二月の国家非常事態宣言の発表と、続く一九七二年一〇月非常戒厳令から始まる「維新体制」下でのジャーナリストらへの批判である。維新体制に反対すると逆賊扱いされる社会風潮の中で、記者の中でも「維新体制だけが国の生きる道」だと考えるものが少なくなく、維新体制末期には、言論界は「維新体制支持」一色だったという。それが、「一〇・二六事態」（中央情報部長であった金載圭《キムジェギュ》が朴正煕を暗殺）以降は、「新しい時代、新しい秩序」というスローガンが提唱され、維新体制支持一色だったジャーナリストもすっかり変わったという。宋建鎬は「何人かの人だけでも『それでも維新の道が生きる道』だと固執、いや主張する言論人が出てきたらましだった。しかしそのような言論人はただの一人も現れなかった。言論人がこのように朝令暮改[40]してもよいのだろうか」と述べている［宋建鎬 1987：49］。宋建鎬は、維新体制に賛成する記者について基本的に批判的であるが、この言説はそれだけを含意していない。記者といえども国民の一人なので、政治的志向をどのように持つかは自由であると認めながらも、ジャーナリストに必要な職業的な矜持を持たず、あまりにも変わり身が早く、政治権力に迎合する記者らを厳しく批判したのである。

4　言論内部からの改革運動

(1)　東亜日報社の事例

『東亜日報』が紙面でデモをほとんど黙殺した時節に、ソウル大学の学生らが東亜日報本社前で行ったデモは、『東亜日報』の一部の記者には深い印象を与えたようである。東亜自由言論守護闘争委員会［1987］によると、「会社の正門前で記者らに向かってこのように罵倒し激励し哀願していた学生たちが、警察によって強制解散させられる様子を〔建物の〕上から見ていた『東亜日報』記者たちは、心の中で涙を流し、今こそ何か挽回策を準備しなければならないと思った」［東亜自由言論守護闘争委員会 1987：6］という状況であった。

ソウル大学の学生デモが『東亜日報』の一部記者たちを行動に駆り立て、一九七一年四月一五日、『東亜日報』記者らによる「言論自由守護第一次宣言」が行なわれた。この宣言は、「機関員の常駐や出入りは許容できず、新聞および放送の制作・販売の全過程は言論人の良識にしたがって自由に達成されなければならない」と主張しており、次の三点が重要であった。

① 記者としての良心にしたがって真実を真実として自由に報道する。
② 直接・間接的に外部から加えられる不当な圧力を一致団結して排撃する。
③ 名誉をかけて情報要員の社内常駐または出入りを拒否する。

［東亜日報労働組合 1989：152］

この宣言は他のマスメディアにも影響を与え「この東亜日報記者たちの宣言に続いて、韓国日報、朝鮮日報、中央《チュンアン》日報《イルボ》、合同通信《ハプドントンシン》、文化《ムナ》放送など全国の新聞・放送・通信記者たちが一斉に立ち上がった」［東亜自由言論守護闘争委員会 1987：6］という現象につながっていった。また、「言論自由守護第一次宣言」の内容は、一九七四年一〇月二四日に東亜日報社の社員によって発表された「自由言論実践宣言」に引き継がれることになった。

一九七三年一一月二〇日には、「言論自由守護のための第二宣言文」（以下、「第二宣言」とする）が発表された。「第二宣言」では、「言論の自由が、言論人自らの無能と無気力によって守護できていないことを恥ずかしく思う」と述べた上で、①政府は言論に対して不当な干渉をするな、②すべての言論人は、勇気と信念によって外部の圧力を排撃して言論の本分を守ろう、③われわれは言論の自由が確保されるときまで全力を尽くす、という三点を確認した。

同年一二月三日「言論自由守護のための第三宣言文」（以下「第三宣言」とする）が発表された。本文で「去る七一年四月一五日にわれわれが発した『言論自由守護のための第一宣言』と一一月二〇日の『第二宣言』、そして最近何回かに渡って繰り広げられてきた徹夜の篭城などは、このような身もだえの表現である」とあるように、「第三宣言」は、内容的にも「第一宣言」「第二宣言」の延長線上に位置づけることができる。「第三宣言」は「第一宣言」「第二宣言」をより具体化した宣言であると言えよう。「第三宣言」で確認された重要な点は以下である。

① 当局が自律にかこつけた発行人署名工作を即刻撤回することを要求する。
② このような強行に直面し、言論本然の任務を守る良識ある言論人の毅然とした姿勢に敬意を表し、ともに闘争する。
③ 現時点まで署名を拒否してきた本社発行人が、当局の強行に勝てずについに署名してしまうような不幸な事態になる場合、〔われわれは〕新聞製作と放送ニュースの報道を拒否する。

「第一宣言」「第二宣言」「第三宣言」に共通しているのは、宣言の対象が、発行人など社内の管理職ではなく朴正熙政権に向けられたものであったということである。

(2)「自由言論実践宣言」

右記に見たように、政権による言論統制や言論弾圧が行われる中、言論界内部から統制・弾圧に対する抵抗の動きが生まれた。『東亜日報』記者らによる「第一宣言」「第二宣言」「第三宣言」がそれであったが、これら宣言を発展させた宣言であり言論界全体に大きな影響を与えたのは、一九七四年一〇月二四日に東亜日報社社員によってなされた「自由言論実践宣言」である。「自由言論実践宣言」は「報道指針」など政権側の言論介入政策に対抗する方針と手段を明確にし、「言論の自由」の本質を突いていた。宣言発表はあらかじめ秘密裏かつ組織的に準備されていた。宣言発表の直接的な引き金は、当時『東亜日報』編集局長であった宋建鎬が「学生デモの記事を載せた」という理由で中央情報部に連行された事件であった。

一九七四年一〇月二四日午前九時一五分、東亜日報社社員のうち、記者協会東亜日報分会と東亜日報社労働組合のメンバーを中心とした約二〇〇人が同社三階の編集局で集会を開き、その集会の参加者の総意で「自由言論実践宣言」を発表した。韓国記者協会東亜日報分会長だった張潤煥《チャンユンファン》が宣言文を読み上げた。この時、『東亜日報』社会部長の後ろの柱に「自由言論実践宣言　東亜日報社記者一同」と書かれた垂れ幕が掲げられた。当時東亜日報社の社員のうち報道に直接・間接に従事している社員が集会の中心となった。資料は当時の熱気を生き生きと伝えている。

あちらこちらで、『さあ、みんな集まりましょう!』『社会部のほうへ行きましょう!』という声と一緒に編集局幹部記者たちと放送局、出版局記者たちが社会部へ殺到した。社会部の両側の通路は足の踏み場もない状況だった。この日、総会に参加した記者は一八〇名を超えた。[東亜自由言論守護闘争委員会 2005：115]

「自由言論実践宣言」とはどのような内容の宣言なのだろうか。少々長くなるが、「自由言論実践宣言」の内容は言論民主化運動にとって非常に重要な里程標となったので、全訳を以下に示す。

今日の社会が直面する未曾有の難局を克服することができる道は、言論の自由な活動にあることを、われわれは宣言する。民主社会を維持し、自由国家を発展させるための基本的な社会機能である自由言論は、どのような口実を持ってしても抑圧することができないし、誰からも干渉されないものであることを宣言する。

われわれは、教会や大学など報道機関の外で言論の自由回復が主張され、言論の覚醒がうながされている現実に対して、骨身にしみるほどの恥ずかしさを感じている。

本質的に、自由言論はまさにわれわれ言論従事者たち自身の実践課題であり、当局から許可を受けたり国民大衆が与えてくれるものではない。

したがって、われわれは自由言論に逆行するどのような圧力にも屈することなく、自由民主社会存立の基本要件である自由言論実践に最善を尽くすことを宣言し、われわれの熱い思いを集約して次のように決意する。

一つ、新聞・放送・雑誌に対するいかなる外部の干渉も、一致団結して強力に排除する。

一つ、機関員の出入りを厳しく拒否する。

一つ、言論人の不法連行を一致して拒否する。どのような名目であろうと、不法連行された場合は、その者が帰社するまで退勤しないこととする。

一九七四年一〇月二四日　東亜日報社記者一同

［一九七四年一〇月二四日「東亜日報自由言論実践宣言」］(41)

「自由言論実践宣言」の骨子は、①自由言論の本質を訴え、言論人自身の実践によってそれを証明することを誓ったこと、②外部の干渉を排除する（政府機関や軍部の人間が編集局に出入りし編集に介入することを禁止する）こと、③ジャーナリストの不法連行を拒否すること、の三点であった。

宣言文発表後から記者たちはただちに宣言を実行に移した。「自由言論実践宣言」の内容と宣言過程を紙面に掲載するように編集局幹部たちに要求し、政府機関の人間は立ち入り禁止という立て札を本社の入り口に掲げた。さらに、要求が受け入れられるまで新聞製作を拒否するとして、編集局と工務局を占拠してストライキに入った。結局、社の幹部らとの協議の結果、「自由言論実践宣言」の内容が新聞紙面に載り、新聞社への政府機関関係者の出入りが停止した。

このニュースは、宣言を行った記者らによって「東亜日報記者一同／自由言論実践宣言／外部の干渉排除など3項目を決議」と題してその日の『東亜日報』本紙（夕刊）に以下のように掲載された[42]。

東亜日報社記者一八〇人は、二四日午前九時一五分、同社三階の編集局で集会を開き、「自由言論実践宣言」を採択した。記者たちはこの宣言で「われわれは、今日社会が直面する未曾有の難局を克服することができる道は、言論の自由な活動にあることを宣言する」と言い「本質的に自由言論は、まさにわれわれ言論従事者たち自身の実践課題であり、当局から許可を受けたり国民大衆が与えてくれるものではない」と謳った。

記者たちはまた、この宣言で「教会や大学など言論界以外で言論の自由の回復が主張され、言論人の覚醒が促されている現実について、骨身にしみるほど恥ずかしさを覚える」と指摘した。

採択された三つの決議事項は次の通りである。

1　新聞・放送・雑誌に対するいかなる外部の干渉も、一致団結して強力に排除する。
2　機関員の出入りを厳しく拒否する。
3　言論人の不法連行を一致して拒否する。

「自由言論実践宣言」は、『東亜日報』記者らによる「第一宣言」「第二宣言」「第三宣言」の内容と本質的な違いはないが、ジャーナリズムの原則的な側面をより明確に打ち出したと指摘できる。また、『東亜日報』記者一同（一八〇人）が集まり、「実践」するための宣言を採択したということが重要である。政治権力からの弾圧にはジャーナリストの連帯によって対抗するという姿勢を明確に打ち出しそれを大々的に社会に知らせた宣言であった。

(3)「自由言論実践宣言」の影響

東亜日報社社員による「自由言論実践宣言」は、他の報道機関従事者らにも大きな影響を与えた。『東亜日報』に続き、同日すぐに『朝鮮日報』の記者約一五〇人が、類似した内容の「言論自由回復のための宣言文」を採択した。その宣言文には、学生、宗教人など各界の意思表示が紙面に掲載されない場合は実力闘争をするという決意も含まれていた。

さらに、『韓国日報』記者たちは翌二五日未明、「民主言論守護のための決議文」を発表した。『韓国日報』の決議文発表は、任在慶《イムジェギョン》が主導し、宣言を支持する事実を『韓国日報』紙面に掲載しようとしたが、『韓国日報』幹部たちは許可せず、論説委員たちはストライキに入った。

以後、言論の自由を守る宣言は、全国の新聞・放送・通信社記者へ波及し、宣言に賛同した新聞・放送・通信社は、一九七四年一一月七日までで三五社にのぼった。これには主要なマスメディアがすべて含まれていた。一九七四年一〇月二四日に始まった宣言は、一九七〇年代の言論民主化運動を象徴する事件であったと指摘できる。

(4)「自由言論実践宣言」の限界と『東亜日報』白紙広告事件

一方、朴正熙政権は、このような自由言論実践運動の広がりに危機感を感じた。『東亜日報』記者らが主張した「自由言論」の理念と実践は、朴正熙の言論観と全く相いれないものであったからである。自由言論の広がりは、すなわち朴正熙政権に対する権力監視と批判を意味していた。そこで、朴正熙政権は、自由言論運動の先駆けとなった『東亜日報』をまず狙い撃ちにした。

朴正煕政権は、新聞社の経営構造を利用する方法をとった。新聞社は主に読者による購読料と企業による広告収入で経営している。朴正煕政権の狙いは広告収入であった。企業に圧力をかけて『東亜日報』に広告を出させないようにし、東亜日報社の収入を一部封鎖したのである。朴正煕政権は、一九七四年一二月一六日から『東亜日報』の広告主たちに対して広告の撤回を強制し始めた。『東亜日報』は企業広告が掲載できず収入が激減し、新聞を通して苦境を訴えるようになった。読者や宗教団体、社会団体の中には、この事態を「言論の自由」の危機だと捉え、『東亜日報』を支持し支えようとした。支持者らは、自分の名前を片隅に記しただけのほとんど白紙の広告を東亜日報へ掲載した。この白紙広告には、政権への抗議の意味が込められていると言えよう。支持者らは『東亜日報』に白紙広告や意見広告を載せ「言論の自由」を訴えて『東亜日報』の姿勢を支持した。

しかし、新聞広告という主要な収入の道を断たれた東亜日報社は、ついに政府の圧力に屈した。社長を始めとして経営部門の幹部たちは、一九七五年三月に入ると、自由言論運動を進めていた記者を解雇し、朴正煕政権との「和解」を選択した。「自由言論実践宣言」を実践した社員たちは、経営部門幹部らの選択に対してストライキや社屋篭城で対抗した。それに対して、経営部門幹部らは、篭城する記者らを暴力的に社外に追放した。「販売店の職員などを動員して篭城中の記者や『東亜放送』(ラジオ)のプロデューサーを強制的に排除した」[玄武岩 2005：53]のである。こうして、『東亜日報』記者らによる「自由言論実践宣言」の実践は短期間で幕を閉じた。

なお、この『東亜日報』白紙広告事件の顛末は日本でも大きなイシューとなり、東亜日報を支援する会が東京と京都で結成された。この会には、『東亜日報』の支援者からの募金が手紙とともに寄せられた(43)。例えば、青地・和田[1977：191-200]には、『東亜日報』の広告闘争を支持する日本在住者からのメッセージが四三人分掲載されている(44)。

第3節　全斗煥政権期（一九八〇〜八八年）

一九七〇年代の朴正熙政権は一九七九年に部下の金載圭（当時、中央情報部長）による朴正熙射殺によって終焉を迎えた。朴正熙政権の突如の終焉によって、韓国は「ソウルの春」と言われる一時的な民主化の雰囲気が訪れた。一方で、軍部の力学は急激に再編されつつあった。当時韓国陸軍少将・保安司令官であった全斗煥は、陸軍の中でも嶺《ヨン》南《ナム》（慶尚北道）出身で勢力の強かった政治将校らを糾合し、私的グループである「ハナ会（하나회）」を組織していた。全斗煥は、朴正熙射殺に関する捜査を指揮して求心力を高めていたが、軍の政治不介入を主張していた鄭昇和《チョンスンファ》（戒厳司令官、陸軍大将）と対立が深まりつつあった。そこで、全斗煥は鄭昇和に朴正熙を暗殺したという容疑を被せ電撃的に逮捕し、軍内部の権力を一挙に掌握した。これを「粛軍クーデター」という。

1　光州民主化運動と言論統制

本節では、「光州《クァンジュ》民主化運動」(45)を取り上げ言論民主化運動を論じることとする。

一九八〇年五月一七日に、当時、陸軍少将だった全斗煥率いる韓国軍戒厳司令部合同捜査本部は、盧泰愚《ノテウ》をリーダーとする軍部勢力と結託して「五・一七非常戒厳令拡大措置」を布告し、野党指導者を拘束・監禁した。野党指導者の中には、全羅南道《チョルラナムド》で圧倒的な支持を得ていた金大中《キムデジュン》がおり、「法の支配」を無視した全斗煥の行動に対して、全羅南道光州市で抗議運動がおこった。全南大学の学生デモから始まったこの動きは、一般市民の参加により光州市一帯に拡大したが、全斗煥は運動を鎮圧するために空挺部隊および陸軍の投入を決定し、光州を包囲・孤立させてデモを弾圧し、五月二七日には光州市を制圧し、多くの死傷者を出した。さらに五月三一日に、国家保衛非常対策委員会（以下、「国保委」）を設置し事件の責任を金大中に転嫁し、国家保安法違反・反共法違反で逮捕した。金大中は八一年一月に軍法会議で死刑を宣告された。

当時、戒厳司令部の徹底的な情報統制とマスメディアへの介入により、マスメディアは光州の様子を客観的に報道することが不可能だった。それどころかＭＢＣ（文化放送）など既存マスメディアは、戒厳司令部からの提供情報に依存する形で光州市民を「暴徒」などと報道した。また、『東亜日報』も五月二八日の一面記事で「戒厳司令部発表　軍人二名殉職　一二名負傷　光州で昨日明け方一七名死亡」というように、戒厳司令部の発表をそのまま報道した。[46] 当時、『京郷新聞』外信部長であった李耕一《イギョンイル》は「私がいた『京郷新聞』もこれ〔光州民主化運動〕と関連しては、一行も報道できなかった。マスメディアの前には戦車が駐留しており、編集局の入り口には銃を構えた二人の軍人がおり、恐ろしい雰囲気を作り上げていた。真実を伝えられない暗黒の状況で、（私は）制作拒否という方法を選択した」と証言している。[47] 李耕一は光州民主化運動から一ヵ月も経たない六月九日に、国家保安法違反の嫌疑で逮捕された。続いて、軍部に非協力的だった『京郷新聞』調査局長のソドング［서동구］、ＭＢＣ報道部局長のノソンデ［노성대］らを始めとしたジャーナリスト数人も逮捕された。

しかし一方で、光州民主化運動の実相の一部は草の根的に広まり、民主化運動に参加する人たちに伝わったこともあったようである。例えば、全羅北道出身の朴孟洙《パクメンス》は「光州民主化運動当時、私は兵役中だった。情報を受けてそれを他の部署に伝達する仕事をしていたが、仕事をする中で光州のことを知った」と当時の様子を回想し、「光州民主化運動は、言論では報じられなくても、断片的な情報が、運動圏の人々の口から口に伝わって広がった」と述べた。[48]

光州民主化運動の真相究明および政権の責任追及は民主化運動において絶対に必要なことであり、以降、光州民主化運動の真相究明は民主化運動の一つの流れとなっていった。光州民主化運動に関する調査報道は政権のコントロール下に置かれているマスメディアでは不可能であったため、既存メディアが政権の統制に抗して民主化することと、既存メディアの弱点を克服した代案言論の創立は、事件を徹底追及するためにも不可欠の要素にならざるを得なかった。光州民主化運動の真相究明の動きは、言論民主化運動のあり方にも確実に影響を与えたのである。

2　一九八〇年「言論大虐殺」

光州民主化運動を機に、国保委はさらなる言論弾圧・言論統制に動き出した。七月三一日には、定期刊行物一七二種類（主に進歩論調をとり、全斗煥グループに批判的な刊行物）(49)を強制的に廃刊処分とした。一九八〇年一一月一二日には、全斗煥率いる新軍部は「言論界構造改善」という名目で「言論統廃合」を行った。すなわち、地方においては一道一紙制とし、ソウルにおいても朝刊三紙、夕刊二紙にするなど強制的な統廃合を断行した。これは、韓国新聞協会と韓国放送協会が主導した韓国言論界の自律的行為として当時報道されたが、実際には新軍部の介入で行われたものであった(50)。

放送界では、「放送公営化という趣旨で、五つのマスメディア（東洋《トンヤン》放送・東亜放送・大邱《テグ》韓国ＦＭ・ソウル放送・全《チョン》日《イル》放送）が韓国放送公社（Korean Broadcasting System, KBS）へ統廃合となり、基督教放送（Christian Broadcasting Syste, CBS）は報道・広告が停止された。文化放送および地方にある二一の支局は、該当地域の民間人（企業）らが大株主として各々独自的な運営をし、三六〜五一％の株を『文化放送・京郷新聞』に譲渡して系列化」したのである(51)。同時に、政権に反抗的と見なされた記者が大量解雇された。全斗煥政権期のこのような強制的な言論統廃合と記者の大量不当解雇を、韓国言論史上の重要な弾圧事件と見なし、「言論大虐殺」と呼ぶ。言論統制と弾圧は、熾烈を極めた(52)。金周彦［2008］は「言論大虐殺」について次のように述べている。

> 一九八〇年の光州民主化運動を武力で鎮圧し登場した新軍部勢力は、過去の政権が動員したほとんどすべての類型の統制方式を総動員し言論を掌握した。メディア統廃合と言論人の強制解職はもちろん、言論基本法の制定、報道指針の示達、プレスカード制の導入、言論人とメディアに対する各種恩恵の付与、言論人の強制連行など動員可能なすべての手法を活用した。

このような言論統制はナチ下のドイツや軍国主義下の日本の統制方式と非常に似ている。ナチは、言論人の強制解職、メディアの統廃合、報道指針の志達、流言飛語と不穏な印刷物の取り締まりなど、言論を国家イデオロギーの宣伝道具として、そして同調機構、擁護機構として利用するための手法を活用した。日本軍国主義も一九三一年に満州事変に突入し、通信社を一つに統廃合して「一県一紙」の原則で新聞社を整備しつつ、新聞記者の登録を義務化し、「世論指導」という名目で報道指針を乱発したりもした。［金周彦 2008：31］

次に、実際の弾圧はどのように行われたのかを、具体的な事例で説明したい。

(1)　記者・ジャーナリストへの弾圧

韓国記者協会は一九八〇年五月一六日に会長・運営委員・分会長が集まった会議（報道自由分科委員会連続会議）において、五月二〇日午前零時から戒厳令に基づく検閲を全面拒否する決定をした。しかし翌一七日に全斗煥が指揮する合同捜査部の命令によって幹部はすべて逮捕・連行された。例えば、当時『韓国日報』社会部記者であり、記者協会編集室長[53]を務めていた金東銑《キムドンソン》は、連行され拷問を受け、いわゆる「金大中内乱陰謀事件」というでっちあげ事件の関係者として自白を強制された。さらには記者協会ソウル地域分会長会議決議案の全三頁の初案を作成したという理由で「五・一七非常戒厳令拡大措置における戒厳令布告令第一〇号（政治活動の中止、デモの禁止、報道における事前検閲の禁止、労働者によるストライキの禁止など）」違反で刑事告訴され、二審で懲役三年が確定した。金東銑は「原稿用紙一枚につき一年ずつ（懲役を受けた）ということだ」と回想し「韓国言論史で最も悲劇的な言論人強制解雇（七一七名）と言論統廃合措置が断行されたが、彼らはこの措置の第一段階として記者協会を集中攻撃したのである」と結論付けている［金東銑 1989：132］。

放送界の記者も弾圧された。一九七四年から八四年にかけて文化放送（ＭＢＣ）報道局社会部記者であった呉効鎮《オヒョジン》は、「（一九八〇年）六月のある日、私のこのようなすべての言動がとても『大きな罪』になり、捕縛されることになった。

その後、三ヵ月余り『西大門大学』で面壁授業を受け、(西大門刑務所から)解放された後は〝失業大学院〟で何年間か勉強した」と皮肉を込めて表現し、詩によって、投獄中の様子を表現している。[呉効鎮 1989：133–141][54][55]

(2) 報道指針事件

マスメディアに記事掲載の許可・不許可の指針を事前通達し、マスメディアを直接コントロールする方法も用いられた。たとえば一九八五年一月二二日に出された『報道指針』では、盧泰愚民正党代表(当時、政府与党)の記者会見に関して、「必ず一面トップ記事として扱うこと」「見出しは八八年の後まで政争はなし」「八八年オリンピック挙国支援協議会発足」などと細かく指示されている。その結果、翌日の新聞では、一面トップ記事にはすべて盧代表の会見記事が掲載され、見出しも「報道指針」に従ったものとなった。

3 八〇年代の言論状況の分析——宋建鎬の概念を手掛かりに

一九八〇年代の言論状況を分析する際には、宋建鎬が提示した概念が有効である。宋建鎬は、一九八〇年代には全斗煥政権による言論政策の一環として「同参言論」という概念が作られたと説明した。この「同参言論」は政治権力と一体となった言論を意味する。

「言論研究院」という機関が文化公報省所属として設置され、各新聞社の記者たちを義務的に訓練させて安保意識を注入し、新しい言論観を形成するようになった。〔中略〕同参言論というのは、言論が政府から離れていた存在では決してなく、政府と運命を一緒にしなければならない密接な関係にあった点を強調するのである。〔中略〕七〇年代まで言論の望ましい型は「独立自由言論」だったが、八〇年代の「新しい時代、新しい秩序」の下では、「同参言論」が言論の公式目標となった。「自由言論」から「同参言論」に変わったのだ。これは一九四八

年政府樹立後の新しいジャーナリズム像と言えるであろう。〔宋建鎬 1986：48〕

また、宋は「同参言論」について次のように分析している。

〔同参言論は〕実定法に抵触するかどうかが問題というより、政治・経済・文化・社会などの分野に関係なく、政府当局の意向から逸脱した新聞制作は受け入れられないことが特徴だった。「同参言論」観から見れば、このような新聞が当然であり、望ましいジャーナリズムであったが、「独立自由言論」観からみれば、一種の「御用ジャーナリズム」「体制ジャーナリズム」に他ならない。〔宋建鎬 1986：48〕

「同参言論」の基本は、政府と国民は一体であり、国家機構が崩壊すればジャーナリズムも存続できないのだから、国家機構の存続を第一に考えるべきだというものである。宋建鎬はさらに次のように展開している。

「同参言論」が望ましい名分を持つジャーナリズムになるためには、ふたつの前提条件がある。一つ目は、国家と政府は別個ではなく一つだという事実が説明され納得されなければならない。なぜなら、われわれが認識しているジャーナリズム観は、国家と政府は別個のものだという論理を前提にしているためである。二つ目は、社会はすべての成員間に利害の葛藤がなく従って同質社会になったときに限って、同参言論には名分がある。もし社会で利害を異にする各成員が生きていて、政府がこのうちの特定の人々の利害を代弁するとしたら、このような論理では「同参言論」は説得力がなくなる。〔宋建鎬 1987：50〕

全斗煥政権下で作りだされた「同参言論」の論理は、理論的には、ソビエト社会主義共和国連邦におけるメディア

表1－1　同参言論／制度言論／民主言論／独立言論の定義と前提条件

	定義	前提条件
同参言論	①国家と政府、国民は一体である。 ②したがって、政治・経済・文化・社会分野における報道は、政府の解釈と同質であるべき。	①国家＝政府 ②社会を構成する成員間に利害関係や葛藤なし（同質化された社会であること）
制度言論	国家の規制範囲内で支援と統制をうける言論	国家が活動範囲を規定
民主言論 独立言論	①政治権力からの独立と自由 ②ジャーナリストが自身の良識と判断のみによって報道活動をする	①国家≠政府 ②社会を構成する成員間に多元的な利害関係あり

理論、すなわち「ソビエト共産主義理論」におけるマスメディアのモデルと一定の共通性がある。[56]「反共」を国是とした当時の韓国で、社会主義国家と相似形のマスメディア政策が行われていたと解釈できる。これは皮肉なことではあるが、同参言論とソビエト共産主義理論におけるマスメディアのモデルは似通っていた。

さて、宋建鎬によると、同参言論および制度言論と、民主言論および独立言論は相反する概念であるが、その特徴はどのようなものであろうか。【表1－1】はそれぞれの定義と前提条件を一覧にしたものである。

宋建鎬は一九八〇年代後半の韓国の言論状況を、「今日のわが国の言論界の状況は、一種の過渡期にあると言えよう。公式的に志向するのは『同参言論』だが、まだこの『同参言論』が体質化されていない。『同参』と『独立』の二種類の言論観が時々に葛藤を起こしている段階」と規定している［宋建鎬 1987：51］。

4　六月民主抗争と六・二九民主化宣言

一九八七年一月一四日、ソウル大学言語学部学生会の会長だった朴鍾哲《パクジョンチョル》が治安本部南営洞《ナミョンドン》対共分室で警察の拷問により死亡し（以下、「朴鍾哲拷問致死事件」という）、「六月民主抗争」の引き金となった。

朴鍾哲拷問致死事件は、当時、検察に出入りしていた『中央日報』の申性浩《シンソンホ》記者が情報を得て、「警察で調査を受けた大学生ショック死」という題名で一月一五日に特ダネ報道したことから社会に知れ渡った。[57]その後二二日間、各メディアによって集中的に報道された。その後、民間で「故朴鍾哲君国民追悼会準備委員会」が組織され、二月七日には追悼集会が行われた。さらに、三月三日は「拷問追放民主化国民平和大行進」が大規模に行われた。

民主化を推進していた民衆は、朴鍾哲拷問致死事件を起こした警察・検察当局への抗議を強めたが、その一方で朴鍾哲拷問致死事件に対するマスメディア報道は少なくなっていった。なぜなら、同時期に金萬鐵《キムマンチョル》ら一一人が朝鮮民主主義人民共和国を船で脱出し、日本の福井県に漂着し、日本政府を介して二月八日に韓国へ亡命するという事件が起こったからである。このニュースがメディアイベントとなり、朴鍾哲拷問致死事件の報道は急激に縮小した。

しかし、事態は再び動いた。朴鍾哲拷問致死事件から約三ヵ月後の五月一八日、カトリック正義具現司祭団が開いた「光州民主抗争第七周期ミサ」で、「朴鍾哲事件は当局によって歪曲された」という声明が発表されたのである。続く五月二二日、『東亜日報』『京郷新聞』などが「朴鍾哲事件」に関する検察の発表は偽造・歪曲されたものであったと報道した。特に、『東亜日報』は、拷問死の現場にはこれまでに警察が発表したよりも多くの警官がいたのではないかと疑問を提起した。これら報道の衝撃は、政権への批判や真相究明要求へと転化し、全斗煥政権は五月二六日に閣僚の人事刷新をせざるをえなくなった。大統領であった全斗煥は、朴鍾哲拷問致死事件の責任を取らせる意味で国務総理の盧信永《ノシンヨン》、副総理の金満提《キムマンジェ》、安全企画部長の張世東《チャンセドン》を更迭し、代わりに監事院長だった李漢基《イハンギ》を国務総理に、財務副長官だった鄭寅用《チョンイニョン》を副総理兼経済企画院長官に、国税庁長だった安武赫《アンムヒョク》を国家安全企画部長官に任命するなど、閣僚の刷新を行った[58]。

しかし、全斗煥政権の閣僚刷新でも、真相究明と体制批判の運動は止まず、むしろ加速することになった。五月二七日には、金大中《キムデジュン》と金泳三《キムヨンサム》を始めとする野党と在野の運動体が結集し「民主憲法争奪国民運動本部」（以下、国民運動本部）を発足させた。大学では、五月二九日に「ソウル地域大学生代表者協議会」が結成され、続いて「護憲撤廃と民主改憲争奪のためのソウル地域大学生協議会」が発足した。以降、「六月民主抗争」が展開されるわけだが、それには国民運動本部が指導部的な役割を果たした。

一九八七年六月一〇日、ソウル市の大韓聖公会ソウル主教座聖堂（聖公会ソウル大聖堂）をはじめとする全国各地で「朴鍾哲君拷問致死でっち上げ・隠蔽糾弾および護憲撤廃国民大会」が開かれた。この大会は、ソウル市松坡《ソンパ》区の蚕室《チャムシル》体育館で行われた全斗煥率いる民政党大統領候補指名大会への対抗措置であった。

この「朴鍾哲君拷問致死でっち上げ・隠蔽糾弾および護憲撤廃国民大会」が「六月民主抗争」の本格的な始まりとなった。ソウルでは、「護憲撤廃」「独裁打倒」をスローガンに大規模なデモが繰り広げられた。ソウル市庁前広場から韓国銀行前に至る交通の要所はデモ参加者が占拠し、ソウル中心部の交通は麻痺した。同時に、韓国国内の二二の地域で、合計二四万人がデモに参加した。この大規模デモは、六月一〇日から一五日まで断続的に五日間続いた。その初期には国民運動本部が指導的な役割を果したが、一方で大規模なデモが続いた主な要因は、民主化を求める韓国民衆の自発的参加であったと言えよう。また、主要学生団体が国民運動本部の指揮下に入ったため、ある程度組織的な運動が展開可能だった面があったことも、大規模デモに発展した要因といえる。

六月一五日からは全国でさらに大きなデモが頻発した。【表1‐2】は、一五日から二六日までの流れを簡潔にまとめたものである。

民衆による全国的かつ大規模な抵抗に、全斗煥政権は譲歩せざるを得なくなった。六月二九日に、民正党の大統領候補であった盧泰愚が全斗煥大統領の意を受けて、時局収拾案を発表した。「六・二九民主化宣言」である。「六・二九民主化宣言」の骨子は、次の八項目であった。

① 与野党合意によって改憲し、大統領直接選挙制を導入
② 大統領選挙法を改正して選挙権を保障
③ 金大中の赦免および復権と思想犯の釈放

表1-2　6月民主抗争の一連の動き

6月15日	大田、釜山、大邱など全国59校の大学生がデモ
6月16日	全国65校の大学生がデモ
6月17日	全国70校の大学生がデモ
6月18日	全国16都市で約150万人が参加するデモ 国民運動本部が「催涙弾追放大会」を全国各地で同時多発的に行うことを決定。
6月19日	全国79校の大学生がデモ
6月20日	全羅道光州で20万人規模のデモ
6月23日	国民運動本部が「民主憲法争奪のための国民平和大行進」を26日に実施することを発表。 ソウル地域大学生代表者協議会が延世大学で平和大行進参加決議大会を開催（全国25校から2万人が集結） 全州で時事討論会を開催、2万人が集合。
6月24日	全斗煥・金泳三が2者会談をした結果、決裂。金泳三支持勢力が26日の「民主憲法争奪のための国民平和大行進」に参加することを決定。
6月26日	「民主憲法争奪のための国民平和大行進」（大規模デモ、時事討論会など）を実施。全国23の都市と4つの郡・邑で、150万人（主催者発表）が参加。ソウル市では、25万人が67箇所で同時多発的に展開。

④ 人権擁護の制度保障
⑤ 言論基本法を撤廃し「言論の自由」を保障
⑥ 地方自治および教育自治の促進
⑦ 政党活動の保障
⑧ 社会環境の整備

「六・二九民主化宣言」以降、一定の政治的民主化を獲得した高揚感のもと、デモは徐々に収束に向かうかと思われた。しかし、六月九日のデモ行進中に警察が放った催涙弾が頭部に直撃して重体だった李《イ》韓烈《ハンヨル》（当時、延世大学総学生会の幹部）が、七月五日に死亡した。この事件を受けて、李韓烈の大規模な葬儀が行われた。李韓烈は、民主化運動の犠牲者である「烈士」という形で顕彰され、葬儀は「民主国民葬」として七月九日に行われた。葬列は延世大学本館からソウル市役所前を経て光州五・一八墓地まで続き、葬儀参列者の数はソウルだけで一〇〇万人を越えた。また、李韓烈の追悼式は釜山・光州でも行われ、参列者はそれぞれ三〇万人・五〇万人を数えた。

この六月民主抗争とその成果ともいうべき「六・二九民主化宣言」は『ハンギョレ新聞』創刊と深い関連があるのだが、その詳しい経過は第2章で詳述する。

第4節　言論運動団体の結成と系譜

朴正熙政権時代から全斗煥政権時代にかけて、マスメディアで多くの記者が不当解雇された。先ほど見てきたように、朴正熙政権期の「七五年解職事件」と全斗煥政権期の「言論大虐殺」が代表的である。このような不当解雇に対して、解職記者たちは原状回復を含む名誉回復・補償措置を求めて言論運動団体を作り、積極的に活動した。これら言論運動団体が基礎となり、その後に言論界全体の改善を強力に推進する運動を展開していくことになった。以下では、言論民主化運動の概念的側面を分析しつつ、主な団体の設立と系譜を整理していく。

1　言論民主化の概念分析

(1)　定義

韓国では、「言論民主化」は民主化運動の中の重要な要素として認識されている。「言論民主化」を考察するときには、韓国現代史と切り離して捉えることはできない。つまり、韓国言論史の文脈に則って理解しなければならない。一方で、言論民主化の基底にあるのは、普遍的なジャーナリズム概念でもある。

ジャーナリズム研究では、近代以降の自由民主主義体制[59]においてジャーナリズムが備えるべきとされる共通の価値観――ジャーナリズムの基本原則――があることが立証されており[60]、韓国が自由民主主義国家を標榜する以上、韓国ジャーナリズムも例外ではない。リベラルデモクラシーを実践する社会体制においては、ジャーナリズムには体系的な哲学があり、社会において果たすべき役割が定まっている。

本書では、これまでのジャーナリズム研究の成果を踏まえて、言論民主化のための基本原則を次のように定義する。

① 国家権力などによる検閲・統制・弾圧などの圧力なしに、自らの思想や良心に基づいて考えを自由に表明（「言論の自由」、freedom of speech）できる権利が法的に保障され、かつ社会的に行使されなければならない[61]。

② 自由で独立した言論（press）は、民衆・人民（people）の「知る権利（right to know）」を代行して情報に接近・獲得し、民衆・人民の自治のために必要な情報を伝えなければならない。これは、言論が「公衆の権益（public interest）」に奉仕しなくてはいけないという根拠になる。

①は、ジャーナリズムによる権力監視報道の法的・思想的根拠である。また、②は言論の報道・論評活動に正統性を与えるものである。ジャーナリズムは事実（fact）を丹念に収集し、真実（truth）を追求（pursuit）することで人民に奉仕するのである。

この二つの基本原則は、民主政治体制における意思決定は民衆・人民／公衆が行うという前提のもとで、民主主義社会の維持・発展のために必ず保障されなければならず、韓国社会でも同様である[62]。

次に、上記の基本原則を踏まえながら、「言論民主化」を韓国の文脈に即して理解していきたい。本節では、言論民主化運動を先導してきた主要人物の一人であり、後に『ハンギョレ新聞』創刊において主導的な役割を果たす宋建鎬の言説を検討することを通じて、言論民主化の概念について考察したい。

宋建鎬は、言論の本質に関わる重要な概念を「自由」と「独立」と定義し、この二つの概念の、民主化運動における位置づけを次のように論じている。

言論の独立は民主主義を守る最も重要で不可欠な条件である。言論の自由さえ拡大していれば、独裁は絶対に維持されることはなく、民主主義は必ず勝利するのである。〔中略〕独裁は最後まで言論統制に譲歩しない。したがって民主主義を勝ち取るとるための道は、言論の独立と言論の自由を勝ち取る闘争であり、社会正義のための闘争にならなければならない。言論の自由はそれほど民主化においてなくてはならない第一の条件である。〔宋建鎬 1987：30〕

宋建鎬は韓国の民主化を成し遂げるプロセスの中で言論の重要性を繰り返し述べた。言論の独立と自由が拡大し一定の高い水準まで至った状態を「言論民主化」が達成された状態と見なすのであれば、言論の独立と自由を勝ち取る闘争の課程を「言論民主化運動」と規定してもよいだろう。

(2) 条件

宋建鎬の言説では、「言論民主化運動」とは言論の独立と自由を奪取する闘争の課程を指すことを示唆していた。ただ、その内容を具体的に理解するためには、李承晩政権から六・二九民主化宣言までの韓国の言論状況・社会状況に即して考察する必要があり、本書では、その詳細を第1章第1節から第3節にかけて見てきた。この点を踏まえながらさらに宋建鎬の言説を見ていく。

宋建鎬は「言論民主化運動」の内容を四つに分け、「言論民主化」のために成し遂げられねばならない四つの課題があるとしている。その四つの課題とは次のようである【図1－1】も参照されたい。

課題1　一九七五年と一九八〇年の二度に渡って不当に解雇された約九〇〇人の記者たちを無条件に復職させなければならない。

課題2　言論の自由の最も基本的な条件である企業の経済的・政治的独立を達成しなければならない。

課題3　言論を規制するすべての悪法、特に「言論基本法」が廃止されなければならない。

課題4　編集権の独立を守らなければならない。

図1－1　宋が提示した民主化プロセス

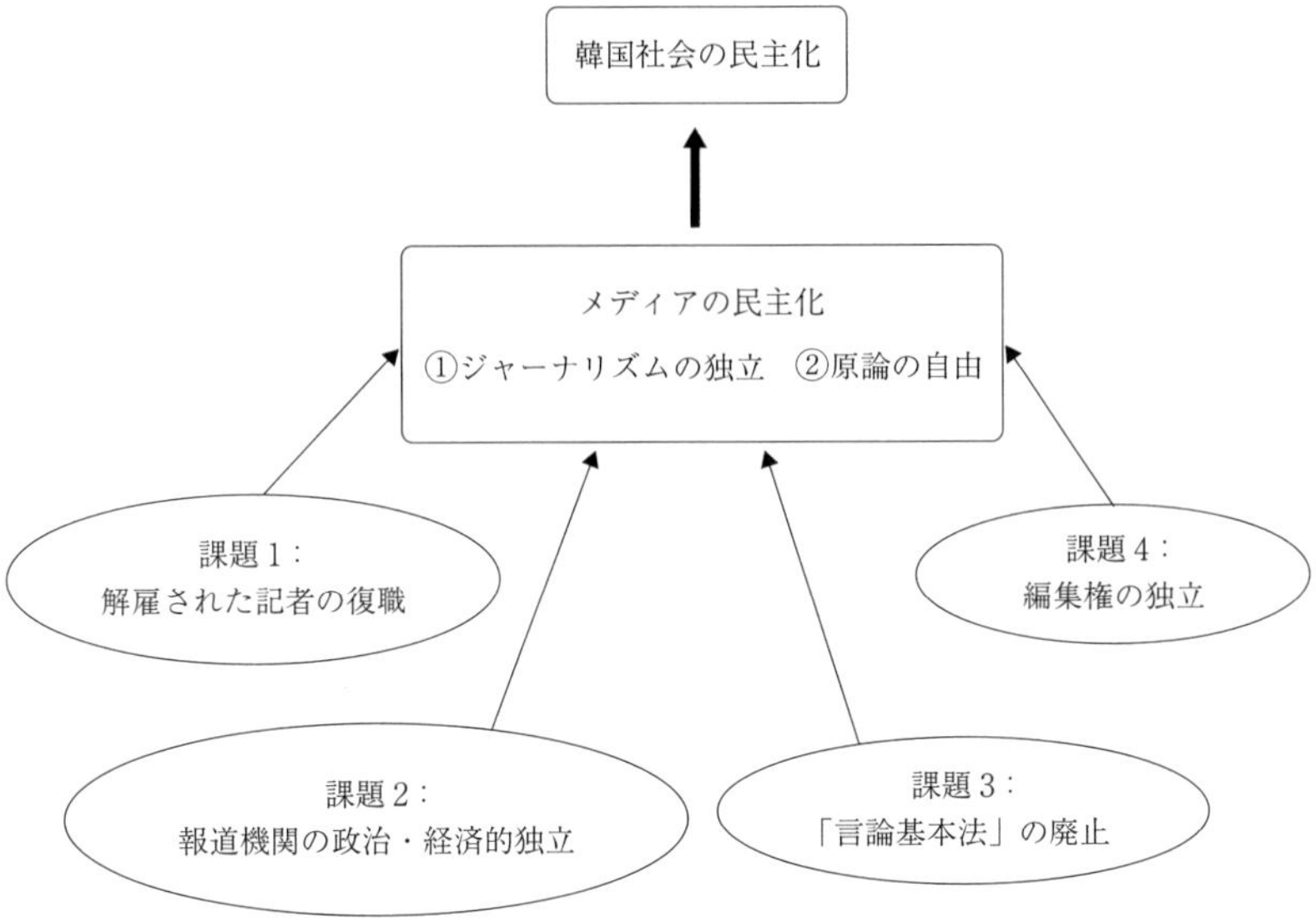

課題1の「一九七五年と一九八〇年の二度に渡って、不当に解雇された約九〇〇人の記者」とは、一九七五年三月に朴正熙政権下で起こった『朝鮮日報』『東亜日報』を始めとしたマスメディア記者たちの大量不当解雇、すなわち「七五年解職事件」と、一九八〇年に全斗煥政権下で起こったマスメディア記者の不当解雇、すなわち「言論大虐殺」の両方を指す。「七五年解職事件」では、不当解雇された『東亜日報』記者約一一〇人、『朝鮮日報』記者約三〇人が「東亜自由言論守護闘争委員会（東亜闘委）」「朝鮮自由言論守護闘争委員会（朝鮮闘委）」をそれぞれ組織し、解雇の不当性を繰り返し主張し東亜日報社および朝鮮日報社に原状回復（所属していた会社に即時復職し、補償を受けること）および謝罪など名誉回復措置を求めた。それだけではなく、東亜闘委・朝鮮闘委は、言論の自由と独立を求める在野運動の本流となっていった。

宋建鎬は、軍事独裁政権下において不当解雇されたこれらの記者たちが、原状回復を含む名誉回復措置を受けることが「言論民主化」の条件の一つだと主張した。しかし、この論理はマスメディア経営陣には受け入れ難かった。名誉回復措置を行うことは、解雇が間違ったことであったと認定することに他ならない。そして、瑕疵・過失を認定することは、一九七〇年代から一九八〇年代の自らの行いを批判的に検証し反省することにつながっていく。そうなると、間違いなく民衆は東亜日報社・朝鮮日報社を始めとしたマスメディアに社会的責任を厳しく問うだろう。

したがって、朝鮮日報社、東亜日報社などは、原状回復措置も名誉回復祖措置もとらなかった。東亜闘委・朝鮮闘委の活動を無視し続けたのである。東亜闘委の組織運動は二〇一二年一月現在に至るまで続いているが、根本的な解決は全くなされていない(63)。

このように、実は課題1は現時点でも未解決の問題として残存している。宋建鎬の論理を厳密に適用すれば、「言論民主化」は現在も完全な形では達成できていないことになる。

課題2は、ジャーナリズムを実践するマスメディア＝報道機関にとって、いまだに回答が出ない問題ではある。しかし、宋建鎬を始め言論民主化運動を牽引し『ハンギョレ新聞』を創刊した言論人たちは、それなりに効果的なモデルを作り出した。それが経済的な独立と政治的な独立を同時に追求する「国民株方式」であった。この方式は、報道機関の経済的基盤を民衆に置き依存したという意味で、ジャーナリズムの原則に合致する。実際に、政治権力からの圧力に対処できたという意味で、「国民株方式」は効果的なモデルであったといえよう。しかし、新聞社の経営構造が変わり、収益の大部分を広告に依存するようになった現在、「国民株方式」だけでは大企業などの経済権力に効果的に対処できないことが明らかになってきている。インターネット上でニュースに接することが主流となった二〇〇〇年代から、従来のように紙媒体の新聞を読者が買わなくなり、新聞の購買率が急落していることも関係している。なお、「国民株方式」の詳細は第2章2節で論じる。

課題3で言及されている「言論基本法」は、それ以前に存在していた「新聞・通信などの登録に関する法律」「放送法」「言論倫理委員会法」を統合した法律で、一九八〇年一二月に全斗煥政権下の国家保衛立法会議で制定された。第一条では「この法律は国民の表現の自由と知る権利を保護して輿論形成に関する言論の公的機能を保障することによって人間の尊厳と価値を尊重し、公共の福利の実現に寄与することを目的とする」とされていたが、実は言論基本法を制定した政権の目的は、むしろ第三条の「言論の公的責任」を詳細に規定することにあった。この言論基本法の基本的性格について、韓永学《ハンヨンハク》は、①メディアの権利と義務、②報道機関の所有・人事規制等、③プレスの登録制度等、④放送規律、⑤報道侵害と救済、と分けて論じており、その機能について次のように述べている。

言論基本法は、既存の言論関係法（旧新聞・通信等の登録に関する法律、旧言論倫理委員会法、旧放送法）を廃止して一元化したもので、言論・出版の自由の保障よりはドイツの「マス・メディアの公的責務理論」を基礎に、包括的な言論規制を盛り込んでいる。同法は、批判言論人の追放とマス・メディアの統廃合に続き、全政権が言論を掌握・統制するための制度的装置で、実際、言論弾圧悪法として機能した。［韓永學 2010：47］

宋建鎬は、言論の自由を抑制する言論基本法を廃止してこそ言論民主化が達成されると主張した。言論基本法・言論統制・言論弾圧の法的根拠を提供しているものとして鋭く批判し、法の撤廃を求めた。実際に一九八七年六月二九日に行われた「六・二九民主化宣言」では、言論基本法の廃止が明確に言及され、一九八七年一一月に廃止された。以降、マスメディアに関する法律としては、新しく「放送法」「長期刊行物の登録に関する法律」が制定された。

④の「編集権（editorial right, right to edit）の独立」とは一般的に、編集内容の最終的責任は新聞発行者（経営責任者・編集管理者）にあり、編集について外部からの圧力を排除し、内部からの不当な侵害も退けることである。宋建鎬がいう「編集権の独立」も、一九七〇年代から一九八〇年代の言論統制、特に、政府が報道機関に「報道指針」を出し、情報員を各社に駐在させて、発行前の新聞を事前検閲していた状況を考えると、編集権への外部・内部からの干渉を排除することに力点が置かれていたと考えるのが自然であろう。韓国では、一九七〇年代から一九八〇年代にかけて、朴正熙政権・全斗煥政権による言論弾圧・言論統制および利益誘導政策よって、新聞経営者・幹部らは政権と非常に

近い関係となった。このような状況では、「編集権の独立」は形骸化していた。そのような状態から脱して、編集権を経営権と分離する改革が必要であると宋建鎬は説いたのである。宋建鎬は編集権[64]の問題を非常に重視しており「編集権は、資本を第一とする資本主義社会では一般的に企業主、すなわち発行人にあることになっている。一旦、肯定できる理論だ。しかし、強大な社会的影響力がある新聞・テレビ・ラジオにおいては、資本があるといって、編集権は企業主個人の一般的な権限に属していると言えるだろうか」［宋建鎬 1987：32］として、編集権が企業主個人に属するという論理を批判している。

このように宋建鎬は言論民主化の課題を提示しつつ、一方で言論民主化運動への現場記者のコミットをどのように捉えるべきかについても言及している。

> 大衆の言論民主化運動は、消極的なものと積極的なものの二種類の方法がある。一つはジャーナリズム活動において他律的規制、すなわち法律による規制を排除して、言論が自律的に、ジャーナリズム活動においてありえる脱線を防止して、ジャーナリズムの品位形成のための努力を育てようという運動であり、もう一つは新聞の製作において企業主側だけではなく、記者側も直接発言権を持たなければならないという、新聞製作においての一種の民主化運動である。［宋建鎬 1987：68］

2　東亜闘委と朝鮮闘委

本章第2節で詳述したとおり、一九七四年一〇月二四日の『東亜日報』記者による「自由言論実践宣言」は『朝鮮日報』記者らにも影響を与え、約一五〇人が「自由言論実践宣言」と類似した内容の「言論自由回復のための宣言文」を採択した。しかし、『朝鮮日報』内では宣言文採択による一定の「社内民主化」も約二ヵ月後には早くも反作用が起こった。当時『朝鮮日報』記者だった慎洪範《シンホンボム》と白基範《ベクギボム》が、同年一二月一七日に朴正熙政権を賞賛する記事を掲載した編集局長に抗議したが、それが理由で翌日に突然不当解雇された［ハンギョレ二〇年社史編纂委員会 2008：20］。この事件は朝鮮日報社社員に大きな波紋を広げた。「社内民主化」を進めてきた勢力は、不当解雇を強行する社長・幹部ら経営陣に徹底抗戦するため、翌年一九七五年一月一一日に韓国記者協会傘下の朝鮮日報分会の執行部を一新し、社主・幹部らに対抗する構えをとった。経済部記者の鄭泰基が朝鮮日報分会長に、成漢杓《ソンハンピョ》が報道自由部長に就任した。朝鮮日報分会は、言論民主化運動の一環として、一九七〇年代に不当解雇された記者たちの無条件職場復帰と朝鮮日報社内における民主化を求めて、一九七五年三月六日からストライキに入った。朝鮮日報分会メンバーらは会社に篭城し、不当解雇の撤回と社内民主化などの要求が経営陣に受け入れられるまで新聞制作を拒否したのである。しかし、朝鮮日報社社長の方又栄《バンウヨン》は、分会の要求を受け入れるどころかかえって強力に弾圧を推し進め、鄭ら分会執行部一三人を懲戒解雇し、ストライキに関係した三七人を無期限停職処分とした。その結果、ストライキは五日間で終わり、朝鮮日報分会は事実上解体した。

同様の事件は東亜日報社でも起こった。一九七五年三月一七日、政権と蜜月関係を維持する『東亜日報』の報道姿勢を批判し、社内の民主化を要求した『東亜日報』編集局記者、東亜日報社系列会社の東亜放送のプロデューサー、アナウンサーら約一六〇人は、東亜日報社屋に立てこもりストライキに入った。しかし、経営陣は、販売局・広告局の社員と外部から雇用した人間を中心にストライキ鎮圧グループ(65)を組織し、ストライキに入った社員たちを徹底的に弾圧する構えを見せた。ストライキ鎮圧グループは編集局に籠城していた記者たちを制圧し、籠城した社員たちのほとんどが警察に引き渡された。この事件は言論界に大きな衝撃を与え、事件を知った『朝鮮日報』記者の有志は、東亜日報社による暴力鎮圧を非難する声明を出した。

一九七四年一二月から一九七五年四月にかけて東亜日報社グループ全体で、プロデューサーとアナウンサーを合わせて一三四人が、朝鮮日報社では記者ら三三人が事実上解雇された。この出来事を「東亜朝鮮事件」という。

一九七五年三月、『東亜日報』を解雇された記者一一四人が「東亜自由言論守護闘争委員会（東亜闘委）」を結成し、

「東亜日報における自由言論の正統性は東亜日報社にあるのではなく『東亜闘委』にある」という宣言のもと、在野で言論運動を展開した［東亜自由言論守護闘争委員会 1987：4］。また同月一一日、『朝鮮日報』を解雇された記者らが「自由言論闘争犠牲者対策委員会」を結成し、同月二一日に「言論自由闘争委員会」（会長は鄭泰基）へと再編成したのだが、それが後に「朝鮮自由言論守護闘争委員会（朝鮮闘委員）」と名称を変えた[66]。特に、東亜闘委と朝鮮闘委の記者たちが共同・連帯して一九七七年一二月三〇日に光化門《クァンファムン》の泰和《ラファ》館で「民主民族言論宣言」を発表したことが重要である。この宣言には、本書第3章第1節で詳述した「民主言論」および「民族言論」の原型が示されているからである。宣言は「『民衆に自由を、民族に統一を』これは誰であろうと止められない、われわれの時代の要請であり、逆らうことができない歴史の方向である」と述べて、①南北朝鮮統一志向という観点がない、②民衆の政治的自由がない、という二点から経済成長を痛烈に批判した。これはつまり、朴正熙政権によって進められた「開発独裁」に対する批判であった。

　統一はわれわれ民族の最高の善であり、最大の政治課題だ。国の経済を海外に結びつけてしまい統一への熱望を冷ます憂慮がある経済成長、民衆の自由を空虚な数字の代価で留保しなければならない経済成長は、盲目性があるためわれわれは拒否する。［金三雄 1984：285］

さらには、「このような認識に立脚して、自由言論はすなわち民主言論、民族言論であることを宣言する」と指摘し、「体制や政権は有限である。しかし、民衆と民族は永遠である。この永遠の民衆と民族のためのジャーナリズム、すなわち民主・民族言論をわれわれは至上課題とする。自由言論は、時代を越える永遠の実践課題だ。したがって、われわれは永遠の闘争を宣言しながら永遠の勝利を確信する」と結んでいる［金三雄 1984：284-286］。宣言では「民主言論」「民族言論」のより具体的な内容については言及していないが、民衆の政治的自由を拡大させ、朝鮮半島の分断体制を克服し統一を志向するジャーナリズムが民主言論・民族言論であることは、この宣言からある程度読み取ることができる。

続いて、一九八四年一〇月二四日、朝鮮闘委設立一〇周年記念行事がソウル将忠洞《チャンチュンドン》プンド会館で開かれた。解職記者たちは「新しい言論の創設を提案する」という宣言文を採択した。この宣言文では「東亜・朝鮮両闘委の一〇周年に臨んで、制度言論の代わりとなり民衆的熱望の表現手段である新しい自由、民主、民衆、民生、民族言論機関の創設を提案する。われわれはその制度的・法的準備の一環として民衆言論（新聞、放送、通信）を設立するための終わりなき国民運動を展開することを提起する」と主張した。

「東亜朝鮮事件」を含む一九七五年の七五年解職事件、一九八〇年の言論大虐殺[67]で、『朝鮮日報』『東亜日報』など主流新聞社から大量に解雇された記者たちが、東亜闘委・朝鮮闘委などを組織し在野運動によって新聞社と対峙、言論の民主化を目指す運動を展開した。東亜闘委と朝鮮闘委は、一九八四年一〇月二四日（一九七四年東亜日報「自由言論実践宣言」から一〇年目）に制度言論を批判する共同声明を発表した。『ハンギョレ新聞』創刊の中心メンバーも、東亜闘委、朝鮮闘委出身者が多い。

3　八〇年解職言論人協議会

一九八四年三月二四日に「八〇年解職言論人協議会」が結成された。この組織は、一九八三年九月三〇日に「民主化運動青年連合」（以下、民青連）が結成され、その任務を「民主化運動の流れの中で、良心的な知識人、宗教人、政治家、労働者、農民たちとの連帯を強化しつつ、民主主義と民族統一のための新しい社会建設に全身で邁進すること」［民主化運動記念事業会韓国民主主義研究所 2010：212］とし、「農民・労働・宗教・言論など部門運動を一緒にまとめて強力な反軍事独裁戦線を構築することに力を使[68]」う中で、民青連の動きに呼応する形で結成された。

八〇年解職言論人協議会の中心メンバーは、全斗煥政権下の「八〇年言論大虐殺」で不当解雇された記者らであり、

中でも金泰弘《キムテホン》・魯香基《ノヒャンギ》・李耕一・洪秀原《ホンスウォン》・鄭尚模《チョンサンモ》・高昇羽・玄利尚《ヒョンイサン》・李英日《イヨンイル》・朴雨政《パクウジョン》・表現洙《ピョヒョンス》などがいる(69)。本書筆者（森）が確認した限りでは、この内少なくとも金泰弘・魯香基・洪秀原・鄭尚模・高昇羽・李英日・朴雨政は後に『ハンギョレ新聞』創刊に合流している。八〇年解職記者協議会は約三〇人で組織されたが、この規模は言論運動団体の中では「一九七五年三月の東亜・朝鮮日報社から解職された言論人一四五人が参与した東亜・朝鮮闘委に続く大規模な在野言論団体(70)」であった。「創立宣言文」で活動目的を明らかにしており、それは「民主化は速やかに実現されなければならなく、言論の自由は保障されなければならない」「国民の各界各層の侵害された生存権に対する正当な回復努力を支持する」「不当解職された言論人たちは即刻原状回復されなければならない」などであった(71)。協議会は、一九八四年八月一八日に実行委員会を開き、議長に崔一男《チュイムナム》（『東亜日報』解職記者）、総務にチェヒョンミン［최형민］を選出し、同時に全国八カ所の支部の執行部メンバーを決めた(72)。

そして、一九八四年の定期国会において不当解職言論人名誉回復のための特別立法制定を目標に全国的な運動を展開したが、与党の反対にあって挫折した(73)。

東亜闘委と朝鮮闘委が一九七〇年代、主に「七五年解職事件」で不当解雇された元記者らが集合して作り上げた団体である一方、八〇年解職記者協議会は一九八〇年の「言論大虐殺」で不当解雇された元記者らが作り上げた団体である。東亜闘委・朝鮮闘委・八〇年解職記者協議会は、ともに原状回復を含む名誉回復措置をマスメディアおよび政権に求めていくことがその目的であり、その目的を達成することによって言論界全体の民主化に寄与しようとしていた。そしてそれと同時に他分野の民主化勢力とも積極的に連携を模索していった。

4　民主言論運動協議会の設立

一九七〇年代および一九八〇年代の言論運動団体の流れを結集し、より強力に言論民主化を達成しようとした団体が、一九八四年一二月に結成された民主言論運動協議会である。

まず、一二月一〇日にソウル市清進洞で発起人大会を開き、二七人の発起人により協議会発足の方向性が固められた。九日後の一二月一九日にソウル市将忠洞ベネディクト修道院リトリート館で、東亜闘委・朝鮮闘委・八〇年解職言論人協議会の会員と一部の出版関係者を合わせた約一〇〇人が「民主言論運動協議会」を結成し、正式に出帆した。議長に宋建鎬、共同代表には東亜闘委のキムイナン〔김인한〕と朝鮮闘委のチェジャンハク〔최장학〕、出版関係者のキムスンギュン〔김승균〕、事務局長には東亜闘委の成裕普がそれぞれ就任した(74)。もちろん、八〇年解職言論人協議会の金泰弘や、出版関係者有志として参加した任在慶（元『韓国日報』論説委員、八四年当時は〈創作と批評社〉編集顧問であった）も主導的な役割を果たした。民主言論運動協議会は在野団体であったが、「七五年解職事件」と八〇年の「言論大虐殺」で大量解雇された記者を求心力とする、統合的な言論民主化運動推進団体の性格を持っており、規模と勢力においても最大級であった【図1－2参照】。

民主言論運動協議会の状況認識と目的は「創立宣言文」からわかる。「真の言論の機能」によって、「社会的危機」を乗り越えることを志向していたことがその核心である。民主言論運動協議会メンバーが認識する「社会的危機」とは次のようなものであった。

　民族分断による総体的な生の分断、強大国同士の角逐による民族絶滅の危機、民主主義の死滅と政治不在、隷属経済による民族経済の破綻、貧富の格差の深化による社会の分裂、植民地主義文化による民族文化の抹殺、資源略奪および公害による自然環境の無慈悲な破壊、不信の風潮の蔓延および人間性の荒廃化がわれわれの生を全面的に脅かしている(75)。

このような危機を乗り越えるために、なぜ「真なる言論の機能」が必要なのであろうか。それは「言論とは、ともに分かち合う言葉であり、明らかにすることであり、社会的認識の手段であり、意志を共有させる紐帯の紐であり、自由の武器であり、そうなることによって遂には人間解放の貴重な鍵となる」からであった。

宣言文では、前半部分で言論を取り巻く現況を分析し、「新聞・放送を始めとする今日の一切の制度言論は暴力である。強制された力によって意志を支配しようとするのが暴力であるならば、今日の制度言論は大きな精神的暴力である」というように制度言論の本質を「暴力」として徹底的に批判しているが、「真なる言論の機能」を発揮させるためには「制度言論の克服」が必須であるとして、言論民主化運動における方向性として次の四つを掲げた。

① 表現の自由（言論・出版の自由）という政治的権利を闘争によって拡大させる。
② 制度言論の民主化を要求する。
③ 新しい言論媒体（報道機関）の創設を志向する。
④ 社会全般の民主化と統一的な関係を維持して進める。

これらの方向性は相互に関連性のあるものであるが、特に③の方向性は後に『ハンギョレ新聞』創設につながっていく。創立宣言文にあるように、民主言論運動協議会メンバーたちは、「言論の暴力（制度言論の報道を指す）に対する民衆の憤怒はあちこちで広がっている。それは言論に対する不信を通り越して、言論に対する敵対関係にまでなっている。いくつかの事件現場で、記者たちが取材を拒否され石を投げられているのは、民衆の憤怒の表現であり、自然な自衛権の発動以外の何物でもない」という現状認識を持ち、「このような制度言論の横暴に対する憤怒とともに、今この地で展開されている当面の危機に対する民衆の覚醒は、今までのどの時よりももっと切実に真の民主・民衆言論に対する要求として現れてきている」と強く感じていた[76]。新しい言論媒体の創設の必要性を確信していたのである。

民主言論運動協議会メンバーたちは、④の方向性においても行動を起こした。一九八五年三月一四日には、民衆文

図1－2　民主言論運動協議会結成の流れ

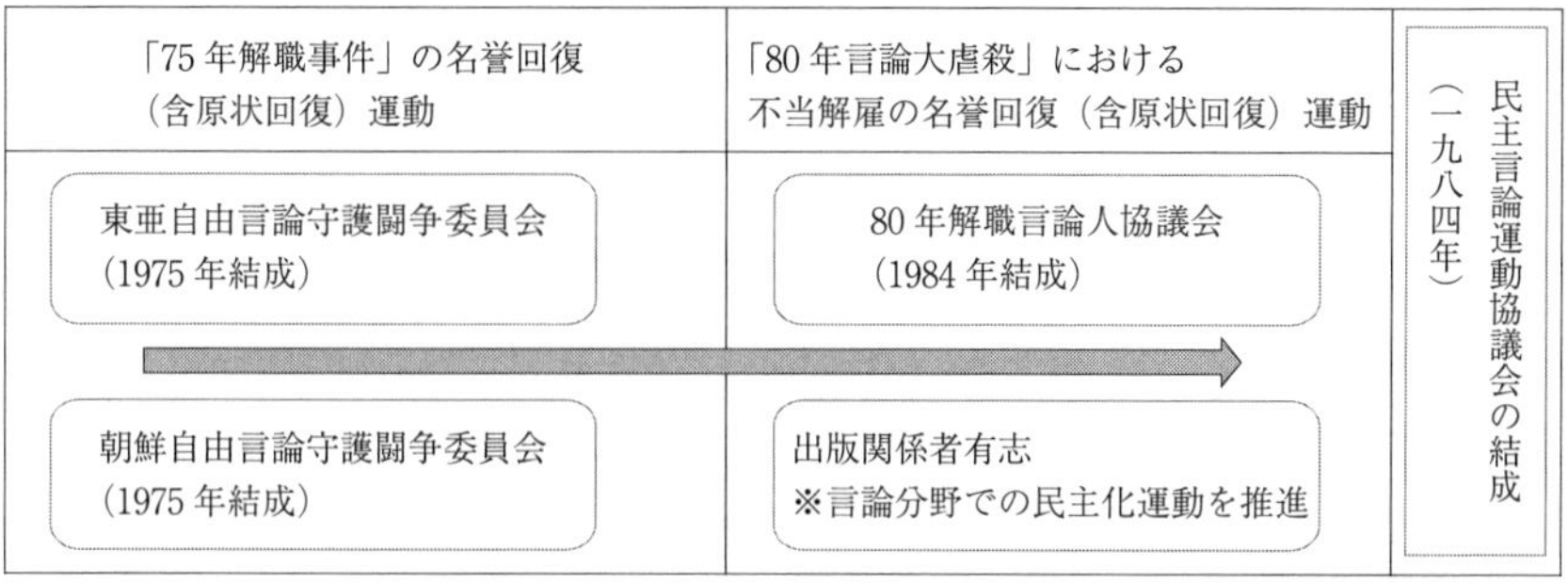

化運動協議会、自由実践文人協議会、民謡研究会と共同で、投獄されていた詩人の金南柱《キムナムジュ》、李光雄《イグァンウン》などの釈放要求運動を展開したのである。また、一九八五年五月四日には自由実践文人協議会など一三の在野団体と連名で「出版物に対する当局の維新残滓的弾圧を糾弾する」という声明書を出した[77]。

5　月刊『言葉《マル》』の創刊

民主言論運動協議会の活動で注目しなければならないのは、機関誌である月刊『言葉《マル》』の発刊である。『言葉』は、一九八五年六月一五日に発刊された。民主言論運動協議会メンバーは、「われわれは今日、言論を剥奪された真っ暗な暗黒の時代を生きている。話す権利、知る権利、知らせる権利が人間の天賦の基本権利であるにもかかわらず、権力による表現の自由、言論、出版の自由の抹殺でわれわれは〝言葉〟を失った、沈黙を強要される言論不在の時代を生きている」という認識を持っており、『言葉』発刊にはその失われた「言葉」を自ら取り戻すという意味を込めていた[78]。『言葉』は、制度言論が報道しないニュース、報道できないニュースを取り上げ報道した。一九八六年九月号の「報道指針」を暴露した報道などが有名である。

では、月刊『言葉』の評判はどうだったのであろうか。「七五年解職事件」で東亜日報社を解雇され、民衆文化運動協議会・民主統一民衆運動連合の幹部を務めていた金種鐵《キムジョンチョル》は、「『言葉』創刊号は、市中に出るなり一日で売り切れ、再版しなければならないくらいの爆発的な反応を得た。全斗煥政権はもちろん、制度言論従業者たちも衝撃を受けた」と評している。(79)しかし一方で、『言葉』はそのような雑誌であったからこそ、政治権力から徹底的な弾圧を受けた。民主言論運動協議会の初代事務局長だった成裕普は、「無許可出版」の嫌疑で連行され、『言葉』創刊号発行の責任を問われて麻浦《マポ》警察署の留置場に二九日間拘束された。また、同会議長だった宋建鎬は、『言葉』二号発行の責任を問われて二日間徹夜の取り調べを受けた。(80)

月刊『言葉』は、創刊当初は不定期刊行物であったが、金泰弘《キムテホン》が民主言論運動協議会事務局長に就任してからは隔月に変わり、一九八九年二月二〇日に定期刊行物に正式登録したことをきっかけに、民主言論運動協議会から独立したメディアとなった。(81)民主言論運動協議会とは別組織になったのである。(82)

民主言論運動協議会は、七〇年代から本格的に始まった言論民主化運動の正統性を受け継ぎ、言論民主化運動の総力を結集した運動体であった。この運動体に参加していたメンバーが『ハンギョレ新聞』創刊への主力となっていくのであるが、それについては第2章で詳細に検討したい。

小結　弾圧・抵抗・従属、そして言論民主化運動

本章では言論民主化運動の展開について、以下のような観点から検証した。

① 李承晩政権・朴正熙政権・全斗煥政権がどのように言論弾圧・言論統制を行ったのか。また、それら言論政策に対するマスメディアの反応はどのようなものであったのか。

② 朴正熙政権から全斗煥政権にかけて行われた言論民主化運動の展開はどのようなものであったのか。

まず、李承晩政権期から一九八七年の「六・二九民主化宣言」までのジャーナリズム状況について、権力による言

論弾圧・言論統制とそれに対するジャーナリズムの抵抗という観点から、時期別に辿ってきた。

第1節では、李承晩政権による言論政策について述べた。李承晩政権による言論政策は、一九四八年九月に発表した言論政策七項目に始まった。言論政策七項目は、政権がどのようにジャーナリズムを認識しているかを反映していた。次いで、一九五八年一二月に国家保安法改定案を通過させ、ジャーナリズム界は正常な権力監視報道ができない状況に置かれた。さらに、一九五八年一月二五日に大統領令として民議院議員選挙法施行令を施行し、政治運動における新聞広告活用を制限した。これらの動きにジャーナリズム界の主流メディアはほぼ一斉に抵抗し、特に『京郷新聞』は全面的な政権批判を展開した。李承晩政権は『京郷新聞』を強制廃刊処分にしたが、これに反発した『京郷新聞』は裁判闘争を展開した。一九六〇年三月に行われた大統領選挙で、李承晩候補が大統領四選に成功すると、慶尚南道馬山で大規模な不正選挙糾弾・選挙やり直しをもとめるデモがおこり、それはソウルを始めとして地方都市にも飛び火し、全国的な李政権糾弾運動に発展した。この「四月革命」によって李承晩政権はついに崩壊し、李承晩は大統領職を辞した。ジャーナリズム界はこのようなデモの動きに呼応し、不正選挙糾弾・李承晩政権退陣の論陣・キャンペーンを張った。「四月革命」では、民衆とジャーナリズム界が連携したと指摘できる。

第2節では朴正煕政権期を扱った。朴正煕の言論政策は、国家にジャーナリズム界を従属させることが基本であった。そのため、朴政権は弾圧と懐柔の両面からマスメディアに対処した。まず、一九六一年から一九六二年にかけて約九六〇人のジャーナリストを逮捕し、「新聞通信など登録に関する法律」を制定して言論統制の法的根拠を整備した。この時期の言論弾圧の象徴的な事件が『民族日報』事件であった。『民族日報』の強制廃刊と経営陣への過酷な弾圧によって、朴正煕を始めとした軍事クーデター勢力は、言論への超強硬的な態度を明確にした。その後は情報機関や警察をマスメディアに派遣し、事前検閲を徹底した。一九七四年一月八日に発動された緊急措置一号は、ジャーナリズム界を国家統制のもとに置く処置の断行であった。このような言論政策は、ナチスドイツおよび日本帝国主義による言論政策と少なからぬ共通性を持っていた。

一方、朴正熙政権の懐柔政策に応じ権力監視機能を急速に失っていった報道機関は、民主化を求める民衆の批判にさらされるようになる。このような批判を幹部は無視したが、現場の記者は民衆への批判に積極的に呼応してジャーナリズムの矜持を取り戻そうとした。その代表的な事例が一九七四年一〇月二四日の『東亜日報』記者らによる「自由言論実践宣言」である。この宣言は他のマスメディアにも影響を与え、「言論の自由」を守る宣言が全国の新聞・放送・通信社記者によってなされ、その数は一九七四年一一月七日までで三五社にのぼった。しかし、政治権力による言論弾圧に対して現場の記者らが行った抵抗にも限界があり、一九七五年には朴正熙政権とマスメディア経営陣らの協力によって大量の記者が解雇された。これら一連の事件が「七五年解職事件」である。

第3節では、全斗煥政権期を扱った。まず、「光州民主化運動」とジャーナリズムの関係について述べた。当時、戒厳司令部の徹底的な情報統制とマスメディアへの介入政策により、マスメディアは光州の実態を客観的に報道できず、戒厳司令部の意向にそう報道に終始した。戒厳司令部の言論介入に抵抗したジャーナリストは国家保安法違反の嫌疑で逮捕された。さらには、国家保衛非常対策委員会の主導で、定期刊行物一七二種類が強制的な廃刊に追い込まれた。一九八〇年一一月からは「言論統廃合」政策が始まり、地方においては新聞社が統合され「一道一紙制」となり、ソウルにおいても朝刊三紙、夕刊二紙になるなどの統廃合が強行され、言論の多様性が急激に消え失せた。放送界に対しても同様の統廃合措置が取られた。同時に、政権の意向を汲んだマスメディア経営者や幹部によって、政権に批判的な記者が大量解雇された。それらの言論弾圧を「八〇年言論大虐殺」という。さらに六月民主抗争の過程および六・二九民主化宣言の影響についても検討した。六・二九民主化宣言によって、民衆が一定の政治的民主化を勝ち取り、言論民主化の門戸が開けた。

第4節では、朴正熙政権時代から全斗煥政権時代にかけてマスメディアから不当解雇されたジャーナリストたちの民主化運動に焦点を当て、その軌跡を追った。

まず、言論民主化運動の概念的な側面を照射した。言論民主化運動の定義を、普遍的なジャーナリズムの原則を援用しつつ宋建鎬が提示した枠組みをもとに整理した。宋建鎬のジャーナリズム観は当時の韓国の言論状況を多分に反映しており、当時の時代性を前提に解釈する必要があった。また、言論民主化の条件には具体的な四つの課題があった。①不当解雇された記者たちの復職、②言論の経済的・政治的独立、③「言論基本法」廃止、④編集権の独立である。

次に、言論民主化運動団体の系譜を整理した。一九七〇年代の東亜闘委と朝鮮闘委、全斗煥政権下で不当解雇された八〇年解職言論人協議会、さらにはそれらの運動勢力を結集して民主言論運動協議会がつくられた。その民主言論運動協議会は、一九八五年六月一五日に機関紙である月刊『言葉』を発刊し、権力監視報道を中心にマスメディアが報道しない、あるいは報道しにくいニュースを集中的におこなった。この『言葉』が『ハンギョレ新聞』の源流の一つとなった。

注

(1) 大韓民国建国憲法または大韓民国憲法第一号といわれる。本書では以下「建国憲法」という。

(2) 国家記録院ウェブページ（http://theme.archives.go.kr/next/pen/viewHistory.do）参照。

(3) 国家記録院ウェブページ（http://theme.archives.go.kr/next/koreaOfRecord/constitution.do）参照。

(4) 国家記録院ウェブページ（http://theme.archives.go.kr/next/koreaOfRecord/constitution.do）から引用。

(5) 市・邑・面は韓国における行政単位である。日本の市町村に当たる。

(6) 当時のマスメディア報道については、「조선·동아 〝국민·언론 전체 〝범죄인〟 취급〟」『미디어오늘』（「朝鮮・東亜〝国民・言論全体を〝犯罪人〟扱い〟」『メディア今日』二〇〇四年九月二二日）を参照されたい。URL：http://www.mediatoday.co.kr/news/articleView.html?idxno=30993

(7) 三人一組で互いの記名を明らかにしながら行う投票で、秘密投票の原則を無視した制度であった。

(8) 민주화운동기념사업회 사료관 오픈아카이브「四・一九선언문 수록」（民主化運動記念事業会史料館オープンアーカイブ「四・一九宣言文収録」）登録番号00481323　URL：http://archives.kdemo.or.kr/isad/view/00481323

（9）鄭泰基への聞き取り調査は、二〇〇九年八月二九日にソウル市内で実施した。

（10）前掲の鄭泰基聞き取り調査より。

（11）고승우［2005］「광주항쟁과 기자들의 투쟁 一九八〇년이후 언론민주화운동〈1〉」『신문과 방송』한국언론재단、二〇〇五년 五월호〔高昇羽［2005］「光州抗争と記者たちの闘争 一九八〇年以後言論民主化運動〈1〉『新聞と放送』韓国言論財団、二〇〇五年五月号〕、四八頁

（12）「中央情報部」（KCIA）は、八〇年に国家安全企画部と改称され再編された。

（13）문화방송『이제는 말할수 있다』제三八회「자유언론실천선언」（정길화ＰＤ）〔文化放送『今だから言える』第三八回「自由言論実践宣言」（チョンギルファＰＤ）〕参照。

（14）公報処［1992］『第六共和国實録 盧泰愚大統領政府五年』第一巻、一四一頁。なお、公報処は、国内外の広報・世論調査・言論報道および放送に関する事務を担っていた。一九四八年一一月に設置された公報処として始まり、二〇〇八年二月に文化体育観光省に吸収され、公報処は廃止された。国家記録院ウェブページを参照。http://theme.archives.go.kr/next/organ/organBasicInfo.do?code=OG001659

（15）前掲注13を参照。なお、張琪杓は社会運動家であり政治家。一九七〇年代に全泰壹焼身自殺事件を始めとした労働問題に関心を持ち、八〇年代に至るまで持続的な運動を展開していた。

（16）プレスカード制度とは、政府発行の「プレスカード」を所持する人間のみ、取材報道活動ができるように定めた制度。プレスカードが発行されるかどうかの審査権は政府に属した。金周彦は「いわば〝一〇月維新〟が宣布される一年前である一九七一年末、朴正熙政権は『ニセ記者』をなくすという名分を立ててプレスカード（Press Card）制を導入した。〔中略〕これは記者の資格を政府が気の向くままに左右できるということで、言論の自由を侵害する最も重大であり深刻なことであった。プレスカード制は政府が記者の資格を審査し許可して記者の動態に関する諸般の事項を把握するための装置としてファシズム体制で典型的に現れる記者統制方式であるといえる」と言及している。［金周彦 2008：189］

（17）前掲の鄭泰基への聞き取り調査より。

（18）ソウル市龍山区と中区にまたがっている海抜二六五メートルの山。

（19）前掲の鄭泰基への聞き取り調査より。

（20）大統領緊急措置第一号は以下のような内容である。

1．大韓民国憲法を否定、反対、歪曲、または誹謗する一切の行為を禁じる。
2．大韓民国憲法の改正または廃止を主張、発議、提案または請願する一切の行為を禁じる。
3．流言蜚語を捏造、流布する一切の行為を禁じる。
4．前一、二、三号に禁じた行為を勧誘、煽動、宣伝するとか放送、報道、出版その他の方法でこれを他人に伝える一切の言動を禁ずる。
5．この措置に違反した者とこの措置を誹謗した者は、法官の令状無しに逮捕、拘束、押収、捜索し、一五年以下の懲役に処する。この場合、一五年以下の資格停止を併せて科することができる。
6．この措置に違反した者とこの措置を誹謗した者は、非常軍法会議で審判、処断する。
7．この措置は、一九七四年一月八日一七時より施行する。

(21) 一九七五年に東亜日報社から不当解雇されてからは、東亜自由言論守護闘争委員会メンバー、民主言論運動協議会のメンバーとなり、『ハンギョレ新聞』初代から第四代編集委員長を務めた。

(22) 成裕普への聞き取り調査は、二〇一二年八月一六日にソウル市内で行った。成裕普は一九七五年に東亜日報社から不当解雇されてからは、東亜自由言論守護闘争委員会メンバー、民主言論運動協議会のメンバーとなり、『ハンギョレ新聞』初代から第四代編集委員長を務めた。

(23) 진실・화회를위한가거사정리위원회［2007］『二〇〇六년 하반기 조사보고서』〔真実・和解のための過去事整理委員会［2007］『二〇〇六年下半期調査報告書』〕二二三頁。

(24) 「[포커스] 조용수 四五년 만에 명예회복하다」『경향닷컴』〔「[フォーカス] 趙鏞壽四五年ぶりに名誉回復する」『京郷ドットコム』〕二〇〇六年一二月一二日。http://weekly.khan.co.kr/khnm.html?mode=view&artid=13329&code=115

(25) 진실・화회를위한가거사정리위원회［2007］『二〇〇六년 하반기 조사보고서』〔真実・和解のための過去事整理委員会［2007］『二〇〇六年下半期調査報告書』〕三二一〜三二二頁。

(26) 「[포커스] 조용수 四五년 만에 명예회복하다」『경향닷컴』〔「[フォーカス] 趙鏞壽四五年ぶりに名誉回復する」『京郷ドットコム』〕二〇〇六年一二月一二日　http://weekly.khan.co.kr/khnm.html?mode=view&artid=13329&code=115

(27) 진실・화회를위한가거사정리위원회［2007］『二〇〇六년 하반기 조사보고서』〔真実・和解のための過去事整理委員会［2007］『二〇〇六年下半期調査報告書』〕三七頁。

(28) 同前、三八頁

(29) 同前、三四頁

(30) 同前、三六頁を参照。

(31) 趙鏞壽については、［ハンギョレ新聞社編一九九三］にも詳しい。

(32) 現在、韓国では朝鮮民主主義人民共和国の呼称を「北韓」としている。日本語では「北韓」という用語は一般的には使用しないが、この文章は引用であるためあえて「北韓」という用語をそのまま残した。

(33) 진실・화회를위한가거사정리위원회［2007］『二〇〇六년 하반기 조사보고서』〔真実・和解のための過去事整理委員会［2007］『二〇〇六年下半期調査報告書』〕四二頁

(34) 同前、四二頁

(35) 『ソウル大学新聞』二〇一一年三月二五日の記事が、一九八四年四月一六日に同校で行われた「言論火刑式」の模様を伝えている。http://www.snunews.com/news/articleView.html?idxno=11470参照。

(36) 동아자유언론수호투쟁위원회『동아투위는 어떻게 싸웠나――자유언론을 위한 투쟁 一一년』〔東亜自由言論守護闘争委員会『東亜闘委はどのように闘ったか――自由言論のための闘争一一年』一九八七年一〇月二四日〕によると、このデモの参加者は三〇名であるが（五頁）、一九七一年三月二七日の『東亜日報』七面記事「『民衆の声 無視するな』ソウル大学生会長団 本社前で言論糾弾」によると約一〇名となっている。

(37) 一九七〇年三月一七日午後一一時、現在のソウル特別市麻浦区江辺《ヤンビョン》北路唐人里《ダンインリ》発電所と切頭《チョルドゥ》山の間の道端に停車していた黒色の車の中で、鄭仁淑《チョンインスク》（当時二五歳、女性）が頭と胸を銃で撃たれて死亡しているのが発見された事件である。この事件は第三共和国の政治と性をめぐるスキャンダルとして有名になった。「三共 최대스캔들……희대의 여인 정인숙 피살사건」『연합뉴스』〔第三共和国最大のスキャンダル……稀代女性、鄭仁淑暗殺事件『聯合ニュース』〕二〇一〇年三月一八日、정홍택「정홍택의 지금은 말할 수 있다〈16〉정인숙 사건과 나」『한국일보』〔チョンホンテク「チョンホンテクの今は言える〈16〉」鄭仁淑事件と私」『韓国日報』〕二〇〇八年七月八日、감명국「미스터리 추적――정인숙과 그 아들, 진실은 이것」『일요신문』〔カムミョング「ミステリー追跡――鄭仁淑とその息子、真実はこれ」『日曜新聞』〕七七七号、二〇〇七年四月八日、「땅에 묻은 스캔들 정인숙 피살사건」『이제는 말할 수 있다』〔「地に埋められたスキャンダル―鄭仁淑暗殺事件」〕MBC、二〇〇〇年一〇月八日放送（第二六回）、민병욱「七〇년대 〝밤의 정치〟 요정 정치、그 요지경 세계」『네이버 캐스트』〔ミ

ンビョンウク「七〇年代〝夜の政治〟料亭政治、その覗きカラクリの世界」『ネイバーキャスト』〕http://navercast.naver.com/contents.nhn?rid=47&contents_id=4060、などを参照されたい。

(38)　一九七〇年四月八日未明六時から六時三〇分の間に、現在のソウル市麻浦区《マポグ》倉前洞《チャンジョンドン》臥牛《ワウ》山体育公園に位置する、地上五階建ての住居用建物である「臥牛アパート」の一棟が完全に崩壊した事故。この事故で三三名が死亡し三八名が負傷したが、死亡者三三名中三二名はアパートの住民であり、死亡者一名はアパートの下にあるバラック小屋の住民だった。事故の原因は、竣工期間六ヵ月の手抜き工事であった。結局、この事故でアパート建設を総指揮したソウル市長が職を追われた。麻浦区長と建設設計者、現場監督、建設会社社長がこれによって責任を問われ、左遷または警察に拘束された。박태균「와우아파트、경부고속도로、그리고 주한미군 감축」『역사비평』二〇一〇년 겨울호、통권 九三호〔パクテギュン「臥牛アパート、京釜高速道路そし駐韓米軍減少」(『歴史批評』二〇一〇年秋号、通巻第九三号、二〇一〇年一一月)〕一六五〜一九五頁、홍성태「붕괴사고와 사고사회 - 와우아파트와 삼풍백화점을 중심으로」『사회와역사』통권 제八七집、〔ホンソンテ「崩壊事故と事故社会――臥牛アパートと三豊百貨店を中心に」『社会と歴史』通巻第八七集、二〇一〇年九月〕一六三〜一八九頁、장박원・이유진(『매일경제』기자)「와우아파트」『네이버캐스트 오늘의 집』〔チャンパグォン・イユジン(『毎日経済』記者)「臥牛アパート」『ネイバーキャスト　今日の家』〕二〇〇九年六月八日 URL：http://navercast.naver.com/contents.nhn?rid=38&contents_id=570　を参照されたい。

(39)　東亜日報労働組合［1989］および一九七一年三月二七日の『東亜日報』七面に掲載された記事「『民衆の声無視するな』ソウル大学生会長団　本社前で言論糾弾」。

(40)　韓国語では「朝變夕改」という。

(41)　原文は以下のサイトで確認できる。「東亞日報 민족과 더불어 八〇년／3부 민주화의 횃불」〔「東亜日報　民族とともに八〇年／三部　民主化の松明」〕URL：http://www.donga.com/docs/donga80/ch03/03-01-01-p020.htm

(42)　『東亜日報』はもともと夕刊紙であった。

(43)　掲載されているのは、例えば「千葉　男性」「練馬　T男　K子」などというように、メッセージの内容と居住している市町村、男性か女性などの情報しかないため、日本人かどうかまではわからない。そこでここでは日本在住者と表現した。

(44)　日本における『東亜日報』支援運動については、森類臣［2015］を参照。

(45)　金泳三政権で「五・一八民主化運動に関する特別法」が成立したのちは、「五・一八民主化運動」「光州民主化抗争」などと呼ばれる。本書では「光州民主化運動」とした。

(46) 一九八〇年五月二八日『東亜日報』掲載の「戒厳司발표 軍人二명殉職 一二명負傷 光州에서 새벽 一七명死亡」。

(47)「이경일 八〇년해직언론인협의회장 〝제작거부하자 빨갱이로 몰았다〟대부분 신문 해직언론인 관련 보도 외면……문제해결위해 끝까지 노력할 터」『미디어오늘』三二호〔「李耕一 八〇年解職言論人協議会長〝製作拒否したらアカとして追いやられた〟ほとんどの新聞が解職言論人関連報道を無視……問題解決のために最後まで努力するつもり」『メディア今日』第三二号、一九九五年一二月二七日〕http://www.mediatoday.co.kr/news/quickViewArticleView.html?idxno=9007

(48) 朴孟洙への聞き取り調査は、二〇一二年六月一日に京都市内で行った。朴孟洙は聞き取り調査実施当時、円光《ウォングァン》大学教授。朴孟洙は、一八九三年から九五年にかけて朝鮮半島全域で発生した東学農民運動（指導者は全琫準）の研究で知られる。

(49)『創作と批評（창작과 비평）』『シアレソリ（씨알의 소리）』などが代表的である。

(50) 例えば一九八〇年一一月一五日『東亜日報』一面の「言論機関統廃合」という記事には「韓国新聞協会と放送協会は、一四日午後にそれぞれ臨時総会を開き、言論構造の自律的改編と新聞通信および放送の乱立をなくすために新聞社および放送局の統廃合と新たな通信社の設立を決議した」とある。

(51) 진실・화해를위한과거사정리위원회［2008］『2008년 하반기 조사보고서』제8권〔真実・和解のための過去事整理委員会［2008］『2008年下半期調査報告書』第8巻〕八三八頁

(52) ちなみに、七五年および八〇年に解雇された記者らの名誉回復は、現時点でも行われておらず、ジャーナリズム界の〝過去史清算〟はいまだ不徹底の状態である。マスメディア批評週刊紙である『メディア今日』（全国言論労働組合連盟発行）は、一九九五年一二月二七日の記事で「五・一八当時、検閲を拒否して制作拒否へ参加した約七〇〇名の言論人が解職、いまだ約三〇〇名は復職できていない状態だ。五・一八内乱行為に対する処罰と光州虐殺究明などと一緒にこれら解職言論人にたいする名誉回復措置も一緒になされなくてはならないという世論が高潮している」と伝えている（『メディア今日』第三七号）。

(53) 韓国では「室長」という役職が一般企業などに存在する。一般的には課長クラスの役職である。

(54)「面壁（면벽）」とは壁に向き合い座禅すること。ここでは刑務所の壁に向き合いあれこれ考え思索した時間を指すと思われる。

(55) 呉効鎮は韓国のジャーナリスト、政治家。MBC社会部記者、『月刊朝鮮』記者、『朝鮮日報』記者、ソウル放送（SBS）報道局長などジャーナリズム界で活躍した後、政界へ転じた。

(56) 社会主義国家におけるメディア理論や全体主義体制におけるマスメディア理論の特徴については［Siebert 1963］を参照。

(57) 当時『中央日報』は夕刊紙であった。『中央日報』が朝刊に転換するのは一九九五年四月である。朱恩洙［1997］「韓國 新聞産業의 競争力 强化方案에 관한 研究——特化戰略을 中心으로」（연세대학교 언론홍보대학원 석사논문）〔朱恩洙［1997］韓国新聞産業の競争力強化方策に関する研究——特化戦略を中心に」（延世大学大学院言論弘報大学院）〕や「청와대 비서진, 석간신문때문에 골치」『미디어오늘』〔青瓦台　秘書陣、夕刊新聞のせいで頭が痛い」『メディア今日』（一九九五年六月七日）〕URL：http://www.mediatoday.co.kr/news/articleView.html?idxno=9846を参照。

(58) 「總理에 李漢基씨 全대통령 問責改閣 단행」『東亜日報』〔「総理に李漢基氏　全大統領　問責の内閣改造断行」『東亜日報』〕一九八七年五月二六日一面

(59) B・マクネアの言葉を借りれば「リベラルデモクラシーにもとづく現代資本主義社会」である［マクネア 1998=2006：13］。なお、社会主義社会や共産主義社会では、資本主義社会とは別個のジャーナリズムの原則が存在する［Siebert 1963］。

(60) Bill Kovach, Tom Rosenstiel [2000] やウィッカム・スティード［1998］などを参照。また、浅野健一編［1998］の二三六～二三八頁には、「ジャーナリストの六つの責務」がまとめられている。なおB・コヴァッチらの著作は日本では二〇〇二年『ジャーナリズムの原則』（加藤岳文、斉藤邦泰訳、日本経済評論社）、韓国では빌 코바치, 톰 로젠스틸 저, 이재경 역［2009］『저널리즘의 기본 원칙』한국언론재단　として韓国言論振興財団から出版された。『신문과 방송』〔『新聞と放送』〕二〇〇九年一〇月号（韓国言論振興財団）や『オーマイニュース』などに書評が掲載された。『オーマイニュース』の記事については以下のURLを参照されたい。（http://www.OhmyNews.com/NWS_Web/view/at_pg.aspx?CNTN_CD=A0001640195）

(61) このような「表現の自由」に関する権利は、歴史的にみると、政治権力とそれに対抗する勢力が闘争し、結果として社会的に認められてきた自由権の一種である。例えば、アメリカ合衆国憲法修正第一条（United States Bill of Rights,First Amendment）では「*Congress shall make no law respecting an establishment of religion, or prohibiting the free exercise thereof; or abridging the freedom of speech, or of the press; or the right of the people peaceably to assemble, and to petition the Government for a redress of grievances.*〔連邦議会は、国教を樹立し、もしくは信教上の自由な行為を禁止する法律、言論もしくは報道の自由、または人民が平穏に集会すること、苦痛の救済を求めるため政府に請願する権利を侵す法律を制定してはならない〕」（日本語訳は筆者。なお、原文中の「press」は「報道」と訳した）と定められており、「言論もしくは出版の自由」（the freedom of speech, or of the press）」を保障している。

（62）「デモクラシー」（democracy）の語源はギリシア語の「Demokrati」である。「Demokrati」は、「demos」（人民、民衆）＋「Kratia」（政府、統治機構、政治制度）の合成語である。すなわち、デモクラシーとは、そもそも人民・民衆による統治形態を指す。この意味で、デモクラシーは「民主主義」というように「主義（ism）」を表すものではない。本来は「人民統治」「民衆の政治」などと訳すべきだったのではないだろうか。明治期の日本でデモクラシーを「民主主義」と翻訳したのが適切だったのか、疑問である。

（63）東亜自由言論守護闘争委員会の活動については公式ホームページを参照されたい。「자유언론실천 동아자유언론수호투쟁위원회」URL：http://www.donga1024.or.kr/

（64）宋建鎬は、一九八七年に月刊『深い泉の水』一九八七年一一月号誌上で行われた座談会で「編集権の概念は、第二次世界大戦後に日本で初めてできました。大戦が終わって日本にも民主化の風が吹きました。それで日本の各新聞社の中で、今まで侵略戦争を起こした軍部統治者に協力した人はすべて出ていき、新聞が民主的に制作されなければならないという主張が出てきました。それで経営者が〝俺の新聞なのにお前らは何なのだ〟と言って闘いが繰り広げられましたが、マッカーサー司令部が、新聞制作の最終決裁権すなわち編集権は経営者の側にあると決定しました。その時、編集権が話題になったのです。韓国の既存の新聞もそのような状態でした」と言及している（特別座談「新しい新聞を出さなければならない　宋建鎬・鄭泰基本・趙英来」『深い泉の水』一九八七年一一月号、五一頁を参照）。

（65）韓国では「行動隊員」と呼ばれる。籠城をした社員を鎮圧排除するために会社側が組織したグループであり、暴力団などが動員されるケースもあった。

（66）김종철「조선투위 창립과 활동 언론과 권력（46）」『PRESS by PLE』〔キムジョンチョル「朝鮮闘委創立と活動　言論と権力（46）」『PRESS by PLE』〕二〇一二年七月一九日 URL：http://www.pressbyple.com/news/articleView.html?idxno=4151

（67）当時の政府発表では一九八人が解雇、六三五人が自主退社とされているが、実際はもっと多いであろうと推測される。

（68）김종철「〝八〇년 해직언론인협의회〟결성과 활동 언론과 권력（56）」『프레스바이플』〔キムジョンチョル「〝八〇年解職言論人協議会〟結成と活動　言論と権力（56）」『PRESS by PLE』〕二〇一二年八月六日　URL：http://www.pressbyple.com/news/articleView.html?idxno=4625

（69）同前。

（70）同前。

（71）同前。

（72）同前。

（73）同前。

（74）김종철「민주언론운동협의회 창립과〈말〉지 창간 언론과 권력（57）」『프레스바이플』〔金種鐵「民主言論運動協議会創立と〈言葉〉誌創刊　言論と権力（57）」『PRESS by PLE』〕二〇一二年八月七日　URL：http://www.pressbyple.com/news/articleView.html?idxno=4658

（75）민주언론운동협의회 발기인일동「민주언론운동협의회 창립선언문」『민주언론시민연합』홈페이지〔民主言論運動協議会発起人一同「民主言論運動協議会創立宣言文」〕一九八四年一二月一九日、『民主言論市民連合』ホームページ、URL：http://www.ccdm.or.kr/xe/ccdm_declare/213070

（76）同前。

（77）前掲注74、김종철「민주언론운동협의회 창립과〈말〉지 창간 언론과 권력（57）」。

（78）前掲注75、민주언론운동협의회 발기인일동「민주언론운동협의회 창립선언문」。

（79）前掲注74、김종철「민주언론운동협의회 창립과〈말〉지 창간 언론과 권력（57）」。

（80）同前。

（81）同前。

（82）『시민과언론』통권제八八호、二〇〇九겨울、민주언론시민연합〔『市民と言論』通巻第八八号、二〇〇九年冬号、民主言論市民連合〕九二頁。

第2章　『ハンギョレ新聞』創刊過程の分析

第1章では、言論民主化運動の展開過程について述べた。朴正熙政権下での言論統制・弾圧に抗する形で本格的に始まった言論民主化運動は、一九八四年の民主言論運動協議会（民言協）結成につながった。民言協結成とその活動が八〇年代の言論民主化運動の大きな成果であった。民言協は機関紙・月刊『言葉《マル》』を発刊し、民主化運動の声を伝える「代案言論（オルタナティブメディア）」の役割を果たしていくようになった。しかし『言葉』は発行部数が限られている月刊のミニコミ誌・社会運動団体の機関誌という限界点を持っていた。つまり、総合日刊紙や放送局に比べて影響力が相対的に弱いという欠点があったのである。民主言論運動の推進者たちは、『言葉』のそうした限界を乗り超えようとした。月刊誌から総合日刊紙への転換こそが限界を乗り超えることと見なされた。そして、言論民主化運動の推進者たちは、既存のマスメディアとは違う「新たな新聞」の創刊を現実化するために具体的な動きを模索し実行に移していった。その結果、一九八八年五月一五日に『ハンギョレ新聞』が創刊された。

本章では、第1章で明らかになった背景をふまえつつ、『ハンギョレ新聞』創刊の過程について一次資料に依拠して詳細に整理しながら、創刊運動とはいかなるものであったのかについて論じる。

まず、第1節では『ハンギョレ新聞』創刊運動の過程をたどる。創刊運動の過程を、(1)創刊の源流、(2)創刊の具体的な進捗状況、(3)創刊に関わる重要人物の分析、(4)創刊運動の構造分析、の四つに分けて論を進めていく。

第一に、創刊の源流を探る。「新たな新聞」創刊という発想は一九七〇年代末の東亜闘委から始まったと言える。この発想が東亜闘委・朝鮮闘委という一九七〇年代の言論民主化運動団体に共有されて少しずつ現実味を帯びた構想となり、その構想は民言協における議論で理念的基盤を整えて行った。「新たな新聞」構想は、民主言論運動協議会の機関誌『言葉』創刊号を通して発表された。ただし、具体的に創刊運動が始まったのは、一九八七年六月以降である。それまでは合法的に新しい新聞、特に進歩論調の新聞を発行するのは事実上不可能だった。六月民主抗争の結果として、当時民主正義党大統領候補者だった盧泰愚《ノテウ》が一九八七年六月二九日に政治的民主化宣言（六・二九宣言）を行い、新しいマスメディアを創設する機会が法的に許容されたことが具体的な契機となった。

第二に、創刊の具体的な進捗状況を論じる。鄭泰基が実務を担当し、宋建鎬や李泳禧《リヨンヒ》、任在慶など言論民主化運動を牽引してきた重鎮たちや、朝鮮闘委・東亜闘委メンバー、民言協メンバーたちが創刊準備の中心となった。また、民主化運動勢力のみに依存するのではなく、多くの国民を巻き込む形で新たな報道機関の創設・新たな新聞創刊を推進するように努力を傾けていった。特に、具体的に創刊までの計画を立案して準備作業の中心を担った鄭泰基は創刊までの業務の中心を担ったと言えよう。

第三に、創刊運動を理念的に牽引した宋建鎬や任在慶を取り上げて分析する。創刊に関わった人物は多いが、本章では初代代表理事（社長）を務めた宋建鎬と、初代副社長を務めた任在慶を取り上げた。

第四に、創刊運動という経験を人的構成や組織化などの側面から構造的に捉えていく。①創刊運動の人的構成、②組織化のプロセス、③創刊作業進捗状況の告知方法、④情宣活動、⑤創刊運動を支持・支援した団体、など多角度から創刊運動の実態を捉えるようにした。

第2節では、創刊運動の中でも中心的な問題だった創刊資金について検討する。

『ハンギョレ新聞』の特筆すべき点の一つが、「国民株方式」によって設立された新聞社であるという点である。国民株方式とは『ハンギョレ新聞』創刊・維持のための株を買うという制度であり、『ハンギョレ新聞』はこの国民株の資金で創刊された。制度上は株だが実態は募金に近い形であったと指摘できる。国民株制度は『ハンギョレ新聞』創刊のための独創的な方法である。創刊当時、国民株制度は、韓国国内はもちろん、管見の限り他国でも類例を見つけられない方式であった。

また、国民株方式は一人当たりの株の保持数を制限していたため、特定の大株主が存在しえないシステムであった[1]。法人による株の購入を禁じていたため、既存マスメディアで常態化していた大株主（オーナー）による編集局への大きな影響力・圧力を避けることができた。

このように、国民株方式は『ハンギョレ新聞』創刊の核心的な要素である。したがって、第2節では、国民株方式に分析の焦点を合わせる。新聞社創設および創刊資金調達の方法として国民株方式を採用するに至る過程を分析し、国民株方式の特徴を明らかにする。次のような七つの事項を扱う。

第一に、「国民株方式」構想の確立について言及する。資金調達という側面を主に論じていく。第二に、国民株方式が成り立つ社会的背景を整理する。国民株方式の背景にある韓国社会の募金文化という点を、一次資料に依拠して説明していく。第三に、国民株方式を開始した時期、資金問題をどのように解決していこうとしたのかについて言及する。第四に、国民株募集をどのように民衆に告知し拡散させていくかという点について言及する。第五に支持者の拡大がどのようなプロセスを経て行われたかについて詳述する。第六に、国民株方式のインパクトと波及を論じる。ここでは、済州島の『済民日報』を例に、国民株方式が地方紙でも導入された事例を扱う。第七に、国民株方式の効果と限界を検討する。権威主義体制下における言論統制モデルを示し、このモデルに対して国民株方式がどのように効果的だったかを明らかにする。一方で、限界点にも言及する。第八に、国民株方式がハンギョレ新聞社の理念と組織運営に与えた影響について論じる。国民株という資本構成の一形態が新聞社の運営や編集方針にどのような影響を与えているのかを、ジャーナリズム論の視点から構造的に分析してく。加えて、国民株方式がどのように理念（第3章で詳述）や組織運営（株主総会）に影響を与えるのかについても言及する。

第1節　創刊運動の進捗

1　創刊の源流

第1章で見てきたように、一九七〇年代から本格的に始まった言論民主化運動は一九八〇年中盤になるとそれまでとは少々違った様態を表すようになる。一九七〇年代の言論民主化運動が、既存のマスメディア、つまり「制度言論」に謝罪と原状復帰を求めつつその体質改善を促すのが主な目的であったとすれば、一九八〇年代の言論民主化運動は現状復帰を要求しつつも、それとは異なった方向性を示すようになったのである。それは、新たな言論機関を創設することで制度言論の力に対抗し、言論界全体の民主化を促そうとするというものであった。この転換点を、当時民主言論運動協議会（民言協）の中心メンバーで『言葉《マル》』の編集人だった成裕普《ソンユボ》は、「一九七〇年代の言論民主化運動は、既存マスメディアの改革および不当解職記者の復職・名誉回復を目指していたが、一九八〇年代には、より大きな運動を志向しようとする動きが出てきた。民主言論運動協議会の結成や『言葉』の発刊は、その延長線上だった」と説明している。(2) 成裕普は、一九八七年八月に大田市近郊で開かれた民主統一民衆運動連合の総会で、新しい新聞を作ろうとしているという話を鄭泰基と権根述から聞いた。成裕普は新しい新聞の創刊に対して肯定的であったが、現実化することまでには想像が至らなかったという。(3) しかし、約九ヵ月後に成裕普は新しい新聞すなわち『ハンギョレ新聞』の初代編集局長になった。

新たな言論機関創設の動きは一九八〇年代中盤から本格化してきた。ただし、資料やインタビュー調査など一次資料で確認する限り、新たな言論機関創設という発想それ自体は、一九七〇年代末頃から言論民主化運動を推進してきた人物たちの間で少しずつ共有されていたと指摘できる。例えば、一九七九年一一月に東亜闘委委員長だった安鍾柲《アンジョンピル》が語った「新たな新聞構想」である。管見の限り、安鍾柲のこの構想は新たな言論機関創設に具体的に言及した最も古いものである。

当時、東亜闘委委員長だった安鍾柲は、一九七九年一一月下旬にソウル城東《ソンドン》拘置所六棟一七号室で東亜闘委の同僚たちに「新たな新聞」の構想を話したとされ、一九八〇年三月六日の『東亜闘委便り』に詳報された。その内容は次のとおりである。

新時代が到来しわれわれが言論界で再び働けるようになったとき、具体的に新聞をどのようにつくり、経営はどのようにしなければならないだろうか。すぐに難しいとしても、いつかは横書きにしてハングル専用にしなければならないだろう。(4)今の新聞は、あまりにも識者中心で製作されているが、民衆のための真の新聞になるためには、誰でも容易に読むことができるようにハングル専用とすべきだ。編集も今のように政治、経済、社会、文化と分けるのではなく総合編集をしなければならないし、今のような記者クラブ制度もなくさなければならない。(5)官を中心としすぎている取材であるため民衆の意思がきちんと反映されていない。〔中略〕新時代が到来したら国民たちが皆出資して彼らが主人となる新聞社をつくることが一番望ましい。そうなったら、どんな人間も新聞社を思うままに扱うことはできないだろうし、編集権の独立も成し遂げられるだろう。そうなったら、ある一人の新聞ではなく、われわれの新聞という考えから、制作にも積極的に協力するようになるのではないだろうか。

［東亜自由言論守護闘争委員会 2005：413］

安鍾柲の構想は、具体的な新聞創刊計画というよりは、あくまで新しく新聞を創刊するときの原則論を述べたものである。しかし、①ハングル表記で横書きにする、②記者クラブ制度を廃止する、③国民出資の新聞社をつくる、という三点をすでに一九七九年に提示していたという点は注目に値する。

安鍾柲の新聞創刊構想は東亜闘委・朝鮮闘委の解職記者たちの間で共有されたが、全斗煥政権下で新しいマスメディアを創立することは事実上不可能であった。一九八七年の六・二九民主化宣言およびその成果としての言論基本法廃止まで、新聞創刊は現実的に難しかったのである。

しかし、新しい報道機関の成立に関して、言論民主化運動を担う人々が一九八七年まで動きを止めていたわけではない。第1章第7節で述べたように、一九八四年に、朝鮮闘委と東亜闘委そして八〇年解職言論人協議会を主軸とする勢力が結集して民主言論運動協議会が結成されてから、大きく流れが変わり始めた。民言協は、同年一二月一九日に採択した「創刊宣言文」で次のように述べた。

われわれ民主言論運動協議会は、このような新しい言論についての要求に応じて、これまでわれわれが持つことができなかった真の民主・民族言論を創造しようとしている。これは言うまでもなく制度言論を否定・克服するだけではなく、われわれの民衆的・民族的要求にしっかりと立脚した新しい言論の創造を意味する。

第1章第4節で述べた通り、民言協は機関紙である月刊誌『言葉』を創刊した。『言葉』は全斗煥政権を強く批判する論陣を張り、権力監視・権力批判の報道を展開した。『言葉』は行政から正式に認可を得た雑誌媒体ではなく非合法の「地下メディア」であり、全斗煥政権による弾圧の対象となった。しかし、弾圧されながらも発行を続け、「報道指針」暴露報道など既存マスメディア=「制度言論」では扱うことのできなかった内容を取材・報道し続けた。このような報道姿勢は、民主化運動を主導していた人たちだけでなく民衆からも注目された。

『言葉』は全斗煥政権に対抗する反権力的ジャーナリズムであるという認定を受け、民主化運動を主導する人たちから高く評価された。しかし、そもそも民言協の主要メンバーたちは、それで満足するつもりはなかった。新たな言論機関として「月刊誌」という形態を長期間継続するつもりはなく、当初から全国日刊紙を目指すつもりだった。影響力が限られている雑誌媒体ではなく、より影響力のある全国的なマスメディアの創設を念頭に置いていたのである。

その証左が、一九八五年六月一五日『言葉』創刊号に掲載された記事「新しい言論機関の創設を提案する」である。この記事は『言葉』編集部によって書かれた。記事のリードで「新しい言論機関は、既存言論機関が個人または少数の言論企業によって独占的に所有されているのとは違い、真実の民主言論を渇望するすべての民衆が出資し、自らの力で自身の表現機関を創設する。民衆が共同で所有し運営する、民衆の表現機関になるのだ」と宣言し、本文で「われわれは今展開されている『民衆言論時代』の要請にしたがって新しい言論機関の創設を提案する。新しい言論機関は一言で言えば、民衆の現実と意思を代弁するだけでなく民衆が自らの力で創設する言論機関である」と主張した。さらに、「民衆言論はすなわち言論分野で広がっている広範囲の民衆運動のひとつの表現である。制度言論が民衆の声をほとんど歪曲し、一切の表現手段を奪われた民衆が今や自ら自身を表現する他ない現実の中で、民衆言論は避けることのできない要請である。今日の言論は政治権力と一体化することで現在の抑圧的な体制を維持させようとしている、最も重要な手段の一つになっている」というように制度言論への厳しい批判も展開している。

さらに同紙八九頁には、朝鮮闘委が出した声明「新しい言論の創設を提案する――『朝鮮闘委』さらなる一〇年を見通して」と題された文章が掲載された。この声明では、朝鮮闘委結成のプロセスや、言論自由運動の現段階、言論の状況を分析しているが、最も重要なのは「われわれが志向する言論は何か」という項目であろう。この項目で、朝鮮闘委は、目指す言論の要素を「自由言論」「民主言論」「民衆言論」「民生言論」「民族言論」の五つに分けて解説している。

『言葉』は、当時「制度言論」が黙殺していた労働・農民・都市貧民などの問題を取り上げるなど、既存マスメディアにはできない報道をし、「声なき声」として社会問題を取り上げた。しかし、定期刊行物法違反の「地下メディア」であったため一般的な書籍のような流通を取ることができず、拡散や影響の拡大という点で限界があった。また、月刊であったために速報性に劣り、重要な情報を読者に時宜適切に提供できなかったという弱点もあった。民言協のメンバーたちは、『言葉』のこのような限界を当初から認識していたようである。それは『言葉』の表紙に書かれた副題「民主・民族・民衆言論に向かう踏み石」からもわかる。民言協のメンバーたちがイメージしていたのは、『言葉』が持つ路線を継承・拡大した報道機関であり、「民主・民族・民衆言論」を追求できる全国総合日刊紙の創刊であった。元朝鮮闘委委員長で、『ハンギョレ新聞』創刊メンバーの中心であった鄭泰基は、この点を次のように説明した。

創刊〔準備〕の時期に、〔日刊新聞社ではなく〕財団や非営利組織にしようという話も出た。しかし、私は、少数者のための急進的な新聞（radical minor paper）よりは、新聞購読率が八〇％を越えていた当時に、少なくとも約一〇％を占有し、大衆的な支持基盤を得つつ影響力のある新聞でならなければならないと考えた。

少数者のための急進的な新聞は、われわれが志向する新聞ではないと思った。〔最近の〕非営利形式のインターネット新聞やＲＴＶもそうだが、〔あまりにも〕急進的だったり革命志向的だったりすることは、パブリック（public）な言論としては墓穴を掘る。それではどうするか。支持者による募金に依存するしかない。非営利形式にしようという意見も多かったが、私の考えは、株式会社をつくり、株主に対して責任をとるというものだった。[6]

鄭泰基の考え方は、社会に比較的広い支持層を持った日刊紙を発行しなければならないというものであり、そのためには株式会社として新聞社を設立することが重要であったということであった。

2　創刊の具体的な進捗状況

(1)　六・二九民主化宣言から「新たな新聞創刊発起推進委員会」設置まで

新聞創刊が、鄭泰基を中心とした新聞社創業の実務を担った少数メンバーの中で具体的なアイディアとして構築されたのは、一九八七年になってからのことであった。その契機は、一九八七年六月二九日に盧泰愚が発表した「六・二九民主化宣言」である。この宣言によって、ようやく合法的に新たな新聞を創刊できる可能性が開けた。盧泰愚は民主化の内容を八つの重要な項目に分けて説明したが、ジャーナリズムに関する部分は第五項目であった。以下に該当部分を引用する。

五つ目に、言論の自由の暢達のために関連制度と慣行を画期的に改善しなければなりません。いかにその意図がよくても、言論人の大部分の批判の的になってきた言論基本法は急いで大幅に改善するか、廃止し違う法律によって代替させねばならないのです。地方駐在記者を復活させ、プレスカード制度を廃止し、紙面を増やすなど、言論の自律性を最大限保障しなければなりません。政府は言論を掌握することもできないし、掌握しようと企てもいけません。国家の安全保障を阻害しない限り、言論は制約を受けてはなりません。言論を審判できるのは独立した司法部と個々の国民であることをもう一度想起します(7)。

この宣言には、「国家安全保障を阻害しない限り」という文言が入っている。この文言は、「国家の安全保障」とは何かを国家権力が恣意的に判断でき、ジャーナリズムが「国家の安全保障」を取材報道・論評することを抑制しているという点で、問題がある。政治権力がジャーナリズムの権力監視報道をけん制するという点で、「言論の自由」が制約される可能性が残ったわけである。しかし、そのような問題点があったにもかかわらず、この宣言は言論基本法の改善または廃止を示唆したという点で、重大な意義があった。この六・二九民主化宣言を受け、新しい新聞発刊という構想の具現のために最初に動き出したのは、鄭泰基だった。鄭泰基は『ハンギョレ新聞』創刊の実務を担った最重要人物の一人である。

鄭泰基は、六・二九民主化宣言で新たな新聞の可能性が開けると、すぐに行動を開始した。鄭泰基は実務家としても経験値が高かった。記者を解雇された後に大企業に入社し、退社後にはコンピューター会社「ファダム企画」や出版社「ドゥレ出版」を創業・経営した。鄭泰基は、実務に携わった経験から、方法さえ適切であれば新しく新聞社を創設することは充分可能であると考えていた。

鄭泰基は、民言協議長で当時すでに名の知れたジャーナリストだった宋建鎬、元『朝鮮日報』外信部記者を経て漢《ハン》陽《ヤン》大学教授となり、民主化運動の理論的指導者かつ実践活動家だった李泳禧、元『韓国日報』論説委員の任在慶、元東亜闘委委員長の李炳注《イビョンジュ》、金泰弘《キムテホン》などに働きかけ、そのネットワーク化をはかった。新聞社の組織構造および運営方法（印刷・販売・広告など）の計画・統括など実務の中心は鄭泰基だった。また、国民募金方式を提案した一人は李炳注であり、これは後に国民株方式として採用された。

一九八七年七月一五日、上記に述べた鄭泰基・李炳注・金泰弘の三人が、「新言論創設研究委員会」を結成し「民衆新聞創刊のための試案（仮称）」を用意した。この試案には、①国民参与、②編集権独立、③ハングルでの横書き、④コンピューター組版システム（CTS）の活用、⑤読者反論権保障、⑥一九八七年八月一五日発起宣言、一一月一日新聞社創設、一九八八年二月一日創刊号発行を目標とする、という内容が盛られた。［高昇羽 2004：128-129］。

同年九月一日にソウル市安国洞《アングクドン》安国ビル六〇一号室および六〇二号室に、「新たな新聞創刊準備事務局」が設置された。この事務局の主なスタッフは、鄭泰基を始めとした解職記者たちであり、【表2-1】のような編成だった。

次に、「新言論創設研究委員会」が発展解消する形で「新たな新聞創刊発議準備委員会」（以下、発議準備委員会）が創設された。発議準備委員会の委員長は宋建鎬であり、「一九六名の前・現職記者たちによって結成され、一人当たり五〇万〜一〇〇万ウォンずつ(8)、合わせて約一億ウォンの創刊発議寄金を出し、創刊発議同意書に署名した」［高昇羽2004：129］のである。

同年九月二三日には、「新たな新聞創刊準備事務局」が設置された安国ビルで「新たな新聞創刊発議者総会」（以下、発議者総会）が開催された。発議者総会は、新聞を創刊する意志を初めて公式かつ対外的に発表する重要な場であり、①創刊発議文を発表、②創刊発議者一九六人の名前を発表、③「新たな新聞創刊発議準備委員会」を発展解消させ「新たな新聞創刊発起推進委員会」（以下、発起推進委員会）を創設し、発起推進委員会を新聞創刊作業に関する最高意思

表２－１　新たな新聞創刊準備事務局の構成員

名　　前	役　　職	出　　身
鄭泰基	局長	解職記者（朝鮮日報）
洪《ホン》秀《ス》原《ウォン》	次長（企画・調整担当）	解職記者（京郷日報）
李《イ》元《ウォン》燮《ソプ》	・スポークスマン ・広報および渉外	解職記者（朝鮮日報）
安《アン》貞《ジョン》淑《スク》	経理	解職記者（韓国日報）
玄《ヒョン》利《イ》渉《ソプ》	総務	解職記者（現代経済日報）
李《イ》炳《ビョン》孝《ヒョ》	企画・調整	解職記者（TBC）
李《イ》相《サン》現《ヒョン》	広報・渉外	雑誌『韓国人』記者、月刊『言葉』記者
シンドンジュン［신동준］	発起人対策	ソウル大学政治学科卒 『朝鮮日報』記者内定を辞退
金《キム》玄《ヒョン》大《デ》	発起人対策	ソウル大学社会学科卒業
チョビョンウク［조병욱］	庶務	不明
パクオクスク［박옥숙］	庶務	不明

出所：「사무국 일꾼 인선」『새신문 소식』１号〔「事務局担い手の人選」『新たな新聞便り』第１号〕1987年10月10日２面を参考に筆者が作成。

決定機関として認定すること、④国民株方式の採用（目標金額五〇億ウォン、一人あたりの出資上限は五〇〇〇万ウォン）などを決定した(9)。

創設された発起推進委員会では、毎週土曜日午後二時から定例会を開催し、創刊準備に関する総合企画・推進状況のチェック、発起推進の方向性の決定などの役割を担うことが確認された(10)。また、発起推進委員会委員のうち、事務局に毎日出勤可能な委員一〇人で常任委員会が構成され、毎日午前一〇時に定例会議を開くことを決めた(11)。委員の一〇人とは、任在慶・姜正文・権根述・金泰弘・慎洪範・李炳注・李元燮・鄭泰基・趙成淑・洪秀原だった。以後、この常任委員会委員一〇人が創刊作業の根幹を担う核心メンバーとなっていった。

一〇月二日には、発起推進委員会が全体会議を開催し、①新たな新聞創刊準備事務局の構成、②経常費予算の承認、③新聞名の検討、④財政委員会発足（李炳注、イジョンイル［이정일］、成漢杓）などの重要事項を決定した。

(2)　各界著名人による創刊支持声明と創刊発起人大会

一〇月一二日には、二四人の各界著名人が「新たな新聞が誕生しなければなりません」という創刊支持声明を発表した(12)。

表2－2　創刊支持声明を発表した人物

言論人／文筆家	宗教界	学界・教育界	法曹界・政界
金観錫《キムガンソク》〔キリスト教放送〕	金壽煥《キムスファン》〔カトリック神父、枢機卿〕	金玉吉《キムオクギル》〔文学者〕	李敦明《イドンミョン》〔弁護士〕
金廷漢《キムジョンハン》〔小説家〕	金知吉《キムジギル》〔阿峴監理教会牧師〕	邊衡尹《ビョンヒョンユン》〔経済学者〕	李愚貞《イウジョン》〔政治家〕
朴景利《パクキョンリ》〔小説家〕	文益煥《ムンイッカン》〔牧師、神学者、民主化運動家〕	成來運《ソンネウン》〔教育学者、民権運動家〕	洪南淳《ホンナムスン》〔弁護士〕
朴斗鎭《パクトジン》〔詩人〕	朴炯圭《パクヒョンギュ》〔牧師〕	李兌榮《イテヨン》〔法学者〕	
朴花城《パクファソン》〔小説家〕	宋月珠《ソンウォルジュ》〔仏教者（曹溪宗）〕	李効再《イヒョジェ》〔社会学者、女性運動家〕	
咸錫憲《ハムソッコン》〔『シアレソリ』発行人、思想家〕	尹恭熙《ユンゴンヒ》〔カトリック神父〕	李熙昇《イヒスン》〔言語学者〕	
黄順元《ファンスンウォン》〔詩人・小説家〕	池學淳《チハクスン》〔カトリック神父、民主化運動家〕	趙璣濬《チョギジュン》〔経済学者〕	

注：各人物の代表的な職業を記した。例えば文益煥は牧師ではあるが、神学者・民主化運動家としても非常に有名で、一つの枠にとらわれない活動を展開していた。

声明は【表2－2】のような人物らによってなされた。ほとんどが有名な知識人であり社会運動に参与してきた人たちであった。

　創刊支持声明は「解職言論人と解職記者たちが、志を寄せ合い新たな新聞を創刊しようと発議したのです」という一文で始まっている。七〇年代中頃から八〇年代初めにかけて、自由言論を志向したために弾圧を受けた記者たちの正当性を訴え、民衆に広く協力を呼びかける声明だった。

　一〇月二二日の午前中に、新聞の名称を決めるための創刊発起推進委員会会議が開かれた。この席では新聞の名称を『自主民報』とすることが決定された。しかし、夕方に創刊準備事務局の若手職員を交えた全体会議で再び議論した結果、『自主民報』という名称は若手職員の大きな反対にあい、結局『ハンギョレ新聞』とすることが決定した〔ハンギョレ 2008：38〕。名称は当時、『ハンギョレ新聞』の他に「民主新聞」「自主民報」「独立新聞」などの候補が出ていた。創刊準備事務局は、解職言論人や各大学の大学新聞記者らにアンケート調査をし、一般市民を対象にした世論調査もした[13]。その結果、『ハンギョレ新聞』という名称が一番人気があった[14]。また、発起人らも『ハンギョレ新聞』という名称を圧倒的に支持した[15]。

　この時期、創刊準備事務室は資料の拡充に神経を使っている。

『ハンギョレ新聞便り』謄写版の第二号には、「新聞創刊準備において、株主募集や工務設備に劣らず重要であり時間を要するのは、すなわち調査資料を集めることです。発議者たちが保管していらっしゃる新聞、雑誌、図書、写真集、年鑑、各種統計集など資料を多く送ってくださってこそ、新しい新聞の紙面をより充実させることができるでしょう」と書かれている[16]。そして、新聞社設立後は資料室を図書館として開放する計画があることを読者に告知している[17]。

一〇月三〇日午後六時には基督教女子青年会（ＹＷＣＡ）の明洞本部大講堂において、創刊を支持する各界（宗教界、学界、法曹界、文壇など）の人物ら約一〇〇〇人が集まって創刊発起人大会が開かれた[18]。この創刊発起人大会は、「ハンギョレ新聞の歴史的な出帆を内外に宣布する」目的を持っていた[19]。会場に掲げられた「『民族に統一を』『民衆に自由を』『民主主義万歳』『自由言論万歳』と書かれた超大型プラカード」が示す通り、大会は新しい新聞の創刊を決意するのみならず、言論民主化運動の推進を決意する場という意味合いがあった[20]。これらのスローガンは、当時、民主化運動を推進する人々に共有されている理念・目標であったと言っても過言ではない。

一九八七年一一月一八日の『ハンギョレ新聞便り』（活版印刷版）第一号二面および一九八七年一一月二四日の『ハンギョレ新聞便り』（活版印刷版）第二号二面を通して創刊発起人全員の氏名が公表された。三三四二人が名を連ね、機構の改編が行われた。発起推進委員会は各界代表を新たに加えて拡大・改編し、五六人の発起人で構成される創刊委員会となった。同時に、創刊準備事務局は創刊事務局へ改編した[21]。創刊委員会五六人は、各界代表の二八人と言論界代表の二八人で構成され、後者の大部分は創刊事務局のメンバーを兼ねていた。

創刊委員会は、一一月一四日午後に安国ビル創刊事務局で初会議を持ち、宋建鎬と李敦明（弁護士）を共同代表に選出した。また、創刊委員会は共同代表・常任実務委員会・人事委員会・財政委員会で構成された。常任実務委員会は一四人、人事委員会は六人、財政委員会は四人であった。構成の詳細は【図2-1】を参照されたい。

図２−１　ハンギョレ新聞創刊委員会のメンバー構成

【共同代表】
宋建鎬（言論人）
李敦明（弁護士）

【常任実務委員会】
李效再（フェミニズム運動家）
崔元植（国文学者）
彭元順（言論学者）
韓勝憲（弁護士）
洪性宇（弁護士）
任在慶（言論人）
権根述（言論人）
金鍾澈（言論人）
金泰弘（言論人）
愼洪範（言論人）
李炳注（言論人）
李元燮（言論人）
鄭泰基（言論人）
趙成淑（言論人）

【人事委員会】
宋建鎬（言論人）
任在慶（言論人）
金泰弘（言論人）
成漢杓（言論人）
李炳注（言論人）
趙準熙（弁護士）

【財政委員会】
邊衡尹（経済学者）
黄仁喆（弁護士）
金命傑（言論人）
李耕一（言論人）

(3)　創刊作業における懸案とその克服

順調に進むと思われた創刊であるが、手続き面において懸案事項がないわけでもなかった。そもそも政府が刊行物登録を許可するかどうかという問題があった。創刊される新聞は、当時の政府にとって不都合な新聞になるであろうことは明白であった。新聞創刊を準備してきたメンバーは民主化運動の担い手であり、これまで徹底して政権批判をしてきた。したがって、創刊される『ハンギョレ新聞』は権力監視報道を徹底化させるであろうことは簡単に予想できた。このような点を政権は把握しており、問題化することによって刊行物登録をさせないという手段をとるのではという懸念があったのである。

弁護士の趙《チョ》英《ヨン》来《レ》はこの点に関して、雑誌の鼎談《ていだん》で法的な手続き論として次のような見解を披露した。

> 新聞であろうと雑誌であろうと、法に従って書類を文化公報省に登録すれば〔手続きは〕終わるのですよ。過去には登録申請をしてもあれこれ理由をつけて〔登録申請を〕受け付けてくれないことが多かったけれど、今後はそんなことはないでしょう。施設

の基準のようなものは、法律に合わせて申請し、〔文化公報省が〕受け付けてくれなかったら、極端な方法としては内容証明のようなものを郵送してしまえばいいんですよ。それでも受けつけなかったら、法的な闘争をすればよいのです。(22)

この問題について趙英来は楽観的な判断をしていた。六・二九民主化宣言後は、新聞創刊の関係者が反権力的な社会運動や活動をしてきたことを理由に、新聞創刊自体を妨げることは政府も官僚も基本的にはできないと判断していた。

しかし、実際は政府による多少の妨害はあったようである。定期刊行物の登録を管轄する文化公報省は、所定の手続きはすべて済ましているハンギョレ新聞社に対して、なかなか日刊紙登録証交付を発行しなかった。そのせいで、創刊予定日が三ヵ月ほどずれ込み、日刊紙登録証がないと購入・契約ができない物品などの準備に遅れが生じた。これに対して、ハンギョレ新聞社の社員はソウル市内で文化公報省の姿勢を糾弾するデモを行い、言論の自由を訴えた。(23)結局、当初の創刊予定日より三ヵ月ほど遅れて日刊紙登録証が交付された。

手続き面以外にも、施設の問題があった。少ない資金でどのように新聞量産体制を構築するかということである。これに対して、鄭泰基は次のように考えていた。

一時間に二万部刷れる輪転機と製版施設を取りそろえればよいのです。二万部刷れる輪転機は、一九二〇年四月に東亜日報が創刊して、その年の七月に最新のものだとして仕入れたものがそれですよ。最近は一時間に六～七万部刷れるものから、それ〔二万部刷れる輪転機〕は非常に旧式ですよ。(24)

創刊までのスケジュールは過密であり、「短期決戦」であった。『ハンギョレ新聞便り』（活版印刷版）第一号に掲載

表2－3　創刊準備過程（1987年）

7月中旬	鄭泰基、宋建鎬、任在慶、尹活植《ユンファルシク》、成裕普《ソンユボ》、慎洪範《シンホンボム》、金泰弘、朴雨政《パクウジョン》、高昇羽、鄭尚模《チョンサンモ》、李炳注《イビョンジュ》が民主言論運動協議会で新しいマスメディア創出のための会議を持ち、「新言論創設研究委員会」が発足。
7月下旬	研究委員会が「民衆新聞創刊のための試案」を作成。以下の重要事項が計画される。 ①国民参与、②編集権独立、③ハングルでの横書き、④コンピューター組版システム（CTS）の活用、⑤読者反論権保障、⑥1987年8月15日発起宣言、11月1日新聞社創設、1988年2月1日創刊号発行を目標とする。
9月1日	「新たな新聞創刊準備事務局」の設置（ソウル市安国洞安国ビル601号室および602号室）。 「新言論創設研究委員会」が発展解消する形で「新たな新聞創刊発議準備委員会」創設。
9月23日	「新たな新聞創刊発議者総会」を開催。以下の重要な決定を下す。 ①創刊発議文を発表。 ②創刊発議者196人の名前を発表。 ③「新たな新聞創刊発議準備委員会」を発展解消させ「新たな新聞創刊発起推進委員会」を創設すること。新聞創刊作業に関する最高意思決定機関としての役割を認定。毎週土曜日午後2時から定例会を開催する。 ④国民株方式の採用（目標金額50億ウォン、1人あたりの出資上限は5000万ウォン）。
9月24日	23日の「新たな新聞創刊発議者総会」の決定に従って、「新たな新聞創刊発議準備委員会」を解体し、「新たな新聞創刊発起推進委員会」（23人）を創設。
10月2日	「新たな新聞創刊発起推進委員会」が全体会議を開催。以下の項目を決定した。 ①新たな新聞創刊準備事務局の構成メンバー決定。 ②経常費予算の承認。 ③新聞名の検討。 ④財政委員会発足。（李炳注　李耕一　成漢杓）
10月12日	各界代表の知識人24人が、新・新聞創刊支持の声明を発表
10月30日	ハンギョレ新聞発起人大会。発起人56人で「ハンギョレ新聞創刊委員会」構成
10月30日	企画担当であった徐炯洙が事業計画書を創刊事務局メンバーへ発表。

された記事「ハンギョレ新聞一問一答」には、「ハンギョレ新聞はいつ創刊されるのか」という質問に対して、一九八八年三月の創刊が目標であり、一一月二日から全国民を対象に設立基金を募っている旨を伝えている[25]。

一九八七年七月から一〇月末までの創刊準備の動きは重要であるが多少複雑で把握しにくい。したがって、この期間の動きを時系列に整理してみることにする【表2－3】を参照。

この後、同年一二月一四日に宋建鎬を代表取締役に選出し、一五日に株式会社設立登記をし、「ハンギョレ新聞社」として正式発足した。一九八七年一二月一五日に韓国の進歩言論としてのハンギョレ新聞社が創設されたのである。

翌一九八八年二月二五日、出資人員約二万七〇〇〇人で創刊基金五〇億ウォンの募集を完了した。

同年四月二五日、政府より定期刊行物の登録証を受け、五月一五日に第一号を創刊した。創刊号は、四五万部発行され、月間購読料二五〇〇ウォン、一部一〇〇ウォンであった。創刊号は三二面で、その後は初期には八面であったが、一九八八年九月一日から一二面、一九九〇年六月一日から一六面というように増え、二〇〇一年には三八面に拡充した。創刊号で「ハンギョレ新聞倫理綱領」とその実践要綱を発表し、新聞製作に係わる金品授受を禁止し、個人的な主張や行動のために新聞を利用しないことを明確に周知した（倫理綱領については第3章第3節で詳細に論じる）。『ハンギョレ新聞』創刊運動の中心は、言論民主化を推進してきた解職記者たちであり、準備は比較的短期間で成し遂げられた。「新言論創設研究委員会」での徹底した議論を通して、新・新聞創刊の目的と方向性を明確にし、解職記者を中心とした人的資源を集中投下したのである。

もちろん、新たに新聞を創刊することが本当に可能なのか半信半疑であった解職言論人らもいた。創刊運動の中心的な人物であった宋建鎬でさえ次のように語っていた。

　新しい新聞を作ってみせるという話は若い解職記者たちの間で二、三年前からありました。しかし、私は〔新しい新聞創刊には〕お金が何十億〔ウォン〕必要なことなので、そのような話を聞いても片方の耳から入って片方耳から出てしまい、反応しませんでした。正しい新聞を作るのはよいことではあるが、金が一文もなくどうやって作るのかと思っていました。(26)

常識的に考えれば、解職記者たちが中心になって新しい新聞社を創設することは簡単なことでない。長年にわたって記者として新聞産業に関わってきた宋建鎬はこのことを十分に認識していたし、もちろんそのような認識は宋建鎬のみならず解職記者の中にもあった。

新しい新聞社を創設することは、鄭泰基と権根述《クォングンスル》が一九八七年八月に大田《テジョン》で開かれた民主統一民衆運動連合総会に参加し、新聞創刊の協力を総会参加者らに求めたときも、総会参加者たちの関心は高くなかったようである。総会参加者たちの主たる関心は新聞創刊にはなく、一二月一六日に開かれる第一三代大統領選挙に集中していたためであった[27]。

3 創刊に関わった重要人物の分析

ここでは、創刊準備において中心となった人物に焦点を当ててみる。創刊準備を中心となって担った人物は少なくないが、ここでは初代から第四代代表理事（社長）を務めた宋建鎬と副社長を務めた任在慶に絞り、各々がどのような役割を担ったかを分析する。

(1) 宋建鎬

宋建鎬は、韓国言論史の中で最も著名な人物の一人で、「韓国言論界の父」とも言われる。『韓国日報』論説委員、『京郷新聞』編集局長および論説委員、『朝鮮日報』論説委員、『東亜日報』編集局長および論説委員などを歴任したが、一九七五年の『東亜日報』記者が大量解雇された事件（「七五年解職事件」）に際し、解雇された記者らの主張を支持しかばって辞職した。その後、朝鮮日報社など他のマスメディアから大量に解雇された記者らとともに、言論の改革運動を実践する民主言論運動協議会を設立し一九八四年に議長に就任した。

宋建鎬は韓国近現代史研究家としても有名である。日本の歴史家の間でも当時非常に注目された『解放前後史の認識』の巻頭論文を書いていることがそれを象徴していよう[28]。

この『解放前後史の認識』は、韓国社会に大きなインパクトを与え、特に韓国の「三八六世代」が歴史認識を形成することに大きな影響を与えた[29]。「三八六世代」は思想形成において『解放前後史の認識』から受けた影響が大きく、別名「解放史世代」とも呼ばれる。このことからも『解放前後史の認識』の影響力が伺える。同時代の人物による宋建鎬の評価はどうであろうか。例えば池明観《チミョングァン》は以下のように述べている。

宋建鎬氏は私の同僚だった。〔政治社会的な思想を〕右と左に分けるとすれば、宋建鎬氏は穏健な中間（ミドル）だった。したがって、彼は、『ハンギョレ新聞』の中でも非常に左翼的で政治行動的に急進的な人とは合わなかったと思う。彼がソウル大学に通っている時代、私もほとんど同じ時代に通っていたが、彼は反体制運動に参加していた。そういう運動に参加しなかった私から見ると、彼は少し左派寄りかなと思われるくらいの人だ。一方で彼は、若い人たちが北韓の問題をあまりにも表面に出すことに対してはためらった。(30)

池明観の評価から推認できるのは、宋建鎬はリベラルデモクラシーを擁護し反権力的な姿勢を持ってはいたが、南北統一を急進的に推進する勢力や朝鮮民主主義人民共和国の政治社会イデオロギー（主体思想）からは距離を置いていたということであろう。

宋建鎬はジャーナリズムの理論面でも旺盛な活動を展開し、「言論民主化」「民主言論」「民族言論」という概念を一九八〇年代後半に定式化している。(31) 長年の新聞記者生活および民主化運動を経て、韓国ジャーナリズムの現状と問題点を経験的にも把握しており、その体験に立脚しながら理論的な思索を重ねていた。『ハンギョレ新聞』の理念に大きな影響を与えた人物である。宋建鎬の言論観や理論については、第1章第4節で言及したが、第3章でも詳細に取り上げる。

(2)　任在慶

『ハンギョレ新聞』創刊に当たって、その創刊プロセスに大きな影響を与えただけでなく、重要な実務も担った主要人物に任在慶がいるが、彼は後にハンギョレ新聞社の常任理事、論説主幹、副社長を歴任することになる。

宋建鎬や李泳禧《リヨンヒ》については韓国でも研究の蓄積があり、また、著作集も刊行されているが、一方で任在慶についてはこれまであまり注目されてこなかった。しかし、『ハンギョレ』の古参・中堅記者らが口を揃えて言うように、任在慶は『ハンギョレ新聞』の精神的支柱の一人であり、大きな影響力を持ち続けた最重要人物であった。例えば『韓国日報』客員論説委員の高宗錫《コジョンソク》は、「宋建鎬や李泳禧と比べて注目されなかった」が、任在慶の著作である[32]『状況と批判精神』（創作と批評社、初版一九八三年）に注目して、「実証的専門性で宋建鎬の著書に先んじており、論理と均衡感覚で李泳禧の著書に先んじている」として任在慶を評価している[33]。

任在慶はソウル大学英文学科を卒業後、一九六〇年に『朝鮮日報』社会部記者としてジャーナリスト人生を歩み始める。『朝鮮日報』には記者として一九七三年まで在籍（最後は政治部次長）するが、一九六五年から六六年の経済部記者時代の経験が、ジャーナリストとしての任に決定的な影響を与えたようである。任在慶は呉連鎬《オヨノ》から[34]インタビューを受けたときのことを以下のように記している。

> 呉連鎬が私に投げかけた質問は、「自由言論と民主化の運動をすることになった動機は何か」ということであった。動機を一つだけ選んで言うことも大変だったが、冗長な返事を並べる段階ではないことはもちろんだ。先輩記者の瞬発力を一度試験してみようと思う目つきが歴然だった。「そうだな、何というだろうか。私には交友関係が一番大きい影響を与えたようだが」といいながら[35]〔以下略〕。

任在慶の言うこの交友関係というのは、李泳禧・南載熙・白楽晴の三人であった。特に、任より七歳年上の李泳禧、三歳上の南載熙は、任在慶が経済部記者として働いていた時期の先輩（当時デスク）だった。いずれも『朝鮮日報』社内では非主流派であった。白樂晴は、当時ソウル大学教授で文学を専門としていたが、民主化運動に積極的に参与し、『創作と批評』誌を始めとした媒体で民主化の論陣を張っていた。

任在慶は一九七四年に『韓国日報』に移籍した。同紙の論説委員を務めていた一九七四年一〇月二四日に『東亜日報』記者らが「自由言論実践宣言」を採択した。第1章第4節および第7節で検討したように、『東亜日報』記者たちは「新聞・放送・雑誌に対する外部からのどんな干渉も、一致団結して強力に排除し、また政府機関員の出入りを厳格に拒否して、報道人の不法連行を一切拒否する。もしどんな名目でも不法連行がなされる場合、連行された者が帰社するまで帰らないことにする」という宣言を忠実に実行に移した。『東亜日報』記者たちのこの行動に触発された任在慶は、自身が所属する『韓国日報』論説委員会を主導し、すぐに「自由言論実践宣言」を肯定的に評価する社説を書くが、社主や外部圧力によって掲載が見送られた。

この後、任在慶は民主化運動を積極的に展開していくことになる。まず一九七七年一〇月に、李泳禧は自身の著書『八億人との対話』『偶像と理想』が反共法違反容疑となり、拘束され裁判を経て服役することとなった。この事態に、任在慶は積極的に対処し、李泳禧を支援した。一九七八年に入るとすぐに、任在慶を中心とした文化人・ジャーナリストらが李泳禧の釈放を嘆願する署名運動を展開した。また同年、季刊『創作と批評』七八年冬号に論文「韓国経済の独占的性格」を発表し、朴正熙政権による開発独裁型経済を批判した。一九八〇年五月一二日には、各界著名人らが「知識人一三四人の宣言」（韓国軍の政治的中立を求め、全斗煥が軍保安司令官と中央情報部長職を兼職することを批判）を発表し、任在慶と宋建鎬はジャーナリズム界代表者として参加した。しかし、一九八〇年の光州民主化運動時には、「金大中内乱陰謀事件」の関連者として『韓国日報』論説主幹を罷免され、対共分室（南営洞）に連行されて、一〇日間の取り調べを受けてからソウル拘置所へ移送され、三ヵ月間拘束された。マスメディアを追われた任在慶は、白樂晴の計らいもあって『創作と批評』編集顧問になり、『ハンギョレ新聞』創刊まで言論民主化運動に焦点を合わせて活動していくこととなる。その最も大きなものが、一九八四年一二月に宋建鎬らと結成した「民主言論運動協議会」であった。

ハンギョレ新聞社創立および『ハンギョレ新聞』創刊において、任在慶が果たした役割は大きいが、中でも特記すべきは『ル・モンド』モデルを『ハンギョレ新聞』に取り込んだことであろう。

任在慶は一九七一年一月から一九七二年三月まで韓国外務省奨学プログラムで渡仏し、パリ第一大学経済学部に入学した。そして、大学で学ぶ傍ら、一九七一年一〇月から一一月までの約一ヵ月、仏紙『ル・モンド』で短期間の職業訓練プログラムを受けた。短期間ではあったが、この経験が後の『ハンギョレ新聞』の運営に生かされていくこととなる。

任在慶自身が「『ル・モンド』での一ヵ月の経験が一七年後に『ハンギョレ』の創刊を準備する時、非常に参考になった[36]」と述べており、『ル・モンド』に学んだことを基礎にして、①見出しを扇情的にしない、②一面に写真を使わず時事漫画を使う、③最終面（社会面トップ）は一面の次に注目度が高いので全面広告は絶対に禁止する、④締め切り間近に入ってきた最新ニュースを載せる、などを『ハンギョレ新聞』創刊準備の会議で提案している。任在慶は、『ル・モンド』を目指すべきモデルの一つとしていたが、この経験は、宋建鎬にも少なからず影響を与えたようである。宋建鎬は『ル・モンド』の社内民主主義の理念や実際の運営実態に言及している［宋建鎬 1987：32-33］。宋建鎬の論考の中には、後に『ハンギョレ』の特徴となる「編集権と経営権の明確な分離」「社内民主制[37]」につながる考察もある。例えば以下の部分である。

> フランスの『ル・モンド』の場合を見ると、新聞社の社長を社員の中から選挙で選出する。選挙人はもちろん社員になる。したがって、社長と社員の間に格別の区別があるとか対立があるとかいうことはない。社長と社員の間に身分上の差異がないからこそ、新聞編集を取りまく経営者と社員の間に対立が生まれることが稀で、ときどき見解の差異が生まれると、経営者と社員たち、すなわち労組の間に合意をもって調整する。
>
> ［宋建鎬 1987：32-33］

宋建鎬も任在慶も、フランス社会における『ル・モンド』紙の在り方が、韓国で新しい新聞を発行するときに大いに参考になると認識していた点で共通している。経歴から考えると、任在慶が宋建鎬に影響を与えたと見るのが自然であろう。

その他、任在慶は創刊時の資金集めでも活躍した。特に、金大中と金泳三は『ハンギョレ新聞』の創刊に当たって五千万ウォンずつ寄付したが、金泳三の寄付を得ることができたのは、任在慶の功績が大きい。任在慶自身、以下のように回想している。

金大中前大統領の出資は簡単に成り立ったのに比べて、金泳三前大統領側は時間が過ぎても全く便りがない状態だった。自慢の種にはならないが、このような時、創刊人のまなざしは私に向かった。「君が動いてみなさい」という無言の圧力だ。一九七二～七三年に『朝鮮日報』の政治部次長だったという経歴と一九七四年の民主回復国民会議運動をする短期間の野党政治家との接触で、ハンギョレ新聞社の中では、私が金泳三と顔が比較的よく通じる方に属したが、政治をする人々にお金の話をすることが気乗りしないのは、お互い同じことではないのか。金泳三前大統領の最側近の金徳龍《キムドクリョン》と大学同期の創刊人も何人もいるのに、なぜわざわざ私が出るべきなのか内心不満もなくはなかったが、すぐ思い直した。解雇された記者の中で外勤経歴が最も長い私が、新しい新聞を作るためにすべき仕事があるならば、悪役〔を引受けること〕と恥を忍ぶことだと決心した〔中略〕。一九六〇年代、敏腕経済官僚として活躍して政界に身を投じ、八八年頃から金泳三元大統領の信任が厚かった黄秉泰《ファンビョンテ》（経済企画院経済協力局長、国会議員、駐中大使歴任）に会って、懇切丁寧なお願い半分、おねだり半分で話した。彼との出会いが功を奏したのか、五千万ウォンの出資はすぐ成し遂げられた(38)。

表２－４　『ハンギョレ新聞』創刊に参加した解職記者とその出身メディア

	東亜日報社	朝鮮日報社	その他	
1975年（75年解職事件）	28人	8人		
1980年（言論大虐殺）	3人	2人	京郷新聞社	5人
			東亜放送	1人
			文化放送	1人
			全南毎日日報社	1人
			韓国日報社	6人
			合同通信社	4人
			現代経済日報社	2人

出所：ハンギョレ20年社史編纂委員会［2008：29］を元に筆者作成。

4　創刊運動の構造分析

(1)　人的構成の分析

『ハンギョレ新聞』は、「七五年解職事件」および一九八〇年代の「言論大虐殺」で不当解雇された記者らを核心的な人的資源として創刊された新聞である。『ハンギョレ新聞』創刊に参加した解職記者とその出身マスメディアは管見の限り【表２－４】の通りである。

構成人数順では、東亜日報社解職者が三一人であり、朝鮮日報社解職者が一〇人、韓国日報社会解職者が六人、京郷新聞社解職者が五人である。ハンギョレ新聞社内の最大解職グループは東亜日報社解職者であり、次に朝鮮日報社解職者であることが分かる。

既述のように、労働組合が初めて作られたのが東亜日報社であり、自由言論実践宣言も東亜日報社から始まった。【表２－４】を見ると新しい言論機関設立について人数の上では東亜日報社出身者がリードしていたと思われるのだが、ハンギョレ二〇年社史編纂委員会［2008］は以下のように指摘している。

　一九八〇年代に入り「新言論設立」は解職記者たちの間でより明白な志向として据えられた。この座標を明確にしたのは朝鮮闘委の記者たちだった。〔中略〕一九七〇年代、自由言論運動を主導したのは、なんといっても東亜闘委の記者たちだった。しかし、少なくとも新言論創設に関しては、朝鮮闘委たちがより積極的だった。一時期野党紙だった『東亜日報』と比べて、『朝鮮日報』の堕落がよりひどかったことも背景の一つだった[39]。

【表2－4】で示した通り、朝鮮闘委出身者の人数は東亜闘委出身者の約三分の一であり比較的少なかったが、実際は、朝鮮闘委出身者が新たな新聞の創刊つまり『ハンギョレ新聞』創刊をリードしてきた面も強いようである。新たな新聞の創刊について具体的な計画を練って最も早く動き出したのは、朝鮮闘委委員長を経験していた鄭泰基だった。前出のハンギョレ二〇年社史編纂委員会［2008：33］はその理由の一つとして「一時期野党紙だった『東亜日報』と比べて、『朝鮮日報』の堕落がよりひどかったこと」を挙げているが、朝鮮日報社に所属していた元記者にとって、新たな新聞を創刊することは『朝鮮日報』の堕落を糾弾することとつながっていたのかもしれない。

一方、【表2－5】で示すように、代表取締役を含む幹部は東亜日報社出身者が多かった。これは、言論民主化運動を牽引してきた人物の中に東亜日報社出身（解職記者）が多かったことと関係なくはないだろう。

(2)　組織化の分析

創刊事務局メンバーは、当初から国民株方式を採用することを検討していた。国民株による資金集めという段階に円滑に移れるように、組織化の段階で、戦略的に流れを構築していたのである。それに関しては『ハンギョレ新聞』創刊を自発的に支援した社会主導層（大学教授や弁護士などの知的エリート、キリスト教関係者や仏教徒などの宗教人）の存在が大きかった。【図2－2参照】

(3)　創刊作業進捗状況の告知

創刊事務局は、創刊作業進捗状況を民衆に知らせ、国民株購入に拍車をかけるため『新たな新聞便り』および『ハ

表２－５　出身社別に分析した主要職責と人物（1988～2008年）

	東亜日報社出身	朝鮮日報社出身	その他
代表取締役社長	6人 1~4代：宋建鎬[1)] 3~4代：金命傑 5代：金重培 6代：金斗植 7～8代：権根述 9～10代：崔鶴来	1人 12代：鄭泰基	3人 11代：高喜範 13代：徐炯洙 14代：高光憲
取締役会 常任メンバー[2)]	8人[3)]	3人	12人 京郷新聞社出身　4人 韓国日報社出身　2人 合同通信社出身　2人 平和放送出身　2人 全南毎日社出身　1人 その他　1人
取締役会 非常任メンバー	0人	1人	22人 法曹界　7人 会計専門家　3人 学界　7人 その他　3人

注１）宋建鎬と金命傑が同時に第３代・４代の代表取締役社長となっているのは、1991年に起きた経営陣選出をめぐる混乱の結果による。この時期、宋建鎬と金命傑は取締役会メンバーとして経営陣に参画していたが、株主総会および社内で、株主・労使関係を巻き込んだ紛糾が起こり、結局、宋建鎬が取締役会会長に、金命傑が代表取締役社長に就任することで一応の決着がついた。宋建鎬が取締役会会長となったのはある意味名義上の苦肉の策で、実際は宋建鎬と金命傑による二頭体制となったわけである。取締役社長という役職の名称を中心に考えるならば、3～4代代表取締役社長は金命傑である。しかし、ハンギョレ新聞社は宋建鎬と金命傑を同時に第３代・４代代表取締役社長としているため、本書でもこれに倣った。詳しくは、ハンギョレ20年社史編纂委員会［2008：138-139］を参照されたい。

２）代表取締役以外のメンバー。

３）東亜放送出身の李炳注・尹活植は、東亜闘委委員長も務めたことから東亜日報社出身者にカテゴライズした。同様に、東亜放送出身の金権も東亜日報社出身者にカテゴライズした。

出所：ハンギョレ20年社史編纂委員会［2008：337-352］を元に筆者作成。

図２－２　『ハンギョレ新聞』創刊プロセスにおける各層の関係図

市民
⇒国民株購入によって創刊資金・運営資金の調達を可能にする

ハンギョレ新聞発起人大会
⇒各界の著名人による賛成・支持で、『ハンギョレ新聞』の信頼度を市民へアピール

創刊準備事務室
⇒新聞社創設のための実務的な意思決定および推進（鄭泰基）

新・新聞創刊発議推進委員会
⇒新聞の編集面での意思決定および推進（任在慶）

出所：李寅雨・沈山［1998］高昇羽［2004］、ハンギョレ30年史編纂委員会［2018］などを元に筆者作成。

ンギョレ新聞便り』を発行した。『新たな新聞便り』と『ハンギョレ新聞便り』は、創刊事務局および新たな新聞創刊発議推進委員会と民衆の間をつなぐ橋の役割をした。『新たな新聞便り』と『ハンギョレ新聞便り』は、当初は創刊事務局メンバーが駅など人の出入りが多いところに出向いて直接配られたが、後には支援者らが自発的に『ハンギョレ新聞』創刊支援組織をつくり、配布した。

創刊事務局メンバーの中には、創刊作業進捗状況を告知することが国民株購入の増大に効果があるという見込みや期待があったようである。『ハンギョレ新聞』創刊に民衆が協力してくれるだろうという予想を立てたその理由は、当時の言論界をめぐる構造である。ここで、『ハンギョレ新聞』創刊に至る構造について、簡略に図示してみたい。【図２－３参照】

『ハンギョレ新聞』創刊の背景として最も重要なポイントは、政治権力および経済権力（主要広告主としての財閥や大企業）とマスメディアが「権言癒着」（権力とジャーナリズムが馴れ合いの関係になり、ジャーナリズムが権力監視能力を喪失すること）状態であったことに対して、言論民主化を推進してきた一部の記者（解職記者）たちが民主化運動を積極的に展開する民衆と連帯して抵抗し、「権言癒着」を告発し続けてきたことである。民主化運動を積極的に推進する民衆はもちろん、幅広い層の民衆が、既存マ

図2-3 『ハンギョレ新聞』創刊に至る背景の相関図

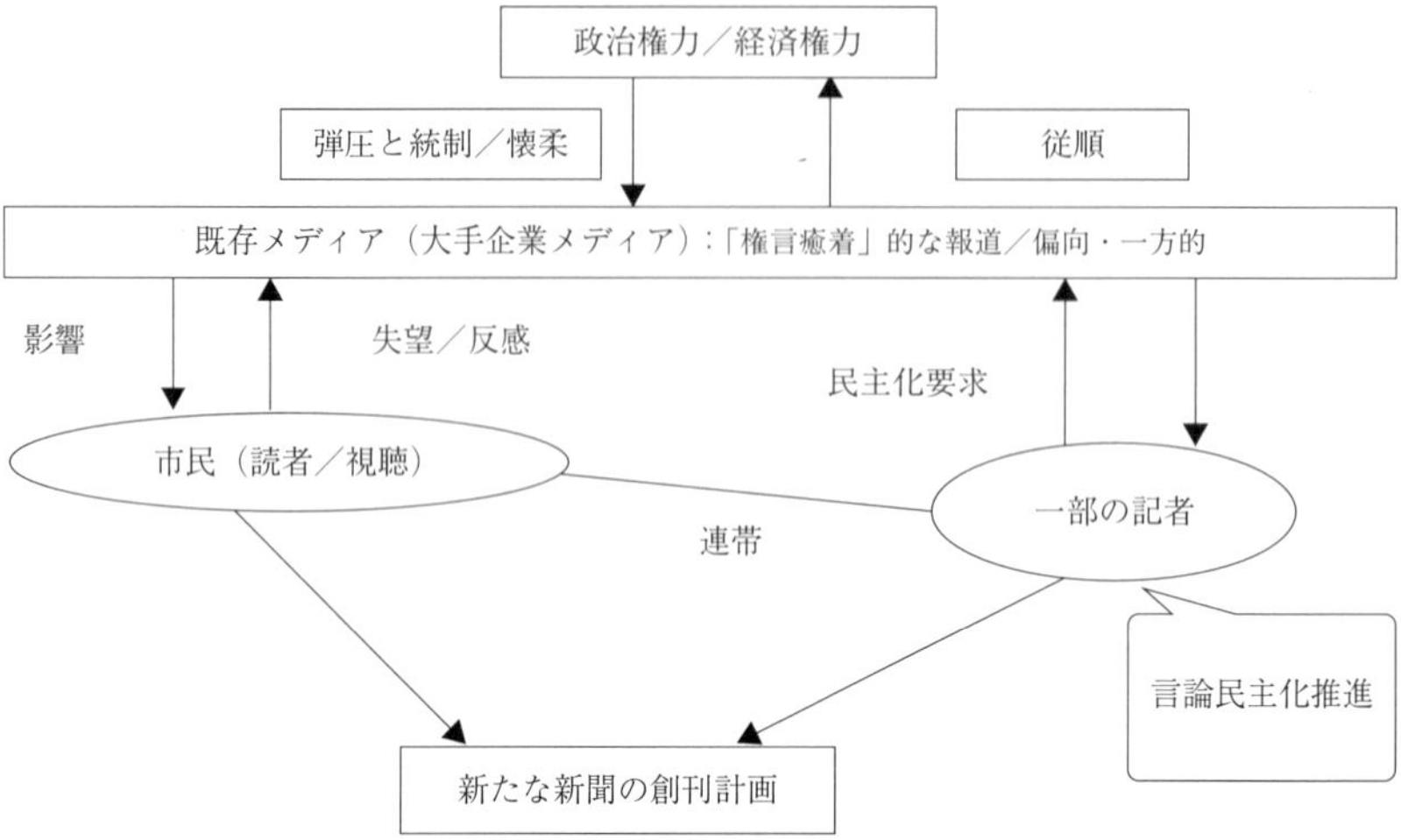

スメディアの偏向報道および権力に一方的に左右される状況に失望と反感を募らせていた。言論民主化運動の担い手は、既存マスメディアを改革するという路線を変更し、代案言論を新たに創出することによって既存マスメディアに対抗し言論民主化を成し遂げる方向に重心を移した。そうした状況が新たな新聞の創刊計画に大きな力となった。解職記者たちは市民の動向を注視しつつその勢力を味方につけて代案言論の創出計画を立てれば、実現する可能性は高いと考えたのである。

　比較のために近年の事例を挙げれば、このような状況は二〇〇〇年二月に創刊された独立系インターネット新聞『オーマイニュース（OhmyNews）』創刊の時も似ていた。『オーマイニュース』代表の呉連鎬は、短期間で既存マスメディアに対抗できる影響力をオンライン上で作るに至った重要な背景を「既成のマスコミに対する不信感が社会全体にあり、新しいマスメディアが求められていた。韓国では市民運動が盛んだ。軍事政権との長い民主化を求める闘いで、共同体の抱えている問題に参加する『準備された市民』がいた」と答えた[40]。呉連鎬はさらに「準備された市民」を「現在の社会にどのような問題があり、どう改革すべきか、他の市民とどう連帯し協力していくべきかを認識して行動できる人たち」と定義づけた。もちろん、『オーマイニュース』と『ハン

写真2-1『新たな新聞便り』（左）および『ハンギョレ新聞便り』（右）

注：写真はマイクロフィルム化されている原本を印刷し、それを本書筆者が撮影したものである。

ギョレ新聞』の単純な比較はできない。したがって、『ハンギョレ新聞』創刊時における民衆の動向と姿勢を『オーマイニュース』創刊時における「準備された市民」と同一視できるかどうかについては時代背景や時代的制約性を踏まえた、もう少し精緻な議論が必要であろう。一方で、『ハンギョレ新聞』も『オーマイニュース』も、民主化を求めよりよい社会共同体のために努力する民衆に基礎を置くという基本構図には共通性があったと見てよいだろう[41]。

(4)　情宣活動の効果

国民株方式は創刊資金を集める画期的な方法であったが、それを広く民衆に告知し理解を求め協力を求めなければならなかった。国民株募集の事実を民衆が知り、民衆が自発的に動くことが国民株方式成功の要諦であった。そのために創刊委員会が行ったのは、新聞創刊の進捗状況を新聞で知らせるという方法であった。以下は、進捗状況を民衆に知らせる新聞『新たな新聞便り』および『ハンギョレ新聞便り』の詳細である【写真2-1】。

『新たな新聞便り』は第二号まで発行された。一〇月二二日に新たな新聞創刊発議推進委員会全体会議で題字が「ハンギョレ新聞」に決定すると、『新たな新聞便り』は『ハンギョレ新聞便り』と名前を変えた。『ハンギョレ新聞便り』は謄写版（ガリ版）印刷バージョンが第三号まで発行され、その後活版印刷バージョンが第一号から第一〇号まで発行された[42]。

発行時期とトップニュースを整理すると次の【表2-6】になる。

表2-6 『新たな新聞便り』および『ハンギョレ新聞便り』

号、発行日、面	発行人等	主な記事
『新たな新聞便り』[1]		
1号 1987/10/10 3面	発行人：鄭泰基 編集人：李元燮 発行所：創刊準備事務局	①各界重鎮、新たな新聞創刊支持の声明 ②発起人大会開催　準備に総力 ③新たな新聞題号募集 ④発起推進委員会全体会議開催 ⑤常任委員会構成、本格稼働 ⑥事務局の働き手人選 ⑦発議者出資金納入案内 ⑧株式応募希望者案内
2号 1987/10[2] 1面	発行所：新たな新聞創刊準備事務局	①各界重鎮知識人24人　新たな新聞創刊支持声明 ②11月に株式募集突入 ③10月30日に発起人大会 ④新たな新聞　来年3月創刊目標 ⑤支持声明の全文および声明者名簿
『ハンギョレ新聞便り』（謄写版）		
1号　不明[3]		
2号 1987/10/24 2面	発行所：ハンギョレ新聞創刊準備事務局	①題字「ハンギョレ新聞」で決定 ②発起宣言大会が10月30日に明洞YMCAで開催 ③株主募集に「後援人会」の活用 ④新聞広報の先頭に立ってください ⑤調査部の資料を集めましょう ⑥女性団体連合「ハンギョレ新聞」支持声明
3号 1987/11/10 2面	発行所：ハンギョレ新聞創刊準備事務局	①創刊準備、順調に進行 ②12月中に会社設立計画 ③周囲の方へ積極的に広報を要望 ④設立基金納付方法
『ハンギョレ新聞便り』（活版印刷版）		
1号 1987/11/18 2面	発行所：ハンギョレ新聞創刊事務局	①創立基金　募金額10億円突破 ②仁川《インチョン》市民創刊後援大会　22日道禾洞《ドファドン》聖堂で ③ハンギョレ新聞一問一答 ④すべての国民がつくる新たな新聞——ハンギョレ新聞の主人になりましょう（『ハンギョレ新聞』創刊発起人名簿） ⑤〈広告〉ハンギョレ新聞は39億3千万ウォンが‘さらに’必要です
2号 1987/11/24 2面	発行所：ハンギョレ新聞創刊事務局	①創立基金　募金額12億3千〔ウォン〕突破 ②ハンギョレ新聞一問一答 ③すべての国民がつくる新たな新聞——ハンギョレ新聞の主人になりましょう（『ハンギョレ新聞』創刊

号、発行日、面	発行人等	主な記事
2号		発起人名簿） ④〈広告〉大統領を選ぶくらい重要なこと‼
3号 1987/12/12 2面	発行所：ハンギョレ新聞創刊事務局	①創立基金募金　方々へ拡散 ②「ハンギョレ」創刊は時代の要求 ③「国民の側からひたすら真実を」 ④〈広告〉ハンギョレ新聞の主人になりましょう
4号 1987/12/29 2面	発行所：ハンギョレ新聞社	①ハンギョレ新聞　法人設立を終えて ②“責任を痛感します” ③“いまや信じられるのはハンギョレだけ” ④ハンギョレ新聞　早く発行しなければなりません ⑤“飼い慣らされた制度圏言論　旧態抜け出す時だ” ⑥〈広告〉民主化は一度の勝負ではありません　虚脱と挫折を振り払いハンギョレ新聞創刊に力を集めてください
5号 1988/1/22 2面	発行所：ハンギョレ新聞社	①創刊作業好調……入社志願者殺到 ②“ハンギョレのためなら惜しくない” ③真実を知らせる国民の新聞　宋建鎬 ④“国民と一緒、国民の声と一緒” ⑤ハンギョレ新聞の創刊　民族の未来の大きな希望（李泳禧） ⑥〈広告〉ありがとうございます！　ハンギョレ新聞にもう少しだけ出資してください
6号 1988/2/9 2面		①日刊紙登録申請ついに ②“まずお便りでも配達する” ③ファンは鈍くなかった（任在慶） ④独善に陥らず世論の傾聴を ⑤ドイツまで広がったハンギョレの熱気　同胞たち競って献金を出すことも（송기숙） ⑥全国民の民主化の念願を集めてハンギョレ新聞が創刊登録申請を終えました
7号 1988/3/10 4面		①登録手間取る　厳然たる職務放棄 ②創刊基金50億ウォン突破 ③ハンギョレよ　早く出てこい　お前の美しい姿を見たい（崔一男） ④ハンギョレ新聞題号図案　刻苦4ヵ月ぶりに完成 ⑤民主市民の「討論の広場」（成裕普） ⑥世界の言論史に類例ない新聞 ⑦職員330人確定 ⑧〈広告〉創刊基金50億ウォンがすべて集まりました
8号 1988/3/23 4面		①創刊日程調整の痛み ②発行の自由回復されるのか（彭元順） ③「自由言論の先兵」として全身を捧げるつもり

号、発行日、面	発行人等	主な記事
		④胸・足で正論を耕し「同胞の泉」昇華⑤ハンギョレと私 ⑥ハンギョレ新聞が追及する広告営業戦略 ⑦支社・支局を公開募集 ⑧〈広告〉もう少しだけお待ちください——日刊紙登録証が出て来次第、正確な創刊日程を報告いたします ⑨〈意見広告〉ハンギョレ新聞登録証一日も早く交付せよ ⑩〈意見広告〉祝辞を準備しておいてください
9号 1988/4/19 8面	発行人：宋建鎬 編集人：任在慶 印刷人：鄭泰基 発行所：ハンギョレ新聞株式会社	①創刊日は5月15日に確定 ②真実を知らせる国民の新聞（宋建鎬） ③商業主義排撃、大衆的正論紙志向　ハンギョレ新聞編集方向をこのように考える ④民主的な運営へ“疎外された声”を入れる ⑤ハンギョレ新聞面別内容紹介 ⑤ハンギョレ新聞の広告営業戦略　最少の利益を追及・公益性を生命として ⑥“社会の話題”創刊基金募金広告 ⑦熱のこもった国民の声援　意図的に縮小・無視 ⑧世界の言論史に類例ない新聞 ⑨“カルテルのかんぬき”外れる兆候見えない ⑩私も俺も　声援の炎…50億軽々 ⑪ハンギョレ新聞創刊発起宣言文 ⑫ハンギョレ新聞の柱を立てた義理のある先鋒 ⑬〈意見広告〉一緒につくって、一緒に読み、一緒に育ててください
10号 1988/4/28 8面	発行人：宋建鎬 編集人：任在慶 印刷人：鄭泰基 発行所：ハンギョレ新聞株式会社 編集委員長：成裕普	①創刊号5月15日発刊 ②“ハンギョレ倫理綱領・実践要綱”確定 ※2~8面は第9号と同じ構成。

注：1）この新聞の目的としては、「新たな新聞創刊発議者たちへ創刊作業の進捗状況を知らせるため」と明記されている。

2）紙面に発行日の記載がないので日付は不明である。号の記載もないが、紙面に10月12日に発表された「新たな新聞創刊支持声明」の全文が掲載されているため、第2号だと思われる。

3）ハンギョレ新聞社にも保存されていない。

出所：『新たな新聞便り』第1~2号、1987年、『ハンギョレ新聞便り』謄写番、第1~3号、1987年、『ハンギョレ新聞便り』活版印刷版、第1~10号、1987、1988年、より筆者作成。

(5)　支持および後援団体

本項では、支持者や後援団体について分析を試みる。李愚貞《イウジョン》が会長を務める韓国女性団体連合が『ハンギョレ新聞』創刊支持声明を発表した。『ハンギョレ新聞便り』（謄写版）第二号によると、韓国女性団体連合は「韓国言論の新しい地平を開くハンギョレ新聞の出現を歓迎すると明らかにし、この地のすべての女性が新たな新聞設立に積極的に参加することを促した」とコメントした。[43] ジェンダー問題に切り込むジャーナリズムの力を同紙創刊に見出したと言えるのかもしれない。

한겨레신문

창간사

국민 대변하는 참된 신문 다짐

창간호 36면 내용

"가치가 다르고, 만족도 다릅니다."

부평 우성아파트타운

우성건설

写真２-２　『ハンギョレ新聞』創刊号の一面（1988年５月15日）

提供：ハンギョレ新聞社

『ハンギョレ新聞』創刊には、このように宗教団体・運動団体を始めとした各種団体の支持が多かった。第二節で改めて言及するように、特にカトリックの動きが目立った。カトリックの組織である「平信徒使徒職協議会」が『ハンギョレ新聞』創刊運動の組織的な支援に入ったことは『ハンギョレ新聞便り』（活版印刷版）第三号で詳報されている。

実は、このような現象は『ハンギョレ新聞』創刊時だけではない。キリスト教団体が韓国の民主化運動を支援してきたことはよく知られている事実であり、言論民主化運動も同じであった。例えば、

第1章で扱った東亜闘委は、運動初期に継続的な活動のための財政問題を解決する必要に迫られていた際に、宗教界・言論界・市民から寄付があった。特に、韓国基督教教会協議会（ＫＮＣＣ）、カトリック正義具現全国司祭団、教会女性連合会などがその中心となった(44)。

5　創刊

このような過程を経て、『ハンギョレ新聞』は一九八八年五月一五日に創刊された。創刊の辞は宋建鎬が執筆し、一面には白頭山の写真が用いられた。白頭山の写真は、南北分断体制の克服と民族和解を象徴的に表していた【写真2‐2】。

『ハンギョレ新聞』の創刊は社会に大きなインパクトを与えたといえる。言論民主化運動から創刊された新聞であり、大資本に頼らない自立的・自律的な新聞社であり、権力監視と民主化の進展を標榜し創刊号から四五万部を発行したからである。『ハンギョレ新聞』創刊は、一九六〇年代の『民族日報』後に初めて韓国の地に誕生した、進歩論調の言論であったという意味合いもあった。

第2節　国民株方式

本節では、『ハンギョレ新聞』創刊過程の中でも最も重要要素の一つである資金の問題、つまり「国民株方式」について論じる(45)。

序章でも言及したことだが、『ハンギョレ新聞』の特筆すべき点の一つは、管見の限りジャーナリズム史上類例を見ない「国民株方式」によって設立された新聞社であるという点である。国民株方式とは、主に韓国国民が募金に近い形で、『ハンギョレ新聞』創刊・維持のための株を買うことによって新聞を支える制度であり、『ハンギョレ新聞』

はこの国民株の資金を基礎に創刊された。国民株方式は、特定の大株主が存在しえないシステムであり、法人による株購入も禁じていたため、既存マスメディアでは常態化していた大株主（オーナー）による編集局への影響力・圧力を免れた。

例えば、『ハンギョレ新聞』創刊メンバーの一人である李仁哲《イインチョル》は、(46)『朝鮮日報』『中央日報』『東亜日報』の三大紙と『ハンギョレ新聞』の報道の違いについて、大手三紙は社主や経営陣の影響力が非常に強いが、『ハンギョレ新聞』は社主がいないので圧力を受けることがほとんどないことに最も大きな理由があると指摘した。(47)また、メディア研究者の韓東燮は「(ハンギョレ新聞は)所有権を実に約六万人の少額株主たちに完璧に分散させることで、言論資本の所有権を通した統制と国家介入による統制から自由でいられるという、新しい公共所有形態を創案した。実際、このような所有構造は言論資本と国家の統制から自由である言論をつくるという点で効果的であった」と評価している［韓東燮 2000：102］。(48)

国民株方式は、マスメディアの所有構造と編集体制に大きな影響を与えるシステムであるが、それについて詳細な分析を行った先行研究は少ない。(49)しかし、国民株方式が『ハンギョレ新聞』の報道内容に大きな影響を与えているのであれば、国民株方式の成立と採用過程については、より詳細に検討される必要があるだろう。

そこで、本節においては、国民株方式が構想されたか、時代背景と採用に至るプロセス、その特徴を検討したい。

1　国民株方式という構想

一九八五年六月一五日発行の『言葉』創刊号に「新しい言論機関の創設を提起する」という見出しの記事が掲載された。(50)『言葉』編集部による記事である。この記事はリードで「新しい報道機関は、既存報道機関が個人または少数の言論によって独占的に所有されているのとは違い、真実の民主言論を渇望するすべての民衆が出資し、自らの力で自身の表現機関を創設する。民衆が共同で所有し運営する、民衆の表現機関になる」と宣言している。そこには、既に『ハンギョレ新聞』創刊の核心となった国民株方式の萌芽がある。「民衆が出資」「民衆が共同で所有し、運営する」という文言には、新聞社内の最高権力者であるオーナーや大株主の出現を防ぎ、代表取締役選出権を株主一人ひとりに分散させて権力集中を防ぐという、国民株方式の構想が伺える。

この宣言を皮切りに、具体的な動きが始まった。後に『ハンギョレ新聞』創刊の実務面での中心となる鄭泰基は、朝鮮日報社を解雇された後、コンピューター会社経営・出版社経営など様々な業種を経験しながら新聞創刊構想を温めていたが、一九八七年七月には李泳禧、李炳注、任在慶ら数人の仲間と会議を重ねた。その席で李炳注が、国民から広く創刊資金を募集するキャンペーンを展開したらどうかと提案した。このようなプロセスを経て、国民株方式の大枠の考えはメンバーによって共有されていったが、しかしまだアイディア段階に留まっていた。

具体的な議論を煮詰めたのは、鄭泰基・李炳注・金泰弘が中心となって一九八七年七月に結成された「新言論創設研究委員会」であろう。同月末、新言論創設研究委員会が「民衆新聞創刊のための試案」を提出し、そこで国民株方式の基本枠組みが整った。さらに研究を重ね、九月一日に、「新言論創設研究委員会」が発展解消する形で「新たな新聞創刊発議準備委員会」が構成された。委員会は、ソウル市鍾路区安国洞安国ビル六〇一号室および六〇二号室に「新たな新聞創刊準備事務局」を構えた。「新たな新聞創刊発議準備委員会」は、九月二三日に「新たな新聞創刊発議者総会」で創刊発議文を発表し、九月二四日には「新たな新聞創刊発議推進委員会」に改編された。この時点で、国民株方式による創刊資金づくりはほぼ既定路線となった。

ところで、国民株という呼称には、民衆に株の購入を通してハンギョレ新聞社を支えてもらうことで、同社の力の源泉を株主＝韓国民衆に依拠させるという意味が込められている。国民株という呼称は、株の社会的性格を表した呼称であり、法的には他企業の通常の株と同様である。ハンギョレ新聞社は株式会社であり、実定法に基づいて作られたという意味では、他の企業と何ら変わりがない。

国民株の概念規定に際して注意しなければならないことの一つは、株はあくまで会社を立ち上げた後に会社から発行された有価証券であるということである。そのため、創刊準備委員会は会社を立ち上げるために広く国民に資金援助を訴えたが、会社設立前は「国民株」ではなく、「国民募金」という名称を主に使って資金を集めた。創刊準備委員会の考えは、まず募金によって広く国民（民衆）から資金を集め、その資金をプールして会社を立ち上げ、その後、募金額に応じて株を発行するというものだった。しかしこのように募金から株に変換するという方法自体が前代未聞であった。募金したのにもかかわらず、万が一新聞社設立ができなかった場合には詐欺罪に問われる恐れがあるなど、法解釈次第では法律に抵触する可能性が十分にあった。のみならず、募金の総額に巨額の税金がかかる可能性もあった。そうした法的な問題への対処は、当時顧問弁護士を務めていた朴元淳《パクウォンスン》が担当した。(51)

2　国民株方式が成り立つ社会的背景

国民株方式が成立する背景には、第一に、一九七〇年代から本格化した言論界における民主化運動の存在があった。一九七〇年代から八〇年代の韓国は、朴正熙政権および全斗煥政権によって、軍部の力を基盤にした権威主義体制が続いた。当時の韓国では、政権による徹底的な弾圧にもかかわらず、学生運動・労働運動を中心とした民主化運動が行われており、言論界でもまた「言論（報道）の自由」を勝ち取る運動、言論界の自浄作用を促す民主化運動、つまり「言論民主化運動」が展開されていた。(52)

背景の第二点として、「言論民主化運動」を経済的に支える民衆の存在があったことを指摘しておきたい。いわゆる運動体に対する募金文化が韓国社会で活発化していたという事実である。

例えば、本書筆者が入手した、当時の民主化運動団体へ民衆が募金した寄付金領収書が数十枚ある。そこには、言論民主化運動団体関連のものもある。東亜闘委が活動費寄付金に対して発行した領収書である。一九七五年五月二六日に当時の東亜闘委委員長の名前で発行されており、一七三万七三五六ウォンの受領を証明している。言論民主化運動団体に民衆が寄付したことを証明する一次資料である。精緻な論証はこれからの研究課題になるだろうが、管見の限り、民衆から民主化運動団体への寄付は多岐に渡って行われていたと見ることができる。

民衆からの募金は、民主化運動に対して広範囲に行われており、言論民主化運動も例外ではない。社会運動に対する経済的支援としての募金文化があったことが、国民株方式成立の大きな要素となっていく。

3　国民株方式の開始

国民株方式の基本枠を整えた後も、新聞社創業および新聞創刊のための莫大な資金準備が障壁となっていることに変わりはなかった。当時、韓国の主要新聞社・通信社（『朝鮮日報』『東亜日報』『中央日報』など全国日刊紙、『毎日《メイル》経済新聞《キョンジェシンムン》』など経済紙と連合ニュース）の固定資産の平均額は約二四九億ウォンであった［ハンギョレ創刊二〇年史編集委員会 2008：46–47］。固定資産には当然のことながら新聞社が設置される土地・社屋・輪転機などが含まれるので、全国日刊紙を製作・発行・流通させ、経営を軌道に乗せるのに、単純計算で二〇〇億ウォン程度は必須であるということを意味していた。

しかし、鄭泰基は一九八七年一一月に、必要経費を大幅に節約し一〇〇億ウォンでつくる予定だと主張している(53)。国民株方式で五〇億ウォンを準備し、残りの五〇億ウォンには銀行からの融資を当てる計画だと言ったのである(54)。上記の全国日刊紙の平均固定資産より約一五〇億ウォン少ない金額であるが、鄭は写真植字機・出力装置・組版・輪転機など、新聞発行に必要なハード面（工務施設関連）の費用を最小限に抑える工夫をした。その核心部分が、コンピューター組版体制（Computer Typesetting System, 以下ＣＴＳ。電算写植ともいう）であった。従来は、記事は手動写植による組版作業で処理していた。印刷工程は非常に複雑だったため、その方法ではレベルの高い熟練工を大量に雇用する必要があった。このプロセスをコンピューター上で処理する新しいシステムとして、ＣＴＳを採用したのである。一九八七年当時、アメリカや日本の一部の新聞社ではＣＴＳが既に導入されていたが、韓国ではその時点でどの新聞社も取り入れていなかった。

さらに、創刊事務局で企画担当だった徐炯洙は、事業計画案を考えるにあたって「最少主義」と「精鋭主義」を基本にした。最低限の設備資本と人的資本を整える「最少主義」と、人的資本を絞り職能レベルの高い記者数と実務担当者の「精鋭主義」が事業計画案の両輪となった［ハンギョレ二〇年社史編纂委員会 2008：46–48］。これも、経費を抑えるための苦肉の策であった。

準備金一〇〇億ウォンのうち、五〇億ウォンは銀行からの融資の予定だったが、残り五〇億ウォンは、創刊メンバーたちが自力で集めなければならない状況だった。創刊準備当時、鄭は社会状況を次のように捉えていた。

その時の韓国社会の状況を私がどのように把握していたかというと、マスメディアに対する民衆の不満や不信が大きく、民衆の怒りは爆発寸前の臨界点ギリギリだということだった。正確にマッチの火を擦りさえすれば、〔燃え広がるように〕すぐに五〇億ウォンくらいは集まるであろう、問題はないと思った。ただ、どうやってマッチの火を擦るかが問題だった。韓国はスペクトラムが多様で広い社会だ。募金をするとき、それが非常に大きな力になる。人々が皆〔募金に〕呼応し同意してくれてこそ〔新たな新聞を〕創刊できるという見通しだった。(55)

このように、鄭泰基は国民株方式がうまく機能すると予想していた。

このような中、一九八七年九月二三日午後七時に「新たな新聞」創刊準備事務局で、「新たな新聞」創刊発議者総会が開かれ、「新たな新聞」創刊発議宣言文が採択された。発議者一九六人の名前も同時に公表された。宣言文の中、国民株方式と関連のある箇所は以下の通りである。

われわれは、新たな新聞がその厳粛な使命として、膨大な必要資金の調達、民主的・民衆的正統性に基盤を置くために、そして権力と資本から独立するために、また、民主的経営と編集を実現するために、『株の公募』を通した全国民的参加によって必ずや新聞社が創立されることを、それしかないと信じます。われわれは新たな新聞を待つ国民的希望をすでに確認しています。われわれの発議に呼応する国民的熱意を確信しています。

［新たな新聞創刊発議宣言文　一九八七年九月二三日］

この宣言は、国民株方式を貫徹するという〝覚悟〟を示している。この総会では、二つの重要な原則、つまり、①授権資本金五〇億ウォン、②出資上限は資本金総額の一％未満、が同時に確認された。

この席で発議者一九六人が資金を出し合って計一億ウォンをプールした。この中には、解職記者たち一五五人がそれぞれ約五〇万ウォンずつ出した約七七五〇万ウォンも含まれていた。それを創刊準備における実務費に当てることになった。しかし、それだけでは創刊に必要な額面五〇億ウォンに全く届かなかったため、国民株方式を本格的に実行することになった。この国民株方式は、徐炯洙《ソヒョンス》によって具体的に計画化され、一九八七年一〇月に事業計画書として発表された。一〇月以降、最初に「国民一株キャンペーン」を発案した李炳注が国民株方式を担当する総責任者になった。

この後、一〇月一二日に各界の指導的なリーダー二四人が「新たな新聞創刊に声援を願います」という声明を発表した。言論界からは金観錫《キムグァンソク》（前キリスト教放送社長）ら、政治界からは李愚貞《イウジョン》（前民主党顧問）ら、宗教界からは文益《ムンイク》煥《ファン》牧師、朴炯圭《パクヒョンギュ》牧師、宋月珠《ソンウォルジュ》僧侶ら、学界からは李兌栄《イテヨン》（前梨花女子大学法学部教授）李效再《イヒョジェ》（社会学者）ら、民主化運動を牽引してきた重鎮たちが名を連ねた。この声明では「各界代表と市民の皆さんが新たな新聞に積極参与し、この新聞を大切に育ててくださることを伏してお願い申し上げます」と結び、国民株への参加を幅広く呼び掛けた[56]。

また、発起推進委員会は、一〇月三〇日の創刊発起宣言大会の終了後に、一般市民を対象にした株式公募を始め、「百万人が一株ずつ持とう運動」を大々的に展開する予定であった[57]。この時点で一株は五〇〇〇ウォンと確定し、「株主募集後援人会」を立ち上げる予定を立てていた。これは「発議者と発起人が、最初の後援人会構成員となり、後援人になりそうな人を各自五名推薦し、その人たちがまたさらに五名の後援人を推薦する方式」であった(58)。この方式は、短期間で後援者を拡大させる方法の一つであったが、その後『ハンギョレ新聞便り』謄写版にも活版印刷版にもこの話題が登場しないことを見ると、実践されなかったようである。

さらに、一〇月二二日に新聞のタイトルを「ハンギョレ新聞」に決定したのを受けて、同月三〇日にソウル市明洞《ミョンドン》にあるキリスト教女子青年会（ＹＷＣＡ）大講堂でハンギョレ新聞創刊発起宣言大会を開いた。ここでは「ハンギョレ新聞創刊発議宣言文」が採択され、以下の部分を強調していた。

　今日、われわれは、新しい言論の創刊を通して、今の制度言論がもつこのような構造的欠陥を克服しようとしています。このための第一要件は、（ハンギョレ新聞が）既存言論のように何人かの所有物になり権力に隷属することのないようにしなければならないということです。そのためにわれわれが策定した創刊基金五〇億ウォンを国の民主化を心から願っているすべての人の参与で成し遂げ、字そのままに国民が主人になる新聞をつくろうとしています。

権力と資本から独立した「自由言論」をつくるためには、それを実質的に担保するシステムの構築が必要であるという創刊メンバーの認識が明確に表現されている。国民株方式は「自由言論」を担保するシステムであり、「自由言論」の心臓部だと位置付けられていた。

大会では、発議人五六人によって「ハンギョレ新聞創刊委員会」（以下、創刊委員会）が発足した。

この発起宣言大会後、全国民を対象に新聞社設立のための国民株公募が開始された。「新たな新聞」創刊発議宣言文および「ハンギョレ新聞創刊発議宣言文」で公約された通り、一株の額面価格を五〇〇〇ウォンとし、五〇億ウォンを目標金額とした。

4　株募集運動の方法模索と拡散

ほとんどのマスメディアは、『ハンギョレ新聞』創刊運動を黙殺した。ハンギョレ新聞創刊準備事務局も「既存言論の牽制で、新たな新聞に関する記事が一〇面・一一面に一段記事として掲載される程度でほとんど目に入らないし、テレビでは完全に黙殺されている」と報告している。[59] 例えば、『東亜日報』は一九八七年一〇月二三日付で「題号『ハンギョレ新聞』新たな新聞発起委確定」という記事を載せたが、目立たない形（一一面下段一段「ベタ記事」）で載せただけであった。その内容は次の通りであった。

解職言論人を中心として創刊が推進されてきた新たな新聞創刊発起推進委員会（委員長宋建鎬）は二二日午前に新たな新聞の題号を『ハンギョレ新聞』と決定したと発表した。推進委側は新たな新聞創刊発起人大会を来る三〇日夕方六時半明洞ＹＭＣＡ大講堂で発起人約一五〇〇人が参席する中で開くとした。

ハンギョレ新聞創刊準備事務局は、既存マスメディアによる黙殺および情報管制[60]に危機感を持ったようである。現在も当時も、新聞に「ニュース」として取り上げられることは、それ自体が大きな広告効果を持っているが、現在のように広告手段が発達していなかった当時としては、「ニュース」としてマスメディアに取り上げられることは、国民株方式への協力を呼びかける最も重要な手段の一つであった。それが事実上絶たれた形になったからである。『深い泉の水』一九八七年一一月号における座談会記事「特別座談　新しい新聞を出さなければならない」では、リードで「国民が非常に気にしているにもかかわらず、既存のマスコミにはこのニュースはまだ詳細に扱われたことはないので、この座談は新しい新聞に対する最も新しく正確な情報となるだろう」とあり、既存メディアによる黙殺に対して危機感を実感させるくだりがある。[61]

このような状況で、ハンギョレ新聞創刊準備事務局は、発議者たちに次のように伝えた。

国民の血と汗がこもったお金で賄っている生活であることを思えば、新聞や放送の大型広告を利用することもできない立場であるので、各自が縁故のあるすべての媒体（新聞、放送、週刊誌、月刊誌、ムック誌、専門誌、大学新聞など）に最大限協力を要請をして記事化させるようにお願いします。

特に、出身高校、大学別に発行している同門会誌も広告効果が少なくないので、気を配ってくださるようお願いいいたします。(62)

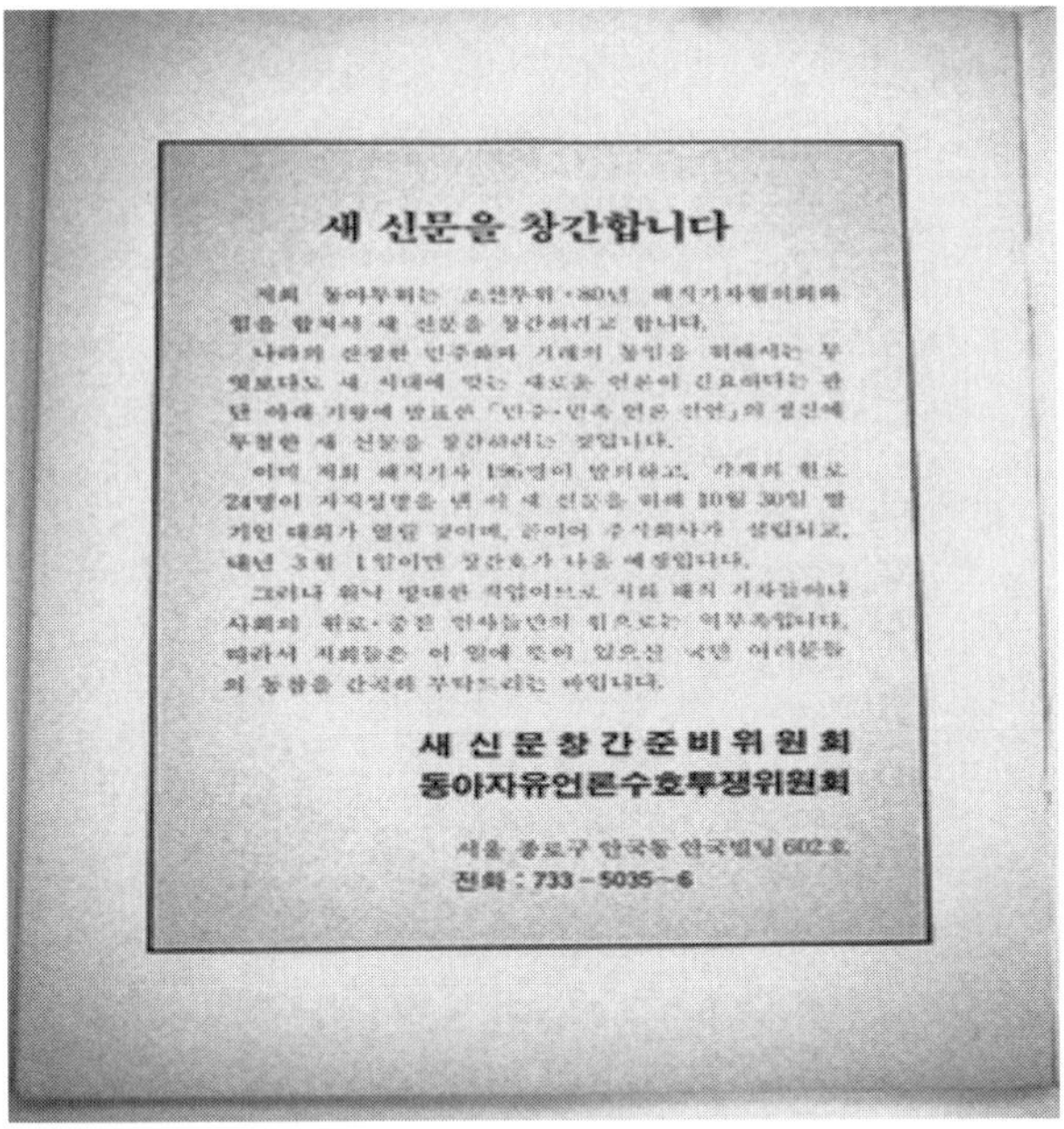

写真2-3　創刊を知らせる広告の例（「新しい新聞を創刊します」）

出所：東亜自由言論守護闘争委員会『東亜闘委はどのように闘ったか——自由言論のための闘争12年』1987年10月24日〔동아자유언론주호투쟁위원회『동아투위는 어떻게 싸웠나——자유언론을 위한 투쟁 12년』〕34頁

既存マスメディアに黙殺される中で、このような草の根の広報活動が続けられた。例えば、東亜闘委が一九八七年一〇月二四日に発行した手製のパンフレット『東亜闘委はどのように闘ったか——自由言論のための闘争一二年』の三四頁（最終頁）には創刊を知らせる以下の広告が掲載されている【写真2-3】。

また、創刊事務局は発起人たちの力を特に必要としたようである。『ハンギョレ新聞便り』謄写版三号二面（一九八七年一一月一〇日）では、「周囲の方たちへ積極的な広報を要望」という見出しで、「まだ、ハンギョレ新聞創刊の事実をよく知らない国民が周囲にたくさんいるようです。何よりも発起人の皆様の積極的な広報が一番効果が大きいと考えます」として、「発起人の皆様の親しい知人、職場の同僚の方たちへ株主参加を呼びかける一方、同窓会、郷友会を積極的に活用し、創立基金準備に力をお貸しくださるようお願いします」と要請した。一方、創刊事務室に立ち寄って株主募集のチラシを持っていってほしいと発起人に依頼している。同紙面では、発起人に株主募集後援人を推薦してもらいたいことと、推薦してくれさえすれば、創刊事務局がその人物に直接接触して株購入の依頼をすることも記されている(63)。

このような草の根の広報活動を続ける一方で、創刊委員会は宣伝効果を考えて、新聞広告などを使って創刊運動を社会に周知する必要に迫られた。

宋建鎬ら創刊委員会の中心メンバーが、ソウルをはじめ各地方の主要都市で在野運動団体や市民向けに『ハンギョレ新聞』創刊協力要請のための講演会を開いたが［ハンギョレ二〇年社史編纂委員会 2008：49-51］、それには限界があった。そこで、創刊委員会は一一月六日から『朝鮮日報』をはじめ、他の日刊紙に「すべての国民がつくる新たな新聞、ハンギョレ新聞の主人になりましょう」という創刊基金のための国民株募集の広告を掲載した(64)。この広告の効果は絶大で、掲載初日だけで一一〇〇万ウォンが集まった。

一一月一〇日の時点で、約三〇〇〇人の発起人の予定納入額六億ウォンの中、約三億ウォンだけが創刊委員会側に入金されていた。創刊事務局は、五〇億ウォンの四分の一、つまり一二億五〇〇〇億ウォンが納入される時点で法人登記（会社設立）をする計画であり、その日を一二月一日と予定していたので、入金を催促している(65)。

その結果、一九八七年一一月一四日までで設立会員を約五一〇〇人まで拡大させ一〇億七〇〇〇万ウォンを集めた。国民株の内訳は、創刊を発議したマスメディア関係者（記者出身および現役記者）約二〇〇人が一人当たり最低五〇万ウォンを捻出し約一億七〇〇〇ウォン、『ハンギョレ新聞』創刊発起人三一〇〇人と一般株主一七〇〇人が約九億ウォンを出した計算になる(66)。

本格的に国民株方式を取り入れてから一六日間という短期間で一〇億七〇〇〇万ウォンを集めたが、目標とする五

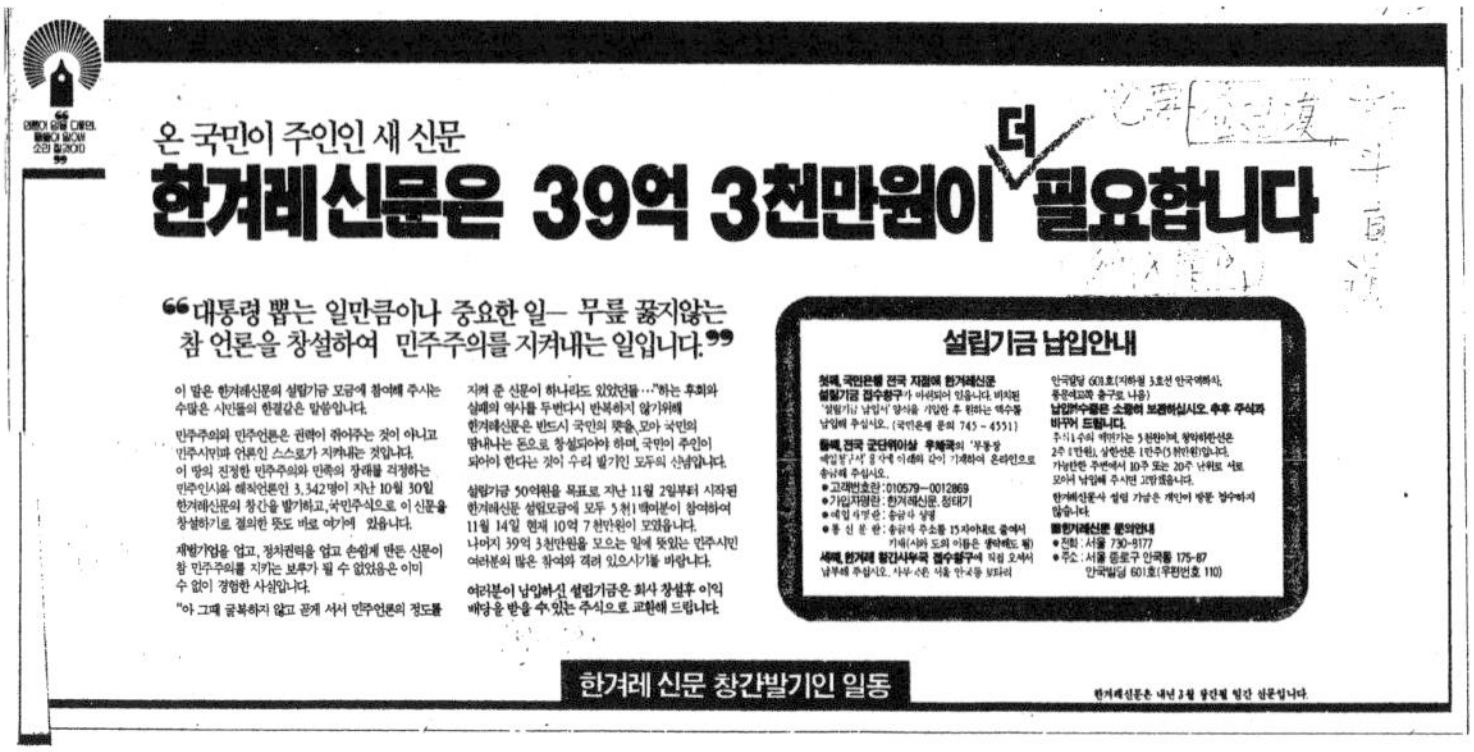

写真2－4　『ハンギョレ新聞便り』の国民株募集広告（1987年11月18日）
提供：ハンギョレ新聞社

〇億ウォンにはほど遠かった。そこで、創刊準備委員会はハンギョレ新聞創刊発起人一同の名義で、『ハンギョレ新聞便り』などに広告を出した。そこには「すべての国民が主人となる新しい新聞　ハンギョレ新聞は三九億三千万ウォンが〝さらに〟必要です　大統領選挙と同じくらい重要なこと――膝を屈しない真の言論を創立し、民主主義を守ることです」というキャッチコピーが用いられた【写真2－4】。

一九八七年一一月は、第一三代大統領選挙を控えており、韓国社会全体が選挙に対して非常に関心が高かった時期でもあった。韓国陸軍出身で全斗煥政権を支えた盧泰愚と、民主化勢力の金泳三・金大中らのどの人物が大統領に選ばれるのかによって、韓国社会の将来が大きく変わるからであった。創刊委員会は、高まる民主化要求が大統領選挙という大きなイベントに向かって結集しつつあるという認識のもと、効果的な広告を出す必要に迫られた。一一月末から『ハンギョレ新聞便り』などに掲載された広告は、「大統領を選ぶことと同じくらい重要なこと!!――〝ハンギョレ新聞に出資してください。明日の民主主義に投資することなのです〟」というキャッチフレーズであった[67]。

この一一月一八日発行の『ハンギョレ新聞便り』には「ハンギョレ新聞一問一答」が掲載されており「ハンギョレ新聞が全国民を株主募集の対象とする理由は?」という質問に対して答えが次のように書かれている。

言論が正しく定立しようとするならば、政治権力からの独立と同様に大資本からの独立が必須である。言論が幾人かの特権階級の所有物にならないためにも、全国民が主人として参与しなければならない。このために、何人かの大資本主を釣り込むという安易な道を選ばずに、民主化を熱望するすべての国民の志を集めて創立資本金を形成しようとするのである(68)。

一二月一六日の大統領選挙では民正党候補の盧泰愚が当選し、民主化運動勢力が支持する金大中と金泳三《キムヨンサム》は敗北した。候補を一本化できなかったためであった。創刊委員会は、敗北感の漂う民主化勢力を激励しつつハンギョレへの協力を促すために「民主化は一度の勝負ではありません——虚脱と挫折を振り切ってハンギョレ新聞創刊に力を結集させましょう」というキャッチフレーズで創刊基金募集広告を『東亜日報』『朝鮮日報』『中央日報』『韓国日報』などのマスメディアに掲載した(69)。当時の状況について、一九八九年ハンギョレ新聞に入社した記者の金度亨《キムドヒョン》は次のように語った(70)。

〔韓国は〕マスコミの入社試験の倍率が非常に高いので、いろいろなマスメディアに落ちてしまって、たまたま合格したのがハンギョレ新聞社だった。一九八九年の入社だ。私の中で、当時の新しい新聞に対する期待感が高かったという気持ちはある。当時はまだ民主化運動の雰囲気が残っていて、『ハンギョレ新聞』創刊の一年前である一九八七年に直接大統領選挙が行われて、金大中と金泳三の分裂によって民主化勢力が敗れてしまった。民主化運動勢力の「民主化は一度の勝負ではありません、民主的な新聞が必要です」という内容のスローガンが、選挙に破れた人々の心を動かして、それが国民募金につながったと思う。

また、『ハンギョレ新聞』の創刊準備段階から参加していた権台仙《クォンテソン》はこの時の状況を次のように述べた。

当初は、〔募金活動が〕知識人中心だった。しかし、これが一般的に都市労働者、農民、低所得者層まで広がったのは、次のような側面があったのだと思う。第一に、その当時、一九八七年の大統領選挙で民主化運動勢力が推していた野党の金泳三候補（統一民主党）および金大中候補（平和民主党）が敗北したこと、これが大きな役割を果たしたと思える。大統領選挙で敗北し、その時出てきたスローガンが「民主主義は一度の勝負ではありません」というキャッチフレーズで、これを掲げたところ募金が堰を切った水のように入り始めた。五〇億ウォンが募金〔の目標額〕だったのだが、四分の一はそれ以前に集め終わっており、四分の三はそれ以降に集めたので、韓国国民たちの民主化に対する熱望が大きな原因になったようだ。[71]

大統領選挙において民主化勢力が敗れたことと、それを逆に好機ととらえる効果的なキャッチフレーズを用いてキャンペーンを張ったことが大きな力となったようである。

5　支持者の拡大

その後、一九八八年一月二八日からは集中的に国民株の募集を行うための「国民株募集キャンペーン」を行った。[72]その結果、総額と株主数を急激に伸ばした。一九八八年一月二〇日以降に急激に伸び幅が大きくなっていることがわかる。

また、一九八七年九月末から一九八八年二月末にかけて、急激な伸びを記録した株総額であるが、時系列にみる株主数と総額の関係は【表2-7】のようであった。

このようにして、一九八七年一〇月三〇日から一〇八日間続いた国民株公募は、一九八八年二月二五日には出資者約二万七〇〇〇人、創刊基金五〇億ウォンを集め、目標を達成して完了した。当時、ハンギョレ新聞社副社長を務めていた任在慶は、短期間で創刊基金を集め終わったことについて、「新しい新聞創刊を掲げて数ヵ月間に五〇億ウォ

表2-7　株総額と株主数の変化

日付	総額（億ウォン）	株主数（創刊基金納入者数：人）
1987年 9 月23日	1	196
1987年11月10日	6	3,000
1987年11月14日	10.7	5,100
1987年11月21日	12.3	5,800
1987年12月10日	16	7,500
1987年12月28日	19	9,500
1988年 1 月20日	26.6	12,000
1988年 2 月 7 日	35.8	17,000
1988年 2 月25日	50	27,000

出所：『ハンギョレ新聞便り』（活版印刷版）〕第1〜7号を元に筆者作成。

ンが集まったことは、六月民主抗争という韓国現代史の『スペクタクル』（めったに見ない一大事件）がなかったら不可能だった。十匙一飯(73)という言葉はいいが、何万人が具体的な反対給付なしで現金を自発的に出したことは、ほとんど信仰的情熱というに値する」と評している(74)。

この間、ソウル市だけではなく、地方都市でも『ハンギョレ新聞』創刊に対する民衆の支持が大きく、自発的な『ハンギョレ新聞』創刊後援活動が始まっていた。釜山市・仁川市・光州市・大邱市・大田市・清州市・裡里市（現在は益山市）・順天市・原州市など大きな地方都市がその中心となった。一一月二二日は仁川市民たちが後援大会を開き、続く二八日には釜山市民が大会を開き、後援会を結成した(75)。

宗教界ではカトリックの動きが目立った。カトリックの組織である「平信徒使徒職協議会」が「われわれの社会の民主化と正義のためには、政治権力の民主化と劣らないくらい重要なことは、ジャーナリズムの正道を歩む、新聞らしい新聞・放送らしい放送をつくること」という声明文などを盛り込んだ『ハンギョレ新聞』創刊支持のチラシ一〇万部を信徒に配布した(76)。

海外居住の韓国人で『ハンギョレ新聞』の国民株募集活動に協力した人たちも少なくなかった。『ハンギョレ新聞便り』は、「マニラからきた手紙」と題して、マニラで活動しているカトリック神父の朴ジョングン〔박정근〕(77)からの一一月八日の手紙「自由と尊厳をお守りください」を紙面上で伝えている(78)。朴は、「私たちの小さい誠意ではありますが、皆様の志に賛同するため〔お金を〕お

送りしますので、受け取ってくださいますようお願いいたします」とし、創刊基金を寄付したことを明記している。また、当時日本に亡命中だった池明観[79]は「〔ハンギョレ新聞〕は市民の募金で始まった。私たちも送金した。最初の人たち〔ハンギョレ新聞の創刊メンバーたち〕はわれわれの民主化闘争の友人たちだからだ」と答え、『ハンギョレ新聞』創刊に対して、国民株を通して資金的に支援したことを明らかにした[80]。

また、マスメディア従業者すなわち同業者が国民株を購入することで『ハンギョレ新聞』創刊を応援するという現象も見られた。当時、ハンギョレ新聞社副社長を務めていた任在慶は次のように回想している。

株式会社『ハンギョレ』の任在慶名義の保有株式は五〇〇〇ウォン株を四〇〇〇ほどであり、額面価総額は二〇〇〇万ウォンを越える。当時、副社長の月給が一一三万ウォンだったから、二〇ヵ月分の給料に相当する少なくない金だ。軍事政権の弾圧に備えるという心積もりで備忘録を一切作らないことが会社幹部らの不文律だったので、ここに書いているこの文章は、全面的に記憶にだけ依存している。だが確実なのは、私の財布から出たお金は五〇〇万ウォンだけということだ。残りの約一五九九万ウォンは「頼むから先輩名義でしてください」ということであった。『ハンギョレ新聞』の株主として記載されることで受けるであろう不利益あるいは危険を避けたいという条件だ。〔中略〕今は二〇年前のように『ハンギョレ新聞』の株主というものが不利益にあう世の中ではないだろうが、それぞれが住む水に従って「二重プレー」をした[81]というつまらない文句を聞くのが常だ。だとしても私の名義で投資した人々が時代の変化を正しく読んで新しい新聞の必要を痛感したことは誇らしいことであり、隠すことでは決してない[82]。

6　国民株方式の構造と効果、限界点

(1)　効果

ここでは、国民株方式の目的および効果を考察する。そのためにまず権威主義体制下において大手新聞社がどのように社会構造化されていたかを説明したい。

当時の韓国の新聞社は、政治権力者の言論統制に対して非常に弱かった。その最大の原因は、軍に基礎を置いた権威主義体制とそれを源泉とする政治権力者の絶対的な権力であるが、既存の大手新聞社にはオーナーや少数の大株主が存在していたので、その意向が編集権の独立を侵害するケースが多かった点も同時に指摘できる。

政治権力者は、広告主に圧力をかけてマスメディアに対する広告を止めさせ資金難に陥らせることで、間接的にマスメディアを統制する方法[83]の他に、編集局に「報道指針」を通達して記事内容を事前検閲し、従わない記者を連行・逮捕して直接的な暴力を加えることも多かった。さらに【図2－4】で示したように、政治権力者はオーナーや大株主を通してメディアの統制・操作をはかった。

実際に、一九七五年に朝鮮日報社と東亜日報社が記者を大量解雇した事件と、一九八〇年に全斗煥政権によってメディアが統廃合され、記者が大量解雇された事件は、政権の強権性もさることながら、経営陣が政権の利益誘導と弾圧に屈服し、そのことが記者の強制的大量解雇につながったことも大きいと指摘できる。

『ハンギョレ新聞』を創刊した中心人物たちは、このような構造の中で弾圧を受け不当解雇された記者たちであり、政治権力者および大株主による言論統制・弾圧に対して危機感を持っていた。そこで、そうした構造をいかに克服するかの一つの答えが、少額大多数の株主によるマスメディアの所有形態、すなわち国民株方式であったのである。その効果は以下のように整理できる。

第一に、政治権力や、政治権力と癒着した少数の大株主による編集権への不当な干渉を防ぎ、「報道の自由」を守ることができる。『ハンギョレ新聞』は他の新聞と同じ株式会社である。しかし、他のマスメディアが、社主や大株

図２－４　権威主義体制下における言論統制のモデル

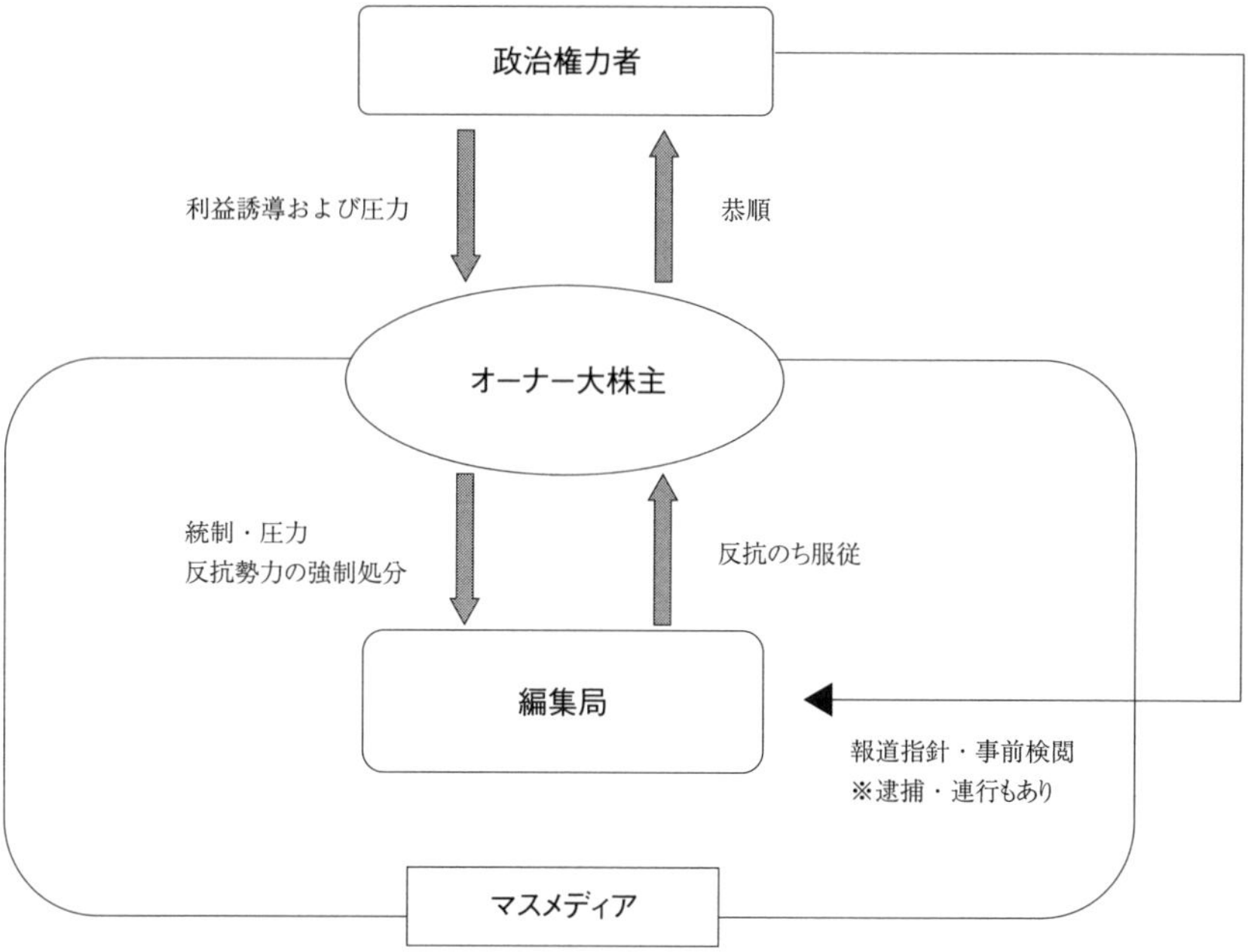

主を通した政治権力によるメディアの統制・操作や、社主および大株主による圧力を受けやすかった反面、『ハンギョレ新聞』はそのような干渉を受けにくい、もしくは受けたとしても排撃する能力があった。その理由は、小規模大多数の株主が会社の資本金（株主資本）を支えている制度であるという点に帰結する。原理的に大株主の存在を認めておらず、小規模大多数の「国民株主」によって成り立っているため、政治権力者に会社の生命線を握られるリスクは非常に低かった。

　また、政治権力者が小規模・大多数の株主に直接圧力をかけることも難しかった。もちろん、安全企画部が『ハンギョレ新聞』の読者性向調査をするなど、政治権力が株主および読者一人ひとりを特定して圧力をかける兆候もなくはなかったが、『ハンギョレ新聞』がそうした事実を報道したこともあり[84]、政治権力者による国民株主への直接的な圧力は非常に部分的であった。

　『ハンギョレ新聞』がこのような構造を持つ国民株方式を採用したのは、鄭泰基が「その時は国民株方式という、募金という方法しかなかった」[85]と言ったように、資金を持たない解職記者たちが新聞を創刊するには、国民株方式に賭けるしかなかったという状況があったとしても、国民株方式は『ハンギョレ新聞』が志向したジャーナリズムの形態に非常に適合性があった方式だったのである。

第二に、株の購入制限による権限集中禁止の原則を挙げることができる。『ハンギョレ新聞』は創立者本金五〇億ウォンを目標に募金を実施したが、巨大資本の浸透を阻むという意味で、株主一人当たりの出資額を資本金全体の一％以内に制限し、法人による株購入も禁止した。これにより、特定の株主がハンギョレ新聞社の経営権および編集権に不当な干渉を行うことを防止した。大株主が生まれるのが不可能な構造をつくりだしたのである。したがって、理論的には会社経営および編集局に特定の株主の影響力が大きく反映されない構造となっている。そのような意味で、多数の国民株主の意思決定として経営者が選抜されるので、当時の他マスメディアより民主的なプロセスを経て経営者が決定されるという利点もあったと指摘できるであろう[86]。たとえば、『ハンギョレ新聞』の継続的な研究を続けている韓東燮は「〔ハンギョレ新聞社は〕所有権を実に約六万名の少額株主たち[87]に完璧に分散させることで、メディア資本の所有権を通じた統制と国家介入による統制から自由でいられるという、新しい公共所有形態を創案した。実際に、このような所有構造はメディア資本と国家の統制から自由であるメディアをつくるという点で効果的であった」と評価している。〔韓東燮 2000：102〕

国民株方式を基礎にした所有構造は、報道機関の民主的な経営に資し、ジャーナリズムの原則の実践も担保するものだったので、韓国国内の他メディアも採用した。国民株方式を地方（道）において実践する「道民株」がそれである。慶尚南道《キョンサンナムド》の『慶南道民日報《キョンナムドミン》』と済州道《チュジュド》の『済民日報《チェミンイルボ》』がよく知られている。

(2) 限界点

ハンギョレ新聞社の国民株方式の構造は、権威主義体制下での政治権力と大株主の癒着による言論統制モデルに対抗できるだけの強い構造を持っていた。しかし近年では、政治権力ではなく、「経済権力」による広告提供を通した言論統制という新たな問題が浮上している。収益の大きな割合（八〇〜九〇％）を広告に依存する韓国の新聞社の構造的欠陥が浮き彫りになったのである。これはハンギョレ新聞社も同じであり、累積赤字が増えるにしたがって広告収入に依存する割合が増え、それが二〇〇八年のサムソン広告問題につながった[(88)]。国民株方式は、韓国メディア企業の収益構造が大きく変わった現在、経済権力の圧力に対しては効果的な方策をあまり持たないことがわかった。

また、国民株方式は大株主を通した政治権力の編集権への干渉を根本的に排撃するシステムとして実際に効果があったものの、政治権力が連行や逮捕などの物理的暴力によって直接行う干渉・介入に対しては、直接的な効果を発揮することはほとんどなかった。実際に、ハンギョレ新聞社は創刊一年後の一九八九年上半期だけでも、政治権力による二回の物理的な弾圧を受けた。四月には会社幹部が安全企画部員[(89)]に拘束され、八月には安全企画部と警察による大規模な捜査・押収を受けたのである［ハンギョレ創刊二〇年史編集委員会 2008：96-99, 101-107］。この時、ハンギョレ新聞社は、物理的暴力に対して会社篭城などの対抗策をとるしかなかった。以上のように、国民株方式は、大株主およびオーナーから「報道の自由」を守る場合に真価を発揮する一方、政治権力による直接的な暴力行為や、現在の収益構造においては経済権力の圧力にも限定的な効果しか真価を発揮できてこなかったとも言える。ハンギョレ新聞社には、政治権力による強権的な弾圧には言論活動で闘い、排撃してきた。

創刊二〇年が経過した現在、継続する経営難とあいまってその構造が問われている。『ハンギョレ新聞』の創刊発議人である白楽晴[(90)]は、二〇〇八年五月一五日にソウル市で行われたハンギョレ新聞創刊二〇周年記念式のスピーチで『『ハンギョレ新聞』は過去二〇年間において政治権力と闘い、打ち勝った。これからは経済権力が問題だ」と述べた。政治権力および大株主が一体となって編集権に干渉するという一九六〇年代から一九八〇年代の典型的な言論統制モデルを、国民株方式の力で有効に排撃してきたハンギョレ新聞社は、現在は経済権力からの干渉をどのように排撃するかという問題に直面しており、経済権力に対抗する方式を生み出す必要に迫られているのである。

7 国民株方式が理念と組織運営に与えた影響

国民株方式は、『ハンギョレ新聞』が標榜した「民衆言論」という理念と共鳴している。第3章第1節で詳細に検討を加えるが、「民衆言論」とは「労働、農民部門をはじめとした様々な分野で自分たちの声を知らせる自生的な言論」であり、制度言論が伝えない「民衆」の声を伝える言論であった。『ハンギョレ新聞』の認識は、「今の民衆言論は制度言論が民衆の声をほとんど無視して、一切の表現手段を奪われた民衆が、いまや自ずから自身を表現するしかない現実の中から不可避に要請された」のであり、「民衆言論はすなわち言論分野で繰り広げられている広範囲な民衆運動の一つの表現である」というものであった[92]。被抑圧者・奪われた者・社会的弱者としての「民衆」の側に立つ言論を志向したのである。しかし、「民衆言論」を実践することは、支配層と対立状態に置かれることを意味した。当時、創刊メンバーが最も危惧していたのが、権力が資本を通して言論統制をすることであり、「民衆言論」を実践するためにも国民株方式は必須であった。

実際に、国民株を購入した人々は、上記の意味を持つ「民衆」が中心であった[93]。『ハンギョレ新聞』は国民株方式を通してその存在基盤を「民衆」に依存し、「民衆」は代弁者としての機能を『ハンギョレ新聞』が果たすことに期待した。『ハンギョレ新聞』と「民衆」は国民株方式を通じて相互依存の関係になっていたのである。『ハンギョレ新聞』は「民衆」に依拠している限り、創刊精神である「権力と資本から完全に独立し、国民の側に立ち、事実と真実を報道・論評する」というジャーナリズムとしての正当性が保持された[94]。

ハンギョレ新聞社は株式会社としての側面がある以上、株主総会を通して代表取締役を選ぶ。国民株方式に参与した民衆のほとんどは、投資目的で株を購入したわけではなく、『ハンギョレ新聞』創刊に寄与したいという価値観から投資をした［ハンギョレ創刊二〇年史編集委員会 2008：133-135］。理論的には少額株主の意見を可能な限り汲み取ることができる構造であったが、しかしその一方で、現実的に小規模大株主の意見を収斂しきれないという問題もあった。この問題が表面化したのが、一九九三年七月二二日に一部株主たちがソウル地方裁判所に起こした株主決議無効の提訴だった。同年六月一九日に行われた株主総会において、金重培を代表取締役とする新・取締役会構成案が可決されたが、これに不満を抱いた一部の株主が、取締役会選出の手続きを問題として訴訟を起こした［ハンギョレ創刊二〇年史編集委員会 2008：141-145］[95]。国民株方式の構造上の特性に起因するこの問題は、ハンギョレ新聞社内部の人事問題として、長らく尾を引くこととなった[96]。

小結　言論民主化運動としての創刊運動――国民株方式による創刊へ

第1節では、創刊運動の進捗について検討した。まず、一次資料で裏付けられる創刊の源流は、一九七九年一一月に発案された安鍾柲（当時、東亜闘委委員長）の「新たな新聞構想」である。この構想が東亜闘委・朝鮮闘委という七〇年代の言論民主化運動団体に共有された後、民主言論運動協議会による議論で理念的な基盤を整えた構想となった（一九八四年一二月の「創刊宣言文」）。民主言論運動協議会による新たな言論機関創立に関する議論は、機関誌・月刊『言葉《マル》』創刊号（一九八五年六月一五日発刊）に「新しい言論機関の創設を提案する」として発表された。しかし、具体的に創刊運動が始まったのは、一九八七年に六月民主抗争の結果として六・二九民主化宣言がなされ、新しくマスメディアを創設することが法的に許容されてからであった。六・二九民主化宣言が創刊の具体的な契機となったのである。

創刊の具体的なプロセスとしては、鄭泰基が実務の中心になり、鄭が民主言論運動協議会の核心メンバーらと共に「新言論創設研究委員会」を作り、「民衆新聞創刊のための試案」を準備したことが計画の第一段階であった。その後、「新言論創設研究委員会」が発展解消する形で「新たな新聞創刊発議準備委員会」が立ち上がり、創刊発議者総会において「新たな新聞創刊発起推進委員会」へ改編された。その後、一九八七年一〇月三〇日にハンギョレ新聞発起人大会が行われ、発起人五六人で「ハンギョレ新聞創刊委員会」が構成された。『ハンギョレ新聞』創刊の推進体は、言論民主化を推進してきた解職記者たちであり、準備は比較的短期間だった。「新たな新聞」創刊に適した社会的条件があったのが、短期間でマスメディアを創設できた最大の理由であり、もう一つの理由は「新しい言論創設研究委員会」での徹底した議論を通して、新・新聞創刊の目的と方向性を明確にし、解職記者を中心とした人的資源を集中投下したことであった。

『ハンギョレ新聞』創刊の要素として重要なのは、政治権力および経済権力と「権言癒着」をしてきた大手企業マスメディアに対して、言論民主化を推進してきた一部の記者（解職記者）たちが民衆と連帯して対抗するという構図が、創刊当時の社会的な状況であったということである。民衆は、既存マスメディアの偏向報道および権力に一方的に左右されていた状況に失望と反感を募らせており、言論民主化運動も既存マスメディアを改革するという運動目標を拡大し、代案言論を新たに創出することによって既存マスメディアに対抗し言論民主化を成し遂げる方向に舵を切った。解職記者たちは市民の動向を注視し、代案言論を創出する可能性があると考えたのである。

第2節では、国民株方式について分析した。国民株方式は歴史的・社会的条件が整った時点で構築されたものであった。既存のマスメディアの内部改革では不十分だから新たなマスメディアを立ち上げることが重要であるという考えや、立ち上げにかかる莫大な資金を国民の支援に依拠するという考えが出てきたのは、ある意味では必然的であった。それは、安鍾柲の構想、『言葉』における新たな新聞構想、鄭泰基ら『ハンギョレ新聞』創刊メンバーの構想など、時期を追って構想がより進展していることからもわかる。この構想が実行に移されるきっかけは六・二九民主化宣言だったとしても、構想の現実化そのものを支えたのは、募金文化に見られる幅広い民衆の支持であった。すなわち、国民株方式が成立する背景には、韓国における言論民主化運動があり、運動に対する民衆（民主化運動勢力）の積極的な理解がそれを支えていた。この歴史的・社会的条件なくしては、国民株方式は成立しえなかった。もちろん、鄭泰基をはじめとする創刊メンバーは、このような社会状況を十分踏まえた上で行動した。

株式公募は一九八七年一〇月三〇日の創刊発起宣言大会終了後から本格的に行われた。他のマスメディアによる黙殺もあり、初期には株式購入拡大運動に苦戦したが、支援者による草の根運動や創刊を知らせるニュースレター発行（『ハンギョレ新聞便り』）、既存マスメディアに株式公募広告を出すなどの方法により、株式募集活動は少しずつ進捗した。初期には知識人中心だった株購入が、労働者や農民、低所得層にまで広がったのは、一九八七年一二月の第一三代大統領選挙で民主化運動勢力が支持した候補が敗北したことがきっかけであった。ハンギョレ新聞創刊委員会は、民主化運動勢力を『ハンギョレ新聞』創刊に結集させ、株式購入が爆発的に増えた。このようにして、一九八七年一〇月三〇日から一〇八日間続いた創刊基金のための国民株公募は、一九八八年二月二五日に出資者約二万七〇〇〇人、創刊基金五〇億ウォンを集め、目標を達成した。この国民株方式は、韓国国内での有用性が高く、済州島の『済民日報』も同方式を援用した「道民株方式」で創刊された。

国民株方式は、権威主義体制下における言論統制モデルには強力な対抗力を発揮する一方で、経済権力による広告圧力や政治権力による直接暴力には比較的脆弱であるという限界点もあった。また、国民株方式は「民衆言論」という理念とも親和性があった。実際に国民株を購入した人たちは被支配層すなわち「民衆」が中心でもあった。国民株は、理論的には少額株主の意見を可能な限り汲み取ることができるが、現実には小規模大株主の意見を収斂しきれないという問題もあった。

注

（1）　個人が買うことのできる株は資本金総額の一％未満に制限された。

（2）　成裕普への聞き取り調査は、二〇一二年八月一六日にソウル市内で行った。

（3）　ハンギョレ二〇年社史編纂委員会［2008］二九頁。

（4）　「ハングル専用」とは、新聞上の文字の表記を漢字ハングル混じりではなく、漢字を原則廃止し、ほぼハングルでのみ表記することを指す。「ハングル専用」という概念には二種類の流れがある。まず、解放後、李承晩政権下の一九四八年一〇月九日に公布された「ハングル専用法」の流れである。この法律は、公文書を基本的にハングルで記し、必要に応じて漢字を使

うように定めた法律である。「ハングル専用」の議論は、民族主義的な傾向の延長線上における「国語純化」の思想であり漢字を極力排すという考えであるとも指摘できる。もう一つは「文解運動」の流れである。「文解運動」とは、識字率を高めるため、夜学などで文字の読み書きを教える民衆運動であり、漢字を読めない人も容易に新聞が読めるようにするための考え方の一つである。前者については［이응호 1974］、後者については、［川瀬 2005］に詳しい。

（5）原文では「部署出入制度（부서출입제도）」であるが、ここで触れられている「部署出入制度」とは本質的には記者クラブ制度であるので、ここでは記者クラブ制度と訳した。ちなみに、記者クラブ制度は日本と韓国にしかなかった。韓国では日本による植民地支配時代の名残である。序論でも述べたが、長年記者クラブ問題に取り組んでいる同志社大学教授の浅野健一は、記者クラブとは、「日本新聞協会加盟社の社員である常駐記者たちが、日本の官庁など公的機関の主要なニュース・ソースの建物の中にある記者室を独占的に使用し、排他的に取材・報道する日本独自のユニークな記者集団のことである。一種の不法なカルテルである」［浅野 2011：43］と定義している。なお、韓国では盧武鉉政権下で記者クラブは解体され、現在、記者クラブ制度があるのは日本だけである。第4章および第5章で詳述する。

（6）鄭泰基への聞き取り調査は、二〇〇九年八月二九日にソウル市内で実施した。

（7）「盧民正대표특별선언全文」〔「盧民正代表特別宣言全文」〕『東亜日報』一九八七年六月二九日三面。

（8）日本国総務省統計局「日本の長期統計系列　第一八章　貿易・国際収支・国際協力」で公開されている統計資料「外国為替相場（昭和二五年～平成一七年）」（URL：http://www.stat.go.jp/data/chouki/18.htm）によると、一九八七年当時のレートは掲載されていないものの、一九八九年のレートでは一ウォン＝〇・二一円となる。

（9）「발기 추진위원회 전체회의 개최」『새신문 소식』一호〔「発起推進委員会全体会議の開催」『新たな新聞便り』第一号〕一九八七年一〇月一〇日二面。

（10）同前。

（11）「상임위원회 구성、본격 가동」『새신문 소식』一호〔「常任委員会構成、本格稼働」『新たな新聞便り』第一号〕一九八七年一〇月一〇日二面。

（12）『새신문소식』一호〔『新たな新聞便り』第一号〕一九八七年一〇月一〇日一面。

（13）김종철「언론계의 지형을 바꾼〝한겨레〟창간〈언론과 권력〉（61）」『미디어바이플』〔キムジョンチョル「言論界の地平を変えた『ハンギョレ』創刊〈言論と権力〉（61）」『メディアバイプル』〕二〇一二年八月二〇日　http://www.pressbyple.

com/news/articleView.html?idxno=5088

(14)『한겨레신문소식』（등사판）제二호〔『ハンギョレ新聞便り』（謄写版）第二号〕一九八七年一〇月二四日一面。

(15) 弁護士として創刊準備作業に携わっていた趙英来は「新たな新聞」という名前を支持し、宋建鎬は「独立新聞」という名前を支持した。

(16)「조사부 자료를 모읍시다」『한겨레신문소식』（등사판）제二호〔「調査部の資料を集めましょう」『ハンギョレ新聞便り』（謄写版）第二号〕一九八七年一〇月二四日二面。

(17) 同前。

(18)『한겨레신문소식』（활판인쇄판）제一호〔『ハンギョレ新聞便り』（活版印刷版）第一号〕一九八七年一一月一八日一面。

(19) 同前。

(20) 同前。

(21)『한겨레신문소식』（등사판）제三호〔『ハンギョレ新聞便り』（謄写版）第三号〕一九八七年一一月一〇日一面。

(22)「특별 좌담／새 신문을 내고야 말겠다」『월간샘이깊은물』一九八七년一一월호、四九頁〔「特別座談／新たな新聞を出さなければならない」『深い泉の水』一九八七年一一月号、四九頁〕。

(23) ハンギョレ二〇年社史編纂委員会［2008］四一～四二頁。

(24) 前掲注（22）四九頁。

(25)「한겨레신문 一문一답」『한겨레신문소식』（활판인쇄판）一호〔「ハンギョレ新聞一問一頭」『ハンギョレ新聞便り』（活版印刷版）第一号〕一九八七年一一月一八日一面。

(26)「특별좌담 새 신문을 내고야 말겠다　송건호・정태기・조영래」『샘이깊은물』一九八七년一〇월호、〔「特別座談　新たな新聞を必ず出さなければならない　宋建鎬・鄭泰基・趙英来」『深い泉の水』一九八七年一〇月号〕四八頁。

(27) ハンギョレ二〇年社史編纂委員会［2008］三〇～三一頁。

(28) ハンギル社（한길사）、一九八〇年。日本でも『分断か統一か――韓国解放前後史の認識』（影書房、一九八八年）として翻訳出版されている。

(29) 一九九〇年代末に三〇代で、一九八〇年代に民主化闘争を経験した、六〇年代生まれの世代を指す言葉である。小倉紀藏は「そもそも『三八六世代』は、両面価値的存在である」とし、「『功利』という価値をめぐっても、『三八六世代』の両面性は露わになる。マルクス主義に吸引されて厳しい反功利の陣営を守るのも『三八六世代』なら、新自由主義の波に乗ってITバブルの先頭に立ち、きわめて実利志向の立場を貫くのも『三八六世代』である。このように韓国では、ひとつの世代がさまざまな対立する価値を体現しているのであり、その中心点が『三八六世代』なのである」と述べている［小倉 2005：137］。

（30）池明観への聞き取り調査は、二〇一二年三月三日、京畿《キョンギ》道安養《アニャン》市で行った。以下、池の発言を引用する場合は、特に断りがない限り、同日に実施した聞き取り調査に基づくものとする。

（31）これらの理論は、『민주언론・민족언론』두레출판〔『民主言論・民族言論』ドゥレ出版、一九八七年〕で展開された。

（32）任在慶の著作物としては『韓国現代史における維新体制』（一九八六年）『韓国と米国』（実践文化社、一九八六年）、『低強度戦争——米国の新しい第三世界戦略』（民衆史、一九八七年）、『反核』（創作と批評社、一九八八年、共訳）などがある。

（33）고종석「[말들의 풍경——고종석의 한국어 산책]〈30〉임재경、마지막 지식인 기자」『한국일보』〔高宗錫［言葉の風景——高宗錫の韓国語散策］〈三〇〉「任在慶、最後の知識人記者」『韓国日報』〕二〇〇六年九月二六日。URL：https://www.hankookilbo.com/News/Read/200609262389996732

（34）韓国のインターネット新聞『OhmyNews（オーマイニュース）』代表。

（35）임재경「[길을찾아서] 세상을 바꾼 사람들五 기자로서 '삼십이립' 은 교우들 덕」『한겨레』任在慶「[道を探して] 世の中を変えた人たち⑤ 記者として〝三〇歳で自立〟は交友関係のおかげ」『ハンギョレ新聞』二〇〇八年五月二二日。URL：http://www.hani.co.kr/arti/society/society_general/289051.html

（36）임재경「[길을 찾아서] 세상을 바꾼 사람들⑥-3。피끓는 '六八세대' 에게 박수를 받다」『한겨레』〔任在慶「[道を探して] 血沸く〝六八世代〟に拍手される　世の中を変えた人たち⑥-3」『ハンギョレ新聞』〕二〇〇八年六月三日。URL：http://www.hani.co.kr/arti/society/society_general/291098.html

（37）社内民主制には様々な制度が挙げられるが、最も注目度が高いのが、代表取締役および編集局長を選出するとき、社内選挙や開かれた議論を通じて社員の意思を可能な限り反映させるシステムであろう。

（38）임재경「[길을찾아서] 세상을바꾼 사람들③ YS〝내가 기둥 하나 세워줬는데〟」『한겨레』〔任在慶「[道を探して] 世の中を変えた人たち③ YS〝俺が柱を一つ立ててやったんだが〟」『ハンギョレ新聞』〕二〇〇八年五月一八日。URL：http://www.hani.co.kr/arti/society/society_general/288244.html

(39)　ハンギョレ二〇年社史編纂委員会［2008：33］。

(40)　呉連鎬への聞き取り調査は、二〇〇四年二月二五日にソウル市内で行った。

(41)　なお、金正鐸の言う「意識ある市民」［金正鐸 1990：90］と『オーマイニュース』代表の呉が言う「準備された市民」には共通性がある。

(42)　この時点では創刊事務局には自前の輪転機はなかったので、忠武路《チュンムロ》にある印刷会社に外注して発行した。

(43)　『한겨레신문소식』등사판, 제二호〔『ハンギョレ新聞便り』謄写版、第二号〕一九八七年一〇月二四日二面。

(44)　東亜自由言論守護闘争委員会［2005］などを参照。

(45)　国民株方式は、創刊準備の一環として他の作業と同時並行的にその形式が整えられてきたので、創刊準備の動きに言及せざるをえず、本節の一部を本章第1節と敢えて重複させざるを得ないことを先に断わっておく。

(46)　平壌北道龍川出身。『東亜日報』経済部記者などを歴任後、『ハンギョレ新聞』創刊に参画。論説委員を務めた後、一九九二年に退社した。

(47)　李仁哲への聞き取り調査は、二〇〇八年八月二九日にソウル市内で行った。

(48)　一九九三年五月一五日の『ハンギョレ新聞』によると、九三年四月末現在で、株主は六万一八六六名であった。

(49)　韓東燮［1998］［2000］および高昇羽［2002］［2004］による研究が代表的である。

(50)　「新しい言論機関の創設を提起する」月刊『言葉《マル》』創刊号、民主言論運動協議会、一九八五年六月、四～五頁。

(51)　朴元淳がハンギョレ新聞創刊運動に関わり始める時期だが、朴は当時、弁護士業務に従事する一方で大韓弁護士協会人権委員などを務めていたので、「新たな新聞創刊準備事務局」の中心メンバーとして創刊準備に奔走していたとは考えにくい（創刊事務局のメンバーは、基本的に解職記者および有志ボランティアで構成されていた）。よって、朴は九月二三日以降にハンギョレ新聞創刊に、外部から〝側面援助〟のような形で実質的に関わっていったものと推察すべきだろう。これについては本人への確認が必要である。

(52)　第1章第2節でも言及したように、「言論民主化」には四つの課題があると宋建鎬は指摘する。それは、①一九七五年と一九八〇年の二回にかけて、不当に解雇された約九〇〇人に達する記者たちを無条件に復職させせなければならないこと、②言論の自由の最も基本的な条件である企業の経済的・政治的独立、③「言論基本法」の廃止、④編集権の独立を守ること、である［宋建鎬 1987：30-32］。

(53)「反骨で売る新生朝刊紙『ハンギョレ』は韓国新聞界の〝台風の目〟」『週刊朝日』一九八八年六月一七日号によると、当時の日本円で約八億六〇〇〇万円となる。
(54)「특별좌담 새 신문울 내고야 말겠다 송건호・정태기・조영래」『샘이깊은물』〔「特別座談 新たな新聞を必ず出さなければならない 宋建鎬・鄭泰基・趙英来」『深い泉の水』一九八七年一〇月号〕四九頁。
(55)前掲の鄭泰基への聞き取り調査より。
(56)詳細については本章第1節で言及した。
(57)『새신문소식』제二호〔『新たな新聞便り』第二号〕一九八七年一〇月二四日一面。
(58)『한겨레신문소식』등사판、제二호〔『ハンギョレ新聞便り』謄写版、第二号〕一九八七年一〇月二四日一面。
(59)同前、二面。
(60)重要な事実をあえて報道しないことによって社会的事実として成立させないこと。ブラックアウト（black out）.
(61)「특별좌담 새 신문울 내고야 말겠다 송건호・정태기・조영래」『샘이깊은물』〔「特別座談 新たな新聞を必ず出さなければならない 宋建鎬・鄭泰基・趙英来」『深い泉の水』一九八七年一〇月号〕四八頁。
(62)『한겨레신문소식』등사판、제二호〔『ハンギョレ新聞便り』謄写版、第二号〕一九八七年一〇月二四日二面。
(63)『한겨레신문 소식』（등사판）제三호〔『ハンギョレ新聞便り』（謄写版）第三号〕一九八七年一一月一〇日二面。
(64)『朝鮮日報』一九八七年一一月六日八面の広告が最初である。
(65)前掲注63『한겨레신문 소식』（등사판）제三호一面。
(66)「설립기금 모금액 一〇억원 돌파」『한겨레신문소식』（활판인쇄판）제一호〔「設立基金募金額一〇億ウォン突破」『ハンギョレ新聞便り』（活版印刷版）第四号〕一九八七年一一月一八日一面。
(67)『한겨레신문소식』제四호〔『ハンギョレ新聞便り』第三号〕一九八七年一一月二四日一面。
(68)『한겨레신문소식』（활판인쇄판）一호〔『ハンギョレ新聞便り』（活版印刷版）第一号〕一九八七年一一月一八日一面。
(69)例えば、『東亜日報』一九八七年一二月二四日七面。半面が『ハンギョレ新聞』の広告で占められている。
(70)インタビュー当時、ハンギョレ新聞社先任記者。「先任（senior）制」は、昇進・休職などにおいて古参を優遇する制度であり、韓国企業でよく見られる。
(71)前掲の権台仙への聞き取り調査より。

(72)　一九八八年二月九日に発行された『한겨레신문소식』(등사판)제六호〔『ハンギョレ新聞便り』(謄写版)第六号〕一面には、「特に、先日一月二八日には募金キャンペーンが開始されて以来、一日の入金額が(過去)最高の一億六〇〇〇万ウォンとなるなど一億を超えた」と記録されている。

(73)　一匙の米も十匙持ち寄れば茶碗一杯になるという朝鮮半島のことわざであり、その意味するところは、日本のことわざの「ちりも積もれば山となる」に近い。

(74)　前掲注38、임재경「[길을찾아서]세상을바꾼 사람들③。任在慶「[道を探して]世の中を変えた人たち③」URL：http://www.hani.co.kr/arti/society/society_general/288244.html

(75)　『한겨레신문소식』(활판인쇄판)제三호〔『ハンギョレ新聞便り』(活版印刷版)第三号〕一九八七年一二月一二日一面。

(76)　同前。

(77)　紙面によると、朴はカトリックのマスメディア「ラジオベリタス」で勤務している神父であった。

(78)　『한겨레신문소식』(활판인쇄판)제二호〔『ハンギョレ新聞便り』(活版印刷版)第二号〕一九八七年一一月二四日一面。

(79)　政治学者、元翰林《ハンリム》大教授。一九七二〜一九九三年に東京女子大学で教鞭をとる。一九七〇年代から八〇年代に、「T・K生」の筆名で『世界』(岩波書店)に「韓国からの通信」を執筆し、軍事独裁政権を批判、民主化運動を支援し続けた。

(80)　前掲の池明観への聞き取り調査より。

(81)　文脈上、「それぞれの立場があるので、『ハンギョレ』に投資したことが明るみに出ないように取り繕った」という意味であろう。

(82)　前掲注38、임재경「[길을찾아서]세상을바꾼 사람들③〔任在慶「[道を探して]世の中を変えた人たち③〕URL：http://www.hani.co.kr/arti/society/society_general/288244.html

(83)　最も有名な事例が、朴正煕政権下で起こった東亜日報白紙広告事件であろう。一九七四年一二月に朴正煕政権が東亜日報社を弾圧するため、新聞に広告を提供している広告主に圧力をかけて『東亜日報』に広告を掲載させないという方法をとった。東亜日報社は広告欄白紙のまま新聞発行を続け、それに対して読者・市民が東亜日報に「激励広告」を送った。しかし、長期にわたって有力広告主の広告掲載がない状態の東亜日報社は、次第に経営難に陥り朴正煕政権に屈服した。

(84)　「안기부、본지독자성향조사」『한겨레신문』〔「安全企画部、本紙読者性向調査」『ハンギョレ新聞』〕一九八九年一〇月四日二面。

(85) 前掲注6の鄭泰基への聞き取り調査より。

(86) もちろん、一般的な企業であれば少数株主の意向を受けた経営陣が選出されてもそれほど問題にはならないかもしれないが、報道機関は民主主義社会における必要不可欠な重要要素として認識され、「社会的責任」を担う立場にあるので、社内の民主的プロセスの実践は報道機関では大きな問題である。一般的な経営の論理とジャーナリズムを担う機関の論理は峻別されるべきであるという議論がジャーナリズム研究では主流である。コヴァッチ&ローゼンスティール［2001=2002］などを参照。

(87) 一九九三年五月一五日の『ハンギョレ新聞』によると、九三年四月末時点で株主は六万一八六六名であった。

(88) 『ハンギョレ新聞』が二〇〇七年一〇月三〇日から始めた「三星（サムソン）裏金口座」という調査報道後、三星グループがハンギョレ新聞社にのみ広告提供を長期間行わなかった問題。三星の広告を中断されたハンギョレ新聞社の収入は急激に減少した。三星による特定のメディア攻撃という側面が大きくクローズアップされた反面、ハンギョレ新聞社のみならず、他メディアも広告収入の多くを三星グループに依存していることを証明する事件ともなった。

(89) 安全企画部は、韓国情報部（ＫＣＩＡ）を全斗煥政権が改編して作った組織。国家情報院の前身である。

(90) ソウル大学名誉教授。民主化運動・南北統一運動の牽引者としても知られている。

(91) 一九七〇年代からは、「民衆」という概念は被支配層一般を指しつつ、支配層に対する積極的および抵抗的な意味をもつ概念として使用された。一九七〇年代は、「民衆」概念が知識人の中で本格的に議論され始めた時期でもあり、その中で「民衆」概念は「民族」概念とも緊密な関係性を持ち始めた。詳しくは、황병주［2011］「1960년대 비판적 지식인 사회의 민중인식」『기억과 전망』二一호〔黄秉周［2011］「一九六〇年代の批判的知識人社会の民衆認識」『記憶と展望』第二一号〕などを参照されたい。

(92) 「새로운 언론가관의 창설을 제안한다」『말』〔「新しい言論機関の創設を提案する」月刊『言葉《マル》』〕創刊号、四頁。

(93) ハンギョレ創刊二〇年史編集委員会［2008］五二～五三頁。

(94) 「상업주의배격 대중적 정론지 지향」『한겨레신문소식』활판인쇄판〔「商業主義排撃　大衆的正論紙志向」『ハンギョレ新聞便り』活版印刷版〕第九号、一九八八年四月一九日二面。

(95) なおこの問題は人事権とコーポレート・ガバナンス（企業統治）の議論に発展するので、メディア研究の視角だけではなく、他の理論的観点からの分析も必要である。今後の課題としたい。

(96) この問題の顛末については、박해전편저［1994］『다시 태어나야 할 겨레의 신문 한겨레신문사 주주총회 관련 소송백서』

①〜③、울도서적〔パクヘジン編著［1994］『もう一度生まれ変わらなければならない同胞の新聞　ハンギョ新聞社株主総会関連訴訟白書』①〜③、ウルド書籍〕に詳しい。

第3章　『ハンギョレ新聞』の理念

第2章では、『ハンギョレ新聞』の創刊過程について論じた。『ハンギョレ新聞』は具体的な構想から約一年で創刊された。比較的短期間で成し遂げられたのは、『ハンギョレ新聞』が言論民主化運動の延長線上にあったからである。創刊の最重要要素であり、同時に既存のマスメディア企業の資本動員とは全く違う方法でもある国民株方式が成功する要因が、社会的に整えられていたのである。もう一つ重要なことは、「新しい言論創設研究委員会」での徹底した議論を通して、新・新聞創刊の目的と方向性を明確にし、解職記者を中心とした人的資源を集中投下したことであった。

それに続いて第3章では、言論民主化運動の系譜上にある『ハンギョレ新聞』が、実際にどのようなジャーナリズムを目指したのかに焦点を当て、理念を検討する。①創刊理念、②編集方針、③倫理綱領体系の三つの側面から検討する。

『ハンギョレ新聞』の創刊理念の根本は、「民主言論」「民衆言論」「民族言論」であり、この三つの概念を理解することが同新聞の精神を理解する鍵である。第1節では、この三つの概念について、詳細に分析する。

第2節では、理念を基礎にして組み立てられた編集方針について検討する。編集方針は、理念を反映しながらもその時々の社会の変化に合わせていかなければならない。理念と編集方針は、その報道機関が持つ価値観を表すので分析は重要である。まず、編集方針それ自体を分析して特徴を抽出する。次に、編集方針がどのように編集局の構造に反映されたのかについて分析する。そして、このような編集方針・編集局のあり方について、現職記者らの考えを聞き取り調査によって明らかにし、理念と実際の双方を整理する。

さらに、『ハンギョレ新聞』の特徴として、倫理綱領体系が挙げられる。これは、倫理綱領、倫理綱領実践要領、取材報道準則など細目に分かれている。『ハンギョレ新聞』創刊当時、他のマスメディアでは倫理綱領が体系化されていなかったが、ハンギョレ新聞社はいち早く倫理綱領の体系化を行った。第3節ではこれらの倫理綱領体系を分析する。倫理綱領体系は、実際の記者の行動規範として効果を発揮し、第4章で扱う「保険社会省記者クラブ巨額寸志授受事件」報道の基盤ともなった。また、二〇〇七年には倫理綱領体系の延長上で取材報道準則が定められたが、この準則の成立過程を検討することによって、倫理綱領体系がハンギョレ新聞社が持つ理念・価値観にどのように位置づけられているのかを明らかにしていく。

第1節　創刊理念

『ハンギョレ新聞』は、その創刊理念を「民主言論」「民衆言論」「民族言論」と規定している。創刊メンバーは創刊準備過程において「何がニュースになるのか、報道価値があるのかも民主的・民族的観点から全面的に再検討して、新しくこれを定立しなければならないでしょう」というように、報道機関がどのような姿勢でニュース生産活動を行わなければならないかについて根本的かつ重要な問いを投げかけている(1)。

そこで本節では、「民主言論」「民衆言論」「民族言論」という概念について考察していく。本節でもやはり、『ハンギョレ新聞』創刊の中心となり、ハンギョレ新聞社の理念や価値観など思想的な部分に大きな影響を与えた宋建鎬の言説を主に検討していく。

1　民主言論

(1)　民主言論の定義

民主言論について明確な定義を与えているのは宋建鎬である。宋建鎬によると、民主言論は独立言論ともいう(2)。宋建鎬の述べた民主言論あるいは独立言論とは、政治的あるいは経済的な権力から独立したジャーナリズムを指している。これは、いわゆるジャーナリズム規範論を韓国の実情に合わせて展開したもの、よりわかりやすく言えば、韓国におけるジャーナリズムの責務や原則とは何であるかを示した概念である。もちろん、ジャーナリズム規範論の基本的な部分は、韓国だけに当てはまるものではなく、近代的な民主主義制度と資本主義に立脚した社会では普遍的な原則として認められている概念なのだが、宋建鎬の場合、韓国の事例から導出したジャーナリズムの原則を、普遍的な概念と共鳴させているのである。

宋建鎬は、民主言論（独立言論）の輪郭をより分かりやすく提示するために、民主言論と相反する概念として制度言論という概念を挙げた。制度言論とは「制度圏言論」と同義であり、政治・経済・社会文化的に見るとき、国家制度の範囲内で支援と統制を受けるジャーナリズムである。国ごとに程度の差はあるものの、その国の枠組みに影響を受け、その枠組み内で報道するのが制度言論である。

つまり、民主言論は同参言論および制度言論と対置される概念であり、権力から自由で独立したジャーナリズムのことである。この定義は、ジャーナリズム規範論で語られるジャーナリズムの原則と非常に近い。

ちなみに、ジャーナリズムの規範に言及した議論（ジャーナリズム規範論）では、ジャーナリズム本来のあり方をどのように説明しているのであろうか。ジャーナリズム規範論には膨大な研究の蓄積があるが、その大部分は、近代民主主義の発展に伴って確立されてきたジャーナリズムを、歴史的・政治社会学的に分析した上で原理原則を導いている。この原理原則は主に欧米における近代民主主義社会において共通している。社会主義国においてはまた別の原則が存在している。S・シーバートの言う「権威主義理論」および「ソビエト共産主義理論」がそれである。ゆえに、社会主義社会ではここで言及するジャーナリズム規範論とは全く違う原則を持つ［Siebert 1963］[3]。

例えば、序章で挙げたコヴァッチおよびローゼンスティールの研究成果［2001=2002］などを参考にし、本書ではジャーナリズムの責務を次のように考える。

① ジャーナリズムは事実（fact）を積み上げ真実（truth）を追求し報道する義務がある。民衆・人民（people）の「知る権利（right to know）」を代行して行使し、「公衆の権益（the public interest）」に資することで健全な民主主義社会の運営・発展に寄与する。

② ジャーナリズムの重要な価値は「独立」である。政治権力および資本による不当な圧力・干渉から独立しなければならないし、ジャーナリストは職業倫理に基づいて政治的・経済的圧力や誘惑および派閥主義などから自らを独立させて取材・報道論評活動をすべきである。

③ ジャーナリズムの重要な責務は、権力の監視である。取材・報道・論評活動は「健全な懐疑主義（healthy and rational sense of skepticism）」に基づいて行うべきである。

④ ジャーナリズムは、取材対象からの独立を維持しなければならない。

⑤ ジャーナリズムは、弱者の視点からの報道すなわち「声なき声」とならなければならない。

⑥ ジャーナリズム活動においては、異なる両者の意見が対立する場合、両方の主張を取材・検証しつつ報道しなければならない。

⑦ ジャーナリズムは「客観報道」を心がけねばならない。

⑧ ジャーナリズムは、上記のような責任を果たすことによって、民主主義社会の実現と維持に貢献する。

これらの原則は、長年蓄積・研究されかつジャーナリストおよびジャーナリズム研究者の大部分が合意できるであろう。ジャーナリズム規範論の議論を本書筆者なりにまとめたものである。例えば浅野健一［1993］は、ジャーナリズムは真実を追究し、市民に奉仕して「独立した権力の監視役（watch dog）」として機能すべきであると強調している。宋建鎬の民主言論とは、上記に示したような「原則」を実践するジャーナリズムである。

(2)　「民主言論」実践のための理論――真実と虚偽、客観と主観

民主言論を実践するための基礎理論の一つとして、宋建鎬は、マスメディアの取材・報道活動における真実と虚偽、客観と主観という概念をどのように捉えるべきかについて論じた。

宋建鎬［1987］はまず、一九八〇年代末期から加速した民衆のニュース不信現象の原因を考察して、取材・報道活動における単純化された「真実か虚偽か」という二分法の議論について、「多少でも取材経験があり記事を作成したことがある人間ならば、このような二分法によるニュース観が現実と距離が遠く、この上なく観念的だということを悟るであろう」と批判した［宋建鎬 1987：55］。そして「結論から言えば、ニュースには誰でも受け入れられる普遍性を持った真実など決して存在しないのである。私たちが『真実』を知りたいと願う重大な事件であるほど、客観的真実は存在しない」と断言する［宋建鎬 1987：55］。しかし、この宋建鎬の文言を鵜呑みにしては誤解を生む可能性がある。なぜならば、宋建鎬はこの後に、「真実」を大きく二つの次元に分けて論じているからである。「真実」とは「感覚的事実」および「構成的事実」という二種類の「事実」によって成り立っていると言う。

【表３－１】は、宋建鎬が提示する「事実」の種類と定義について、本書筆者が「事実の次元」「定義」「現象」「例示」等に分けたものである。これによると、事実は「感覚的事実」と「構成的事実」に分けられる。ジャーナリズムが扱う主な事実は、「構成的事実」の方である。

以上のように事実を二つの次元に分けた上で、宋建鎬は「世の中が変化する情報に接することにおいて、意味を把握することではじめて存在を認識することができる事実は、すでに客観的事実ではなく、一種の主観的事実である」

表 3－1　宋建鎬の提示する「事実」の種類と定義

事実の次元	定　義	現　象	例　示
感覚的事実	物理的または生理的（直接的に視覚で確認できない場合も含む）	単純な事故や怪我など	「バスとタクシーが衝突した」「食べ過ぎて消化不良になった」
構成的事実	論理的または意味的	政治的事象 経済的事象 文化的事象 社会的現象	「インフレがひどい」

出所：［宋建鎬 1987］および［宋建鎬 2002］を元に筆者作成。

［宋建鎬 1987：55–56］として、李承晩政権時に勃発した四月革命を例に挙げる。ジャーナリズムがどのような事実を伝えなければならないかについて、宋建鎬の結論は次のようである。

政治的・経済的事実を正確に正しく理解しようとすれば、新聞は物理的事実を伝えるが、それをやめるのではなく、構成的事実、すなわち論理的事実へ変えて言えば、意見的事実を報道しなければならない。政治的・経済的ニュースは、良い意味で主観的だと言った。数十年間、国際的現場から生きいきとした歴史的事件を取材・報道した老練な大記者たちは、ニュースの客観性をすべて否認する。ニュースは一種の主観的所産だと彼らは言う。［宋建鎬 1987：57］

このように、宋建鎬は構成的事実を伝えることを報道の使命と考え、一方で客観性を否定する。この宋建鎬の考え方は、日本のジャーナリストの本多勝一［1984］［1999］のそれと似ている。本多は、客観的事実を書いた記事とは深い取材をしていない記事に過ぎないと批判し、客観的事実ではなく主観的事実を肯定した。本多は、ジャーナリストが主観的事実を選択する際に大事なのは、そのジャーナリストがもつ世界観・イデオロギーだと言い、ジャーナリストは、支配される側に立ち主観的事実を抉り出さなければならず、それこそがジャーナリスト本来の役目だと強調した。宋建鎬の議論と共通点が多い。

一方で宋建鎬は「どんなにニュースが主観的とはいっても、何か納得できる客観的基準、すなわち真実報道をすることができる方法のようなものがないのか」〔宋建鎬 1987：58〕という疑問を提示したうえで、その疑問に対して次のように答える。「ニュース報道にどのような基準もなくどのような原則もないということはできない。ニュースに真実がないということはできないのである。政治的・社会的ニュースにも厳然として真実報道があり、虚偽報道があるはずなのである」〔宋建鎬1987：58〕。

これは、客観報道をめぐる浅野健一〔1993〕の議論と近い。浅野は、報道をより正確に行う方法として「（欧米と日本とは『客観報道』というものに対する基本的取り組みが違う」と指摘し〔浅野 1993：56〕、報道するときの基本的な原則として、①ニュース・ソース（情報源）の明示（明示できない場合は、なぜ明示できないかを説明する）、②執筆記者の明示、③事実報道と推論・評論の区別、④確認できないことは書かない、⑤真実に疑わしさのある時は、その信憑性を測りうる状況事実を明らかにする、⑥直接話法を活用する、を挙げている。浅野は報道をより正確に行うことによって、一つの記事における客観性をなるべく保持すること、透明性を確保することによって読者への説明責任を全うできることと説いているのであり、絶対的客観性を主張しているわけではない。その議論を踏まえると、宋建鎬の言う「真実報道」もより具体的に理解できるであろう。

宋建鎬は、真実報道に近づくための基準を「歴史の発展にどのくらい影響を及ぼすのか」に置いている。宋建鎬には「歴史は前進・発展するもの」という前提があり、ジャーナリストには「歴史を前進するものとしてみる目」が重要だとする。では、「歴史を前進するものとしてみる目」とは何か。宋建鎬はその問いに対して「歴史を前進するものとしてみる目――思想――とは何か。政治学的にはこれを民主主義ということができるのであり、哲学的にはヒューマニズムということができる。具体的に言えば、人間性が尊重され、自由に平和に生きることができる民主主義的立場」と述べている〔宋建鎬 1987：59〕。しかし、実際には「真実報道」に近づいていないところに韓国ジャーナリズムの問題点が端的に現れていると宋建鎬は指摘するのである。

表3－2　人間の集合体の区分

日本語	英　語	定　義
群　衆	a crowd	一定の空間に集まった人々。非理性的・異質的・感情的であり、共通の話題に関心を持つ。
大　衆	the mass	マスメディアによる情報を公衆以上に摂取するが、一方で情報操作・動員され、判断力を喪失しやすい。
公　衆	the public	広い空間に散在している。マスメディアによって情報に接触し、理性的かつ合理的に思考し、世論の担い手になる。市民（citizen）の集合体として使われる。
民衆・人民	people	社会を構成する人間。近代民主主義社会において主権を付与された存在。社会を支配層と被支配層に分けた場合、被支配層を指すことが多い。
国　民	nation	近代国家の構成員。法律上の国籍を持っている。

出所：宋建鎬［1987］及び宋建鎬［2002］などを元に筆者作成。

2　民衆言論

(1)「民衆」概念

さて、民衆言論を考察するにあたっては、まず「民衆」とはどのような概念かを検討しなければならないだろう。「民衆」とは一定の特性・志向性を持った人間の集合体を指す概念である。社会科学においては、人間の集合体を表す概念は多数あり、それゆえ、「民衆」を含めたいくつかの概念を同時に検討していくことによってこそ、「民衆」という概念をより一層明確に規定できるに違いない。ただし、それらの概念区分については識者によって議論が分かれ多岐に渡るため、本書ではそのすべてを扱うことはできない。そこで、ジャーナリズム研究との関連性において最大公約数的に概念整理を試みた上で、解放以降の韓国における議論を踏まえて「民衆」という概念の輪郭を明らかにするべく努めたい。

まず、人間の集合体を「群衆（a crowd）」「大衆（the mass）」「公衆（the public）」「人民（people）」「国民（nation）」などに細分化する。【表3－2】は、その定義をごく簡略に示したものである。

なお、主権を持った政治的共同体の構成員であり、近代市民社会を形成した担い手である「市民」（citizen）という概念は、基本的には個人の資質を表し、集合体を表す名詞ではない。これらの定義を踏まえた上で、以下では韓国における議論を辿る。

① 市民

「市民（citizen）」とは、社会的共同体において政治的主体としての構成員を指す概念であり、基本的に個人を指す概念である。「市民」は、（自立・自律）した諸個人であり「公衆の権益（public interest）」の拡大と実現のために能動的に社会参加する存在としても認識される。[4] 韓国においては、市民とは「社会全体」でなく、個人もしくは社会の中の特定集団、多数者を指す概念として使われることが多い［キムミョンヒ 2011］。一九六〇年代に多くの知識人が「民衆」より「市民」概念を強調し始めた。解放以後、知識人にとって「市民」という概念は、（a）国家の構成員として義務を遂行する主体（b）国家と分離して国家の規制に抵抗できる自律的存在である近代的個人（c）国家と交渉し、国家政策を批判してそれに抵抗できる主体（d）国家と社会発展の責任を負った存在、の四つを指した。

市民は教育を受けて知性を取得して作られるという議論があり、「市民」概念の強調は中間階級を特権化させることになった［キムミラン 2007：261-262］。その一方、「国民」は「市民」とは違い、国家に従属した人間といった二分法が一般的であった。民衆運動が主導した民主化の結果として実質的な「市民」が出現したと理解する観点もあり、それは重要な議論であるが、本書で扱う議論の中心的話題ではないので割愛する。

② 人民

朝鮮半島が日本によって植民地支配を受けていた時代[5]には、日本の支配に抵抗する陣営において「民衆」と「人民」は同じ概念として用いられ、その意味するところは、被支配層であった。解放後、南半分の韓国においては一九五〇年代まで、社会主義者・共産主義者が集団主体を指し示す言葉として使った。社会主義者・共産主義者は「民衆」という言葉も使用したが、「人民」をより多く使った。朝鮮戦争以後は、反共主義を国是とした韓国では「人民」の使用はほとんど禁忌となったが、学術的・理論的用語として使用することはあった。

③ 国民

近代以後、法律によって規定される多数者であり、個人の資質や態度ではなく、国籍法など法概念によって決定され、それ自体は分割できない範疇・概念であり、個人ではなく全体を意味する。「人民」「大衆」「市民」は全体そのものでなく全体の中の個人もしくは多数者を示す点で「国民」とは次元が違う。なお、人民と市民は支配と被支配の境界線上に位置する。朝鮮総督府は戦時総動員体制時期に「国民」概念を集中的に使ったことがある〔黄秉周 2011：115〕が、解放以後、国家が使う「国民」は日帝時代に使われた公民と意味が重なり、国家主義的性格が強かった〔キムミラン 2007：261〕。例えば韓洪九は以下のように述べている。

われわれは、朝鮮時代の百姓《ペクソン》(6)から日帝強占期の皇国臣民を経て大韓民国の国民に進化した。しかし、市民革命を経験できなかったわれわれは、国家の構成員として、責任と権利を持つ市民という自覚を深化する機会をあまり持つことができなかった。〔中略〕われわれの社会に欠如しているのは市民だけではなかった。われわれの社会には、国家優位のにおいがむっと鼻をつく国民だけがいるのであって、国家といえどもむやみに侵すことのできない自由と権利の主体としての人々を意味する人民（people）は存在しない。もともと大韓民国憲法が制定されるときの憲法草案には、人民となっていたのに、李承晩の忠僕尹致暎《ユンチヨン》が憲法審議の過程で、共産党が好んで使う人民という言葉を使おうとする人の思想は疑わしいと言って、国民がその席を占めてしまったのだ。〔韓洪九 2003：21–22〕

一九六〇年代に「国民」概念は、社会運動や現実政治領域において、理念型として広く使われるなど一般的に浸透した概念だったが、抵抗的集団主体の意味で使われることはあまりなかった。その理由は二つある。一つは、日帝時代の「皇国臣民」の略語という認識が存在しており、権力との緊張関係において使用するにはふさわしくない用語だったことである。もう一つは、「国民」という概念自体が構成員同士の異質性を反映できないという理由による、特に「支配／被支配」や「搾取／被搾取」などの異質性を表わすことができないことは重要である。したがって、韓国では「国民」という言葉が民主主義の主権者を表す用語として確立しにくかった。

その後、一九六五年に朴正熙が民主党を結成した後は、「国民」は「民族」という言葉とともに、最も重要な集団主体概念として用いられるようになった。朴正熙は初期には「民衆」を使っていたが、一九六五年以降は「民衆」に代わって「国民」や「民族」を多く使用した。

④　民衆

日帝時代から支配層と被支配層（日本帝国主義に対する抵抗勢力も含む）が共に使った集団主体概念である。日帝時代、朝鮮総督府は自分たちが支配する対象を民衆だとしたが、抵抗運動の陣営もこの単語を使って集団主体を構成しようとした。「朝鮮総督府は、自分たちの支配対象を民衆と呼び、抵抗運動陣営もまた民衆を使用して集団主体を構成しようとした」［黄秉周 2011：113］のである。

朝鮮総督府は、戦時総動員体制時期に「国民」の下位カテゴリーとして「民衆」という概念を設けた。解放以降には、右翼と米軍政の表現にしばしばそれが登場するようになる。しかし、朝鮮戦争以後には、抵抗運動の主体よりは、国家権力の保護を受けなければならない受動的存在を指すようになった。統治と支配の対象として啓蒙されるべき集団として「民衆」が使用されたのである。同時に、啓蒙されなければならない集団として「大衆」という概念も登場した(7)。

一九六〇年代初期には、支配層と被支配層（抵抗運動側）の両者が集団主体を指す用語として「民衆」を使用した。しかし、前述のように一九六五年から支配層である朴正熙政権がこの単語を使わなくなり、抵抗運動側だけが使用するようになった。一九六五年以後、支配層を除いた多くの人々が「民衆」を使い始めるようになった。「民衆」は一九六〇年代から知識人層が主に使い、集団主体を意味する単語として運動や政治領域で使用されたが、大多数の知識人層は抵抗主体としてよりは啓蒙の対象として「民衆」という言葉を使っていた。本書との関連で言えば、宋建鎬［1964］も一九六四年に、知識人の啓蒙対象として「民衆」を使用している［宋建鎬 1964：24-33］。一九七〇年代からは、一九六〇年代のこのような議論を踏まえた上で、被支配層一般を指しつつも積極的および抵抗的な意味をもつ概念として使用した。一九七〇年代には、「民衆」概念が知識人の中で本格的に議論され始めた時期でもあり、「民衆」概念は「民族」概念と緊密な関係性を持ち始めた［黄秉周 2011：112-113］。そして一九八〇年代になると「民衆」概念はマルクス主義の影響を受けることとなる。

(2) 民衆言論の定義

言論民主化運動および『ハンギョレ新聞』も、上記のような「民衆」概念を援用している。つまり、「民衆」は被支配層一般を指し、支配層に対して抵抗的な概念であった。『言葉』創刊号は、一九八〇年代前半の「民衆」と言論の関係を次のように記述している。

民衆生活の大きな単位ではもちろん、様々な職場で多くの媒体が登場している。このような現況は、われわれの近い過去でめったに見つけることができなかったことであり、われわれの前に新しい時代が開かれているということを反映しているのである。われわれの時代の最も重要な特徴の一つは、民衆が自分自身を社会と歴史の主体として自覚し、それを実現しようとする意志がいつにもまして強力に提起されているという点である。これは民衆の日常的な生活がそれほどまでに苦難に満ちているということだけではなく、その苦難と抑圧の根を掘り起こすことで、今ある現実と、あらねばならない現実に対する認識を深く広く拡大していることを意味するのである。(8)

民衆言論とは、このような民衆の思いを代弁する言論であった。同時に「労働、農民部門をはじめとした様々な分野で自分たちの声を知らせる自生的な言論」(9)であり、制度言論が伝えない民衆の声を伝える言論でもあった。「今の民衆言論は、制度言論が民衆の声をほとんど無視して、一切の表現手段を奪われた民衆が、いまや自ら自身を表現するしかない現実の中から不可避に要請された」のであり、「民衆言論はすなわち言論分野で繰り広げられている広範囲に渡る民衆運動の一つの表現である」とされた(10)。

以上のように、『言葉』も『ハンギョレ新聞』も、被抑圧者・奪われた者・社会的弱者としての「民衆」の側に立つ言論を志向したのである。

3　民族言論

(1)　民族言論の持つ二面性

民族言論は、二つの文脈から規定される。

第一に、朝鮮半島内部における言論活動であり、その言論活動は朝鮮半島における民族の統合を志向する。南北分断体制を乗り越えて、統一された民族国家樹立を志向するのである。ここではそれを「朝鮮半島の統一を志向するジャーナリズム」と呼ぶこととする。

第二に、朝鮮半島の外側つまり外国を意識した言論活動である。列強帝国主義によるアジアの侵略、とりわけ日本によって植民地化された朝鮮半島という歴史性から生じるこのジャーナリズム観は、朝鮮民族の自主性を守るためのジャーナリズムである。ここではそれを「抵抗のジャーナリズム」と呼ぶこととする。

ここで、韓国における「民族」という言説が持つ意味について少し整理してみたい。水野邦彦［2010］は韓国の民族主義について「第一に民族主義は、やはり民族が南北に分断されている現状にたいする批判として、民族統一の意思表明として語られる」［水野 2010：54］、「第二に民族主義は、日本の侵掠にたいする抵抗という歴史的事象として語られる。衛正斥邪論、甲後農民戦争、三・一独立運動その他多くの抗日運動は、民族意識を刺戟し民族国家を形成しようとする民族主義の典型的表現とみなされている。植民地朝鮮において民族主義といえば、抗日運動・独立運動・民族解放運動とほぼ等しいものであった」〔水野 2010：56〕、「第三に民族主義は、今日の対外依存、とりわけ経済的対日依存および政治的対米依存にたいする批判として語られる」〔水野 2010：57〕、「第四に民族主義は、なにかの競技の国際試合などの場面で語られる。〔中略〕ここで民族主義を語るとしたら、徹頭徹尾相手国を対抗軸とし、相手国にたいする対抗意識に呼応するかたちで民族主義がもちだされていることに留意しなければならない」〔水野 2010：57-58〕のように、韓国の民族主義を四つの側面から説明しているが、民族言論は以上の潮流の延長線上で展開されている。

①　南北統一を志向するジャーナリズム

水野〔2010〕は「分断と統一という相反する指向性が、おなじ民族主義の言葉のもとで語られるにいたったのであるが、陣営の論理のもとに分断国家を正当化し、北側との対決をあおるような民族主義をかりに分断民族主義――これは国家主義と重なり合う――と呼ぶとすれば、分断を解消し統一をめざす民族主義は統一民族主義と呼びうるであろう」〔水野 2010：55-56〕と述べているが、この水野の論に則れば、宋建鎬の述べる民族言論とは、明らかに後者の「統一民族主義」を志向するジャーナリズムであった。

②　抵抗としてのジャーナリズム

宋建鎬は、西欧のマスメディアによるアジア・アフリカ・ラテンアメリカ等の発展途上国関連の報道姿勢を批判する(11)。特に、通信社の果たす役割・影響力について力説し、西欧諸国の通信社、特にＡＰ・ロイター・ＡＦＰ・ＵＰＩの四大通信社(12)と発展途上国の関係について、実例を用いながら論じている。四大通信社は「混乱、経済的貧窮、政治的クーデターの悪循環、文化の貧困など未来を悲観的・否定的に報道」［宋建鎬 1987：64］し、歪曲してきたと指摘し、先進諸国のジャーナリズムが持つ「客観主義」が、民族意識が高揚している新生国家の民族言論を食い荒らす恐ろしい武器として使われていると述べている。また、「犬が人を噛めばニュースにならないが、人が犬を噛めばニュースになるというニュース観が、西欧ジャーナリズムの理論だという批判がある。理論の本質がこうであるために、西欧ジャーナリズムは第三世界を報道することにおいても偏見があるなしに関わらず、第三世界の動乱・クーデター・破局・部族間の対立などの問題に報道の重点を置いて、第三世界の変化と発展を主に肯定的・積極的な面から評価し報道する方向に対しては一般的に関心を見せない」と問題点を指摘する［宋建鎬 1987：66］(13)。このような時代において、第三世界における言論活動は「客観主義に埋没するジャーナリストであるほど、没理念的・没民族的であり、提示された政治的条件に従順に奉仕」すると指摘している［宋建鎬 1987：60］。

また、「民族言論を志向するジャーナリストたちは、したがって、言論においての客観主義・普遍主義と理論的闘争を展開してこれらを克服しなければいけない……第三世界国家が民族の自主意識を高めて外勢の浸透を防止して民族文化を培養するためには、何よりもまず第三世界の新生国にふさわしく民族言論観を確立しなければならないし、彼ら自身の新しい言論秩序を立てなければならない。これが他でもない言論のヒューマニズム運動といえるのである」［宋建鎬 1987：60–61］というように、第三世界における言論活動の望ましい方向性を提示しており、さらに「言論ヒューマニズム運動」を、①第三世界の国々が新しい民族言論秩序を打ち立てること、②植民宗主国の古い言論体制から抜け出し、そこに在住している人々が主体的言論秩序を確立させること、③新生国家において、政治権力に奉仕する言論から「独立言論」「自由言論」になること、と規定している【図3－1参照】。

次項の「国家・国民・民族と言論」でも言及するが、ジャーナリズムは本来民族を超える性格を内包している。しかし、宋建鎬の述べる民族言論はそのようなジャーナリズムのあり方とは一線を画している。民族言論は、民族意識を高めて外勢の浸透を防止し民族文化を育てるためのジャーナリズムであり、ジャーナリズムが侵略に対して抵抗す

図３－１　西欧のマスメディアと民族言論の相関図

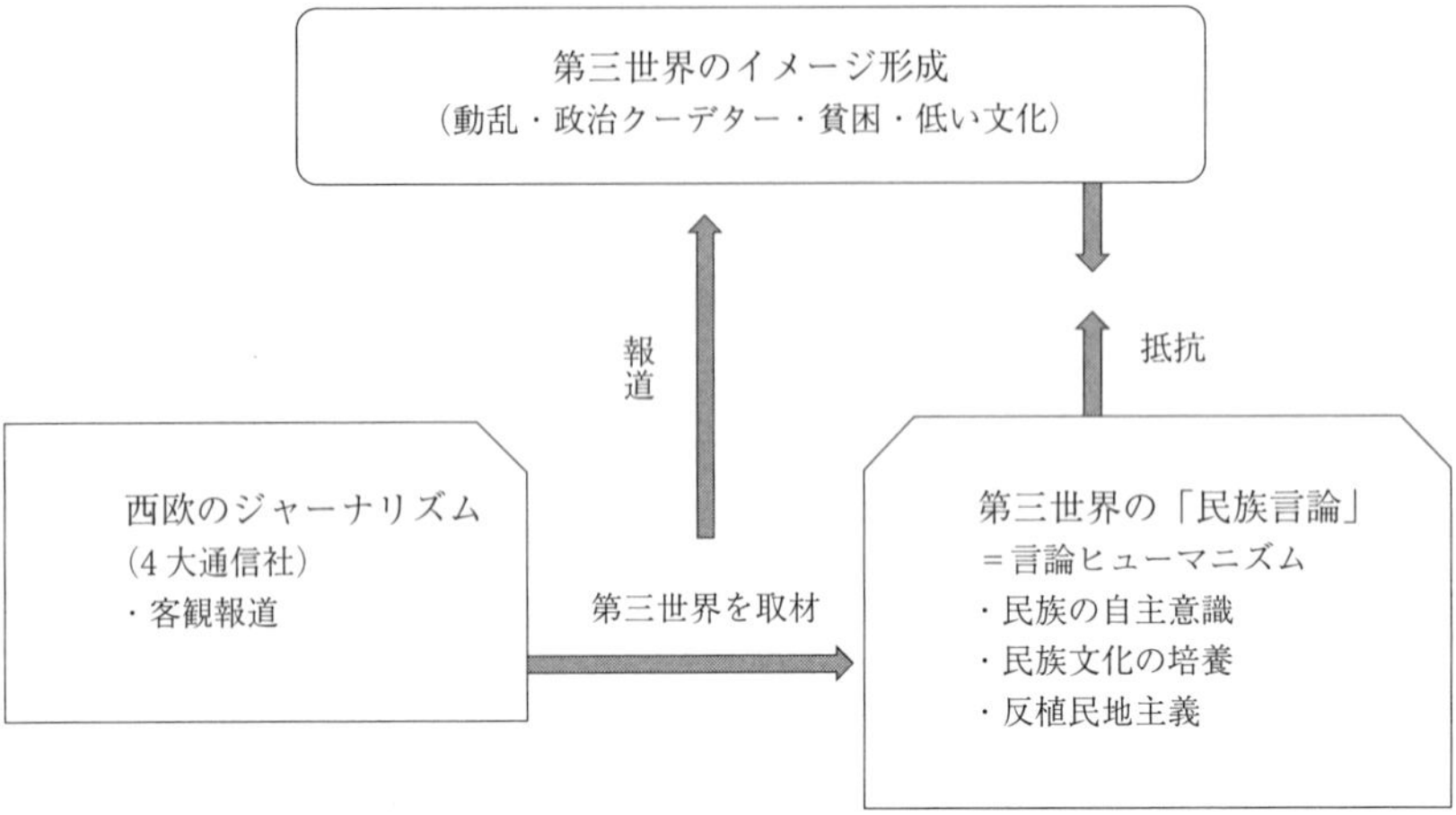

る手段となることを認める。この点において、ジャーナリズムは民族に奉仕するのである。宋建鎬の民族言論概念は、旧植民地宗主国に対して旧植民地が抵抗する構図の中において正当性があるのだが、この議論を発展させたときに生じる問題として、第三世界が「抵抗」する対象を失ったときに、民族言論という概念をどのように昇華・発展させていけばよいのかという点が挙げられる。虐げられているときは「抵抗のジャーナリズム」は有効に作用するであろうが、その段階を越えたとき、つまり抑圧者を打倒した後には「抵抗のジャーナリズム」は、その意味が再考されなければならず、より普遍的な価値を探る必要に迫られるであろう。

(2)　国家・国民・民族とジャーナリズム

民族言論と関連して、宋建鎬［1987］のジャーナリズム論には、国家・国民・民族という枠組みが登場する。例えば次のような点である。

〔ジャーナリストは〕もっぱら国家と国民の代弁者になるべきで、どのような利益団体や政治団体にも隷属してはならないのである。〔中略〕国家と国民のための民主主義を志向するジャーナリスト、民族主義を志向するジャーナリスト、この道のためには、どんな人間へも隷属することを拒否する独立した言論人にならなければならない。〔中略〕ジャーナリストだからといっても、政治をしてはならない法はないし、言論人だからといっても与党を支持してはいけない法も、野党を支持してはいけないという法もない。しかし、もしそうしたければ民間新聞ではない党機関紙に行って仕事をすればよく、または記者を辞めて政党に所属すればよい。新聞記者生活をする以上、記者は政治的に『絶対独立』をし、『国家的良心』から記事を書き評論をする信念が要求されるのだ。〔宋建鎬 1987：49-50〕

ジャーナリズムと民族・国家・国民との関係は様々な研究者・ジャーナリストによって長年に亘って論じられている。現在のところ、大部分の研究者が合意しているジャーナリズムの役割の根本は、「市民の自治のための情報を提供すること」である。(14) ここには国家・国民・民族という範囲で制限される概念は入り込まず、ジャーナリズムは本来民族・国家・国民という概念ではくくられない「市民」に奉仕するものとして規定される。この点は宋建鎬の議論とは若干ずれてくる。

宋建鎬が上記引用文で新聞の役割を、「国家と国民の代弁者になるべき」「国家と国民のための民主主義を志向する」「民族主義を志向する」などと述べているのは、あくまで特定集団に奉仕してしまっている韓国の企業メディア（当時の韓国の実情に照らせば、『朝鮮日報』『東亜日報』『中央日報』『韓国日報』等の大手企業メディアであろう）が、「（正当性のある）国家と国民の代弁者」の務めすら放棄し、自らの利益の最大化ばかりを追求している現実を批判した言説であると解釈することができる。

第2節　編集方針

1　編集方針の分析

第1節では、『ハンギョレ新聞』の基本理念を民主言論・民衆言論・民族言論と規定し、その分析を、宋建鎬の理論を手掛かりに行った。第2節では、その理念の実践形態を表す編集方針について分析していく。

『ハンギョレ新聞』は創刊準備の段階から、その創刊精神を「権力と資本から完全に独立し、国民たちの側に立ち、事実と真実を報道・論評する」と明確に打ち出していた(15)。しかし、その編集方針が公式に文字化されたのは、『ハンギョレ新聞便り』（活版印刷版）一号一面の記事「ハンギョレ新聞一問一答」が初だろう。そこでは、『ハンギョレ新聞』の編集方針は次のように語られていた。

ハンギョレ新聞は民主主義的価値と正義を実現し、民衆の生存権確保と生活水準の向上のために先頭に立つ。特に、分断意識の克服と民族統一の志向に編集の力点を置くつもりだ。ハンギョレ新聞は権力と資本からのどのような圧力や干渉にも屈せずに、ひとえに事実と真実のみに忠実に報道するつもりだ。また、商業主義的・扇情的編集態度を排撃し、報道する価値がある真実だけを重点的に深く報道する(16)。特に、ハンギョレ新聞は編集者や記者の特権意識と独断主義を徹底的に排撃し読者の反論権を最大限保証する。

ここでは、いわゆるマルクス・レーニン主義的な価値観を帯びた「左派」的な価値観はほとんど語られておらず、むしろ本章第1節で検討した「民主言論」（この概念自体は左派的なイデオロギーを内包したものではなく、リベラルデモクラシー社会における言論観に近い）に他ならず、さらに朝鮮半島分断体制克服という「民族言論」の考え方（南北統一を志向するジャーナリズム〉を投影したものとなっている。

(1)　編集に関する既成概念を解体

『ハンギョレ新聞』は、新しいマスメディアとして、これまで「制度言論」において行われていた編集作業の慣習を再検討することから始めた。編集体制と編集内容において新規性を確立することに力を注いだのである。具体的には、「官辺から民辺へ取材源を移し、ハングルでの縦書きとわかりやすい表現で編集者の特権意識および独断主義を排撃する。読者の反論権を保障し、政治権力と資本から独立する。深層報道および総合編集を志向し、教育面と読者面を重点的に編集する」［ハンギョレ二〇年社史編纂委員会 2008：69］ことを中心課題とした。

その中でも特に重要な特徴として、紙面においてハングル専用と横書きを原則とすることが挙げられよう。ハンギョレ新聞社世論メディアチーム記者（二〇〇九年八月当時）で、「『ハンギョレ』編集変遷に関する研究――横組み典型の定立過程を中心として」（延世大学言論弘報大学院修士論文）という論文も発表した権貴順《クォンクィスン》は、ハングル専用と横書きは、単なる形式の問題ではないと述べた。

〈韓国の新聞は〉日本の新聞のやり方に従ってそのままきた。何十年もの間そのようにやってきたので変えられない。なぜなら、〈新聞業界の〉既得権層に変化がなかったからだ。だから問題意識もない。壊そうとすることもなかった。壊せば都合が悪いからだ。それを『ハンギョレ新聞』が行った。主流言論が違う方式で行っているときに、われわれは「それは違う」と主張した。これは形式的なことのように思えるが、非常に大きなことだ。また、以前は韓国語も日本語と同様に、漢字を使っていたが、これは読みづらい。だから漢字をすべて取り除きハングルだけで表記した(17)。

(2) 政党および政治団体との距離

一九八八年当時は編集方針として、①特定の政党や政治勢力などを支持したり反対したりすることを目的としない、②国民の知るべきことには、圧力に屈せず報道し論評する、③商業主義的な編集態度をやめ、読者の反論権も最大限に保障するということなどを挙げていた。『ハンギョレ新聞』創刊号一面には、初代代表取締役の宋建鎬による「創刊の辞――国民の代弁をする真の新聞であることを誓う」を掲載し、ハンギョレ新聞を「国民大衆の利益と主張を代弁する」「真の国民新聞」と規定した上で、「ある一部の特定政党や政治勢力を支持したり反対することを目的とは決してしないのであり、必ず独立した立場、すなわち国民大衆の立場からこれからの政治・経済・文化・社会問題などを報道し論評する」「絶対に特定思想を無条件に支持したり反対したりせずに、終始一貫この国の民主主義実現のために、奮闘努力する」という重要な原則を示している。

しかし、「国民大衆の立場」は人それぞれであり、正反対の意見を持つグループが共存し論争している。そのような現実を論評する機能を社会的に求められているジャーナリズムは、実際に紙面作りを行う上で特定政党を評価し、政策を吟味する必要性に迫られる。このような場合はどのように対処するのであろうか。

「創刊の辞」を書いた宋建鎬は、どの政党を支持してもよいがそれがジャーナリズム活動を妨げる原因になってはならない、と指摘している。つまり、ジャーナリズムの重要な役割の一つは、「権力に飼いならされる愛玩犬(Lap Dog)ではなく、権力に対する独立した監視役(Watch Dog)となること」であり、この原則に忠実であるべきだということなのであろう。これは、各マスメディアが支持政党を持つことと矛盾しない。例えば、米紙『ニューヨーク・タイムズ』は伝統的に民主党を支持してきたが、民主党機関紙ではなく、民主党政権の監視・批判を行う。浅野健一によると、ジャーナリズムの「先進国」であるスウェーデンでは、社会民主労働党が長年政権党を担っていたが、伝統的に社会民主労働党政権を一番厳しく監視・批判するのは、社会民主労働党寄りとされるマスメディアであるという。

これは韓国だけではなく、リベラルデモクラシーを標榜する諸国家においてジャーナリズムが直面する共通の課題でもある。宋建鎬とともに言論民主化運動を推進し、『ハンギョレ新聞』創刊後は副社長となった任在慶は次のように述べている。

すべての市民は政治的な意見を持つ権利がある。私の政治的な目的は、まずは戦争をすることなく平和的に生きられる権利、その次は自分の生活条件を改善するために意見表明をして違う人の意見を聞くことができ、また強力な主張を提起することさえできるそのような社会を作ることである。これが私の政治的な目的だ。日本のジャーナリストたちはどうかわからないが、韓国のジャーナリストたちは大部分が自分たちは中立を守ると言っている。中立を標榜すると言うが、それは嘘だ。かえって自分の政治的な立場を明らかにして報道し論評するほうが、より正しいかもしれない。そうすれば読者と視聴者に対して、判断の準備を〔する時間を〕ある程度与えることができる。私が一三年間勤務したメインストリーム新聞の『朝鮮日報』の社是のひとつが「厳正中立」だ。しかし、『朝鮮日報』は保守的なあるいは非常に右翼的な政治的立場を一貫させているのである。(18)

(3)　南北朝鮮関係

『ハンギョレ新聞』は、南北関係を扱うときには、武力による北進統一ではなく、南北の融和を通した平和的統一を志向することを基本姿勢としていた。軍事独裁政権は政権の正当性確保のために南北分断と軍事対立を必要としていたが、それに対し同紙の論理は「民主化と南北関係の改善は、切り離して考えることのできない一つの問題の表裏をなしている」（創刊の辞）ということであった。つまり、韓国が民主化することは南北統一のために必要であり、逆に言うと南北の関係改善は韓国民主化のために不可欠だということである。

表3－3　創刊当時に『ハンギョレ新聞』が使用した「大衆」概念

大衆（대중） ＝民衆（민중）	①中産階級以下の労働者・農業従事者・都市貧民など“声なき者” ②社会的弱者、被抑圧者 ③民主化のために尽力する知識人
↕	
特権層	政治権力者、財閥、一部の社会エリート

出所：ハンギョレ20年社史編纂委員会［2008］を元に筆者作成。

(4)　大衆的正論紙

『ハンギョレ新聞』は創刊時に「大衆的正論紙」を志向していた。同紙が創刊準備期間から創刊して間もない頃に使用していた「大衆」という言葉は、第1節で検討した「大衆」の概念とは少々違っており、社会における被抑圧者、中産階級以下の非権力者（特に、都市貧民や低所得の労働者、農業従事者、漁業従事者など）を指すという意味で「民衆」とほぼ同義である。一九八〇年代後半の社会的文脈に照らして構図化すると、【表3－3】のようになろう。

本章第1節でも述べたが、『ハンギョレ新聞』は被支配層の代弁紙として民主化に寄与するという姿勢であった。このような「大衆」の定義は、一九七〇年代から一九八〇年代にかけて運動圏[19]でも使用されたものであり、その点については、ハンギョレ新聞社自身が明言している。

> 創刊当時、ハンギョレは対外的に「大衆的正論紙」を標榜した。このときの「大衆」は、少数の特権層に対する反対語だった。金をもうけて強大な権力を持っている者たちが読む新聞ではなく、汗を流して働く者の誰もが簡単に購読でき、報道内容を理解できる新聞をつくろうというのが趣旨だった。したがって、大衆的正論紙の「大衆」は、一九八〇年代の「民衆」の概念と相通じることになる。［ハンギョレ二〇年社史編纂委員会2008：76］

さらに、創刊から「正論紙[20]」として、権力による不当な干渉を一切排除し、「報道の自由」

「言論の自由」を実践することを信条とした［ハンギョレ二〇年社史編纂委員会 2008：76］。それは、ストレートニュースよりは調査報道や分析記事、知識人による主張を掲載することを好むという傾向になって現れた。ハンギョレ新聞初期の紙面構成を分析すると、事実の分析記事および論評が大きなウエイトを占めていることがわかる。

このように見ていくと、創刊の中心メンバーだった七〇年代解職世代および八〇年代の解職記者らが共有していたイメージは、被支配層の代弁紙・独裁民主化・南北分断国家の克服・政治権力から独立したマスメディア・正論紙などの統合だったということができる。

盧泰愚政権時代はもちろん、文民政権である金泳三政権に入っても、軍に基礎を置いた権威主義体制の残滓を一掃し民主化プロセスを進捗させるという目標があった時期には、大枠では創刊理念は社員に共有され、反対意見はほとんどなかった。ところが、文民政権終盤頃から、経営の悪化および多メディア時代に突入したことがきっかけとなって、『ハンギョレ新聞』のアイデンティティを再構築する必要に迫られるようになった。ここで本格的に議論に登場するのが進歩言論や高級紙（クオリティーペーパー）といった概念である。それまでは、そうした概念は『ハンギョレ新聞』の中で明確化されていなかったし、一部の従業員を除いては共有もされていなかった［ハンギョレ二〇年社史編纂委員会 2008：76–78］。

2　編集局の構造に見る編集方針

ハンギョレ新聞社編集局は、上記で述べてきたような理念や編集方針を色濃く反映する体制を形成した。本項では、創刊期の編集局の構造に焦点を当てて分析してみたい。

創刊期の編集局の体制は、一九八八年一月一二日に確定した［ハンギョレ二〇年社史編纂委員会 2008：61］。編集局の体制は【図3-2】のようであった。

各役職と部の主要構成員と特色は【表3-4】の通りである。

図3－2　創刊期の編集局の構造

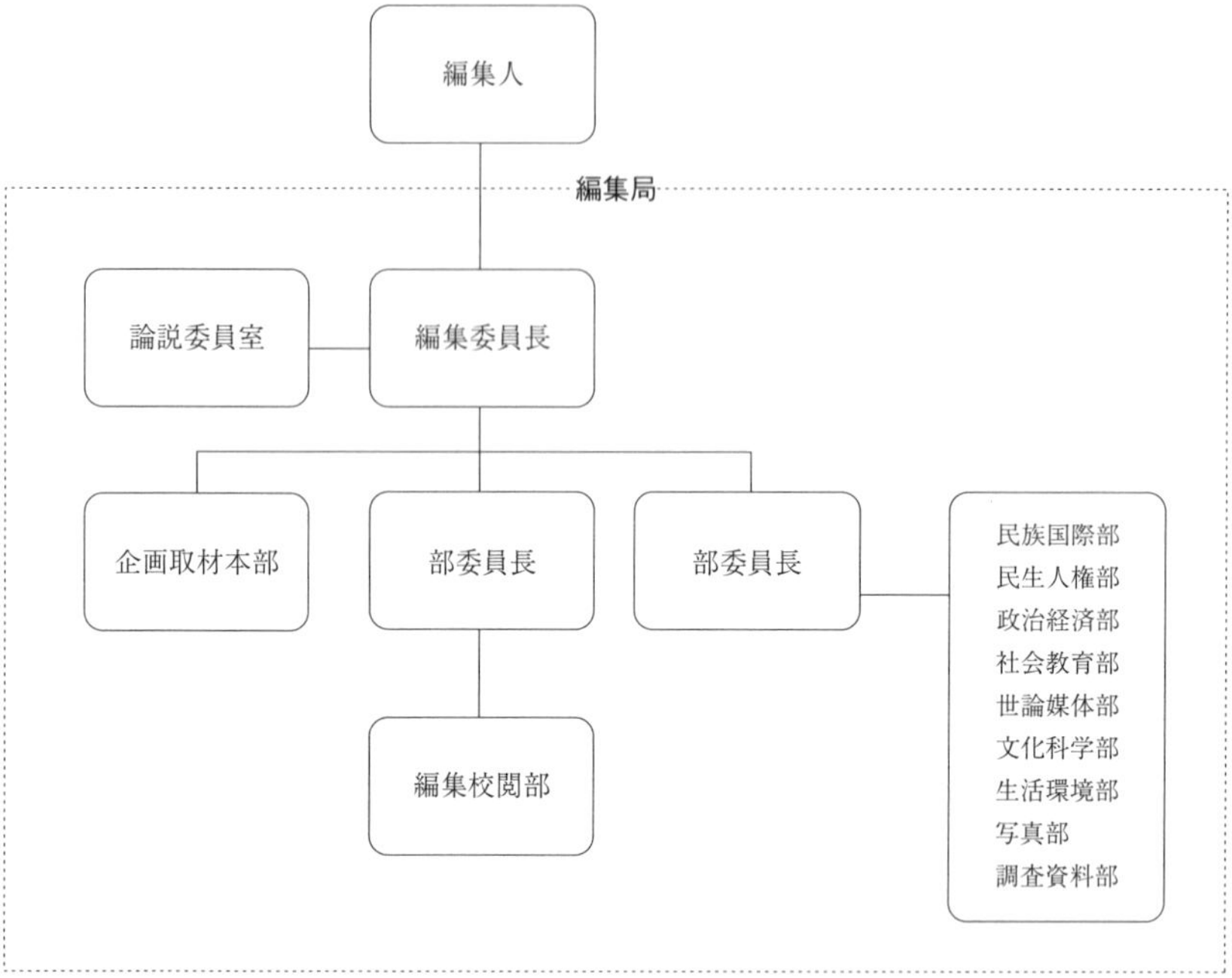

出所：ハンギョレ20年社史編纂委員会［2008：82］を参考に筆者作成。

『ハンギョレ新聞』の編集局体制は既存メディアとは違って独特だった。その特徴が最も現れているのが、民族国際部・民生人権部（後に民権社会部に改組）・世論媒体部である。民族国際部は、本章第1節で検討した「民族言論」の視角から、朝鮮半島の南北関係および世界情勢を関連させながら把握することを目指した。当時、民族国際部で記者を務めた権台仙は次のようにその特徴を述べた。

創刊したときに、部署の名称が非常に独特だったと思う。民族国際部、民権社会部〔民生人権部〕などこのように独特な名前を持ったのは、それだけこれら名称に宿る意志というか、私たちが志向する新聞についての意志を込めたということだ。民族国際部は、民族問題・南北関係と国際問題を一緒に扱う。南北関係というのが南北朝鮮内部の問題だけではなく、国際問題と連動しているという認識のもと、それを一緒に括

表 3－4　創刊後初期のハンギョレ新聞社編集局の主な役職・部別構成員と特徴

役　職	構成量	特　徴
企画取材本部	金命傑、趙成淑、李海成、尹在杰、金槿など	・調査報道（長期連載企画および深層企画）を担当 ・75 年解職事件時の解職記者を中心に、80 年言論大虐殺時の解職記者も配属。
編集校閲部	安商圭、尹由錫、王吉南、李英日、金承国、白炫基、キムソンス［김성수］、宋宇達、文炳権、文賢淑、崔仁鎬、クォンジョンスク［권정숙］、金禾鈴、李坰、パクソネ［박선애］、キムサンイク［김상익］、パクヘジョン［박해전］、孫正録、黄在基、チェスンギュ［최순규］など	・紙面構成における、ハングル専用および横書きを担当
民族国際部	朴雨政、権台仙、呉亀煥、李炳孝、姜盛起、韓承東、姜泰浩、張正秀、鄭東采、キムビョング［김병국］、イジュイク［이주익］、ソンギョンソン［송경선］、鄭淵珠など	・南北関係と国際報道を一緒の部署で行うことで、世界情勢を民族的視点から捉えることが目的。 ・海外支局は米国、フランス、日本
民生人権部	イテホ［이태호］、呉相錫、成漢鏞、玄利渉、尹厚相など	・労働問題、農民問題、都市貧民など生活と人権に関連する記事を担当 ・労働問題担当記者は 4 人と他分野に比べて多く配置。
政治経済部	〈政治分野〉 金孝淳、李元燮、鄭錫九、尹国漢、李容式、郭炳燦、鄭世溶、崔永善、姜哲遠、鄭義吉 〈経済分野〉 李龍熙、朴永均、李奉洙、朴鍾文	
社会教育部	高喜範、チェユチャン［최유찬］、柳熙洛、金炯培、李相現、文学振、柳鍾珌、金種求、呉泰奎、金利澤、李寅雨、金和柱、李泓東、金志錫、金成鎬	・検察・警察担当（事件・事故） ・教育分野の取材・報道を担当
	朴華江（光州）、張世煥（全羅北道）、孫圭聖（大田）、李樹潤（釜山）、金鉉泰（慶尚南道）、金永煥（利川）、キムジョンファ［김종화］（江原）	地方担当記者（地方支局）
世論媒体部	金善珠、鄭尚模、高昇羽、高宗錫	・他のマスメディアを監視し記事化 ・読者の意見を積極的に反映（「国民記者席」などの担当）
文化科学部	安貞淑、申蓮淑、趙善姫、シンドンジュン［신동준］、金栄徹、尹錫仁	文化一般、学術、科学、宗教など
生活環境部	趙弘燮、金美瓊、シンドンホ［신동호］、安鐘周、鄭泳武、李吉雨	・女性、児童、老人、環境、生活情報など ・スポーツ関連（生活環境部が運動部を兼ねる）

出所：ハンギョレ 20 年社史編纂委員会［2008：61-63］を参考に筆者作成。

らなければならないという考えを持って、統一・外交・国防に関連したものと国際ニュースを一度に扱った。他の新聞と区別されるのは、そのような点が最も大きいだろう。〔中略〕私は個人的にはこのようにするのがより〔現実に〕合っていると思う。最近の韓国政治を見てみれば、クリントン大統領が訪朝してから南北関係が良くなってきたではないか。これは単純に〔朝鮮半島の〕南北間の問題ではなく、南北間に〔世界情勢が〕連動しているのである。これらを見るときには、一緒に一つの観点として見渡すことが必要だと考える。[21]

また、世論媒体部記者の権貴順は「内容的には、『ハンギョレ新聞』の特徴として、新しい議論の流れを作った『ハンギョレ論壇』というコラムが重要だ。『ハンギョレ論壇』を通して、人々は朝に新聞を読む面白さを感じたという」と述べた。

3 近年の変化と記者らの評価

二〇〇四年に編集委員長を務めていた金孝淳《キムヒョスン》は、創刊理念に変化はないが、編集方針が包括する範囲が創刊当時より広がり、その内容は、①朝鮮半島の南北緊張緩和、②社会透明化、③腐敗構造の清算、④社会共同体の構成、⑤東北アジア市民連帯の強化、⑥貧富の差の解消、と答えた。[22]

一方、編集方針や論調に対して異論を持っている記者もいる。現在『ハンギョレ新聞』記者のK記者は、『ハンギョレ新聞』の論調傾向について次のように述べた。

個人的な見解では、『ハンギョレ新聞』は伝統的に民族左派[23]的な傾向が強く、それに違和感を持つ記者も多い。『ハンギョレ新聞』が、進歩言論の役割を担うことを期待する市民が多いのだが、果たして「進歩的」とは何かと考えると、その形は一つではない。一九八〇年代と現在と〔はその意味が〕違って当然だと思う。北朝鮮に対しても日本に対しても、『ハンギョレ新聞』は民族主義的な立場を取りすぎるところがある。民族的な視野だけで朝鮮半島をめぐる状況を正当化できるのかどうか、難しいところだ。しかし、『ハンギョレ新聞』の中には、民族左派だけではなく民衆民主派（ＰＤ）的な考えもある。私のようにただ『ジャーナリズムとして一流になればよいのでは』と考える人間は、（ハンギョレ新聞社においては）〝右派〟に近いかもしれない。私のような考え方は社内においてはマイノリティかもしれないが、今まで社内の議論で正面からぶつかったことはない。昔のような考え方だけで新聞をつくることは難しいのではないかと考える後輩も増えている。(24)

Ｋ記者は続けて「会社から求められることにギャップを感じることがある」と言って以下のように話した。

例えば、二〇〇六年には独島の問題があった。そういうことが再び起こるとすれば、それをどのように伝えればよいのか私は悩むだろう。例えば、日本の動きを強調して報道すれば韓国もエスカレートしてしまう。日本の右翼を刺激する側面もある。韓国のマスメディアが日本の右翼を育てるという面もある程度あると思う。だから、このような問題をどのように伝えればよいのかが難しい。マスコミに所属している人間として、ただ現状を伝えるだけではなく両国間の発展を妨げたくないという気持ちもあるからだ。(25)

実は、Ｋ記者の反応に見られるような議論は、創刊過程ですでにあった。『ハンギョレ新聞便り』(26)（活版印刷版）第九号に掲載された企画討論記事「商業主義排撃　大衆的正論紙志向」には、任在慶（編集人）、慎洪範（編集理事）、権根述（編集理事）、成漢杓（編集副委員長）、趙成淑（企画取材委員）、朴雨政（民族国際部編集委員補）、安貞淑（文化科学部記者）が参加した。ここでは「一部ではハンギョレ新聞の創刊作業が解職記者中心で推進されていて、在野の人物も発起人に参与しているからか、運動圏を代弁する新聞になるのではないかという性急な推測をしているという話も聞こえます[27]」という懸念に対して次のような解答が載せられている。

運動圏の一部ではむしろハンギョレ新聞が法に則って登録された新聞であるので、いろいろと法的な制約を免れることができないだろうし、企業としての経営問題もあるので、在野をそのまま代弁できないし、もう一つの制度言論へ落ちるのではないかという憂慮もあります。

ハンギョレ新聞がうっかり間違えれば両方から攻撃を受ける苦境に陥るかもしれませんね。一方からは「弱すぎる」という拒絶を受けて、また違う側からは「強く出すぎる」と叱られて……。どちら側にも偏らないハンギョレ新聞独自の道があると思います。これはもちろん「中立主義」や「中道統合論」とは違うのですが……[28]。

『ハンギョレ新聞』も、このような点についてはディレンマを抱えており、社内の合意や統一見解を持っていたわけではなさそうである。

ハンギョレ新聞社は、「紙面をどのように運営するのか、経営方針など組織全体の志向性と未来を問題としてハンギョレの人々はいつも議論してきた。株主総会、取締役会、役員会議、編集権、公聴会、討論会など際限がない」［ハンギョレ二〇年社史編纂委員会 2008：81］とし、公開された議論という「公共圏」を通して問題を解決するという方向性は創刊以来のものであり、これからも維持していく旨が述べられている。

第3節　倫理綱領体系

1　倫理綱領と倫理綱領実践要綱

本節の目的は、倫理綱領体系を整理・分析することによって『ハンギョレ新聞』の記者に求められた倫理観の全体像を提示しつつ、その中の重要項目の意義を説明することにある。

『ハンギョレ新聞』の倫理綱領の体系は主に「ハンギョレ新聞倫理綱領（以下、倫理綱領）」「ハンギョレ新聞倫理綱領実践要綱（以下、実践要綱）」「倫理委員会規定」によって成り立っている。これらの体系はハンギョレ新聞創刊初期に整えられたが、これら倫理綱領体系を発展・補完する意味で二〇〇七年一月に「取材報道準則」が施行された。

倫理綱領は前文と全一三条で構成され、実践要綱は前文と一〇条の項目で構成される。さらに、倫理綱領を統括する機関として倫理委員会が設置されており、その役割は倫理委員会規定（全一六条）に定められている。倫理綱領実践要綱は一九八八年五月五日に、倫理委員会規定は一九八九年二月一四日に施行された。なお、実践要綱はこれまでに四回改定された（二〇〇一年八月一〇日、二〇〇九年六月一九日、二〇一三年二月五日、二〇一六年九月二〇日）。

一九八八年五月一五日、創刊号三面には本文とともに倫理綱領・実践要綱に関する以下のような説明が掲載された。

　ハンギョレ新聞は言論の社会的責務を尽くし、「新しい言論」に対する国民の期待に添うためには、民主言論を実践しようとするジャーナリスト自身の倫理的決断が必ずその裏づけになければならないという主旨で「ハンギョレ新聞倫理綱領」と「倫理綱領実践要項」を準備し、採択した。ハンギョレ新聞社のすべての社員は一九八八年五月五日に楊坪洞の社屋で倫理綱領と倫理綱領実践要綱を守ることを誓う宣誓式を行った。(29)

この倫理綱領は、『ハンギョレ新聞』の性格を基礎づける要素であり、実際に倫理綱領が発動した例もある。一九九一年一一月の「保険社会省記者クラブ巨額寸志授受事件」報道がそれである。なお、「保険社会省記者クラブ巨額寸志授受事件」報道については、次章で取り上げる。

この倫理綱領の草案をつくったのは、創刊メンバーの中心人物の一人である愼洪範《シンホンボム》である。愼は海外のマスメディアの倫理綱領を参照してその素案をつくった。それをもとに社員たちが議論を重ねて練られたのが『ハンギョレ新聞』

の倫理綱領と実践要綱である。

倫理綱領と実践要綱は、一九八八年四月二五日に確定し、全社員が遵守するべきものとなった。[30] 倫理綱領は「言論の自由の守護」「事実と真実報道の責任」「言論人の品位」など一三項目から成り立っており、重要なものとして第八条「言論人の品位」が挙げられる。

実践要綱は当然倫理綱領に対応してつくられており、その中でも第二条「金品」および第四条「取材費用と旅行」が注目に値する。

ハンギョレ新聞社のように倫理綱領と実践要綱を詳細に厳しく規程した報道機関は、当時の韓国言論界においては珍しく、画期的であった「言論人の品位」「金品」「取材費用と旅行」などの項目は〝『ハンギョレ新聞』らしさ〟を表していると言えよう。

ハンギョレ新聞社は、韓国言論史上初めて、報道機関として詳細で整った倫理綱領大系をつくり、採用した。記者の倫理遵守を明示し厳しく求めている点で、他のマスメディアに先駆けており、注目に値する。例えば、『中央日報』も倫理綱領で金品の授受を禁止し倫理委員会を設置しているが、これらが整備されたのは一九九九年六月下旬であり、同年五月に発生した中央日報記者株式投資事件を受けてのことであった。

一九九〇年には韓国記者協会を中心に報道界の自浄運動が行われており、韓国記者協会が公表している当時の記録によると「九〇年韓国記者協会幹部セミナーは『今日のジャーナリズム状況と韓国記者協会』という主題で、済州道《チェジュド》国際ユースホステルで一一月九～一一日の三日間開かれた。このセミナーではキムジュチャン(김주찬)記者(ソウル経済証券庁、韓国記者協会編集委員)の基調提案とともにジャーナリズムの現場の懸案である公正報道・記者クラブ・(報道界の)自浄運動・発行部数競争・地方の言論・(朝鮮半島の)統一と言論・韓国記者協会活性化など七つの主題に対する分科討議を開いて報道界の当面の課題と解決策を模索した」とある。[31] 当時は、韓国記者協会による報道界自浄運動は、会長の安秉峻《アンビョンジュン》[32]を中心に行われていた。『ハンギョレ新聞』の倫理綱領および実践要綱制定は、その

図3-3　『ハンギョレ新聞』倫理規範の体系図

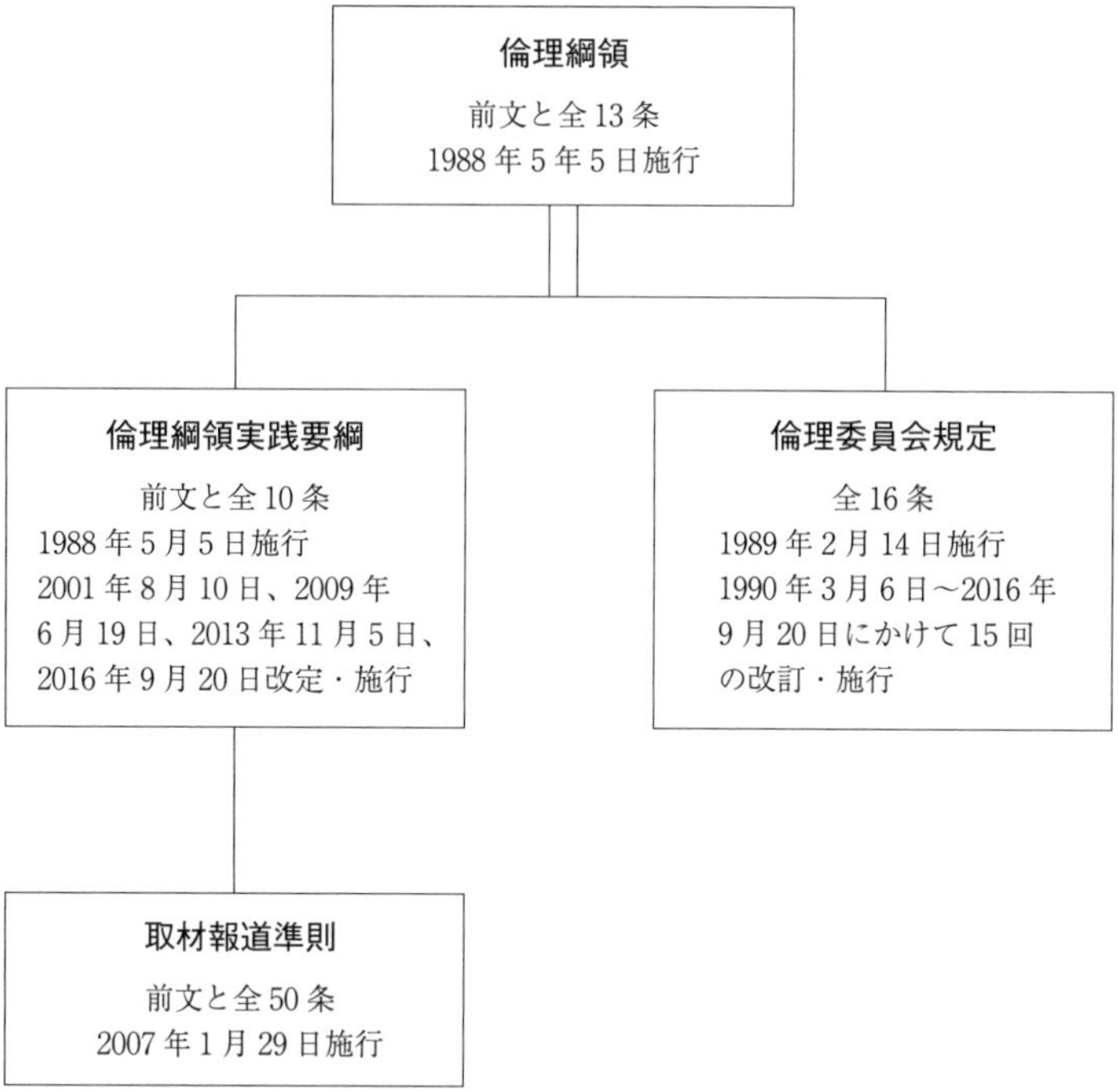

出所：倫理綱領（1998）、倫理綱領実践要綱（1988～2016）、取材報道準則（2007）、ハンギョレ20年社史編纂委員会［2008］などを元に筆者作成。

自浄運動より約二年早いものである。

【図3-3】は『ハンギョレ新聞』の倫理規範の体系（上位概念と下位概念）と、それぞれの関係性について整理したものである。

2　取材報道準則

二〇〇七年一月二九日に施行された「取材報道準則」は、『ハンギョレ新聞』の倫理綱領実践要綱をさらに深化させたものといえる。この取材報道準則を制定した背景には、同紙の部数低迷のみならず読者の新聞離れという深刻な問題があった。取材報道準則について、草案を担当した姜熙澈《カンヒチョル》は「ある意味少し慣習法に似ているように、ハンギョレ新聞社に身を置いている人ならば、あらまし頭の中で、何というか取材・報道に関する姿勢について共通の考えを持っていた」ものの、より明確に精巧にするために文章化したと答えた(33)。

具体的には、二〇〇六年当時、ハンギョレ新聞社の代表取締役であった鄭泰基が、戦略企画室の金玄大《キムヒョンデ》(34)および姜熙澈に「『ハンギョレ新聞』が今の新聞市場において、読者にアピールできる核心的な価値が一体何なのか、それを明確にし、市場で新聞を通じて読者が認識できるようにせよ」と命じたことから始まる。第2章で見たように、鄭泰基は国民株などの制度を実質的にシステムとして作り上げた『ハンギョレ新聞』の初期メンバーで、主に経営的な側面で新聞社の基礎を作り上げた。姜熙澈は、李源宰《イウォンジェ》(35)らに依頼して経営学的な手法でハンギョレ新聞社を分析してもらう一方、タスクフォースをつくり市場調査などを重ねた。その結果、『ハンギョレ新聞』の核心的な価値は、ジャーナリズムを実践するマスメディアとして民衆の信頼を受けていることであるという結論に達した。そしてこの価値をどのように読者らに認識してもらい、いわば「韓国で最も信頼を受ける新聞」という位置を得られるかが『ハンギョレ新聞』が「持続可能（sustainable）」であるための核心的な戦略であると結論付けた。この戦略の具体的な形の一つが「取材報道準則」だった。つまり、『ハンギョレ新聞』の信頼性をより高めるためには、取材報道活動に従事している人々＝記者が、倫理的に行動し規則をきちんと守ることが基本であり、それを読者に示してこそ効果があるという考えであった。同時に、『ハンギョレ新聞』は創刊一八年目を迎え、倫理綱領と実践要綱をより発展させる必要性が社内で議論され始めていた。創刊から初期にかけては、一定の強い志向性に分類できる人々（三八六世代や言論民主化運動経験者・社内闘争の結果、大手マスメディアから解雇された記者など）が『ハンギョレ新聞』の多数派を占めており、記者倫理に関してある種の「暗黙の了解」があったため、倫理綱領と実践要綱だけで十分であった。しかし、創刊一八年目という時間の経過に伴って、倫理綱領と実践要綱も発展を余儀なくされたのである。

当時「取材報道準則」の作成の中心的な役割を受け持ったのは姜熙澈であり、『ハンギョレ新聞』の倫理綱領と実践要綱を基礎に、世界的に有名な新聞社や各国の新聞協会・記者協会の倫理要項などを分析し、それらの長所を取り入れ、二〇〇六年に第一案を完成させた。この第一案を土台に推敲を重ね、金孝淳（当時編集局長）が監修し前文を書いて二〇〇七年一月に公表した。

倫理綱領第八条「言論人の品位」は「（一）われわれは新聞製作と関連して金品その他不当な利益を得ることをしない。（二）われわれは個人の利益のために記事を書かず、扱うこともしない。」と大原則が定められている。加えて、実践要綱第二条「金品」では次のように具体的に定められている。

二　金品

（一）われわれは、倫理綱領に反する金品を丁重に断る。自分の職務に関連して配偶者に渡される金品も同様である。金品とは、次のいずれかに該当するものをいう。

① 金銭、有価証券、不動産、物品、宿泊券、会員券、入場券、割引券、招待券、観覧チケット、不動産などの使用権など一切の財産的利益

② 食べ物・酒類・ゴルフなどの接待・供応や交通・宿泊などの利便性を提供

③ 債務免除、就職の提供、利権の付与など、その他の有形・無形の経済的利益

（二）金品が自分も知らない間に自分または配偶者に渡されたとき、倫理委員会に遅滞なく書面（電子文書を含む、以下同様）で申告するとともに、これを提供者に直ちに返還しなければならない。ただし、受信した金品が、次の各項のいずれか一つに該当する理由で返還しにくいときは、倫理委員会にこれを引き渡した後、倫理委員会の処分に従う。

① 滅失・腐敗・変質等の恐れがある場合

② 該当金品の提供者を把握できない場合

③ その他提供者への返却に困難な事情がある場合

（三）社交・儀礼などの目的のために提供される食べ物・慶弔費・贈り物として、法定額の範囲内の金品は、上記（一）、（二）項の例外とすることができる。ここで、①食べ物は提供者と一緒に取った食事、茶菓、アル

コール、飲み物などを、②贈り物は金銭および食物を除く一切の物品を、③慶弔金はご祝儀、弔慰金など各種の祝儀・香典と花輪・弔花など祝儀・香典の代わりになる贈り物・食べ物をいう。

(四) 上記(三)項の「例外とすることができる金品」の基準は、食べ物三万ウォン、贈り物五万ウォン、慶弔金一〇万ウォン以下とする。ただし、食べ物や贈り物を一緒に受けた場合は、その額を合算して、五万ウォン以下とする。慶弔金と贈り物、食べ物を一緒に受け取った場合は、その価額を合算して一〇万ウォン以下とする。この基準価額を超過する贈り物を受け取る場合は、直ちに倫理委員会に帰属させ、倫理委員会がこれを処理する。

(五) われわれは、新聞社の地位を利用して商品を無料または割引して購入するなど、商取引で不当な利益を得たりその他の個人的利益を図らない。

また、第四条「取材費用と旅行」では次のように定められている。

四　取材費用と旅行

(一) われわれは、取材に必要な経費を自ら負担する。ただし一般的に承認された取材便宜が提供された場合にはそうでない。

(二) われわれは、職務と関連し、公式行事で、主催者が通常の範囲内で一律に提供する交通、宿泊、飲食物などの場合を除いては、他人の費用で出張や旅行、研修に行かない。

(三) 倫理委員会は、出張と研修が倫理綱領に外れるかどうかを定期的に点検する。

(四) 外部の支援が全体または一部を含む取材、出張および旅行などの申請書は、事前に倫理委員長を経由しなければならない。

取材報道準則は詳細かつ具体的な行動指針・規則であり、この取材報道準則の元には倫理綱領と実践要綱の存在がある。倫理綱領と実践要綱、取材報道準則は、『ハンギョレ新聞』記者の品格と信頼性を担保する制度でもあった。

このように、ハンギョレ新聞社で倫理綱領体系が強く主張され実践されてきた背景には、韓国のマスメディア界が持つ構造が影響を与えてもいた。それを次章で見ていくこととする。

小結　民主・民衆・民族言論とジャーナリストの倫理

本章では、言論民主化運動の系譜を持つ『ハンギョレ新聞』がどのようなジャーナリズムを志向したのかについて、理念・編集方針・倫理綱領体系の三つの側面から検討した。

第一に、創刊理念を検討した。創刊理念は、民主言論・民衆言論・民族言論と要約できる。

まず、民主言論とは権力から自由で独立したジャーナリズムのことであり、ジャーナリズム規範論で語られるジャーナリズムのあり方と非常に近い。それは、真実を追求すること、権力監視報道を実践すること、取材対象者から独立すること、客観報道を遵守することなどの概念で表される。別の言い方をすれば、民主言論の核心とは「歴史は前進・発展するもの」というヒューマニズム的観点を基礎とし、構成的事実を伝えることである。

次に民衆言論だが、『ハンギョレ新聞』が想定する「民衆」とは、被支配層一般を指し、支配層に対して抵抗的な意味をもつ概念であった。ゆえに、民衆言論とは、制度言論が伝えない民衆の声を伝え、被抑圧者・奪われた者・社会的弱者としての「民衆」の側に立つ言論である。

三つ目の民族言論には二つの意味がある。「朝鮮半島の統一を志向するジャーナリズム」と「抵抗のジャーナリズム」である。「朝鮮半島の統一を志向するジャーナリズム」は、朝鮮半島内部における民族言論である。この意味においては、民族言論は朝鮮半島における民族の和合つまり、南北分断体制を克服し統一された民族国家樹立を志向する。「抵抗のジャーナリズム」とは、朝鮮民族の自主性を守るためのジャーナリズムである。しかし、ジャーナリズムは本然的に民族・国家・国民を超えるものなので、民族言論には一定の制約性がつく可能性がある。

第二に編集方針について検討した。それは、被支配層の代弁紙・独裁民主化・南北分断国家の克服・政治権力から独立したマスメディア・正論紙などの概念でくることができる。さらに、現在では編集方針の概念に広がりが出て、①朝鮮半島の南北緊張緩和、②社会透明化、③腐敗構造の清算、④社会共同体の構成、⑤東北アジア市民連帯の強化、⑥貧富の差の解消になっている。一方で、記者の間には編集方針や論調に対する疑問が存在することも確認された。このようなディレンマは解消されておらず、『ハンギョレ新聞』は社内・社外の「公共圏」を通した解決を図っている。

第三に、倫理綱領体系について検討した。倫理綱領は、「言論の自由の守護」「事実と真実報道の責任」「言論人の品位」など全一三条から成り立っており、特徴的な項目としては倫理綱領第八条「言論人の品位」と倫理綱領実践要綱第二条「金品」および第四条「取材費用と旅行」が挙げられる。具体的かつ厳格な倫理綱領体系は韓国言論界において画期的で、「『ハンギョレ新聞』らしさ」を表すものであり『ハンギョレ新聞』記者の倫理観維持の基礎になっている。

注

（1）『한겨레신문소식』（활판인쇄판）九호〔『ハンギョレ新聞便り』（活版印刷版）第九号〕一九八八年四月一九日二面。

（2）宋建鎬［1987］は、「民主言論」とほぼ同じ概念として「独立言論」という言葉も使用している。なお、ハンギョレメディア戦略研究所研究員であったキムスジョン［김수정］（ジャーナリズム論専攻）によると、「独立言論」は、より正確に表現すると「独立的な言論」であり、現在の韓国ジャーナリズムにおける文脈では、①マスメディアが広告料に依存して、政府や企業に従属したり干渉されることを避けるため、購読料を主として経営を安定させるジャーナリズム、②マスメディアの内部組織による統制と編集権の統制から抜け出し、市民一人ひとりが記事を作成して編集することができる「市民ジャーナリズム」、③インターネットという形態で世論活動と言論の公的機能を遂行する代案言論、などと解釈されるという。

（3）李承晩政権から全斗煥政権末期までの韓国の政治社会体制は権威主義体制と規定できる。李承晩政権期については、木村幹『韓国における「権威主義的」体制の成立――李承晩政権の崩壊まで』（ミネルヴァ書房、二〇〇三年）などを参照のこと。

（4）「public interest」は「公益」と日本語訳されることが多いが、本書では「(the) public」を「公衆」と訳出したため「public interest」を「公衆の権益」とした。なお、浅野健一は「public interest」を「人民の権益」と訳すべきであると主張している。浅野による訳出は、「人民」を「public」と同様に捉えており、なおかつ日本語の「公」の持つ定義の曖昧さを勘案したものであると指摘できる。

（5）韓国ではこの時期のことを「일제시대（日帝時代）」「일제강점기（日帝強占期）」などと言う。本書では以下、「日帝時代」を使う。

（6）百姓《ペクソン》（백성）は、朝鮮時代における「人々」のこと。「農民」という意味ではない。

（7）ただし、キムミラン［2007］によると、咸錫憲や嚴詳燮らが一九五〇年代に「民衆」を積極的な意味でとらえようともした［キムミラン 2007：260］。

（8）「새로운 언론가관의 창설을 제안한다」『말』창간호〔「新しい言論機関の創設を提案する」月刊『言葉』創刊号〕一九八五年六月一五日四頁。

（9）同前。

（10）同前。

（11）United Press International。米国の通信社。二〇〇二年に統一教会が出資しているニューズ・ワールド・コミュニケーションズに買収された。現在は、他のメジャー通信社に比べて影響力はあまりないと言える。

（12）宋建鎬の当時の認識。現在は、ＡＰ、ロイター、ＡＦＰ、共同、新華社が影響力のある大規模通信社として認識されている。

（13）アジア、アフリカ、ラテンアメリカにおける発展途上国を指す総称。第一世界・第二世界がどのようなカテゴリーを指すかは理論や識者によって違うが、宋建鎬が指摘した「第三世界」は文脈上、超大国や先進資本主義国に対する発展途上国という意味であると思われる。

（14）本章第1節参照。

（15）「상업주의배격 대중적 정론지 지향」『한겨레신문소식』（활판인쇄판）九호〔「商業主義排撃　大衆的正論紙志向」『ハンギョレ新聞便り』（活版印刷版）九号〕一九八八年四月一九日発行二面。

(16)「한겨레신문 一문一답」『한겨레신문소식』（활판인쇄판）一호〔「ハンギョレ新聞一問一頭」『ハンギョレ新聞便り』（活版印刷版）第一号〕一九八七年一一月一八日発行一面。

(17) 権貴順への聞き取り調査は、二〇〇九年八月二〇日にハンギョレ新聞社で実施した。

(18) 二〇一三年一月一〇日に同志社大学で行われた任在慶の講演（主催は同志社大学社会学部メディア学研究会）において、任在慶自身が述べた。

(19) 民主化運動や社会運動を継続もしくは経験してきた人たちを総称して「運動圏」という。

(20) 扇情・歪曲報道をやめて、真実と事実報道のために権力の外圧をはねつけることを原則とした新聞のことである。

(21) 前掲の権台仙への聞き取り調査より。

(22) 金孝淳への聞き取り調査は、二〇〇四年二月二五日にハンギョレ新聞社で行った。

(23) ＮＬもＰＤも一九八〇年代後半の「社会構成体論争」で分かれたマルキシズム民主主義左派運動圏グループである。ＮＬは「Nation Liberation」の略で「民族解放派」ともいう。ＰＤは民衆民主主義派の「People Democracy」の略で「民衆民主主義派」ともいう。ＮＬは基本思想を主体思想および反帝国反封建主義と規定しており、民族の核心としての人民を主張する一方、ＰＤはマルクス・レーニン主義を標榜して、韓国の現状を、ＮＬが言うような半封建国家ではなく、新植民地国家独占資本主義だと批判し、人民の核心として労働者階級を主張した。韓国の場合、米国の経済的植民地にもかかわらず東南アジアなどの地を経済的植民地化しているというのがＰＤの認識であり、これこそ新植民地国家独占資本主義であるということであった。ＮＬとＰＤの登場と対立は、一九八五年に『創作と批評』上で、経済評論家の朴玄埰と成均館大学教授の李大根が論争したことを契機としている。その後、学界と運動圏で「社会構成体論争」が始まった。論争は、国家独占資本主義論と周辺部資本主義論の対立が主軸の論点であり、それ以外にも韓国社会の性格に関連して提起される様々な争点と、韓国社会変革の戦略戦術論などの論点で成り立っていた。一九八八〜一九九〇年まで進行した第三段階の論争で、ＰＤが本格的に登場しＮＬとＰＤのアイデンティティが確立された。以後、政治的にはＮＬは金大中を支持し続け、ＰＤは金大中ではない他の候補を支持したり、選挙に対してサボタージュという方式を取ったりした。現在も韓国の進歩陣営では、ＮＬ系列やＰＤ系列という用語を使って理念的志向を表わすこともある。参考文献は以下の通り。조희연「급진민주주의론의 정립을 위한 한 탐색――자본주의를 넘어서는 〝민주주의의 급진화〟 경로에 대한 연구」『마르크스주의 연구』〔チョヒヨン「急進民主主義論の定立のためのある探索――資本主義を越える〝民主主義の急進化〟経路についての研究」『マルクス主義の研究』〕

第七巻第三号（通巻第一九号）二〇一〇年八月、二七六頁、이정무「민주노동당 사태를 보는 월간『말』의 제안――〝노선이 아니라 실력이 문제〟」『월간 말』（イジョンム「民主労働党事態を見る月刊『言葉《マル》』の提案――〝路線ではなく実力の問題〟」月刊『言葉《マル》』）二〇〇八年三月号（通巻第二六一号）二〇〇八年三月、一二四頁、김정한「민주화 세대의 역사적 좌표」、『황해문화』（キムジョンファ「民主化時代歴史的座標」『黄海文化』）通巻第五三号、二〇〇六年一二月、一〇二頁、「너 NL이야 PD야?」『한국대학신문』（「お前はNLなのか、PDなのか?」『韓国大学新聞』）二〇〇四年一月一五日（http://www.unn.net/ColumnIssue/Univ50Detail.asp?idx=83&n4_page=1&n1_category=4）。

（24）回答は、仮名表記が条件であった。K記者への聞き取り調査は、二〇〇八年に行った。

（25）前掲のK記者への聞き取り調査より。

（26）肩書は当時。以降の六名についても同様。

（27）「상업주의배격 대중정론지지향」『한겨레신문소식』（활판인쇄판）九호（「商業主義排撃　大衆的正論紙志向」『ハンギョレ新聞便り』（活版印刷版）第九号）一九八八年四月一九日二面。

（28）同前。

（29）『한겨레신문』（『ハンギョレ新聞』）一九八八年五月一五日三面。

（30）『한겨레신문 소식』（활판인쇄판）一〇호（『ハンギョレ新聞便り』（活版印刷版）第一〇号）一九八八年四月二八日二面。

（31）韓国記者協会ホームページで公開されている「記者協会四〇年史」のうち、一九九〇年一一月九～一一日の記録を参照。http://www.journalist.or.kr/bbs/list.html?table=bbs_17&idxno=1158&page=2&total=82&sc_area=&sc_word=

（32）二〇一三年現在は韓国言論仲裁委員会委員を務めている。

（33）インタビュー調査当時、『ハンギョレ新聞』社会部門副編集長（法曹・事件）。姜熙澈への聞き取り調査は、二〇〇九年九月三日にハンギョレ新聞社で実施した。

（34）『ハンギョレ新聞』創刊から参画。ハンギョレ新聞社地域デザインセンター所長を経て、二〇一三年一月現在、『ハンギョレ新聞』先任記者。

（35）『ハンギョレ新聞』経済部記者を経て米国留学。二〇一九年現在、民間シンクタンク「LAB2050」代表理事（CEO）。当時、三星経済研究所に勤務。

第4章　『ハンギョレ新聞』創刊以後の言論民主化

本章では、創刊以後の『ハンギョレ新聞』が、マスメディアとしてどのように「言論民主化」を進めたのかについて、いくつかの事例を通して考察していく。言い換えれば、言論民主化運動団体から誕生した同紙が、①自らの精神的基盤である言論民主化運動の実践、②マスメディアとしてのジャーナリズム実践という二つの課題にどのように応えたのかを検証する作業である。

第1節では、『ハンギョレ新聞』による言論民主化運動の事例として、記者クラブ問題を取り上げる。記者クラブは、主流メディアが他メディアを排除する差別構造にその本質があり、さらに権力機関の内部に備え付けられた記者室に記者クラブメンバーだけが常駐するため、権力と癒着しやすい構造がある。韓国においては、「寸志」を介してメディアと権力が癒着する構造があったが、その構造を告発したのが同紙であった。そこで本章では、①「保険社会省記者クラブ巨額寸志授受事件」報道を通して、『ハンギョレ新聞』が創刊後にどのように腐敗構造を告発し、言論民主化運動を推進したのか、②記者クラブおよび政治権力そのものを相手取って、『ハンギョレ新聞』がどのようにアクセス権獲得のために闘争したのか、という二点を取り上げる。

第2節では、『ハンギョレ新聞』がジャーナリズムをどのように実践したかという課題に、ジャーナリズムの重要な課題である広告問題を通して接近したい。第2章で検討したように、同紙は大多数の少額株主が新聞社を支える「国民株方式」が経営基盤であるため、編集権の独立を脅かす勢力の不当な干渉をはねつける構造を備えているが、通常の経営においてはやはり広告収入は重要であり、広告主から編集権の独立を守るための闘争も展開しなくてはならなかった。事例として取り上げたのは、二〇〇七年一一月から始まった三星《サムソン》広告問題である。

まず創刊当時における『ハンギョレ新聞』の広告戦略とはどのようなものかを、『ハンギョレ新聞便り』などの一次資料に依拠して明らかにする。次に、二〇〇七年一〇月三〇日から始まった『ハンギョレ新聞』の三星追及報道とそれに対する三星の新聞広告を通した圧力を取り上げ、同紙のジャーナリズム性について考察する。

第1節　記者クラブ問題

1　韓国における記者クラブの構造と記者の腐敗

記者クラブ制度は韓国言論界の長年にわたる慣習であった。だが、記者クラブとは具体的にどのような存在なのだろうか。すでにその定義は示しているが、今一度再確認しておきたい。長年、記者クラブ問題を研究している浅野健一は次のように定義している。

「記者クラブ」とは、日本新聞協会加盟社の社員である常駐記者たちが、日本の官庁など公的機関の主要なニュース・ソースの建物の中にある記者室を独占的に使用し、排他的に取材・報道する日本独自のユニークな記者集団のことである。一種の不法なカルテルである。[浅野 2011：43]

記者クラブは日本と韓国だけに存在する（した）特異なシステムであり、欧米などに存在する「プレスクラブ」「プレスセンター」などとは全く違う。

記者クラブの特異性は、主要なマスメディアで構成される業界団体の日本新聞協会も認識しており、ホームページにおける英文ページで「Kisha Club」と紹介している。(1) 韓国に記者クラブが存在したのは、日本による植民地支配の遺制である。遺制であるがゆえに日本とほぼ同じ形式で運営されていた。したがって、上記の浅野の定義は、韓国のケースに読み替えれば、韓国の記者クラブにもほぼそのまま当てはまった。浅野は「記者クラブ制度があったのは日本と大韓民国（韓国）だけだ」とし、日韓の記者クラブの同質性について言及している［浅野 2011：156］(2)。なお、後述するように、韓国では記者クラブが二〇〇三年の盧武鉉《ノムヒョン》政権時に解体された。一方、日本では記者クラブは戦後も存在し続けている。

記者クラブは官庁など公的機関に設置されている記者室を占領しているため、そこに公的機関側との力関係や癒着が生まれる。韓国においてはその癒着の一つが金銭関係であった。記者が取材先から寸志・賄賂を受け取れば、現在では大きな問題となるが、当時の韓国の報道界では主に記者クラブを通して慣習的に行われていた(3)。例えば、一九四八年から一〇年間にわたりソウルと仁川で記者生活を送った金幸珍《キムヘンジン》(4)は、仁川市役所記者クラブなどに所属していたが、「記者クラブの幹事に認めてもらえないと記者室に出入りできなかった。記者クラブの一員として認められて初めて取材ができた。寸志をもらうことも度々あり、クラブ運営費は寸志から出していた。官庁と談合してニュースにしないこともあった」と証言した(5)。

また、『東亜日報』記者・『ハンギョレ新聞』論説委員などを歴任した李仁哲も「私は建設省記者クラブに所属していたが、記者にとってこの省庁は金銭をたくさん受け取れるところだった。開発される土地の情報を建設省で管理するからだ。例えば、建設会社がビルを建てるとすれば、記者たちが批判的な記事を書かないように、記者クラブの幹事に寸志を渡し、それを記者クラブ幹事社の記者がクラブ員に分けて渡す」と述べ、寸志の合計額が一ヵ月分の給料を上回ったと語った。また、「寸志が入ってこないと、記者クラブ幹事に何をしているのかと怒りをぶつけることもあった。〝寸志中毒〟になってしまうのである。例えば、『東亜日報』で長年経済部記者を務めていた非常に貧乏な記者がいたが、この人は後に家が四軒に増えていたことが『記者協会報』に載せられた」と、寸志授受の構造を話した(6)。

二人の証言に共通するように、記者は記者クラブにおける金銭授受などを介して権力と一体化していったのである。

寸志横行と記者クラブの構造については、他の記者も指摘している。例えば元『東亜日報』東京支局長の裵仁俊《ペインジュン》は「記者に対する金銭の提供という問題は数十年前から少なくなかった。〔中略〕ニュースソース（情報源）との昼食懇談や夜の飲食懇談もあるが、そうした関係が官庁などの政策を厳しく追求できないという傾向にもつながっている」と記している［裵仁俊 1994：72-73］。

また、任在慶は記者クラブについて次のように評している。少々長いが引用したい。

新人の駆け出し記者が、中央・地方行政部、国会、裁判所と重要な民間機構中に枠をあわせている記者室に第一歩を入れた瞬間、たいていは深刻な懐疑と反発心に包まれる。〔中略〕記者が出入処の記者室に足を入れるのと記者団に加入するのは別個だ。ソウルで発行される大新聞らは記者団加入に問題がなかったが、放送と地域新聞は原則的に不可であり、最悪なのは数ヵ月の猶予期間を置いて、初めての人の記者団加入を「審査・通過」させる。米国ギャング映画に出てくるシンジケート（マフィアと同意語で暴力組織）のように内部秘密をよく守るかが最も重要な審査基準だった。特定の不正・不法に目をつぶったりその反対に歩調を合わせて殴り倒したりもする呆れ返る八百長、すなわち談合行為だ。行政府の中でも特に経済省記者団の八百長が激しかった。談合を破る記者に加えられる制裁は、最近の言葉では「いじめ」であり、記者クラブ古参らの憎しみを買えば「取材は完全に不可能」とまではいかないが、それでも新人記者は記事が「水になる」危険にぶつかったりもする。このような時、本社デスクが記者クラブでいじめに遇った後輩の新人記者の肩を持って激励するかといえば、私の経験では違う。「バカなやつだな……記者クラブの記者らと一緒にやらなきゃ！」という反応がすべてだった。取材の要領と記事作成能力が優れているならばそうじゃないだろうが、記者クラブからのいじめは、十中八・九は外勤記者非適格判定の理由として作用した。(7)

任在慶が描写している記者クラブの構造は、日本の記者クラブとほぼ同じである。その本質は、数社から十数社の大手マスメディアが独占的に取材できるグループをつくり、公的な場である記者室を物理的に占領し、ブリーフィング取材などを独占するというものである。独占するために、他のマスメディア記者やインディペンデント・ジャーナリストは排除する。このような、不法占拠と差別構造が記者クラブの本質と言える。

さらに任在慶は、一九六七年初春に三星の「韓国肥料火入れ式」の取材をしたときには「工場見学は適当にして、記者一行は自動車で東萊温泉《トンネ》のホテル兼料亭へ行くのであった。記者らに現金のような白い封筒一つずつを渡された後、すぐ酒宴が始まった。酒杯が何度か回っていって出るや賭博を楽しむ記者らは、準備された部屋に集まっていった」と述べている(8)。

このような記者クラブの性格は、第2項で述べるように「保健社会省記者クラブ巨額寸志授受事件」のような事件を引き起こす要素をすでに内包していた。

『ハンギョレ新聞』の倫理綱領および倫理綱領実践要綱における「われわれは金品授受をしない」という項目は、このような現実を放置していては言論民主化は成し遂げられないという決意が基礎にあったといえよう。ハンギョレ新聞創刊委員会は、『ハンギョレ新聞便り』(活版印刷版)第一号一面の記事「ハンギョレ新聞一問一答」において「ハンギョレ新聞記者は絶対に「寸志」を受け取らず、品位のある、尊敬される記者像を守っていく」と述べ、記者クラブにおける寸志慣行を批判し是正する姿勢を明確に打ち出した(9)。

2　「保険社会省記者クラブ巨額寸志授受事件」報道

前項で述べたような韓国の記者クラブ事情は、『ハンギョレ新聞』創刊後に一定の変化をみせた。次項で詳しく論じるが、『ハンギョレ新聞』は一九八八年の創刊当初後、同紙記者の記者クラブへの加盟が認められないケースが多く、大統領官邸(以下、青瓦台《チョンワデ》という)記者クラブの場合などは、加盟を巡って二、三年に渡ってクラブ運営者側と争った。

제1070호 한겨레신문

보사부기자단 거액 촌지

업계 등서 9천여만원 거둬

추석 떡값·해외 여행 명목

개봉역 전동차

写真4－1　「保社省記者クラブ巨額の寸志」の記事
出所：『ハンギョレ新聞』1991年11月1日15面
提供：ハンギョレ新聞社

同紙の青瓦台担当記者は青瓦台記者クラブに所属できず記者室に出入りできなかったのである。加盟後も、各記者クラブの運営費をクラブ員自己負担とする運動を展開するなど、記者クラブを開かれたものにしようと努力した。それと時を同じくして、韓国記者協会を中心に、報道界の自浄運動が行われていた。同紙が記者クラブを介しての寸志の横行を暴露したのはこのような時期だった。

『ハンギョレ新聞』は、一九九一年一一月一日に「保社省記者クラブ　巨額の寸志／業界などから約九千万ウォン受け取る[10]」「〃協力〃要請　短期間につくる／保社省記者クラブ　寸志授受　衝撃[11]」という二つの記事を掲載した。この記事は特ダネで、記者クラブで公然の秘密となっていた巨額寸志の事実が市民の知るところとなり、社会に衝撃を与えた【写真4－1】。

この特ダネ記事は、世論媒体部所属の朴根愛《パクグネ》記者（当時）が書いたが、元々は保健社会省記者クラブに所属していた成漢鏞《ソンハニョン》記者が事実を知り、『ハンギョレ新聞』の「世論媒体部」に伝えたものだった。このニュースは日本のマスメディアでも報道された[12]。

事件を詳しく辿ってみる。保健社会省記者クラブの運営委員（当時の幹事社は『聯合《ヨナプ》通信』）たちは、一九九一年の八月の「秋夕[13]」前後に寸志を自分たちに配るように大宇財団・現代峨山財団の二つの財団に要求した。そして、「秋夕の餅代」として寸志を、各財団から一五〇〇万ウォンずつ合計で三〇〇〇万ウォン（一九九一年当時の外国為替レートで一〇〇ウォン＝一六・四七円[14]）受け取った。のみならず、保健社会省衛生局長および同省薬剤局長に協力を要請し、製薬・製菓・化粧品などの業界から五八五〇万ウォンを受け取った。合計八八五〇万ウォンという高額の寸志であった。それが、当時記者クラブに所属していた記者二一人中一九人に「餅代」として配布され、さらに記者クラブが予定していた海外視察旅行費用に当てられた。

事件発覚後、『朝鮮日報』『中央日報』『東亜日報』[15]を始めとした新聞社一二社と韓国放送公社（KBS）、ソウル放送（SBS）などの放送局は早急に事態収拾に乗り出し、国民に謝罪した。『朝鮮日報』『東亜日報』などは一面社告で国民へ謝罪し、二度と繰り返さないことを誓った。事件当初は、記者クラブの寸志授受行為が「業務上背任罪」[16]に当たるとして検察も動いたが、マスメディアの〝総懺悔〟を受けて、本格的捜査には着手しなかった。

『ハンギョレ新聞』の報道によって、記者クラブを介しての寸志の授受は劇的に減った。のみならず、韓国社会で常識となっていた寸志の慣習を改めさせるほどのインパクトがあった。『ハンギョレ新聞』だけがこの事件を報道できたのは、同紙が創刊時から権力監視報道を貫く姿勢を持っていたこと、そのような『ハンギョレ新聞』に同業他社の記者たちも期待していたことが大きい。保健社会省記者クラブ巨額寸志授受事件に絡んだ記者たちは、同紙の報道によってある者は仕事を辞職し、ある者は懲戒処分を受けたが、その記者たち自身が、この報道は正当で、自分たちが処分を受けたのは当然と考えていたようである。当時この事件を取材した成漢鏞は次のように述べた。

〔処分を受けた記者たちは〕〝成漢鏞記者のせいで被害を受けた。あいつは悪いやつだ〟というように〔普通は〕私を憎む状況だ。しかしそうはならなかった。彼らは〝『ハンギョレ新聞』だから、〔当然〕寸志事件について書くと思った。これは成漢鏞記者個人を責めるべきことじゃない〟と理解してくれた。

〔記者クラブで記者たちが〕寸志をどの程度の規模で受け取っていたのかについて、われわれ『ハンギョレ新聞』記者たちは、事件以前は正確に知らなかった。〝われわれ『ハンギョレ新聞』は寸志を受け取らないが、あなたたちは受け取ろうが受け取るまいが勝手にしろ〟という態度だったが、保健社会省では私が偶然にも詳細を知ることになった。それならばこの事件を書いてもよいだろう、間違った慣習は終わりにしなければならないと考えた」と述べ「一九九一年に〔私は保健社会省記者クラブの寸志授受について〕非常に詳細な事実を知り、これは単なる接待ではなく〝権言癒着〟[17]だと思った。記者個人の問題ではなく、記者クラブの問題であり、韓国社会の問題だと。記事化すべきだと思った[18]。

ハンギョレ新聞社内の意見はどうだろうか。例えば、東京特派員を務め記者クラブ問題に詳しい金度亨は次のように述べた。

「『ハンギョレ新聞』の役目といえば、〔『ハンギョレ新聞』の存在によって他の〕マスコミが自身に対して厳しくなったことだろう。『ハンギョレ新聞』によって監視されるわけだから。例えば寸志問題だが、これは結局賄賂だ。しかし当時は寸志は賄賂という意識はなかった。記者の特権・慣例のようになっていた。それを『ハンギョレ新聞』が何回か記事を書いて、大きな波紋を呼んだ。その記事によって辞職した〔他マスメディアの〕記者もいる。記者クラブが寸志の分配役になっていた。私に対しても「受け取るように」という話がきたことがある。昔は拒むことはなかなか難しかった。今は少なくとも公にはやりとりすることはなくなった。

世論媒体部は一九八八年の創刊時は、マスコミ監視を目的に創設された。それ以前は、〔マスコミ業界は〕お互いに配慮して報道しないのが業界の美徳だったが、『ハンギョレ新聞』によって、相互批判の必要性が高まった[19]。

事件以降、保健社会省記者クラブだけでなく他の記者クラブでも、クラブ次元での寸志の授受はほぼなくなったようである。また、一一月初旬には、『朝鮮日報』『東亜日報』『韓国日報』『韓国経済新聞』『京郷新聞』が社告で「全記者クラブからの脱退」を宣言し、再出発を約束したが、一年も経たないうちに、それら新聞社の記者たちが再び記者クラブに加入した。このとき、なぜ再び記者クラブを事件前と同じ状況に戻すのかという説明は国民に対して全くなされなかった。

『ハンギョレ新聞』の保険社会省記者クラブ巨額寸志授受事件報道は、記者クラブの解体を促進したり、事件に絡んだ記者クラブ加盟社を半永久的に記者クラブから追放することまではできなかったという限界性はあったものの、「権言癒着」の一端を断ち切り、ジャーナリズム浄化の効果をもたらしたという点で評価ができよう。

3　『ハンギョレ新聞』の記者クラブ闘争

前項で取り上げたように、記者クラブは、その本質である差別構造および「権言癒着」の温床になっており、韓国でも一貫して問題視されていたが、企業メディアと政治権力の利害が一致していたため、長い間維持されていた。しかし、このような韓国の記者クラブ事情は、『ハンギョレ新聞』の登場で確実に変化をみせた[20]。同紙は、創刊当初には各記者クラブへの加盟が認められないケースが多く、ブリーフィングに参加できないことが多かった。同紙の記者は、記者クラブ加盟を巡って記者クラブ側と闘争した。

代表的なのは、金炯培《キムヒョンベ》（当時、警察担当記者）によるソウル市警察局（現在のソウル市警察庁）記者クラブ闘争である。金炯培は、記者クラブに所属できず、そのため記者室を使うことができなかった。他の警察署でも同様だった。金度亨は金炯培に直接聞いた話として次のように述べた。

警察署の記者クラブに所属するのも、『ハンギョレ新聞』創刊後六ヵ月くらいかかった。〔記者クラブ側に加盟を〕拒否されたので闘った。警察の広報課を巻き込んで、それを利用して記者クラブに入った。広報課課長に、一線の警察署から出勤して帳簿を入手して、渡した。この事実を報道しないから、記者室に入れるように処置してくれと。ソウル市警に出入りした頃の話なので一九八八年頃だ[21]。

結局、創刊半年後の一九八八年一一月に『ハンギョレ新聞』記者のソウル市警察局記者クラブ加盟が認められ、金炯培記者はソウル市警察局記者クラブへ出入りすることができるようになった。その後、同紙記者は他の警察署の記者クラブへの加盟も認められるようになった。また、国防省記者クラブへの加盟も創刊三ヵ月後の一九八八年八月には認められた。

『ハンギョレ新聞』記者は記者クラブに加入した後も、各記者クラブの運営費をクラブ員の自己負担とする運動を展開するなど、記者クラブの正常化に努力した。この点を、外交通商省記者クラブの幹事を務めたことがある柳在壎《リュジェフン》記者は「（記者クラブは）『ハンギョレ新聞』が創刊されてから変わってきた。（記者クラブの）運営費についても記者たちが出して運営するようになった。ハンギョレ新聞の記者は、他のマスメディアの記者と比べてフェア・プレーしているというように思われている」と指摘した[22]。

『ハンギョレ新聞』と記者クラブとの関係で最も着目すべき事例は、青瓦台（大統領官邸）記者クラブの加盟を巡るものであろう。同紙は、約二年間、青瓦台記者クラブに加入できず、そのために記者クラブ側と争った。

『ハンギョレ新聞』創刊当時、青瓦台記者クラブには『京郷新聞』『東亜日報』『ソウル新聞』『中央日報』『朝鮮日報』『韓国日報』の日刊紙六紙、KBS、MBCの二つの放送局、『コリアヘラルド』『コリアタイムス』の英字新聞二紙、『毎日経済新聞』『韓国経済新聞』の経済紙二紙、『大田《テジョン》日報』『光州日報』『大邱《テグ》毎日新聞』『釜山日報』の地方紙四紙、通信社の聯合通信など全部で一七社のマスメディア記者が所属していた[23]。『ハンギョレ新聞』の初代青瓦台担当は李《イ》元燮《ウォンソプ》記者だった。青瓦台は、李元燮に出入証を発給しなかった。約二年間、『ハンギョレ新聞』の青瓦台担当記者は記者室に出入りできず、ブリーフィングにも参加できなかったため、青瓦台弘報室で待機することを余儀なくされた[24]。

『ハンギョレ新聞』側は、記者クラブ側に記者室の使用や便宜供与を要求していたのではなく、青瓦台出入証の発行およびブリーフィング参加許可などを要求していた。創刊号発行の六日前である一九八八年五月九日に、青瓦台出入要請書を青瓦台の担当部署宛に送ったが、無視され続けた。これに対して何度も抗議した結果、七月二九日に洪性《ホンソン》澈《チョル》秘書官名義の返事が来たが、「総合的に対策を検討しているが、貴社の要請にすぐに応じることができないことを遺憾に思う」という文面で実質的に要請を無視し、問題を先送りする回答をした。この返答に対して九月九日、当時代表取締役であった宋建鎬が、大統領の盧泰愚宛に直接、青瓦台出入要請の書簡を送った。この書簡は、『ハンギョレ新聞』の記者クラブ認識および対応をよく示しているので、少々長くなるが引用する。

〔前略〕青瓦台当局と本社との先日の接触に対して、詳細な説明を申し上げたいと思います。本社は文化観光省から登録証を受け取った後、去る五月九日に「出入・取材許可要請公文書」と一緒に青瓦台出入内定記者へ対する人的事項資料を青瓦台へ登記郵便で発送しました。

青瓦台当局は、何の反応も見せず、六月に入ってから電話で公文書を受領したと知らせてきただけで、出入り・取材許可の要請についてはきちんとした返答をしませんでした。本社の何度かの要請にも青瓦台の関係者は始終一貫「記者室が狭いので対策を立てている。待ってくれ」という返事だけでした。本社は去る七月一四日に再び登記郵便を送って七月末までに本社記者の出入・取材が可能なように適切な処置を取ってくれるように要請しつつ、もしその時までにも何の措置がなかったならば、やむをえず読者および国民世論に知らせるしかないことを強調します。

これについて青瓦台には七月二九日にようやくホンソンチョル秘書室長名義で「青瓦台出入・取材問題はすでに常時出入りし・取材している相当数の言論以外に新規の出入り・取材を希望する言論が増え続けており、これらすべての言論記者へすぐに出入り・取材の便宜を提供するのは現実的に困難であり、総合的に対策を検討しており、貴社の要請にすぐに答えられないことを遺憾に思う」という内容の短い回答を送ってきました。

青瓦台側で言う総合対策検討はすでに何ヵ月も前から説明してきたことで、ハンギョレ新聞社はいつ終わるともわからないこの「総合検討」をすでに四ヵ月も待ってきました。青瓦台の回答を受け取ってからすでにひと月がさらに過ぎました。

われわれが要求することは記者室や特別な便宜施設の提供ではなく、ニュースに対する接近権《アクセス》自体だという点を機会がある度に明らかにしてきました。

今や『ハンギョレ新聞』が大統領に直接公開書簡を送る理由は、このような青瓦台当局の措置が憲法に保障された言論の自由に対する侵害であり、このような事実を大統領はもちろん、国民全体が知らなければならないと信じるからです。

ハンギョレ新聞社はこの書簡が青瓦台に受理された後にも適切な措置が取られない場合、この公開書簡を本紙にそのまま掲載します。本社はこのような決定が言論の自由を守護するための最小限の自救権であると信じます。(25)

しかし、この書簡も無視された。

『ハンギョレ新聞』は、大統領府とのこれ以上のやりとりは無駄だと判断し、これまでのプロセスを紙面に掲載し、すべてを公開して社会問題化することを決定した。一九八八年九月二一日の記事「青瓦台出入拒否に正式抗議　本社、創刊四カ月を過ぎても取材ができない」では、この間の記者クラブ側および青瓦台の対応を批判し、同日の三面には、宋建鎬が盧泰愚大統領に送った書簡を新聞掲載することで全面公開した。公開書簡の重要部分は次の箇所である。

ハンギョレ新聞は、他言論と全く同じくニュースがあるすべての機関および団体に自由に出入りし、取材する必要があります。出入り自体を封じてニュース源に対する接近さえ許可しないことは、善意を持って解釈しても公平ではない仕打ちだと考えます。〔中略〕われわれが要求することは記者室や特別な便宜施設の提供ではなく、ニュースに対するアクセス権自体という点を、機会がある度ごとに明らかにしてきました。

언론통폐합 전대통령이 지시

문공부 감사자료 이원홍·허문도·이상재씨 증인 채택

정 문공 "한겨레신문 청와대출입 건의"

국회는 10일 운영위를 제외한 15개 상위별로 문공부 등 소관 부서에 대해 국정감사를 벌였다.

문공위는 문공부에 대한 감사에서 80년 언론 통폐합 조치와 관련, 그 배경과 주도 기관 및 주도 인물에 대해 집중 추궁했다. 또 5공화국에서의 보도지침과 최근 시달된 보도요강의 시행 근거를 따지는 한편 〈한겨레신문〉 기자의 청와대 출입거부 문제 등 언론정책 전반에 대한 감사활동을 벌였다. 〈관련기사 3·4면〉

문공부는 이날 국회 문공위에 제출한 국정감사 자료에서 80년 신문사 통폐합과 방송사 공영화 등 언론기구의 개편이 대통령 지시에 따라 추진되었음을 밝혔다. 이 자료는 '홍보조직 기능 강화'라는 대통령 지시사항에 따른 '추진사항'에 신문사의 통폐합을 포함시키고 있다. 이 자료는 이에 따른 통폐합 조치가 전두환 전대통령의 재임기간인 80년 12월말에 완료되었음을 밝히고 있다.

이날 문공위원들은 공보실 현장 문서검증을 통해 보도지침 계획서와 정보비 지출 내역 및 언론인과의 개별접촉 결과서를 발견하고 "정보비가 안전기획부의 통제 아래 언론통제 및 공작에 쓰였음이 밝혀졌다"고 말했다.

이날 야당 의원들은 질의를 통해 "80년 언론 통폐합 조치는 자율이란 미명 아래 당시 대통령실과 문공부가 주도한 것이 확실하다"며 통폐합에 관련된 자료제출을 요구했다.

문공위는 이날 자진 출석을 요구했던 이광표 전 문공부장관과 이상재 전 민정당 사무차장, 허문도 전 청와대 정무1수석이 출석하지 않음에 따라 오는 22일 문공부 확인감사 때 증인으로 출석시킬 것을 의결했다.

이들 외에 이원홍 전 문공부장관, 문태갑 전 신문협회회장, 홍대근 전 경기일보 사장, 최승호 전 광주 MBC 사장 등에 대해서도 증인 출석을 의결했다.

이날 박석무 의원(평민)은 특히 "언론 통폐합의 주도적 기능을 담당했던 세칭 태평회의 정체를 밝히라"고 추궁하고 "태평회원은 이상재씨와 조선일보 방우영 사장 등이라는데 사실인가"라고 물었다.

야당 의원들은 〈한겨레신문〉 등 신규 신문사 기자들의 청와대 출입통제 조치를 즉각 철회할 것을 요구했다.

정한모 문공부장관은 답변에서 "한겨레신문 등 신설 언론기관의 기자들이 청와대에 출입할 수 있도록 건의하겠다"고 밝혔다.

법사위는 대검, 고검, 서울지검 및 지청 감사에서 5공화국의 주요사건에 대한 증인으로 안무혁 전국세청장, 이희성 전교통부장관, 김철호 명성그룹회장(이상 명성사건), 서동권 전검찰총장(부천서 성고문사건, 박종철씨 고문

10일 국회 문공위의 문공부에 대한 감사에서 야당 의원들은 80년 언론통폐합 조치, 보도지침 및 특정 언론사 기자의 청와대 취재 거부 등에 대해 신랄하게 추궁했다. 〈김연수 기자〉

군사보호 구역 이달 대폭조정

정부는 전국토의 7.5%에 달

写真4－2　「言論統廃合　全大統領が指示／文公省の鄭《チョン》長官 〝ハンギョレ新聞の青瓦台出入を建議〟」記事

出所：『ハンギョレ新聞』1988年10月11日1面。

提供：ハンギョレ新聞社

『ハンギョレ新聞』側は、記者クラブに入りたいと記者クラブ側に要請しているのではなく、ニュース源へのアクセス権の保障を要請しているところが要締である。アクセス権を記者クラブに独占させずに、別途『ハンギョレ新聞』にも保障してくれれば、記者クラブに入る必要はないと主張しているのである。また、一〇月一日には、西江《ソガン》大学社会科学部長の劉載天《ユジェチョン》の寄稿「情報接近権と青瓦台取材封鎖　『ハンギョレ新聞』への差別的排除は〝反民主的〟」を三面に大きく掲載した。

さらに、この問題は国会でも審議され、一〇月一一日には「言論統廃合　全大統領が指示　ハンギョレ新聞青瓦台出入拒否を問う」という記事が掲載された。これは、八〇年代の全斗煥政権下で行われた言論統廃合について、当時言論関係を統括していた文化公報省について国会で追及した顛末を報じているものであり、文化公報省が『ハンギョレ新聞』記者の青瓦台出入拒否問題など言論政策全般について監査活動を始めたことを伝えたものであった【写真4－2】。

このような『ハンギョレ新聞』の記者クラブ闘争およびそれと連動して発生した国会の動きにもかかわらず、青瓦台担当部署と記者クラブは「記者室が狭いので、これ以上記者が入れるスペースがない。春秋館[26]が完成するまでは『ハンギョレ新聞』

記者は青瓦台に出入りできない」と強硬姿勢を貫いた。ハンギョレ新聞社は「記者室でのワーキングスペースも必要ない。出入証発行だけでよい」と譲歩したが、青瓦台と記者クラブ側は無視し続けた。結局、『ハンギョレ新聞』記者は春秋館が完成するまで青瓦台記者クラブへ加盟することができなかった。

この後、ほとんどすべての記者クラブに加盟するに至った『ハンギョレ新聞』記者は、記者クラブ内の改革に尽力したものの、そもそもが非民主的なシステムである記者クラブの論理を否定し、記者クラブそのものの解体まではいかなかった。同紙は「記者クラブをオープンにすべき」と一貫して主張していたが、「記者クラブを解体せよ」とは主張していなかった。ここに記者クラブ問題における『ハンギョレ新聞』の限界がある。『ハンギョレ新聞』も記者クラブに加入しているマスメディアの一つであり、記者クラブを開かれたものにすべきという主張は、記者クラブに対する本質的な批判にはなり得なかったのである。記者クラブ解体のターニングポイントは、一〇年後の『オーマイニュース』の対記者クラブ闘争および盧武鉉政権の樹立まで待たねばならなかった。

第2節　広告問題

1　創刊当時における『ハンギョレ新聞』の広告戦略

第2章第2節で触れたように、ハンギョレ新聞社の基礎をなす資本金は国民株方式によって獲得されたが、通常の運営資金は、マスメディアの伝統的かつ典型的な収益方法である広告収入に頼らざるを得なかった。しかし一方で、「東亜日報白紙広告事件」を経験してきた七五年解職事件の世代は、広告収入の問題点を認識していた。その認識に根差した哲学が、『ハンギョレ新聞便り』活版印刷版第一号一面に掲載されている「ハンギョレ新聞一問一答」に次のように述べられている。

既存新聞の広告を見ると、道徳的に受け入れられない事実上の人身売買広告まで無茶苦茶に載せている。ハンギョレ新聞は、実際に国民の生活に役立つお知らせ広告・案内広告などを重点的に載せるなど新しい広告形態を開発する。もちろん、企業の広告も取り扱う予定だが、広告主からの圧力によって新聞の本質を濁すことは絶対にないのである。[27]

この記事からは、①広告主の圧力を徹底的に排除すること、②広告にも倫理を要求し、「民衆」の要求に合う広告を扱うことを基本にする、という二点が基礎となっていることがわかる。広告収入に通常経費の多くを依存せざるを得ない構造において、この二点を守りながら収入源を確保するためにはどのような方策があったのであろうか。

創刊当時、ハンギョレ新聞社広告局副局長だったユンソンオク〔윤성옥〕[28]は、広告戦略の基本を「ハンギョレ新聞が追及する広告営業戦略　最小限の利益・公益性を生命として」という記事で明らかにしている。[29]ユンは「ハンギョレ新聞の広告戦略は二つの目標を持っている。一つは新聞社経営に必要な最小限の利益を確保することであり、もう一つはわが国の新聞広告業界に新しい風を巻き起こすことだ」としている。「最小限の利益」の理由については「ハンギョレ新聞は新聞の発刊と持続的発展に必要な金額以上の収益を求めないからである。もしそれ以上の余剰収益が生まれたら、広告料の単価を低くするとか新聞代金を下げて企業と消費者の負担を減らすことになる」としている。通常、企業は活動の目的を利潤の最大化としているが、ハンギョレ新聞社の場合は「利益の最小化」としており、必要最低限以上の利益は読者らに還元することを約束しているのである。このような考え方は、通常の株式会社よりは、非営利法人の目的意識に近いだろう。ハンギョレ新聞社が追求する価値は、経済的利益ではなく別のところにあるということがわかる。

二つ目の目標である「新聞広告業界に新しい風を巻き起こすこと」についても自信を持って展開している。「広告業界は元来厳しい。制度圏に安住する新聞であっても、寡占とカルテルの特別な恵みを享受しても、営業的にもうまくいかないことが、避けられない厳しい事実としてある」としながらも、「われわれはいわゆるＵＳＰ（Unique Sales Proposition）を持った強力な広告メディアになるのである」と宣言している。この宣言を行動に移すためにとった方法が、①透明性の確保（広告主への正確な情報伝達）、②専門広告代行社の役割重視、③収益に見合う責任感、であった。ユンは、①の具体的な方策を次のように書いている。

例えば、まずわれわれは創刊号から発行部数を正直に公開するつもりであり、少なくとも創刊の約一年後にはＡＢＣ（発行部数公社機構）に加入する。読者の社会人口学的特性を精密に調査し、広告主のマーケティング活動を科学化・経済化することに最善を尽くす。(30)

これは、『ハンギョレ新聞』の広告面の効果を、発行部数と読者の正確な情報を提供することで、広告主にアピールする方式である。この方式の問題点は、発行部数と読者数を他のマスメディアにも知られてしまうことであるが、『ハンギョレ新聞』のように自社利益の追求を第一目的にせずに、「公衆の権益（public interest）」を最重要視する新聞社としては、むしろ『ハンギョレ新聞』の価値観に適うと、当時のハンギョレ新聞社幹部らは考えたのだろう。

②は、広告掲載時に広告代理店を通した適正手続きの原則を述べている。「すべての関連企業の役割分担が果たされてこそ〔一定〕領域の専門化がなされ、わが国の広告産業が先進国水準に形成されることを信じる」ので、そのために「たとえ掲載単価が低くなっても代行社に所定の代行手数料を支払う取引慣行を打ち立てる」としている。

③はまさしく『ハンギョレ新聞』らしい姿勢である。

この後、四月二八日に発行された『ハンギョレ新聞便り』第一〇号に「ハンギョレ新聞の広告戦略」という記事が掲載されるが、ユンの寄稿はその記事に先んじたものであった。

2　経済権力との終わらぬ闘い――三星《サムスン》広告問題

第２章で検討したように、『ハンギョレ新聞』は、大多数の少額株主が新聞社を支える国民株方式を基盤とする経営構造を持っている。したがって、編集権の独立を脅かす勢力の不当な干渉をはねつけることができ、特に政治権力による弾圧と闘うことができた。この方式は、ジャーナリズム理論に照らしても、民衆の知る権利に応え、権力を監視する等のジャーナリズムの責務を果たすことを保障する最良の方法の一つであることは間違いない。しかしながら、累積赤字による経営難は創刊以来の問題であった上に、一九九〇年代後半からは、インターネット時代における若者の新聞離れや新聞不信などによって、新聞界全体の購読率が落ち込み、その分、広告依存度が次第に高まり、資本の論理によってジャーナリズムが浸食される現象からハンギョレ新聞社も例外ではなかった。

第３章で言及した権貴順（二〇〇九年三月当時ハンギョレ新聞社世論メディアチーム記者）はこの問題について次のように指摘した。

> 実際に〔ハンギョレ新聞社は〕独立した言論としては良い構造を持っている。しかし、実際的な財政運営などは広告を通して行っており、ほとんど広告に依存している。日本のマスメディアの場合も広告料と購読料に依存しているが、広告料に依存する比率が韓国より遥かに低い。しかし、韓国の場合は〔広告料依存率が〕八〇％にもなり『朝鮮日報』『東亜日報』『中央日報』の場合は九〇％になるケースもある。だから、〔国民株方式によって〕支配構造が独立していても、それには限界がある。実際に財源は広告料から出ているからだ。運営上は資本から独立できていないという問題がある。これは、『ハンギョレ新聞』の問題というよりは、韓国のマスメディア全体の姿だと言える。(31)

上記に述べるように、国民株方式に基礎を置くハンギョレ新聞社は、編集権を脅かされる決定的な干渉ははねつけてきたものの、過度に広告収入に依存する経営方式のために広告主による圧力を受けやすい構造になってしまっているのである。それが最も深刻化した例が二〇〇七年一一月から始まった「三星広告問題」である。

二〇〇七年一〇月二九日にカトリック正義具現全国司祭団が記者会見し、「三星の前法務チーム長である金勇澈《キムヨンチョル》の借名口座に五〇億ウォンの秘密資金がある」と暴露した。これを受けて『ハンギョレ新聞』が翌日の一〇月三〇日から「三星機密費口座」という企画記事を始め、三星グループの疑惑を調査報道し始めた。

それに対して、三星グループ（系列会社、子会社も含む）は二〇〇七年一一月から広告を『ハンギョレ新聞』に出さない処置をとった。広告を出すか出さないかは広告主の合理的選択に任されるのが原則であるとはいえ、前後の文脈を踏まえると、『ハンギョレ新聞』の報道に対する三星の報復措置であることは明らかであった。韓国リサーチの調べによると、二〇〇八年度は『朝鮮日報』『中央日報』『東亜日報』の閲読率（readership score）はそれぞれ〇・五〜一ポイント下落した一方、『ハンギョレ新聞』の閲読率は〇・五ポイント上昇していた（日刊紙で第四位＝当時）。媒体の影響力が他の日刊紙に比べて劣らないことが立証されていたにもかかわらず、『ハンギョレ新聞』にだけ広告を載せなかった三星は、広告によってメディア企業の経営生命線をコントロールし、自社に不利な記事を出させないやり方をとり、広告主による言論弾圧とみることができる。

「報復」はこれにとどまらず、二〇〇八年一月二二日に泰安《テアン》における原油流出事件関連で三星が国民向けに謝罪広告を新聞掲載した時も、『ハンギョレ新聞』だけは排除された。明らかに『ハンギョレ新聞』に対する嫌がらせだった。これに対して、市民は『ハンギョレ新聞』に対して激励広告を出した。広告には「三星の機密費を正しく報道したハンギョレの読者は、三星の謝罪を受けられないのでしょうか」という文が載った。

しかし、三星グループは二〇〇八年一一月、ハンギョレ新聞社へ、今後も広告を出さないことを通知した。ハンギョレ新聞社はこの問題にどのように対処するか決断を迫られていた。現在、韓国におけるほとんどのメディア、特に新聞社の収入の八〇％から九〇％は広告収入に依存している。三星グループによる広告の比重は、新聞社では少なくとも平均一〇％以上、多いと二〇％から三〇％程度を占める。三星グループの広告が経常収支の重要な一角を占めているのは、ハンギョレ新聞社も他メディアと同じなのである。したがって、三星グループの広告が中断された期間のハンギョレ新聞社の収入は急激に減り、深刻な赤字経営に陥ってしまった。社内ではどうすべきかが何度も話し合われた。

ハンギョレ新聞社の出した答えは、三星への徹底抗戦だった。二〇〇八年一一月にハンギョレ新聞社の高光憲《コグァンホン》代表取締役（当時）は、「三星は金でハンギョレを飼いならそうという考えを持っているかもしれないが、われわれは決して屈服しない。苦難があるとしても、三星の広告なしでいくことを決定した」と発表した。広告主に対して膝を屈するのではなく、ジャーナリズムとしての原則と矜持を守ることを選択したのである。『ハンギョレ新聞』の創刊理念、アイデンティティ、これまで歩んできた道を考えると、当然といえば当然の選択であったが、経営的側面から考えると、容易な選択ではなかった。この後、一一月一九日に、三星広告問題が『記者協会報』『メディア今日』等の専門紙で報道され、一二月五日には、韓国放送公社（ＫＢＳ）の『メディア批評』で三星広告問題が報道された。これらメディア批評専門紙や番組は、問題の本質を広告主による言論弾圧と見た。

一連の事件が進行中の二〇〇八年五月一五日、『ハンギョレ新聞』創刊二〇周年祝賀会の席でスピーチした白楽晴は、「『ハンギョレ新聞』は過去二〇年で政治権力による言論弾圧と闘い、これを克服した。これからは経済権力との闘いが重要になる」という趣旨の話をした。『ハンギョレ新聞』が三星グループの圧力に屈しなかったことは、ジャーナリズムとして評価できる選択である。今後は広告に依存している構造を変えて、経済権力による圧力を克服する方法を編み出さなければならない。これが二〇〇八年時点での同紙にとっての課題であったが、それは二〇一九年現時点でも同様であると言える。

小結　言論民主化運動の継続と「言論の自由」守護

本章では、第3節で検討した理念型を念頭に置きつつ、『ハンギョレ新聞』が推進した言論民主化運動を論じた。

第一に、記者クラブと『ハンギョレ新聞』の関係性を事例研究として扱った。

記者クラブは、植民地期に日本から韓国に移植されたシステムで、「官庁など公的機関の主要なニュース源《ソース》の建物の中にある記者室を独占的に使用し、排他的に取材・報道する独自のユニークな記者集団であり、一種の不法なカルテル」〔浅野 2011：43〕であるが、韓国でもこの記者クラブが権力と癒着せざるを得ない構造を持っていたのであり、それは寸志という金銭授受などを介して行われていた。『ハンギョレ新聞』は、一九九一年一一月一日の報道を通して、このような記者クラブの構造的欠陥・権力と癒着した犯罪的行為を暴露し、記者と権力との関係性に改善を促した。また、青瓦台記者クラブから締め出されていた同紙は、記者クラブの閉鎖性を暴露しつつ、取材源への接近を権利として勝ち取るために闘った。

『ハンギョレ新聞』は、権力とマスメディアの不健全な敢行を改善し、記者クラブ内の改革に尽力したものの、非民主的なシステムである記者クラブの論理を完全否定し、記者クラブそのものを解体するには至らなかった。同紙が「記者クラブを解体せよ」と主張しなかったことは、記者クラブが持つ本質的な問題にまで踏み込まなかったことを意味している。ここに記者クラブ問題における同紙の限界があった。

第二に、『ハンギョレ新聞』と広告の問題を検討した。まず、同紙の広告戦略の基本理念である、①広告主の圧力を徹底的に排除すること、②広告にも倫理を要求し、民衆の要求に合う広告を扱うことという二点については、同紙の理念と合致しており、特に、①については三星広告問題のときにも遵守された。また、②については、創刊初期に議論された「最少の利益」という理念や新聞広告に関して旧習を打破する姿勢に表れており、それは、①透明性の確保（広告主への正確な情報伝達）、②専門広告代行社の役割重視、③収益に見合う責任感などという理念に反映されている。

広告についてこのような理念を持つハンギョレ新聞社が、近年経験した最も重要な事例が、二〇〇七年一一月から始まった三星広告問題であった。この問題によって、同紙を含むマスメディア企業が、経営において広告収入に大きく依存している構造とそれによってもたらされる問題が明確になった。『ハンギョレ新聞』は三星を告発する記事を掲載したが、その報復として三星から広告収入を得られず、経営が圧迫された。しかし、同紙は安易に妥協せずに「三星への徹底抗戦」を選択した。この選択はジャーナリズムの原則に叶うものであり、同紙の創刊精神や広告戦略の基本を考えても、この選択は当然の帰結であろう。

広告問題はこの先も起こる可能性が高く、広告に依存している構造を変え、経済権力による編集への圧力を克服するための経営努力を続ける必要がある。

注

（1）日本新聞協会ホームページ内の英文ページにおける「Kisha Club Guidelines」 http://www.pressnet.or.jp/english/about/guideline/ などを参照されたい。

（2）二〇一二年一月二五日の『朝日新聞』に掲載された「内実に、どう迫るのか　一一年度第四回朝日新聞紙面審議会土井委員」で土井香苗委員が「日本の新聞の紙面がどれも同じに見える原因の一つに、『特オチの恐怖』がある。記者クラブ問題もある。海外の新聞はどうなのか」と質問したことに対して、朝日新聞国際部長の渡辺勉は「海外には日本のような記者クラブはない」と明確に答えている。

（3）「촌지（寸志）」と「뇌물（賄賂）」に厳密な規定があるわけではなく、寸志も賄賂の一部と見なすことも十分に可能であろう。

（4）聞き取り調査をした二〇〇八年三月当時は太平洋戦争被害者補償推進協議会副会長であった。

（5）金幸珍への聞き取り調査は、二〇〇八年三月二六日にソウル市内で実施した。

（6）前掲の李仁哲への聞き取り調査より。

（7）임재경「[길을 찾아서] 세상을 바꾼 사람들④ - 2〝입막음 술판〟서 용춤 춘 기자들」『한겨레』〔任在慶「〔道を探して〕世の中を変えた人たち④ - 2「口止め酒宴」で、言いなりになった記者たち」『ハンギョレ新聞』〕二〇〇八年五月二一日。URL : http://www.hani.co.kr/arti/society/society_general/288599.html

（8）同前。

（9）「한겨레신문 一문一답」『한겨레신문소식』（활판인쇄판）一호〔「ハンギョレ新聞一問一答」『ハンギョレ新聞便り』（活版印刷版）第一号〕一九八七年一一月一八日一面。

（10）「보사부기자단 거액촌지　업계등서 九천여만원 거둬　추석 떡값・해외여행 명목」『한겨레신문』〔「保社省記者クラブ巨額の寸志　業界などから約九千万ウォン受け取る　秋夕の餅代・海外旅行の名目で」『ハンギョレ新聞』〕一九九一年一一月一日一五面。

（11）「〝협조〟요청 단기간내 조성／보사부 가자단 촌지수수 충격」『한겨레신문』〔「〝協力〟要請を短期間につくる　保社省記者クラブ寸志授受の衝撃」『ハンギョレ新聞』〕一九九一年一一月一日一二面。

（12）「〔国際リポート〕韓国マスコミ〝たかり体質〟業者の寸志で海外旅行」『読売新聞』一九九一年一一月一二日、東京夕刊。

（13）旧暦八月一五日。日本の盆に相当する。

（14）日本国総務省統計局「日本の長期統計系列　第18章貿易・国際収支・国際協力」で公開されている統計資料「外国為替相場（昭和二五年～平成一七年）」を参照した。URL : http://www.stat.go.jp/data/chouki/18.htm

（15）韓国では、主流企業メディアである『朝鮮日報』『中央日報』『東亜日報』の三紙をまとめて「朝中東」と呼ぶことが多い。発行部数一～三位を占める主流マスメディアであるのがその理由である。また、進歩勢力・リベラル勢力がこの三紙を「朝中東」と呼ぶときは、三紙がともに保守路線であり、重要なイシューにおいて論調が似る新聞であるという意味が含まれる。

（16）大韓民国刑法第三五六条二項「業務上背任罪（업무상배임죄）」。

（17）本来ならば権力監視をその使命としているジャーナリズムが、政治権力または経済権力と、持ちつ持たれつの馴れ合いの関係になること。

（18）成漢鏞への聞き取り調査は、二〇〇八年一一月二五日にハンギョレ新聞社で行った。

（19）金度亨への聞き取り調査は、二〇〇八年二月一八日に東京都内で行った。

（20）ただし、記者クラブ制度の批判や撤廃が主張され始めたのは『ハンギョレ新聞』創刊以後ではない。むしろ、『ハンギョレ新聞』創刊前の言論民主化運動において主張されていたと見るのが正しい。『東亜闘委ニュース』一九八〇年三月一七日号には、すでにその言説が見られる。
(21) 前掲の金度亨への聞き取り調査より。
(22) 柳在壎への聞き取り調査は、二〇〇四年二月二五日にハンギョレ新聞社で行った。
(23) 聯合通信は、一九九八年一二月に社名を「聯合ニュース」に変更し現在に至る。
(24) 前掲の成漢鏞への聞き取り調査より。
(25) 송건호「노태우대통령에게 보내는 공개서한」『한겨레』〔宋建鎬「盧泰愚大統領に送る公式書簡」『ハンギョレ新聞』〕一九八八年九月二一日。
(26) 一九九〇年に完成した青瓦台のプレスルーム。
(27) 前掲注9参照。
(28) 『東亜日報』解職記者出身。東亜闘委で活動した後、テホン企画、韓米銀行での勤務を経験し、『ハンギョレ新聞』創刊準備作業に合流した。〔ハンギョレ二〇年社史編纂委員会 2008：298〕
(29) 「한겨레신문이 추구하는 광고영업전략 최소 이익・공익성 생명으로 기사 미끼 광고 강요하는일 결코 없을것 대기업체 광고 거부 소문 사실과 달라」『한겨레신문소식』(활판인쇄판) 八호〔「ハンギョレ新聞が追及する広告営業戦略 最小限の利益・公益性を生命として　記事を餌に広告を強要することは決してないこと　大企業広告拒否という噂は事実とは違う」『ハンギョレ新聞便り』(活版印刷版) 第八号〕一九八八年三月二三日四面。
(30) 同前。
(31) 前掲の権貴順への聞き取り調査より。

第5章 「民主化」以降の『ハンギョレ新聞』

本章では、一九九三年二月の金泳三政権誕生以降、つまり韓国において初の文民政権が樹立した以降の『ハンギョレ新聞』の動向について、ジャーナリズム論およびマスメディア論の視角から再検討する。(1) 特に重要なのは金大中政権・盧武鉉政権なので、この両時期に分析を集中させたい。

検討課題の一つは、『ハンギョレ新聞』が政権に対してどのような報道姿勢をとり、いかなる評価を行ってきたかを検証することである。特に、金大中政権から盧武鉉政権期における政権との距離について論じることは重要である。同紙の両政権期の報道姿勢は、韓国国内の政治権力とジャーナリズムの関係を考察する上で非常に興味深い。この検討課題に答えを出すためには、同紙の社説などを社会の争点別に内容分析することが最適な方法の一つであると思われる。(2) 序章で詳しく言及したが、この時期の報道については、『朝鮮日報』『東亜日報』など、いわゆる保守陣営のマスメディア報道と比較しながら内容分析する論文が多数ある。内容分析を主としたそのような分析は非常に重要ではあるが、そのためにはイシュー別あるいは時期別に詳細かつ膨大な研究が必要であるため、本章ではそのような内容分析を中心とはせず、同紙の論調を概観した上で、ジャーナリズムとしての在り方を考察することにする。

ただし、内容分析を全く用いないわけではない。第4節では、ニューメディア時代の『ハンギョレ新聞』の報道姿勢を分析する事例として、二〇〇八年に長期間ソウルを中心として韓国全国に波及した「キャンドルデモ」を取り上げた。新聞紙面で展開された論調の分析のみならず、筆者が実際に同紙の記者に同行してキャンドルデモの現場に赴き、取材過程を観察するという方法を採用した。

もう一つの検討課題は、『ハンギョレ新聞』がマスメディアとして、メディア環境の変化に対してどのように対処してきたのか、その実態を分析することである。具体的には、ニューメディア時代における同紙の姿勢について検討することになる。

ニューメディア時代のジャーナリズムをどのように設計していくのかという問題は、『ハンギョレ新聞』のみならず、韓国言論界全体にとって大きな課題でもある。ニューメディア時代の本格的な到来は、金大中政権期に起こった。金大中政権は、韓国をIT強国にすることを経済政策の中心に据え「サイバーコリア21」などのプロジェクトを強力に推進していった。韓国の既存マスメディアも当然この動きに影響を受け、紙媒体中心のジャーナリズム活動およびマス・コミュニケーションから、ニューメディアを活用したそれへと展開せざるを得なくなっていく。

一方、一九九〇年代末から勃興を始めたニューメディアの急成長は、独立系インターネット新聞の『オーマイニュース』、『プレシアン』（二〇〇一年九月二四日に創刊）など、新しいジャーナリズムの潮流を生み出した。いわゆる、「オンラインジャーナリズム」や「インターネットジャーナリズム」などと呼ばれるジャーナリズム形態である。これらオンライン空間におけるジャーナリズム活動をメインとする代案言論（オルタナティブメディア）は、既存マスメディアにはできない付加価値のある報道を得意とし、さらに、双方向性というインターネットの特性を十分に利用して、「市民参加型ジャーナリズム」の実践形態を確立した。インターネットの登場により、紙媒体の紙面上や地上波では難しかった、マスメディアと市民の双方向性ジャーナリズムが、現実化したのである。

もちろん、取材・報道活動と新聞発行を主業務とする『ハンギョレ新聞』も、このようなオンラインジャーナリズムの流れに早くから注目していた。言論民主化運動から出発し、市民によって創立された新聞社であるハンギョレ新聞社が、市民参加型ジャーナリズムの実現性が非常に高いオンライン空間に注目したのは、ほとんど必然でもある。例えば、金孝淳は「この三年間(3)の大きな変化といえば、インターネットメディアの急速な発展だ。過去、韓国で民主的なマスメディアといえば『ハンギョレ新聞』のことだったが、今では『ハンギョレ新聞』より進歩的で左翼的なインターネットメディアがたくさん出てきている。われわれ『ハンギョレ新聞』は〝大衆的な進歩紙〟〝高級正論紙〟を目指して、現実批判だけではなく対策・対案を出せるような方向へ行きたいので、インターネット新聞の動きも注意している」と述べている(4)。

第1節　金大中政権期（一九九八～二〇〇三年）

1　金大中政権との関係性――基本的視点

これまで見てきたとおり、『ハンギョレ新聞』は言論民主化運動から出発し、市民の支持を得て創設された新聞社である。したがって、いわゆる「運動圏」出身者が多く、当然、民主化を唱える野党勢力の有力者、つまり金大中および金泳三を支持する層が厚かった。『ハンギョレ新聞』二〇周年を記念して出版された社史『希望へ向かう道――ハンギョレ二〇年の歴史』には、次のような記述がある。

解職記者たちは八〇年代民主化運動の要ではあったが、彼らは当時民主化勢力が持っていた政治的意見をそのまま反映していた。『候補単一化論』と『批判的支持論』をめぐった解職記者たちの判断がお互いに食い違った。この問題はハンギョレ創刊以降にも重要な論争の種になった。批判的支持論者たちは民主勢力の動向に敏感に反応した。ハンギョレが民主勢力の発展により直接的に寄与しなければならないと考えた。それが自由言論運動の正統性を継ぐハンギョレの務めだと考えた。反面、批判的支持論と距離を置いていた集団は、ジャーナリズムそれ自体の固有の地位を強調した。公正な報道を通して、野党はもちろん在野からも独立した地位を守りながら、大多数の読者の信頼を得るのが自由言論の役割だと考えた。［ハンギョレ二〇年社史編纂委員会 2008：166］

このような『ハンギョレ新聞』の姿勢に対して「金大中新聞」という批判も多かったようである［伊藤 2001：53–55］。このような批判に対して、前述した権貴順は、同紙が、金大中政権時代に、政権の政策を支持したことが多かったのは事実だとしながらも次のように説明した。

そのとき、『ハンギョレ新聞』は批判をたくさん受けた。批判を受けたのは、この政府〔金大中政権〕が追及することと『ハンギョレ新聞』が主張してきたこととが一致する部分があったからだ。権力監視機能を緩めてしまったという意味ではなく、一致しつつむしろ親政府的だという感じを〔読者に〕与える部分もあっただろう。しかしより明らかなことは、反対したことも非常に多いということだ。例えば、金大中政権が新自由主義、開放政治を非常に広げたことや〔一九九七年のアジア通貨危機による〕経済危機以前にそういう条件があったこと、誰よりも公企業の売却に積極的に応じたこと、このようなことには徹底的に反対した。反対に、熱狂的に支持したのは統一政策だ。南北政策・太陽政策だ。言論改革についても、新聞法を作ったことも支持した。私立学校についても問題が多かったのだが〔その問題に対する政権の処置にも〕支持を示した。このように、支持したものも多い。しかし、間違っていることについては確実に批判をしてきたつもりだ。〔中略〕金大中大統領の息子の問題があったときも最も厳しい批判を〔『ハンギョレ新聞』が〕した。(5)

この議論は二つの観点から見ることができる。一点目は、権力監視機能の遂行というジャーナリズム本来の役目を果たしているかどうかという議論である。二点目は、『ハンギョレ新聞』の政治的思想・論調と政治権力の志向性にどのくらい近接性があるのかという議論である。すなわち、第一点目の議論はジャーナリズムの原則の問題であり、第二点目の議論は政治的価値観の問題である。この二つは次元の違う議論であるにも関わらず、混同されることも多い。上記の権貴順は、主に第二点目を議論している。すなわち、『ハンギョレ新聞』の持つ政治的思想・社会的な価値観から見て、金大中政権の行った朝鮮半島統一政策（太陽政策）や言論改革政策などは肯定的に評価できる一方、新自由主義的政策は肯定的な評価はできず批判の対象であったということである。これは価値観に基づく判断である。権貴順が言及した内容のうち金大中の家族の不祥事があったが、これは最高政治権力者の家族による公権力犯罪の疑いが強かったことから、一点目に関係する問題であった。つまり、イデオロギーや政治的価値観を離れた「原則」の問題である(6)。

2　市民参加型ジャーナリズムの実践

(1)「ハニレポーター」制度の誕生と背景

二〇〇〇年四月一日に、市民をジャーナリズム活動に引き入れる方途としてのハニレポーター制度が開始された。この制度は、ハンギョレ新聞社の子会社で、インターネット部門を統括するインターネットハンギョレ社が、二〇〇〇年四月に始めた。運営の中心的な役割を担っていた具本権《グボングウォン》(7)によると、ハニレポーター担当部署には、編集記者が二人とデスク補助が一人、単純な業務を担当するアルバイトが一人の合計四人で運営していた。具本権はサービス開始の背景について、①インターネットビジネスの世界的流行、②インターネット時代に合わせて、マスメディアとしてビジネスモデルを創出する必要性、③ベンチャーキャピタルがネットビジネスに積極的に投資したこと、を挙げた。

一九九七年から九八年にかけての金融危機によって大きな打撃を受けた韓国は、金大中政権下でＩＴ産業振興策を景気回復政策の中核に据えた。一九九九年にはパソコンを普及させ情報インフラ整備をしつつ、ＩＴ関連ベンチャー企業の育成をはかり、国家規模で韓国のＩＴ先進国化を積極的に推し進めた。「サイバーコリア21」計画である。ハンギョレ新聞社もインターネット時代に合わせてウェブを活用した新しいビジネスモデルの一つとして、インターネットハンギョレ社を立ち上げたのである。ウェブビジネスは、マスメディア企業と親和性が高い。当然、投資家やベンチャーキャピタルが参入し、ハンギョレ新聞社にも資金が入ってきた。

このインターネットハンギョレ社の中核事業として、市民参加型ジャーナリズムを実践するハニレポーターが発案され、実践された。具本権は、ハニレポーター制度創設に至る内部の議論について次のように述べた。

当時、既存〔紙媒体〕の『ハンギョレ新聞』のコンテンツをウェブにアップするというサービスに限定して行っていたが、それだけでは足りないのではないかという議論が〔社内で〕あった。インターネット上でできる多様な電子商取引、旅行やショッピングと一緒にインターネット上でのジャーナリズムサービスも新しくやってみようと〔社内の意見が強く〕なり、多様なコミュニティーサービス、映画関連サイトもつくり、知識共有サービスも作った。その中の一つとして、市民や『ハンギョレ新聞』読者が記者として参与するハニレポーター制度を作ろうということになった。(8)

具本権は、ウェブを通して可能な多様なサービスの一部としてウェブサービスを始めたというのだが、ジャーナリズム研究の視角から特筆すべきは、やはりハニレポーター制度である。

このサービスでは、所定の手続きさえ踏めば、市民がインターネットハンギョレの記者、つまりハニレポーターとして、報道活動に直接参加できる。ハニレポーターの基本コンセプトは、市民自らが記者になり、見たこと考えたことを載せるというものであった。登録さえすれば、誰でも記者になり記事を書くことができるという点で、後に言及する独立系インターネット新聞『オーマイニュース』と基本的に同じ市民参加型ジャーナリズムを志向するものであった。

(2) 市民参加型ジャーナリズムとは何か

市民参加型ジャーナリズムは識者によって定義は様々ではあるが、本書ではその定義を「従来、ニュースの消費者または受け手とされてきた読者・視聴者が、ニュースの生産過程のいくつかの次元において参与することができ、情報の受け手と同時に送り手としての役割も担うジャーナリズム」とする。元来、送り手（記者）と受け手（読者・視聴者）が区別され、送り手は情報を発信することに集中し、受け手は情報を受け取ることに集中していた。この構図を変え、〝ニュースを一緒に生産し、一緒に消費する〟という次元を志向する。とはいえ、情報の単なる送受信にとどまる限り市民参加型ジャーナリズムとは言えない。ジャーナリズムは明確な方向性を持ったひとつの意識形態であり、情報の送受信にニュース性があることが前提である。

この定義に従えば、例えば本章第3節で取り上げる二〇〇八年のキャンドルデモでは、まさに市民参加型ジャーナリズムが実現されたと言える。オンライン空間の出現とテクノロジーの進化により、市民が小型カメラ（ハンディカム）とマイク、さらに取材した内容をすぐにウェブ上にアップロードできるパーソナルコンピューター機器を装備して現場取材を繰り返したからである。もちろんキャンドルデモ参加者の取材をしていたインターネットメディアとして、独立系インターネット新聞『オーマイニュース』、二〇〇〇年に登場した『民衆の声』、インターネット映像配信サービスを行う『アフリカ』、進歩新党の機関メディア(9)『カラーTV』などもあったが、キャンドルデモに参加した民衆はそれらの報道に満足せず、自発的に「市民記者団」を組織して最前線で継続して取材・報道活動をし、個人ブログを中心に記事・写真・動画をインターネット上に拡散し続けた。なかでも、マイクと小型カメラ付きノートパソコンと無線LANを武器に、インターネット上での実況中継を実践していた〝記者〟たちは、現場で注目される存在だった。これらはまさに市民参加型ジャーナリズムといえるだろう。このような動きは、「従来、情報の受け手であった公衆が、市民的権利としてメディアに参加する」（渡辺・山口 1999：171）ことを含む「パブリックアクセス（public access）」概念を使って理解することもできるが、インターネットを中心とした技術進歩が、アマチュアの報道への参加を可能にしたという点で、さらに一歩進んだ理解が求められるであろう。

市民参加型ジャーナリズムは、二〇〇〇年二月に『オーマイニュース』が創刊された以降に急速に広まった。『オー

マイニュース』は市民参加型ジャーナリズムの本質を「すべての市民は記者である〔모든 시민은 기자다／Every citizen is a reporter〕」と表現し、「市民記者」制度を導入した。

キャンドルデモの時は、既存マスメディアが提供する枠内での「市民記者」に収まらず、自らが運営するメディアで自ら取材した内容を報道するという現象が見られた。これは、「すべての市民は記者である」から「すべての市民は記者でありメディアである」とでもいうべき変化であり、「市民参加型ジャーナリズム」がより発展した形だと言えよう。

具本権は、インターネットによってマスメディア環境が変わり、それが市民参加型ジャーナリズムの実現を促したことについて次のように述べている。

以前は、記者たちだけが情報に接近することができて、また、それだけでなく、得た情報を読者へ伝達することができる「伝達権」「波及権」まで持っているという点で〔マスメディアは〕固有の能力を備えていた。一般人や読者が持っていない情報収集権、または情報配布権を〔マスメディアは〕持っていたのだが、インターネット〔時代〕となって、大部分の情報がインターネットで検索しウェブサーフィンなどを通じて探すことができるようになった。情報の接近権において〔マスメディア〕記者が持つアドバンテージも以前より少なくなったのだ。情報を波及し伝達することにおいても、以前はテレビ局・新聞・輪転機〔紙媒体〕があればこそ、読者など〔情報〕受容者に伝達することができたのだが、今は誰でも自分のホームページやブログ、掲示板などを通して情報を伝達することができるようになった。今まで言論が持っていた情報の収集権、接近権と情報伝達権、このようなことが一般の人たちへすべて渡ったのだ。記者がこれ以上「私たちだけが情報の収集・接近・情報伝達を行使できる」とは言えない時代になった。

ゆえに、時代に合わせて誰でも記者になれるという概念がここからつくられた。このような概念が、『オーマイニュース』やハニレポーターで根本的な改革が可能になった理由であり、ハニレポーターが作られた一つの環境だ。情報に誰でも接近することができ、誰もが記事を書き発行することができる権利が生まれたのだ。(10)

インターネット技術が市民参加型ジャーナリズムの基本条件を満たしたという認識は妥当である。インターネットの普及により、情報伝達・情報発信の速度がこれまでにないほど高まり、コンテンツの提供に関しても理論上は紙媒体や放送メディアにあった時間的・空間的制約をはるかに越えることとなった。それだけではなく、文字と映像、音声の自在の組み合わせにより、情報伝達・発信が効率的になり、効果的になった。このような認識自体は具本権だけではなく、『オーマイニュース』代表の呉連鎬も同様だ。しかし市民参加型ジャーナリズムがジャーナリズムの主流をなすためには、インターネット技術だけでは不足である。インターネット技術はあくまでメディア＝媒体というインフラであり、そのインフラを使いこなす人間の意識＝ジャーナリズム性がより重要なのである。この点を押さえなければ、市民参加型ジャーナリズムは技術決定論的な議論に陥ってしまう。

(3)　ハニレポーター制度の基本構造

ハニレポーター制度は、市民参加型ジャーナリズムを志向したジャーナリズムの一形態である。職業記者ではない市民からレポーターを募集し、ハニレポーターとしての活動を希望する人はインターネットハンギョレ社に申請し、所定の試験に合格すれば「インターネットハンギョレ記者団　ハニレポーター」の一員としてIDが発行され、記者として記事を投稿することが当時できた。登録申請自体は、韓国国内居住者に限らず、海外居住者にも認められていた。しかし、制度発足後に継続して新規加入者を募集していたわけではなく、不定期に募集していた。この点は随時市民記者を募集していた『オーマイニュース』とは異なる。(11)これは、後に述べるように、レポーターが書いた記事に原稿料が発生するため、財政的に無制限にレポーターを増やすことができないという事情に因るところが大きかったものと推察される。

記事は原則として署名（実名とメールアドレス）入りで、掲載時に各分野に振り分けられる。ニュース価値が高い記事はトップに、その下には各分野の記事が並ぶ。「生活と現場」「特集・企画」「文化・スポーツ」「海外・地球村」と四分野に分けられている。トップに選ばれる基準は「生きいきとした情報でありながらも〔市民社会という〕共同体の日常生活に根ざした〝価値〟が高い」ことであり、常時三、四本の記事がトップページに掲載される。(12)

当初は、一人のレポーターから最低限一週間に記事が一本送られてくることを想定していたようである。サイトには「毎日、いや時々刻々送ってくだされば、私どもは大歓迎です。しかし、ハニレポーターの方たちが各自職業を持っていらっしゃるので、事実上、毎日記事を送稿するのは大変だと思います。それでも、一週間に一度くらいは必ず送ってくだされればありがたいです」と記されている。(13)

また、締切りや分量についても比較的詳細に決められていた。締切りについては、「記事の締切りは毎日午後三時までです。もちろん、速報性が強い記事の場合、時々刻々アップデートする計画です。締切り時間以後に送稿された記事は、次の日に掲載されます。速報性が強い記事（特ダネや事件／事故記事）は、送稿後、私どもインターネットハンギョレのニュース部企画チームへ連絡をお願いします」とあり、締切り時間以降の送稿については、基本的に翌日に回されることが明確に記されている。(14) しかし、インターネットメディアの長所は、送稿された原稿をすぐにオンラインへアップロードできる点であり、「締切り」が厳格に設定されている紙媒体と違う。つまり、インターネットメディアは「締切り」という概念が曖昧（もしくは、紙媒体と違う）であり、もちろん、ハニレポーター制度の推進者たちもそのような長所を踏まえていたはずなのだが、締切りについては、あくまで紙新聞の発想の延長線上でとらえていたことがうかがえる。

さらに、作成する記事の分量については次のように指示されている。

適当な記事の長さは五～七枚です。私どもが『およそ二〇枚』と表現したのを、二〇枚を全部埋めなければならないと思われた方が多いようです。原稿用紙二〇枚は相当長い分量です。実験的な記事作成をしてほしいとお願いしながら、記事の長さをあまりにも短くしては、書きたい記事をきちんと書けないかもしれないと考え、二〇枚と言ったのですが、大部分、二〇枚以上お書きになっており、少し困っています。もちろん、私たちが原稿料をあまり差し上げたくないがためにこのようなことを言っているのではないことは信じていただけますよね。短くとも迫力のある記事が、はるかによく読まれます。長たらしくダラダラと書くのは簡単です。短くとも明快な記事をお待ちしております(15)。

インターネットメディアの特性上、掲載できる記事の分量は理論的には制限がないに等しい（もちろん、サーバーの容量によるので実際は〝無制限〟とは言えない）が、ジャーナリズム活動を実践する上で、記事における適切な分量というものはやはり存在するので、その点をハニレポーター制度担当者は指摘している。ハニレポーター運用者たちが望んでいた記事とは「自由で実験的な記事」であった。そして、この「自由で実験的」とは何を意味するのかについては次のように説明している。

自身で直接見つけ出した新しい事実が、本人だけの独自のスタイルに溶け込んでいる記事作成を言います。生き生きとしていて感動的な記事は、新しい事実、新しい事件など記事に汗と努力が宿っていなければなりません。ただ座って机の上で自分の感想だけを書いたものでは、多くの人々に感動を与えるのは難しいのです。インターネットサーフィンを一生懸命やって新しい現象を見つけ出したり、既存の資料を総合分析したり、友人一〇人へ同様の状況に対して尋ねて統計を出すことも方法の一つになりえます(16)。

レポーターから編集局に送稿された記事は、ハニレポーターのコンテンツ編集を担当している部署（インターネットハンギョレのニュース部企画チーム）でチェックされ、掲載可となったものはハニレポーターのメインページおよびインターネットハンギョレのホームページに掲載された。掲載不可の場合は、担当者がレポーターに要請（事実確認など）するか、追加取材を頼むなどの対処がなされた。ただし、「サイトにアップできる記事の量が制限されているため、本意ではないが審査という過程を経ることになる」旨が明記されていた。

このハニレポーターに登録した記者は、約三〇〇〇人で、一日平均五〇、六〇件がニュース部企画チームに送られ、一〇件から一四件の記事がハニレポーターのメインページおよびインターネットハンギョレのホームページに掲載された。(17) 具本権によると、二～三本以上、比較的活発に記事を書いたレポーターは三〇〇、四〇〇人だったということである。

具本権は、「『ハンギョレ新聞』には少し内容の水準が高く、年齢が上の人たちが読む硬い新聞というペーパージャーナリズムという（一般的な）イメージがある。しかし、ハニレポーター制度の基本コンセプトは、『ハンギョレ新聞』で見ることができなかった、若くみずみずしい多様な読者たちが書いた記事を、ハニレポーターという空間を通して（世の中に）送り出すというものだった」と述べ、ハニレポーターの中核を若者世代が担うという考えがあったことを明らかにした。

その他、興味深いのは記事作成のインセンティブに賞を用意したことである。優秀な記事には「特ダネ賞」を用意していた。この「特ダネ賞」の基準とは、「第一に、インターネットハンギョレとハンギョレ新聞に記事（写真）が掲載された場合――一〇万ウォン。第二に、インターネットハンギョレとハンギョレ新聞に記事（写真）が掲載された後、国内の他新聞／放送に記事（写真）が掲載された場合――三〇万ウォン。第三に、「第一番目」に該当しつつ、海外言論に記事（写真）が掲載された場合――五〇万ウォン」ということであった。

この制度からうかがえるのは、インセンティブのつけ方において紙媒体の大手マスメディアへの影響力を重視していることである。ハニレポーター制度がインターネットメディアと紙媒体の有機的結合を目指していた証拠である。ハニレポーター制度は『ハンギョレ新聞』という主体を補完するものというコンセプトがにじみ出ている。この点は、独立系インターネット新聞として、インターネット上での報道活動をメインとする『オーマイニュース』と決定的に違う点である。

(4)　原稿料制度の特徴と問題点

ハニレポーター制度の特徴の一つは、送稿料・原稿料制度を導入した点にある。初期には、記事を送稿した場合、筆者に記事送稿料を支払い、さらに掲載が決まれば原稿料を支払うという仕組みで運営していた。

具本権によると、初めは原稿料を新聞と同様に考えて一字当たりいくら、原稿用紙一枚当たりいくらというように算定し、原稿六、七枚で一万五〇〇〇ウォン前後が基準だった。何百万ウォン受け取ったケースもあるという。具本権は原稿料支払システムについて「当初は記事をアップされるとお金も受け取ることができるという原稿料ベースだった。インターネットハンギョレ社が投資を受けた会社であったため、初期にはある程度資本力もあり、そのような判断をした」と述べた。

若年層のレポーターが増えてサイト閲覧率が高まれば、広告主が注目してバナー広告掲載の要請がくるので、収益モデルを構築できるという計画だったのである。しかし、数々の問題が生じた。問題の一点目は、内容がそれほど充実していないのにもかかわらず長い記事が多数送稿されてきたことであった。二点目は、新聞と同様の方式で原稿料を計算したことであった。つまり、投稿原稿には規定通り文字数で原稿料を支払わなければならず、運営費用が当初の予想を超えた。三点目は、投稿したにもかかわらず採用されなかったレポーターがショックを受け、ハニレポーターから離れたことであった。のみならず、なぜ採用しないのかを編集者に詰問したり、編集者を攻撃する事例も発生した。具本権は「『採択されてアップされた記事を読んでみると、私が書いた記事より良くないのに、なぜこの記事が採択されたのか。編集者が悪いのではないか』というような抗議が寄せられて、編集者が非常にストレスを受けた」と述べた。また、何度も記事採用が見送られた人の場合は、編集者が「これ以上記事採用を見送るのは問題になるから、一旦採用しよう。そうすれば、この人はハニレポーターを離れずに活動を続けてくれるだろう」というように「政治的」判断が必要になるなど、記事採択をめぐる軋轢や問題が発生したようである。

原稿料制度をめぐってはこのような問題が発生したため、ついに一二月二〇日にハニレポーター制度編集部は、ペクジョンホ（백종호）記者の名前で公示を出し、原稿料支払制度を公式に廃止した[18]。

当初の予想を超えた原稿料の支払い総額がインターネットハンギョレ社の経営を圧迫し、ハニレポーターとして定期的に質の高い記事を書く人数も伸び悩んだ結果、原稿料支払制を中止せざるを得なかったのである。

(5)「国民記者席」欄との関連性

以上見てきたように、ハニレポーターはニューメディア時代の市民参加型ジャーナリズムの一形態と言えるが、実は『ハンギョレ新聞』は創刊当時すでに、初歩的な市民参加型ジャーナリズムを試みている。一九八八年五月一七日から始まった「国民記者席」欄がそれである。国民記者席欄は、読者に紙面の一部を開放する試みであり、読者が記者となり、身の回りのニュースを書いたり社会問題を論評するコーナーであった。読者が紙面づくりに参加する試みではあったが、いわゆる投書欄とあまり変わらなく見える点は、紙媒体という従来のマスメディア自体の限界も関係しているであろう。それでも、コンセプト自体は、市民参加型ジャーナリズムの原初形態と言ってもよい斬新性がある。『ハンギョレ新聞』一九八八年五月一七日四面には国民記者席について次のような宣言がある【写真5－1】。

　ハンギョレ新聞は国民の知る権利を行使するために、国民がつくる国民の新聞です。（ハンギョレ）新聞社の中

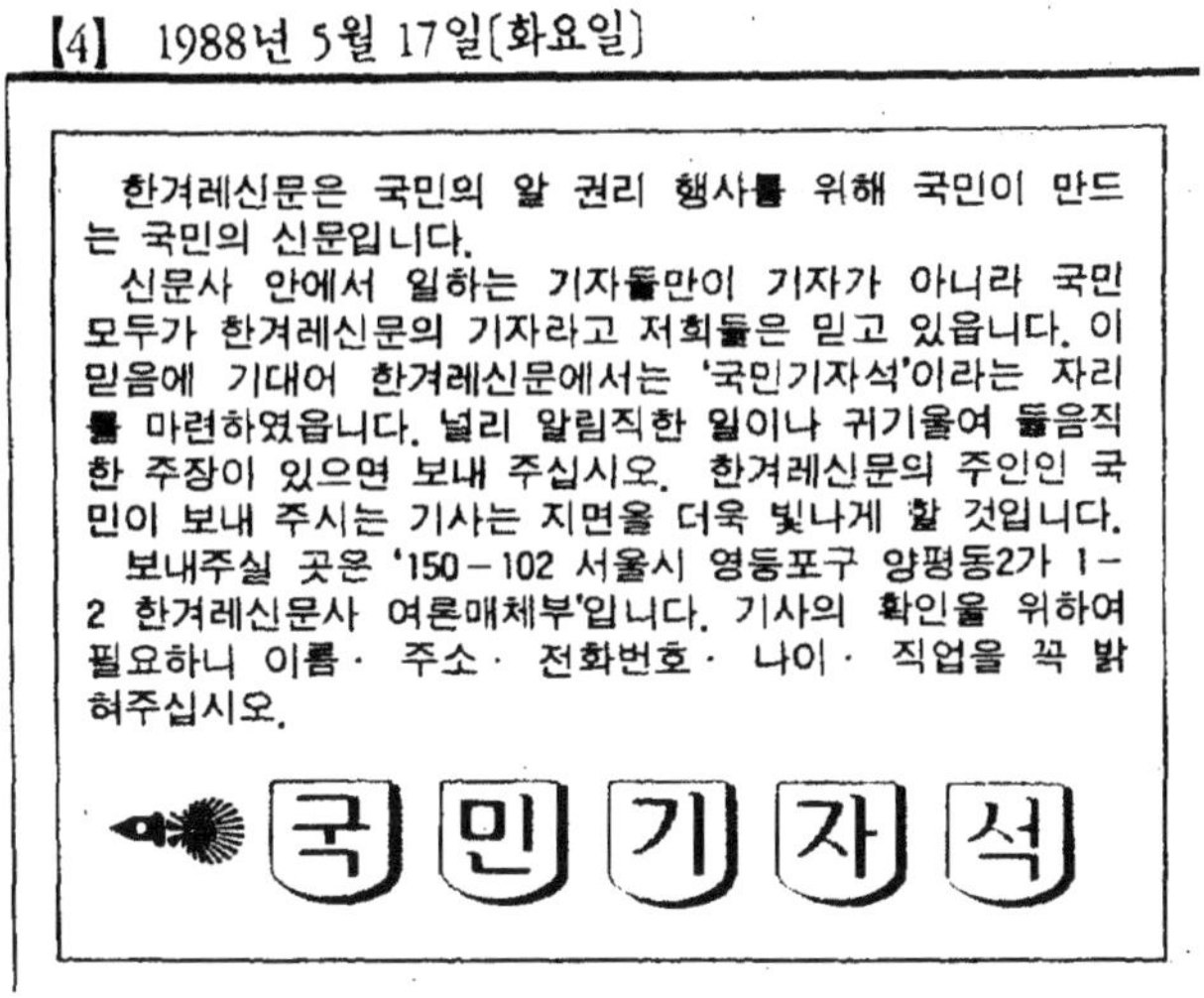

【4】 1988년 5월 17일(화요일)

한겨레신문은 국민의 알 권리 행사를 위해 국민이 만드는 국민의 신문입니다.

신문사 안에서 일하는 기자들만이 기자가 아니라 국민모두가 한겨레신문의 기자라고 저희들은 믿고 있읍니다. 이 믿음에 기대어 한겨레신문에서는 '국민기자석'이라는 자리를 마련하였읍니다. 널리 알림직한 일이나 귀기울여 들음직한 주장이 있으면 보내 주십시오. 한겨레신문의 주인인 국민이 보내 주시는 기사는 지면을 더욱 빛나게 할 것입니다.

보내주실 곳은 '150－102 서울시 영등포구 양평동2가 1－2 한겨레신문사 여론매체부'입니다. 기사의 확인을 위하여 필요하니 이름· 주소· 전화번호· 나이· 직업을 꼭 밝혀주십시오.

국민기자석

写真5－1　「国民記者席」を知らせる記事

出所：『ハンギョレ新聞』1988年5月17日4面。
提供：ハンギョレ新聞社

で働く記者たちだけが記者ではなく、国民すべてがハンギョレ新聞の記者であると私たちは信じています。この信念をもとに、ハンギョレ新聞社は『国民記者席』というスペースを準備しました。広く知らせる価値があることや耳を傾けて聞くに値する主張があれば送ってください。ハンギョレ新聞の主人である国民が送ってくれる記事は、紙面をさらに光輝くようにしてくれるのです。

二〇〇〇年二月に創刊された『オーマイニュース』は「すべての市民は記者である（모든 시민은 기자다／Every citizen is a reporter）」を掲げて、市民がジャーナリズムに直接参加することを促し、プロフェッショナルの記者と市民記者の融合を目指したが、『オーマイニュース』より一二年早く、『ハンギョレ新聞』が「市民記者」のコンセプトを紙面上で試みていたわけである。[19]『オーマイニュース』の市民記者制度が短期間で登録者数と特ダネを増やし、社会的影響力のある議論を展開できたのは、インターネットという機能と空間に依拠する部分が大きい。しかし、『ハンギョレ新聞』が創刊された一九八八年当時は、紙新聞や

テレビ・ラジオ放送がマスメディアの主流形態だったので、『オーマイニュース』の市民記者のような形はありえなかった。『ハンギョレ新聞』は時代的・物理的制約によって『オーマイニュース』のようなテクノロジーの恩恵には与れなかったが、市民参加型ジャーナリズムの発想が根付いていなかった当時の韓国ジャーナリズムにおいて、「国民記者席」という発想は新鮮だったに違いない。

前述の五月一七日の「国民記者席」設置の宣言文で、「国民の知る権利を行使するために、国民がつくる国民の新聞「新聞社の中で働く記者たちだけが記者ではなく、国民すべてがハンギョレ新聞の記者である」と宣言したが、それは記者は特権階層でも特殊な権利や資格を持っているわけでもなく、取材・報道時に行使する権利は市民の持つ権利と何ら変わることはなく、職業ジャーナリストはその権利を専門的に行使しているだけに過ぎない旨の宣言であった。

ここで国民記者席欄に投稿された記事の例を見てみよう。例えば、五月一七日の「国民記者席」は「光州抗争真相必ず明らかにしなければ」というテーマで【表5－1】のような記事が載った。

さらに、そのテーマについてより深く知るために、国民記者席の横に「このように見る」というコーナーをつくり、大学教授などの知識人のコラムを作った。共通性のある社会的問題について、市民の立場から関連ニュースを発掘して主張してもらうというのが国民記者席のコンセプトであり、新聞紙面という「公共圏（public sphere）」で議論していくという姿勢であった[20]。この形式は、例えば日本の新聞の「投書欄」と形式は多少似ているかもしれないが、概念が違うことがわかる。

この後国民記者席は、二〇〇二年二月一九日に「なぜなら（왜냐면、討論のフォーラム）」というコーナーに変わり、「国民記者席」と比べて、市民へ議論のフォーラムを提供する意図がより鮮明になった。公共圏を紙面上でより拡大しようという試みであった。

「『ハンギョレ新聞』が元来持っていた、国民が世論形成に参加する権利があるという考えを、ハニレポーターというインターネットメディアで実践しようとしたのか」という本書筆者の問いに、具本権は「そうだ。実は、ハニレポー

表5－1　「国民記者席」光州抗争記事一覧

名前	所属など	内容
キムヨンシク［김영식］	晋州《チンジュ》市長在洞《チャンジェドン》 カトリック教会神父	調査特別委員会構成から
キムユウォン［김유원］	国際大学副教授	政治悪用なくさなければ
シンチャンイル［신창일］	大邱市中区南一洞	名誉回復成し遂げなければ
イサンフン［이상훈］	延世大経営学科3年生	責任者断罪がふさわしい

出所：『ハンギョレ新聞』1988年5月17日。

ターが固有性を持っていたのではなく、『オーマイニュース』のように、インターネットメディアが勃興した二〇〇〇年代に似たようなモデルがいくつかあった」と答え、「国民記者席」とハニレポーターの関係性について次のように語った。

二〇年前に初めて『ハンギョレ新聞』が作られたとき、「読者投稿」という言葉の代わりに「国民記者席」という概念を使って読者投稿を運営するようにした。国民が送ってくる意見などを「投稿」と格下げせずに、それを「国民記者」としたのだ。内容や形式は〔読者投稿と〕変わらないが、〔「国民記者席」と〕名付けることによって「国民は直接にジャーナリズムに参与する権利があり、世論形成に直接参与する権利がある」ということを、名付けるという行為および呼称それ自体によって、われわれの〔意志を〕表そうとしたのだ。初期の頃には、他の競争相手となるマスメディアと比較して〔『ハンギョレ新聞』は〕国民記者席に紙面を割く量も多かった。そして今もその伝統は続いている。『ハンギョレ新聞』は現在、紙面に「なぜなら」というコーナーを大きく設けている。「国民記者席」から続いた読者の参与ないしは反論権を保障するためである。世論形成を既存のマスメディアと記者のみに占有させず、読者も一緒に参与して作るという考えを『ハンギョレ新聞』は伝統および核心的な価値として持ち続けている。

『ハンギョレ新聞』は紙媒体の新聞であるために常に紙面には物理的制限があった。「国民記者席」に一日に載せられるのはせいぜい六～七件であり、分量にも制約がある。さらに、時宜性のない話は掲載が難しいなどの条件もあった。

しかし、ハニレポーターはそのような物理的・時間的空間を超えることができる。内容さえよければ投稿記事を新聞のように面一枚に限定されずにいくらでも載せることができる。拡張された空間の概念があり、リアルタイムでアップロードできる。これはペーパージャーナリズムとインターネットジャーナリズムの根本的な違いだと思う[21]。

具本権は、紙媒体『ハンギョレ新聞』紙面上の国民記者席、そして「なぜなら」を経て、電子媒体のハニレポーターに向かったという点を強調していた。その意味するところは同紙が一貫して市民参加型のジャーナリズムを志向してきたことである。

(6)　『オーマイニュース』との比較分析

前項では、市民参加型ジャーナリズムを志向したハニレポーター制度の特徴を述べてきたが、本項では、同じく市民参加型ジャーナリズムを志向して一定上の影響力を得ることに成功した『オーマイニュース』との比較分析を試みたい。類似した方向性と価値観を志向した二つのインターネットメディアを比較することによって、ハニレポーターの特徴がより明確になるだろう。

『オーマイニュース』は、独立系インターネット新聞として、双方向性や動画配信、更新を反復できることなどのインターネットに見られる特徴を十分に活用しているが、その根幹を成す哲学は技術的な観点ではない。

『オーマイニュース』の特徴は、大きく四つのポイントに分けられる。まず「すべての市民は記者である」という理念である。『オーマイニュース』独特の「市民記者制度」はこの理念から出発した。そして、保守言論対進歩言論が「八対二」の韓国の言論状況を「五対五」に変えたい、保守言論に対抗したいという明確な政治的スタンスを持つ。編集方針としては、改革的で進歩的な価値観を持っている記事を中心としながら、保守的だとしても、それが論理的であり妥当性がある記事ならば掲載するという「開かれた進歩主義」を採用した。

記者に対する考え方で特徴的なのは、常勤記者と市民記者の両輪が必要だということである。基本的には「市民記者」は身の回りのことをそれぞれの視点から報道する一方、「常勤記者」は既存メディアにはできないような「特ダネ」を目指す[22]。常勤記者が、特ダネを積極的に取る姿勢を持っていることがわかる。しかも、他のマスコミが報道するような特ダネではなく、いかにも『オーマイニュース』らしい特ダネを狙う。全ての分野で特ダネを狙うのではなく、対象を絞る。例えば、二〇〇一年三月に、チェキョンジュン（최경준）記者が、空港記者室から追い出され、記者会見に参加できなかったことを扱った記事や、金泳三元大統領が二〇〇〇年一〇月、高麗大学の学生たちによって「通貨危機を招いた張本人を呼んだ覚えはない」と講演会を阻止された事を、ルポルタージュ形式で報じた。これを呉代表は「選択と集中」（限られた人材を特定の事件の取材に集中させ、「オーマイニュース的な」特ダネをとることを指す）という言葉で表現している。

なぜ韓国でネット新聞が成功したかについて、呉代表は、①既存マスメディアに対する不信感が社会全体にあり、新しいマスメディアが求められていた、②韓国では、七五％の世帯がブロードバンドを利用しているなどインターネット環境が整備されていた、③国土が適度な広さで言語も単一、④時宜にかなった社会的問題の一つに集中して取材・報道する姿勢が評価された、などと説明する。呉連鎬の挙げた①に関連するが、玄武岩も「なぜこうしたオンライン文化が韓国で花咲いたのだろうか。その理由としてまず第一に、韓国では保守的な主流マスメディアに対する失望感があふれていたことがあげられよう」という分析をしている［玄 2005：14］。

さて、「オーマイニュース・モデル」が成功した最大のポイントは「準備された市民」である。オーマイニュース代表の呉連鎬は「準備された市民とは、一言で言うと、社会共同体が抱えている問題に自ら参加しようと思う市民のこと」だと定義し[23]、韓国の「三八六世代[24]」を例として挙げた。呉連鎬は「韓国では市民運動が盛んだ。民主化を求め軍事政権との長い闘いを続ける中で、共同体の抱えている問題に参加する『準備された市民』がいた」と強調した。

『オーマイニュース』が市民記者に支払う原稿料は微々たるものだが、市民記者たちは原稿料が目当てではない。多くの市民記者が記事を書く動機は「社会をよい方向へ変えたい」という願望であり、そのために『オーマイニュース』の理念に賛同して記事を書いた。具本権は『オーマイニュース』を次のように評した。

> 実は、『オーマイニュース』が市民ジャーナリズムの代表格であり、既存の新聞社がインターネット関連の子会社を作り付随的なサービスとして若者の声や新聞で扱わないサービスをしてみようと作られたのがハニレポーターだ。『オーマイニュース』とほとんど同じ時期に私たちも〔ハニレポーター制度を〕始めたが、『オーマイニュース』が先に始めた。基本コンセプトは、市民が記者になり自身が見て聞いたことを自分が考えてアップすること、誰でもハニレポーターの記者になり記事を書くことができることだ。

『オーマイニュース』が独立系インターネット新聞である一方、ハニレポーター制度は『ハンギョレ新聞』という紙媒体に付随するインターネットメディアであった。しかし、ハニレポーターは紙新聞をそのままインターネットに移したものではなく、明らかに市民参加型ジャーナリズムを志向したものであった。

一方、両者の根本的な違いもあった。最も大きな違いは、登録したアマチュアレポーターの位置づけである。具本権は「『オーマイニュース』が市民記者制度を核心としつつ、そこに職業記者、スタッフレポーターを付け、さらに緩衝・補完作用したのに対して、『ハニレポーター』は基本的にハンギョレという新聞のサイトがあり、それを付随的に補完したもの、〔『ハンギョレ新聞』のメインサイトにハニレポーターという〕一つのセクションがあるということだ」と述べた。『オーマイニュース』はオンラインにおける市民参加型ジャーナリズムの代表格として、「市民記者」制度をアイデンティティの中核においた。[25] それに対してハニレポーター制度は、既存の新聞社の付随的なサービスとして若い世代の声や新聞ではできないサービスを提供しようとしたものであった。ハニレポーター制度の場合、中心はやはり職業記者がつくる『ハンギョレ新聞』にあったのである。

『オーマイニュース』とハニレポーターは両者とも市民参加型ジャーナリズムを志向した点で共通点はあるが、ハニレポーター制度を『ハンギョレ新聞』を補完するものとした点がこの制度の限界点でもあった。この点で、市民記者制度を前面に掲げて実践する『オーマイニュース』と競合することはできなかった。

結局、ハニレポーター制度は「国民記者席」の精神を受け継ぐ市民参加型ジャーナリズムの一つの実験としては有望だったものの、持続可能なビジネスモデル化ができず、サービス開始後約五年で中断された。二〇〇五年五月二六日に「暫定中断」の告示が出て、二〇〇五年六月一五日をもってサービスが終わった(26)。サイトは現在でも閲覧することができるが、ハンギョレ新聞社および関連会社にハニレポーター制度を担当する部署は存在しないことから、ハニレポーター制度は終了したと見るべきだろう。

第2節　盧武鉉政権期（二〇〇三〜二〇〇八年）

1　盧武鉉政権との関係性——基本的視点

金大中の次に大統領に就任した盧武鉉は、主に対北政策と経済政策において、金大中政権の路線を大枠引き継いだ。したがって、盧武鉉政権期も『ハンギョレ新聞』は親盧武鉉という批判を受けることになる。『ハンギョレ新聞』創刊時からのメンバーだった金孝淳は、『ハンギョレ新聞』が盧武鉉政権と一体化しているというニュアンスの批判に対しては、間違った認識だと反論した(27)。

一昨年の大統領選挙のときに、『朝鮮日報』などの韓国の保守系新聞は、明らかにハンナラ党の李会昌候補を全面的に支持していた。選挙のときに新聞が特定候補を支持するということはありえないことではないが、事実を曲げたりおおげさに報道することには問題がある。朝鮮半島の南側は、朝鮮戦争と南北分断という経験から今でも共産主義や北朝鮮について、恐怖心を持っている人が多い状況だ。一昨年の大統領選挙のときに、保守系新聞は盧武鉉候補のことを共産主義者だとかアカだとか言って、事実を曲げたことがある。選挙のときに、『ハンギョレ新聞』は盧武鉉という特定候補を支持するというより、盧武鉉候補を不当に攻撃している保守系メディアに対する抵抗や反論をし、読者に対して「保守系新聞がこんなに誤っている」と知らせる努力をしてきた。一般市民の間では、『ハンギョレ新聞』が特定政党や特定政治家を支持しない独立的な新聞というよりは、いわゆる盧武鉉支持というような特定政党を支持しているのではないかという偏見もある。盧武鉉政権が始まって以来、盧武鉉政権を批判している人たちは『ハンギョレ新聞』を〝与党紙〟だと批判している。私たちはそのような指摘を認めないが、ある程度気にはしている。創刊当初から金大中政権が始まるまでは新聞製作がやりやすかった時代だった。大ざっぱに言えば、その時代は権威的で保守的な政権を批判するだけでよかった。いま、金大中政権から盧武鉉政権へと続いているが、ただ政権を批判するだけではすまないという現実が苦しいところだ。私たちなりの基準を立てることで、盧武鉉政権のよい部分は評価し、悪い部分は批判するという方針でやっている。(28)

前述の権貴順は、次のように述べた。

『ハンギョレ新聞』は、盧武鉉政権時にはイラク派兵反対、FTA締結反対を行った。〔イラク派兵とFTA締結を進めた盧武鉉政権は、〕むしろ『朝鮮日報』『東亜日報』『中央日報』〔の論調〕と合った。『ハンギョレ新聞』は、政府〔それ自体〕に対して論陣を張るのでなく、政策〔がどのようなものか〕に対して論陣を張る。したがって、政府がうまくやった政策に対しては支持した。(29)

この議論も本章第1節で展開した二つの観点から眺めるべきである。第一点はジャーナリズム本来の役目を果たしているかどうかという議論（原則の問題）であり、第二点は『ハンギョレ新聞』の政治的思想・論調と政治権力の志向性との間にどのくらい近接性があるのかという議論（価値観の問題）である。前出の金孝淳の話に出てきた保守系新聞の歪曲報道は、「真実報道」および「権力監視機能の遂行」というジャーナリズムの原則から検討すれば、当然批判の対象となる。歪曲報道は「真実」ではないので是正しなければならないし、言論権力を保持する保守系新聞は権力監視の対象となるからである。

一方、権貴順のいうイラク派兵問題の是非は価値観の問題であるが、『ハンギョレ新聞』が派兵に反対の論陣を張ることと同じくらい重要なことは、盧武鉉政権がなぜイラク派兵を決めたのか、その背景とプロセスを徹底的に調査報道し、さらに影響や国民の考えなどを取材して、イラク派兵という現象に対して「権力監視」という原則に従って「健全な懐疑主義」をとるべきであるということである。

また金孝淳が「金大中政権から盧武鉉政権へと続いているが、ただ政権を批判するだけではすまないという現実が苦しいところ」と述べている部分は価値観の部分である。理論的には、盧武鉉政権の政策について是非を判断することとは別次元で、盧武鉉政権という政治権力に対して徹底的に権力監視機能を働かせることがジャーナリズムの原則に叶うこととなる。ジャーナリズムが自らの存在基盤である原則を守り実行することは、保守や進歩などの政治的志向性とは関係のない次元の約束事である。

2　盧武鉉政権の言論政策

本項では、盧武鉉政権の言論政策を検討し、それに対する『ハンギョレ新聞』の反応を見ることで、政権とジャーナリズムの距離について考察してみたい。これによって、一般的に盧武鉉政権と理念的に近いと言われた『ハンギョレ新聞』の実態も浮き彫りになるであろう。本来ならば、政権とジャーナリズムの距離を考察するためには、政権の政治理念と政策を取り上げて、それに対する『ハンギョレ新聞』の報道態度を内容分析する方がよいかもしれない。しかし、本書で盧武鉉政権五年間における主要テーマを全て検討するのは不可能である。そこで、本書がジャーナリズム論の視角から論を構築していることもあって、盧武鉉政権期の言論政策を対象とした。

(1) 盧武鉉政権による言論改革の骨子

盧武鉉政権による記者クラブおよび記者室に関する改革は、①二〇〇三年二月から始まった記者クラブの解体、②二〇〇三年九月から始まった「開放型ブリーフィング制」、③二〇〇七年の「取材支援システム先進化計画」の三段階に分かれる。

盧武鉉政権とっては記者クラブ解体が最も重要な原則であり、二〇〇三年九月以降の開放型ブリーフィング制導入は、記者クラブ解体後のブリーフィングおよび記者室運営方式を示したものであった。また、二〇〇七年の「取材支援システム先進化計画」は、開放型ブリーフィング制を徹底させるためだというのが盧武鉉政権の主張であった。記者クラブは完全に解体したにもかかわらず、一部の記者たちが勝手に記者室を占領しはじめている現実に対応するためというのが主な理由である。例えば、国政弘報処は「二〇〇七年一月～三月、各省庁の記者室およびブリーフィング室運用実態を調査した。その間、政府は中央・果川《クァチョン》・大田《テジョン》の合同庁舎と国防省・文化観光省・海洋水産省など一二ヵ所の単独庁舎にブリーフィング室と記事送稿室を設置し運営してきた。しかし、実態調査の結果、記者へ記事作成と送稿の便宜のために提供された記事送稿室が、省庁別におよそ一〇～三〇人の常駐記者を中心として、座席が固定化し、事実上過去の記者クラブと同じ方式で運営されていることがわかった」［国政弘報処 2007：268］という報告をまとめている。二〇〇七年の「取材支援システム先進化計画」は、記者室統廃合も含まれていたため、「盧武鉉政権による言論弾圧である」として、記者たちの反対を招いた[30]。

注意しなければならないのは、①記者クラブ解体、②開放型ブリーフィング制導入＝記者クラブ解体後のブリーフィングおよび記者室運営、③取材支援システム先進化計画＝記者室統廃合・再編・記者室の運営方法模索といった三項目は、次元が違うため同列に論じることができないということである。日本の一部マスメディアでは、記者クラブ解体とそれ以外を混同して報道していた。例えば、二〇〇七年六月一九日の『朝日新聞』は「Media Times　韓国記者室統廃合案　改革か制裁か」という記事を掲載し、「政府は、モデルとされる日本の記者クラブ制度を『後進的』と決めつけ、『閉鎖的な取材慣行の正常化』を掲げる。〔中略〕メディア側とすれば、八七年の民主化宣言以降、ようやく『報道の自由』を勝ち取ったとの思いが強いだけに新計画は『新たな弾圧』と映る」などと報じ、二〇〇七年の改革に批判的な『東亜日報』とハンナラ党（当時）、ヨルリンウリ党（当時）の一部の見解を紹介した。また、「『クラブ問題へすり替え注意』日本でも疑問の声」という中間見出しで、二〇〇三年の改革に批判的な『朝鮮日報』東京特派員・鄭権鉉《チョングォンヒョン》の「背景は政治的なことが多い。知る権利と逆行することがある」というコメントを掲載した。(31)

二〇〇七年五月二四日の『読売新聞』も「韓国で記者クラブ縮小案　大統領側『取材を正常化』　メディア『知る権利制限』」で「今回の改革案が実施されれば、韓国メディアにとっては、省庁の担当部署を直接取材する機会が制限されることになり、各メディアは『言論の封じ込めで、暴挙だ』（二三日の東亜日報）、『大統領の個人的感情のあらわれだ』（同朝鮮日報）などと反発。現政権寄りとされていたハンギョレ新聞も『撤回すべきだ』と批判した。最大野党ハンナラ党は『軍事政権より過酷なマスコミ統制だ』として、取材の自由を保障する新聞法改正案を六月の国会に提出する方針を明らかにしており、今後も市民団体など各界から大きな反発が予想される」と報じている。(32)

『読売新聞』『朝日新聞』ともに記事の観点は非常に似ている。記者クラブを解体した二〇〇三年の政策と、記者室の統廃合・再編を中心にした二〇〇七年の政策両方に、韓国のマスメディアが反対しているという書き方は曖昧である。韓国の状況をこのように報じることで日本の記者クラブを擁護する論調を形成していると思われる。

(2) 記者クラブ解体と「開放型ブリーフィング制」導入の過程

『オーマイニュース』の記者クラブ裁判が「記者クラブ」に対する社会の批判を盛り上げ、司法も記者クラブの違法性を認定したのに続いて、盧武鉉政権は二〇〇三年二月から記者クラブの解体を断行した。盧武鉉は、民主党内の大統領予備選挙に立候補していた二〇〇一年一二月末、『デジタル言葉《マル》』（月刊『言葉《マル》』のインターネット版）編集長であったイジュンヒ（이준희）のインタビューで「大統領になった後はインターネット新聞へも青瓦台記者クラブを開放する」と約束していた。盧武鉉が記者クラブ解体を明言したのはこれが初めてだった。以後、盧武鉉は大統領選挙を通して、記者クラブの解体を宣言していくこととなる。

盧武鉉は二〇〇二年一二月一九日の第一六代大統領選挙に勝利して、二〇〇三年二月二五日に大統領に就任することが決定した。就任直前の二月二二日に『オーマイニュース』のインタビューで「政権と言論の癒着関係を完全に終わらせ、原則どおりにしていくつもりだ」と宣言した[33]。この宣言どおり、翌二三日には、業務引継ぎ委員会の金晩《キムマン》洙《ス》・副代理人が「参与政府の青瓦台記者室運営計画」を発表した。この運営計画は、その後盧武鉉政権が行う「開放型ブリーフィング制度」の基本的性格を示しており、盧武鉉が大統領選挙公約で掲げていた「開かれた青瓦台」「国民に近付く青瓦台」の具体化であった。【表5－2】のとおり、計画の骨子を示す。

この計画の重要な柱は、「出入記者登録制度実施」という項目である。出入記者登録制は、新聞・放送協会、記者協会、外信協会、韓国インターネット新聞協会に加入した報道機関（一社一人原則）に所属している記者であり、事前登録さえすれば、基本的に誰でも記者室に出入りでき、青瓦台が行う定例ブリーフィングにも参加できるというものである。これは、記者クラブの存在意義を根底から揺るがす事件であった。

盧武鉉政権はこの直後の三月七日に「記者室開放と運用計画」を確定し、青瓦台「春秋館」に設置されていた記事作成室とブリーフィング室などを韓国新聞協会・韓国放送協会・インターネット新聞協会・韓国写真記者協会・ソウル外信記者クラブ会員社の所属の記者などに開放し、記者登録制を開始した。同時に、過去に記者クラブ加盟社の特

表５－２　青瓦台記者室運営計画の骨子

定例ブリーフィング制度導入	①１日に２回定例ブリーフィング実施（午前10時／午後３時）、資料配布あり ②進行は政府スポークスパーソン、懸案によっては関連首席秘書官が同席 ③ブリーフィング内容は生中継する（大統領府ホームページ、K-TV、アリランTV）
出入記者登録制実施	①出入記者登録制実施 （登録申請→身元照会→出入証発給） ②対象は新聞・放送協会、記者協会、外信協会、韓国インターネット新聞協会に加入した報道機関（原則として１社１人とする）
取材および記者室運営方式変更	①現行記者室を開放型記事送稿室に改築 a）指定ブースの廃止＝特定のマスメディアが特定の席を継続して使うことを禁止 b）ロッカーの貸し出し ②本館への立ち入り、秘書への接近禁止 ③スポークスパーソン室で取材のための面談申込書を提出し、受付後処理される→公務員への取材許可

出所：業務引継ぎ委員会の金晩洙・副代理人が発表した「参与政府の青瓦台記者室運営計画」の骨子。

権だった、公務員の執務室を個別訪問して情報を獲得することを禁じた。

一週間後の三月一四日には報道関連業務を取り扱う文化観光省によって「弘報業務運営計画」が発表された。この案では、原則に「開放・公平・情報公開」を挙げて具体的な運営方針を立てている。「開放の原則は主要言論媒体を中心に出入記者団を構成して情報を提供してきた慣行から脱して、インターネット媒体など新生媒体へも情報接近権を保証するなど、一定要件をそろえたすべての媒体に取材を開放すること」「公平の原則は過去特定の言論媒体にのみ偏って情報を提供した習慣を開放してすべての媒体に公平に情報を提供すること」とあり、記者クラブを解体して登録制にすることが盛り込まれた。あらゆるジャーナリストへ門戸を開くことを保障する原則の確立であった。文化観光省の定例ブリーフィングは、原則として毎週水曜日午後二時に登録記者を対象とした。記者と個別公務員の接触が減り、部署別の定例ブリーフィングが増加した。個別公務員と接触したい場合、今までは公務員を記者の自由裁量で訪ねることができたがそれが制限され、個別聞き取りまたは取材が必要な場合は、事前に弘報官を通して室局長が指定する担当官と取材支援室で実施するという順序となった。ただし、業務関連行事長などへの直接取材、電話・電子メール取材などは保障され、取材支援を固有業務とする弘報官訪問は可能とされた。

三月二七日には、計四〇の省庁の公報官による会議が開かれ、記者室開放と定例ブリーフィング制度導入案に関して議論した。この会議では、記者クラブを「開放型登録制」に転換することなどが盛り込まれた「記者室改善あるいは定例ブリーフィング制度導入計画」に対して論議された。その結果、インターネットの発展などマスメディア環境の変化に従って、取材・報道の意思のある報道機関あるいは個人のジャーナリストに均等に取材の機会を提供して、行政と政策決定過程に対する積極的な情報提供を行っていくことが決定された。この決定では、報道機関だけでなく、国民の「知る権利」に直接応えるために、広く国民へも情報開示することが確認された。以上の決定事項を基礎として、各省庁はそれぞれ庁別に行うだけでなく、関係機関の協議を通して具体的な実行計画を準備し始めた。

このようにして定まった「開放型ブリーフィング制」は、同年九月一日に中央省庁で全面的に導入された。政府中央庁舎では、登録した記者の人数は、既存の記者クラブ加盟社の記者二二七人に新規登録した記者一九九人が加わり合計で四二六人となった。二〇〇四年五月二四日に果川《クァチョン》庁舎社会関連省庁のブリーフィング室を最後に、全ての中央省庁のブリーフィング室設置が完了した。この時点でブリーフィング室の数は三七個となった。

特に政府中央庁舎については、「中央庁舎ブリーフィング室など運営に関する規定」が決定された。また、一時的に取材したいジャーナリストの場合は、国政弘報処処長へ取材要請書を提出した後、「一時出入証」の発給を受けることができるようになった[34]。外国のメディア記者の場合、国政弘報処海外弘報院から「外信記者証」の発給を受ければ登録記者と同じ扱いになった[35]。

政府中央庁舎では一九階に「TVおよび写真記者室」、一〇階に「総理ブリーフィング室および記事送稿室」、五階に「合同ブリーフィング室および記事送稿室」が設置された。一〇階の記事送稿室には全部で四六席の座席が設置されインターネット・電話送稿室が設置された。テレビを通して一〇階・五階で行われているブリーフィングを視聴できるようになり、有料ロッカー・コピー機・ファクスも設置された。一〇階のブリーフィング室では総理ブリーフィングと国務調整室・監査院・法制局・腐敗防止委員会・国政弘報処のブリーフィングがなされる。ブリーフィングの時間と場所は、記事送稿室の掲示板で確認できるほか、電子メールと携帯電話の文字メッセージを通して知らされる。五階の記事送稿室の座席は全部で一一九席あり、第一ブリーフィング室を基準として、統一省・行政自治省・教育人的支援省の出入登録記者が使用できる。設備は一〇階の記事送稿室とほぼ同じである。

このような記者室の運営について、『ハンギョレ新聞』社会部記者で教育人的支援省（当時）を担当していたファンスング（황순구）記者は「教育人的支援省は、二〇〇三年九月以前は三六人の会員がいたのだが、今は八〇人を越えている。特にインターネット新聞の記者がたくさん入っている。大学新聞の記者でも登録できる。海外のジャーナリストの登録は他の機関の管轄だが、登録さえすれば記者室は使えるし、ブリーフィングも出られる。大きな変化の一つは、以前は記者たちが自由に公務員のオフィスを出入りしていたのだが、それができなくなって、取材するためには連絡をとって会う約束を先にしなければならなくなったことだ」と述べた(36)。

(3)　改革に対しての反応

「開放型ブリーフィング制」導入時の記者クラブ側の反応について、文化体育観光省政府発表支援課行政事務官のソンジョンユン（송정윤）は「既存記者クラブ（のメンバーたち）は、記者室の開放については特に反対しなかった。自分たちの席が確保された上で、さらに新参者に対しての席も用意されたからだ。ただし、新参者がブリーフィング参加や担当者への聞き取りができるようになったのには反対した」とコメントした(37)。

また『ハンギョレ新聞』記者のファンスングは、「開放型ブリーフィングシステム導入によって、公務員に取材するためには、事前に連絡をして会う約束をしなければならなくなった。以前は、公務員のオフィスに勝手に入って、情報を持ち出したりもした。雰囲気的に取材を制限されているような気持ちはあるが、実際には取材したかったら誰とでも会える。記者クラブ解体は肯定的に評価している」と述べた[38]。

また、金永旭《キムヨンウッ》は二〇〇三年六月のセミナー発表（韓国言論財団主催）で、盧武鉉政権の言論政策に対して否定的な評価を与えながらも、記者クラブ問題では「記者クラブが記者室を排他的に使用し、出入処情報を独占するという点で問題になった。集団として記者クラブは出入機関と癒着して、記者たちが不当な経済的利益や特恵を受け取る窓口の役割をした。エンバーゴの問題などまだ細かい部分で解決されなければならない点がないわけではないが、記者クラブの存在はこれ以上正当性をもつのは難しい」［金永旭 2003：5］と結論付けている[39]。

二〇〇二年一月三日の『メディア今日』の全国記者世論調査によると、七八％が[40]、今までの記者クラブを解体して開放型ブリーフィング室に変えなければならないと答え、今までの記者クラブを廃止すべきではないという答えは一二％に止まり、その他が九・二％であった。さらに、開放型ブリーフィング制度に変えなければならないという答えた記者の八三％は勤続一六年以上で、局や部の次長クラスだった[41]。この調査は盧武鉉政権が記者クラブを解体する一年前に行われたものであるが、局や部の次長級のほとんどの記者が記者クラブを問題視しており、クラブの解体と開放型ブリーフィング制を支持しているということがわかる。

また、韓国言論財団研究委員の黄致成《ファンチソン》は「（開放型ブリーフィング制度は）初め『排他的な記者クラブに基づいた政府取材源と出入記者間の癒着または談合などを根絶する』という趣旨で出発したが、この制度は次の実現目標に現れるように、言論政策全般に画期的な下絵を盛り込んでいた」として、その画期的な下絵とは、「国政ブリーフィングと青瓦台ブリーフィングを通した対国民直接コミュニケーション政策」であるとし「言論が、政府の政策情報・国政状況の情報を国民へ伝えるという役割を充実させないので、党派的で攻撃的な言論の経路を避けて、（政府が）国民へ直接政策情報を提供し対話しようという意志が隠されている」というように、違った角度から開放型ブリーフィング制度を分析している［黄到成 2008：35-36］。

(4) 韓国における記者クラブ解体の意義と『ハンギョレ新聞』の反応

盧武鉉政権による記者クラブ解体は、大手企業メディアを中心とした記者クラブ加盟社記者たちに大きな衝撃を与えた。記者クラブ加盟社は、権力側からもたらされる情報を排他的に獲得できる特権を喪失し、独立系インターネット新聞を中心とする新興メディアやフリージャーナリストと同じ土俵に立つことを余儀なくされた。今まで記者クラブに所属していれば独占的に得られていた情報を、クラブ加盟社以外のマスメディア記者やフリージャーナリストも得られるようになったからである。

言い換えれば、記者クラブ側と官庁などの当局が相談して取り仕切り、記者クラブ加盟社記者だけが参加できたブリーフィングは、過去の遺物となった。開放的なブリーフィングが定期的に開かれ、登録さえすればすべてのジャーナリストが参加できるようになった。登録者すべてが、大きな障害なく公務員に会って取材できる権利を持った。さらに記者クラブが占有していた記事作成・送稿スペースも、登録者すべてが自由に使えるようになった。

このように、盧武鉉政権は記者クラブが不法占領していた記者室という公的スペースを、報道する意思のあるほぼすべてのマスメディアおよび個人のジャーナリストに開放し、取材(記者会見参加等)も支障なくできるようにした。二〇〇三年までは、何の法的根拠もない記者クラブが、取材希望をしているマスメディアおよびジャーナリストを審査・査定し、記者室に出入りしてもよいか、取材してもよいかどうかを決めていた。そして、ほとんどの場合、「記者クラブに加盟していないから」という理由で拒否された。記者クラブに加盟するには、加盟社の賛成が必要であったり、記者室に常駐できる記者を一人配置しなければならないなどという条件がある。しかし、記者の常駐などの条件は、個人で活動しているフリージャーナリストはもちろん、記者数が少ないインターネット新聞なども満たすことができるはずもない。最初から大手企業メディア以外には事実上不可能な条件であったのである。韓国の歴代政権はこのような無法状況を黙認してきた。それは「権言癒着」という状況がそうさせたこともあるが、マスメディア側が自分たちの特権を守るために、進んで改革をしなかったことも大きいだろう。

盧武鉉政権はこのような状況を打破するために記者クラブ解体を断行したのである。改革は、①記者室の開放、②報道の意思がある人は登録さえすればブリーフィングに参加できる——という原則からなっていた。この施策の本質は記者会見の方法を変えたり、既存記者クラブの門戸を広げたりすることではなかった。記者クラブの存在と論理そのものを否定し、根本原則から変えることであった。盧武鉉は、記者クラブが公的スペースを不法占拠し、誰が取材してよいかを取り仕切っている状況自体が「反民主義的」だと判断し、政府主導で原則を変えたのである。記者クラブ解体宣言であり実施であった。盧武鉉政権は記者クラブの非民主的・憲法違反的な本質を具体的に捉えており、解体するしかないという結論に至ったのだろう。

盧政権による記者クラブ解体は、日本と比較した場合、田中康夫・元長野県知事による二〇〇一年五月の「脱・記者クラブ」宣言および「表現センター」(田中知事時代の名称で、現在は「会見場」と呼んでいる)の設立と同方式である[42]。田中元知事は「表現者すべての人が利用できる」という方針で、県政記者クラブを長野県庁記者室から退去させ、今まで県政記者クラブが占拠していた記者室を誰でも利用できるようにし、「表現センター」と名付けた。これは日本における唯一の「記者クラブ解体」と言える[43]。

二〇〇三年の記者クラブ解体は韓国報道界の大きな転機となった。『朝鮮日報』『中央日報』『東亜日報』に代表される保守メディアからは大反対があったが、実際に行われた施策は言論の多様性確保、言論の自由(取材・報道の自由)と国民による政府情報へのアクセス権の保障という重要な原則に適っており、それらに積極的に寄与するものであったといえる。韓国においては、他の国と同じように、「権力と報道」との関係をめぐり、今なお、多くの問題が起きているが、韓国の記者クラブ解体は肯定的評価を与えられてしかるべきであり、日本における「記者クラブ」をめぐる論議にも貴重な示唆を提供してくれる。

３　「市民編集人制度」の創設

市民編集人制度とは、市民の代表が新聞社内に常駐してマスメディア製作の現場を直接監視する制度である。市民編集人は読者の意見を集約した上で、ハンギョレの紙面構成に対して編集委員会で意見する権利を持つ。ハンギョレ社内の内規では「市民編集人は市民を代表して新聞製作に対する意見を表明できる」「記事による権利侵害行為を調査し、誤報の是正を勧告できる」「ハンギョレ新聞の媒体すべてを管掌できる」「ハンギョレ新聞編集人と同格である」とある。第一期市民編集人は洪世和《ホンセファ》が務めた(44)。同時に読者権益委員会が構成された。洪世和は、二〇〇六年一月四日から一年間の任期で就任し、第二期市民編集には、弁護士で市民運動家の金亨泰《キムヒョンテ》が選任された。

４　市民参加型ジャーナリズム実践の流れ

国民株方式を通して民衆／市民が支えているハンギョレ新聞社においては、『ハンギョレ新聞』は市民の声をすくいあげていく報道機関であるべきであり、実際に創刊号でも「国民の新聞」「国民大衆の代弁をする」という創刊精神が謳われていた。しかし、実際にそうであるためにはアクセス権を株主・読者を始めとした市民に保障する必要があり、そのための方法が探られた。

そもそも市民社会においては、メディアアクセス権を含めたパブリックアクセス（public access）が保障されるべきである。元来、政治的権利としての「アクセス権」とは、市民による公文書へのアクセスを指す(45)。このアクセス権は、政府対市民という二極構造が前提となっている。しかし、資本主義社会が高度発展するにつれ、市民はマスメディアから疎外されるようになり、政府対市民（マスメディアを含む）という二極構造から、政府対市民対マスメディアという三極構造になった。この三極構造下で、市民の声は巨大化したマスメディアに必ずしも反映されない状況が起こり、市民はマスメディアから疎外されがちとなった。しかし、例えば米国などでは「思想の市場」論が伝統的に色濃く残っていたことから、マスメディアに対する市民のアクセス権は積極的に動かなかった。米国でこの状況を変

図5-1　ハンギョレ新聞社における市民参加型ジャーナリズム実践の流れ

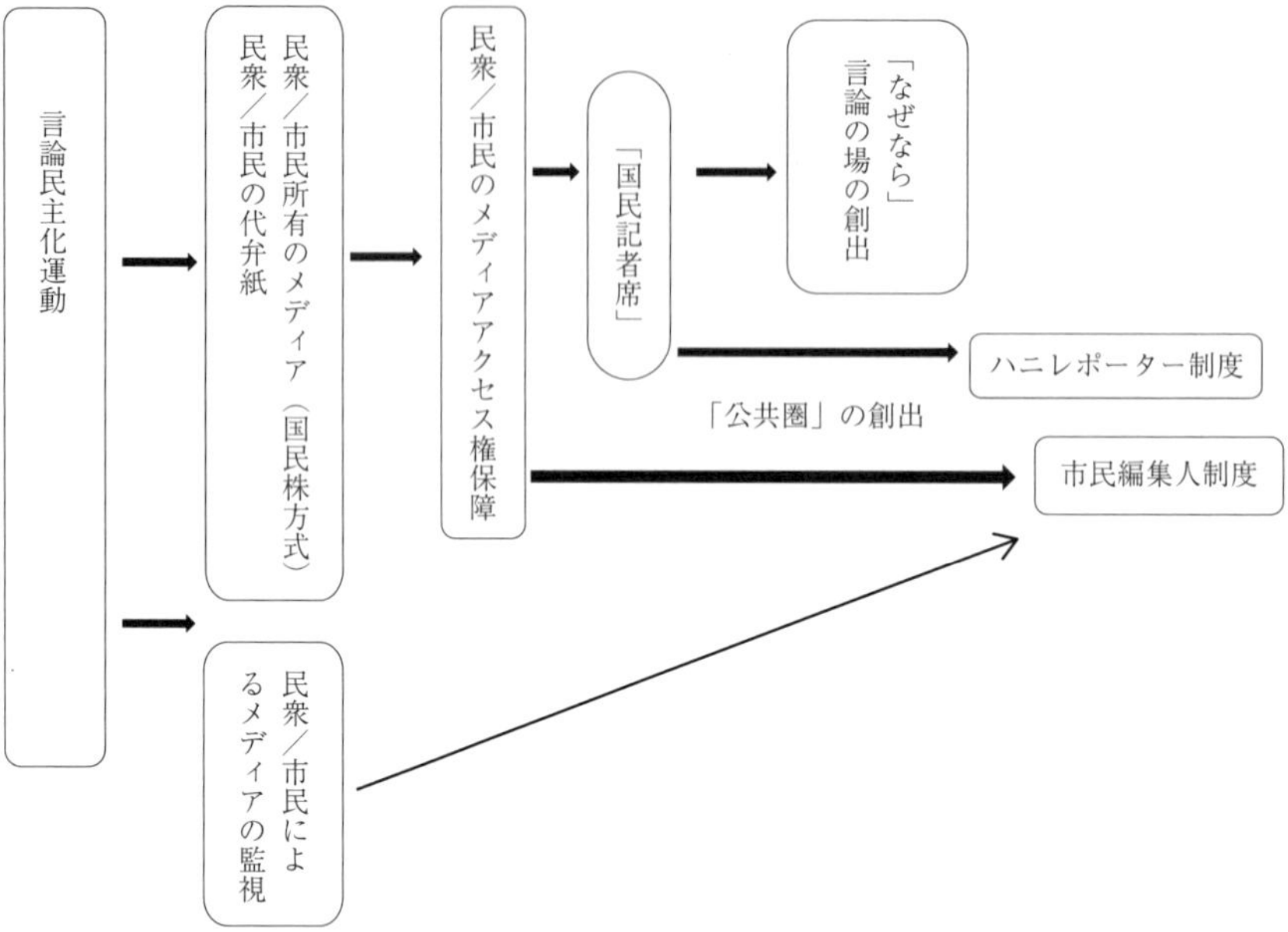

えたのが、一九六〇年代の公民権運動や消費者運動などの市民運動であり、英国など欧州にもひろがった。

もちろん韓国でも言論民主化運動の流れで、メディアアクセス権の概念が論じられた。言論民主化運動では、大手企業メディアが民衆／市民と乖離して政治権力と「言権癒着」し、反民主的な報道をしていることが問題とされ、マスメディアをどうすれば民衆／市民の側に取り戻せるかが課題となっていた。欧米の流れとは少し違うが、韓国での喫緊の課題としてメディアアクセス権が議論されていたのである。

このような潮流上に、民衆／市民が国民株を通して創立したハンギョレ新聞社があるが、民衆の代弁紙を自任する『ハンギョレ新聞』にとっては、民衆／市民が『ハンギョレ新聞』紙面に様々な形で参与していくことを保障することは、メディアアクセス権の一形態として当然の帰結であった。読者からの投書欄である「国民記者席」や、読者が社会的イシューを議論する場を紙面上に提供した「なぜなら（討論のフォーラム）」、オンラインにおいて市民参加型ジャーナリズムを志向した「ハニレポーター」など、基本的にはハンギョレ新聞のコンテンツにいかに読者を参加させるかという発想がその根底にあったとみることができる。また、市民編集人制度も、市民によるマスメディア監視機能を保障する制度であり、市民にメディアアクセス権を保障する制度の一形態ともいえるであろう。

以上のように考えると、【図5-1】のように、言論民主化運動から市民編集人制度に至る過程全体を、メディアアクセス権を中心概念として整理できると思われる。

第3節　李明博政権期（二〇〇八～二〇一三年）

李明博《イミョンバク》政権期前半における最大の社会的現象は、米国産牛肉輸入問題に端を発した大規模なキャンドルデモであるといっても過言ではない。したがって、本節ではキャンドルデモとマスメディアの報道姿勢の関係性を取り上げる。特に、キャンドルデモという社会現象に対する報道検証を通して、『ハンギョレ新聞』が近年においてどのような報道活動を実践・志向しているかを検証する。キャンドルデモそのものの動向を取り上げるのではなく、マスメディアがどのように報道したかに着目し、分析する。調査方法として、次のような方法論を採用した。

① 分析の期間は、キャンドルデモが行われた比較的初期である二〇〇八年五月中旬から二〇〇八年七月中旬の約二ヵ月間とした。

② キャンドルデモが行われた現場に出かけ参与観察を行い、そこで行われたメディアの取材姿勢を記録した。特に、ハンギョレ新聞社取材映像チームがデモ現場を取材するのに可能な限り同行し、記録をつけ分析した。

③ 取材内容がどのように紙面に反映されるのかを確認した。デモの中でも特に大規模だったケースについて、『ハンギョレ新聞』を含めた各紙の社説を比較分析した。(46)

以上のような調査・分析方法を採用し、『ハンギョレ新聞』の報道姿勢について、他の報道機関と比較しながら論じた。

1　キャンドルデモの発生とマスメディアの報道

二〇〇八年五月、米国産牛肉輸入反対運動に端を発したキャンドルデモが、連日連夜ソウルで繰り広げられた。当初は、米国産牛肉輸入問題に関する食の安全が争点であったが、次第に李明博政権の政策、特に新自由主義的な経済政策への反対運動へと争点が広がり、反政府色が濃い運動となった。とりわけ、六月一〇日は、六月民主抗争[47]の二一周年にあたり、集会参加者が約四〇万人になった日であった[48]。三日後の六月一三日は、二〇〇二年六月に起こった米軍装甲車女子中学生轢死事件（いわゆる「孝順《ヒョスン》・美善《ミソン》さん事件[49]」）の六周忌であり、さらに六月一五日は「六・一五南北共同宣言」の八周年に当たっていた。韓国民主化の記念日、米韓関係を象徴する事件の日、南北朝鮮による歴史的な日などが連続したため、六月一〇日から一五日はキャンドルデモが最高潮になった時期のひとつであった。

また、八月一五日も、朝鮮半島が日本の植民地統治から解放された「光復節[50]」であるとともに、李明博政権が主張した「建国六〇周年[51]」にも当たるなど、イシューが複合的になり、デモが大規模になった。

では、キャンドルデモは、マスメディアによってどのように報道されたのであろうか。

『朝鮮日報』『中央日報』『東亜日報』の三大紙（以下、「朝中東《チョジュンドン》」とする）と『ハンギョレ新聞』『京郷新聞』・文化放送（ＭＢＣ）・インターネット新聞等では、報道姿勢が全く異なっていた。集会参加者たちは「朝中東」の報道に大反発し、新たなデモへと発展するという側面さえあった。さらに、市民は既存マスメディアの報道に満足せず、市民記者団を組織し、インターネットを駆使してプロの報道陣に負けない実況中継をした。現在、韓国のマスメディアは新聞界・放送界が中心ではあるものの、インターネットメディアの力も強く、それぞれのメディアの視点が強く確立されているのが特徴である。報道姿勢別に俯瞰してみると、その枠組みはキャンドルデモ以前と以後では大きな違いはなかった。

まず、六月一〇日のキャンドルデモを各社がどのように報じたかを見てみよう。保守論調の『朝鮮日報』は六月一一日の社説「抗議の表示は十分にした……今や政府を守ろう」で次のように報じている。

キャンドルデモに参加した国民たちも考え、立ち止まり、守らなければならない時がきた。〔中略〕キャンドルデモも四〇日前は家族でピクニックに出かけるような祭りであったが、〔いまや〕そのような集会ではない。〔中略〕イラク派兵反対・平澤《ピョンテク》米軍基地反対・FTA（自由貿易協定）反対デモで見た「その時のその顔」たちが、キャンドルデモの所々であちらこちら点々としていた。興奮した人波が戦闘警察と衝突してからは、何が起こるかわからない殺伐とした雰囲気だった。

これは、『朝鮮日報』がそれまで展開していた「キャンドルデモ黒幕存在説」の延長である。この「黒幕説」はどのような主張であろうか。例えば『朝鮮日報』五月二六日の社説「集会が過激勢力の活動の場とならぬように」を見てみよう。

これまで米国産牛肉の輸入反対とは関係のなかった集団が大挙して流入することで、集会が不法な方向にねじ曲げられていると見なければならない。〔中略〕警察は『自転車に乗った先発隊がデモのコースをあらかじめリードしている』と語った。指導部と連絡網が存在しデモを組織的に引っ張っているというわけだ。インターネットでは、警察が昨年三月に反自由貿易協定（FTA）のデモ隊に対し放水を行った場面が、今回のデモを鎮圧する場面にすり変えられて流布されている。誰かが意図的にデモ参加者の感情を爆発させようとしているわけだ。二〇〇二年、米軍の装甲車に轢かれて死亡した女子中学生の申孝順《シンヒョスン》さんと沈美善《シムミソン》さんを追悼するとして開かれたキャンドル集会も、反米感情を煽り立て、大統領選挙で利益を得ようとする政治的意図が背景にあった。今回の米国産牛肉輸入反対のキャンドル集会も、政府に対する市民の不満に火を付け、本来とは異なる目的で利用しようとする人物がいないとは言い切れない。キャンドル集会に参加した多数の市民が何か事件を起こしても、その人々は元々善良な市民であって、政権に打撃を与えようという意図を持ってやって来た人々ではない、というわけだ。あらゆる事案を、どんな手を使ってでも反米運動に結び付け、自らの政治的目的を達成しようとする勢力・人物に警戒しなければならない。

キャンドルデモは、普通の市民をデモに駆り立てる「黒幕」がいて、組織的に活動をしている「黒幕」は、キャンドルデモを反米運動に転換しようとしているというのが『朝鮮日報』の「キャンドルデモ黒幕存在説」であった。一方、保守論調の『東亜日報』はどのように報道したのであろうか。六月一一日の社説「大韓民国の漂流海戦はいけない」は、キャンドルデモを次のように分析した論説を掲載した。

「キャンドル」がどんなに純粋で美しくても、国の進路に妨害となってはいけないのである。〔中略〕国民もいまや冷静になって立ち戻ってみるときだ。いかなる政府も国民にBSE（牛海綿状脳症）のある牛肉を食べさせようとはしまい。牛肉交渉は〔政府が〕明らかに誤っている。これを認めて修正する努力を適宜できないことも〔政府が〕誤っている。しかし、一部デモ参加者が「米国の畜産業者の利益を守るためだ」と激しく責め立てることも行き過ぎた憶測ではなかろうか。〔中略〕国民が合理的な選挙を通して選択した大統領を「キャンドルと叫ぶ声の力」で退陣させようとするならば、これは大韓民国の憲政と民主主義に対する脅威になる。〔中略〕キャンドルデモが大統領退陣要求によって大きくなることは、李明博政権の命運に関する問題の前に、六〇年間苦労して育て積み上げてきた憲政秩序の基礎を揺らす国民的自殺行為になる。

「憲政秩序」という視点からキャンドルデモを批判するのが、『東亜日報』の論理であった。この後、『東亜日報』は六月一〇日に大規模なデモが発生することを予想してか、当日の社説「『政権打倒』暴力デモは不純だ」で次のように主張した。

　結局、対策委〔狂牛病国民対策委員会〕[52]をはじめとする一部デモ勢力は、李明博政権の退陣のために「キャンドル民心」を悪用していることを自ら露呈したようなものだ。彼らはすでに「大統領府に行こう」というスローガンや行動で、デモの意図がどこにあるかを示した。元延世大学教授で憲法学者の許営《ホヨン》は「盲目的に大統領府に向かって進撃することは憲政秩序を揺るがす行為だ」と指摘した。民主的な選挙で選出された合法政権に向かって、何の法的根拠もなく退陣せよと叫ぶことは、憲政秩序と民主主義に対する挑戦である。このようなやり方で、建国を果たし発展させてきた国家の憲政を脅かしていいのだろうか。〔中略〕一部の言論は、これを「街頭民主主義」と表現しているが、韓国憲法は議会制民主主義を根幹にしている。〔中略〕平和デモの結果が気に入らないからと暴力を振るえば、民心も背を向ける。政府も自らの権威をこれ以上放棄せず、憲政秩序を守護するために公権力行使のマジノ線（Maginot Line）を明確にし、執行しなければならない。

『東亜日報』がこの社説で指摘した「一部の言論」には『ハンギョレ新聞』が含まれている。そのことは、六月一一日の『ハンギョレ新聞』社説「歴史を照らす一〇〇万個のキャンドル」を見れば明白である。以下に関連部分を引用した。

　一〇〇万のキャンドルが全国を照らした〔中略〕広場へあふれ出てきた学生・主婦・会社員・宗教者・労働者などあらゆる年齢と階層の市民たちが連帯感の中で即席討論を行い、効率と経済至上主義ではなく、共に生きる正義にのっとった世の中を願った。市民たちがこのように巨大なキャンドルを掲げ始めた理由は明確だ。米国産牛肉の全面開放を約束した『牛肉交渉』を無効化し、再交渉に出ろということである。〔中略〕政府は内閣刷新などいくつかの収拾策を模索している。そうはいっても、市民たちの核心的な要求は牛肉の再交渉だ。市民たちの気持ちを尊重して再交渉に出ないことには今の難局は解決できない〔中略〕牛肉の再交渉などを要求しているキャンドルデモはこれから継続されるかもしれないし、小さくなっていくかもしれない。しかし、私たちの心の中に灯ったキャンドルは消えず、明日を照らすのだ。私たちはインターネットと広場に土台をおいた、史上例のない緊密な連帯と疎通の民主主義に進んでいる。牛肉再交渉の要求はこの道へ進む過程で現れた最初の事例に過ぎない。

このように、『朝鮮日報』および『東亜日報』の論調と『ハンギョレ新聞』の論調はキャンドルデモをどのように捉えるかという認識論的な部分から明らかに対立している。各紙の主張のポイントを整理すると【表5－3】のようになる。『ハンギョレ新聞』はキャンドルデモを民主主義の発露と捉えており、肯定的に評価している。

次に、八月一五日の一〇〇回目のキャンドルデモを各社がどう報道したかを見てみよう。八月一五日のデモは、当初ソウル市庁舎前と清渓川広場で行われる予定だったが、開催予定場所を警察が完全に封鎖したため、場所を韓国銀行前に変えて行われた。八月に入ってから警察によるキャンドルデモの統制・弾圧は日に日に強くなり、八月一五日に最高潮となったと見てよい。この日、警察はデモ参加者に放水し、戦闘警察は多数のデモ参加者を逮捕・連行した。本書筆者も五月から断続的にデモ側から参与観察を続けていたが、八月一五日はそれまでをはるかに上回る強行姿勢であった。

現場で取材していた日本人ジャーナリストの角南圭祐は、当時の様子を「戦闘警察は二万人を動員。青いインクを混ぜた放水をしながらデモ隊に襲い掛かった。水道水では簡単に落ちない着色料を混ぜた水をかけ、青く染まった人

表5-3 『ハンギョレ新聞』『朝鮮日報』『東亜日報』によるキャンドルデモの評価（2008年5～6月）

	『ハンギョレ新聞』	『朝鮮日報』	『東亜日報』
キャンドルデモに対する総体的評価	非常に肯定的。	非常に否定的。	否定的。
デモ参加者	市民の自発的参加によってあらゆる年齢と階層の市民たちが連帯。	デモの質が変化した。キャンドルデモを扇動する黒幕が存在。	一部勢力が平和デモを悪用。
国民と政府の関係	政府は、市民たちの気持ちを尊重し牛肉輸入再交渉に出なければならない。	国民は政府を守るべきだ。	国民は冷静になるべきだ。『政権打倒』暴力デモは不純だ。
民主主義とキャンドルデモの関係性	インターネットと広場に土台をおいた、史上例のない緊密な連帯と疎通の民主主義。	抗議はもう十分だ。何が起こるかわからない殺伐とした雰囲気である。	大統領退陣を要求するのは憲政秩序の基礎を揺らす国民的自殺行為。

出所：『ハンギョレ新聞』『朝鮮日報』『東亜日報』3紙を元に筆者作成。

を連行していく作戦だ。繁華街で警察は歩道にいる見物人にまで放水を加えた。私も歩道に退避していたところを青い水をかけられ、全身真っ青に。危険なので取材をあきらめ帰宅する途中、市内全域に封鎖線を敷いた警察の検問に何度も引っ掛かった。この日は私服の『連行担当』警察官が多く配置され、青く染まった人を片っ端から連行し、朝までに一五八人が連行された」と報告した［角南 2009：123］。

このような八月一五日を、マスメディアはどのように伝えたのであろうか。翌一六日の各紙を比較してみよう。

『京郷新聞』は一二面（社会面）の半分を使用して「『一〇〇日目キャンドル』照らす市民　警察、放水動員鎮圧」という記事を掲載した。一人の中年男性が四人の屈強な戦闘警察に囲まれ両手を押さえられて連行されている写真入りである。記事では「（警察は）また、青色の染料が混ざった放水をし、解散・占領作戦に移った。機動隊と私服警察は市民約一五〇人を連行した。警察は『〔デモによる〕車道占拠は徹底的に統制する』という方針の下、戦闘警察と機動隊一万五〇〇〇人を動員した。市民は『光復節に国民を殴って逮捕する警察は日本帝国主義と同じだ』と抗議した。一部市民は鐘閣付近で夜遅くまで籠城した」と伝えた。

また、『ハンギョレ新聞』は一三面（社会面）で男性が六人の戦闘警察に両手両足を拘束されて連行される写真とともに「一〇〇回目キャンドルデモ　『人間狩り』のような鎮圧」という記事を載せた。一五日当日の様子を次のように書いている。

警察はデモ参加者に照準を定めて青の色素を混ぜた放水をした後、すぐに私服逮捕組〔逮捕専門の私服警察チーム〕を投入して〔デモ参加者の〕連行作戦を敷いた。強制解散が進められるやいなや、デモ参加者は歩道の上に押し寄せ、以後数百人単位で散らばって鐘路《チョンノ》、明洞、乙支路《ウルチロ》、東大門などの地で隠れながらゲリラ戦デモを展開した。警察は以前と違って市民が道路を占拠しようがしまいが、かけ声とともに一気に鎮圧チームと逮捕チームを投入し、〔デモ参加者を〕連行しようとした。警察は色素が混ざった放水を浴びたデモ参加者たちを無差別に連行し、商店の中までデモ参加者を追い回し、店主から抗議をうけて後退した。〔中略〕デモ参加者のキムヨンギさん（44）は『一九八〇年代へ戻った感じだ。独裁という言葉が皮膚へ突き刺さる』と言いながら、『〔警察も〕歩道にまで放水をしてくることはできなかった』と話した。

一方、『朝鮮日報』は「『建国六〇周年』都心占拠した『一〇〇回目キャンドル』」という記事を掲載した。『東亜日報』は「夜間のデモ　警察車両四台が破損……一四〇余名が連行」という題で、リードも「私服逮捕組が初導入……色つき放水発射　『不法デモの背後で操っている〝本体〟検挙に全力』」という記事を掲載している。『中央日報』は「『一〇〇回目』も不法の斑点……私服逮捕組を初導入」という見出しだった。「朝中東」はいずれもキャンドルデモに批判的な記事を載せたのである。特に『東亜日報』は、デモ側の被害ではなく警察側の被害に注目し、「キャンドルデモ背後黒幕説」で一貫していた。

本書筆者は当時、韓国銀行前のキャンドルデモ現場で参与観察をしていたが、翌日の各社の報道を比べると、『ハンギョレ新聞』および『京郷新聞』の報道が、『朝鮮日報』や『東亜日報』の報道よりも、現場の状況と雰囲気を正確に捉えていた。

2　『ハンギョレ新聞』と『京郷新聞』――進歩言論同士の比較

実際に現場で取材を継続して続けていた『ハンギョレ新聞』記者はどのようにキャンドルデモを捉えていたのだろうか。インタビュー調査から探る。理解の前提として、まず、二〇〇八年時点の韓国マスメディアの勢力分布を概観することにする。

韓国において大手三紙である『朝鮮日報』『中央日報』『東亜日報』は、韓国の保守論調を代表する新聞であり、重要な政治・経済問題や社会問題において、論点は多少違うものの、主な論調が似かようことが多い。『朝鮮日報』『東亜日報』はともに、朝鮮半島が日本による植民地支配を受けていた一九二〇年に創刊された。『中央日報』は一九六五年に三星《サムソン》財閥系の日刊紙として創刊された。三紙とも金大中政権・盧武鉉政権時は、両政権に徹底的に批判的だった。「批判的」という意味では、両政権に対して「権力監視」を実践しているという点もあったが、それよりも「反金大中・反盧武鉉」「反進歩勢力」であり「親ハンナラ党」[53]というべきであろう。一方、『京郷新聞』は一九四六年創刊で、当時は反共産主義的な性格を持っていたが、李承晩政権時には野党的性格を示したこともある。基本的に保守路線を進んでいたが、一九九八年に社員株主制へと移行した後は、比較的進歩的な論調をとるようになった。

二〇〇八年のキャンドルデモにおいて、マスメディアの報道姿勢・論調の大まかな構図は「朝中東」対『ハンギョレ新聞』・『京郷新聞』・KBS・MBCであった。「朝中東」は新聞市場の六～七割を占めており、影響力が強い。キャンドルデモとマスメディアの報道について本書筆者（森）調査を行った二〇〇八年当時、韓国新聞協会が公開している「朝中東」の発行部数[54]は、日刊新聞全体の発行部数が八三八万六二〇〇部[55]のところ、『朝鮮日報』が二三五万八一八〇部、『中央日報』が二〇八万四九五九部、『東亜日報』が二〇七万二九一六部であった。これらの数値は、年度も計測方法も違うので単純に比較できないが、これら資料を参考にして総合的に考えると、「朝中東」が日刊新聞全体の発行部数の六、七割程度を占めていると推測するのが妥当である。第四位の『ハンギョレ新聞』が公称四〇万部、実質は三〇万部弱と見られているから、一位から三位を占める「朝中東」と四位以下の差は歴然としている。[56]

このような実態を踏まえた上で、本書筆者は、『ハンギョレ新聞』取材映像チーム（以下、取材映像チームという）のプロデューサーであり記者（当時）のキムドソン（김도성）にインタビューした。[57] キムドソンは「六月一九日に警察が初めて放水をして動員数を増やしてからは、警察の暴力に焦点を当てて取材した。デモをどのように把握するかが大事だ。韓国の民主主義が新しい局面に到達したと見るのか、または変化の途上と見るのかなどと私たちもいろいろ悩みながら現場に出た。われわれは基本的に集会・デモをする市民の立場に立って取材した。今まで行った報道の全体を見渡したとき、このような方向を設定して取材をしたからこそ真実に近い報道ができたのではないかという自負心もある」と述べた。

本書筆者は参与観察のため、二〇〇八年当時に取材映像チームと行動を共にしたが、本書筆者が観察を通して把握している限り、取材映像チームがデモに参加する市民の立場に立って取材を続けたのは事実である。チームは中継車をソウル広場に停車し、そこを基点として二、三チームに分かれて取材を行った。アンカー、小型カメラ（映像・音声担当）、技術担当者の三人が一つのチームを構成し、デモに参加する市民を取材した。オンラインで生放送された場合もあるし、編集されたのちに放送された場合もあった。キムドソンは、チームのプロデューサー兼アンカーであったため、キャンドルデモが始まる夕方から現場に赴き、午前〇時近くまでキャンドルデモ参加者の取材を行った。

キャンドルデモの現場では、デモ参加者が青瓦台方面に進むのは事実上不可能だった。警察が大統領官邸（青瓦台）に続く主要な道をほぼ完全に遮断・封鎖していたからであった。特に、光化門へと続く市内の大動脈である世宗路には大型コンテナを積み上げて車道を封鎖し、歩道を警察車両で塞ぐことで道を完全に遮断していた。デモ参加者はこの封鎖物を「明博山城〔李明博政権による山城のような大きな封鎖物〕」と名付けた。この「明博山城」を中心に、警察による一種の「封鎖線」が築かれていた。

『朝鮮日報』『東亜日報』『中央日報』の記者らは封鎖線より大統領官邸側に取材拠点を置くことが多かったようである。つまりデモと対峙する形で取材することが多かったということである。本書筆者自身が目視で確認した限りでも、記者の腕章をつけた人物が警察側からデモ参加者の様子を写真撮影していた光景を何度も見た。デモ翌日の『朝鮮日報』『東亜日報』『中央日報』は明らかに警察側から取材した記事も多かった。

キムドンソンは「基本的に集会・デモをする市民の立場に立って取材した」と明言したが、それでは、デモに反対する市民や、デモの「被害者」（デモにより営業が困難となった店舗経営者など）への取材はどうだったのであろうか。これに対して、キムドンソンは「営業で被害を受けた店の人たちへ取材する努力はしたと思うが、取材量が不足していたのは否めない。被害を受けた人は、主に世宗路《セジョンノ》の李舜臣像より光化門側の地域だが、その場所にバリケードをつくって線を引いたのはデモ側ではなく警察、つまり李明博政権だという事実がある。今回のキャンドルデモは民主化が成熟していく過程だと思うので、デモに反対する人の声も伝えられたらよかったのにとは思う」と話した。キムドンソンはさらに「市民は最初の一ヶ月間は、暴力行為をせずに平和的にデモを行った。しかし、政府は変わらなかった。逆に弾圧したり、放水を行ったりして暴力的に鎮圧しようとした。だから市民たちも戦闘的になった。もちろんデモ側に暴力がなかったわけではない。しかし、結果的には政府のデモへの対応に根本的な原因があり、責任を第一にとるのは政府だと思う」と話した。政府がデモに対する対処を間違えたことが問題だと指摘し、「私たちの報道姿勢も、市民が暴力的なデモをしたのではなく、政府と警察が（デモに対する統制と鎮圧を）やりすぎたから、市民たちも激昂してこのような状態にまでなってしまったというものだ」という認識を示した。

繰り返しになるが、本書筆者は映像取材チームに同行してその取材姿勢と手法を観察しつつ、新聞紙面や放送コンテンツ（特に、インターネット放送の動画）を内容分析するという調査手法を採用した。その上で、上記のようにキムドソンにインタビュー調査を実施した。その結果、紙面に現れた『ハンギョレ新聞』の報道姿勢とキムドソンの言及はほぼ一致していた。

次に、二〇〇八年のキャンドルデモ報道で大きな注目を浴びた『京郷新聞』を見てみよう。『京郷新聞』の報道姿勢と論調を分析することは、進歩言論である『ハンギョレ新聞』の報道姿勢をより明確に照射する意味でも有効である。前述のキムドソンも「『京郷新聞』は、一九九八年に社員株主制になり編集権の公正性が叫ばれて進歩論調に変わり急成長した。『ハンギョレ新聞』同様に社主がおらず圧力もない。今では『ハンギョレ新聞』より論調が進歩的になった。市民運動や労働運動などの活動家だけではなくデモに参加した市民も、今回のデモの最中に「購読新聞を『ハンギョレ新聞』から『京郷新聞』へ変えた」という人が多いようだ」と語った。では、『京郷新聞』の具体的な報道姿勢はどのようなものであったのだろうか。

『京郷新聞』の古参記者であるS記者[58]（当時）は、『京郷新聞』の公式見解ではなく、「私個人の考え」と前置きした上で、『京郷新聞』の報道姿勢について、筆者の質問に文書回答した。[59]『京郷新聞』の内部プロセスが明快にわかる内容であった。

『京郷新聞』は、李明博政権が米国産牛肉を検疫する権利を米国へ引き渡したことによって起こりうる問題点と、このような交渉に対して韓国人が感じる屈辱感と国民の反感・反発を主に扱った。キャンドルデモが民意を表出した現象として見て、政府という既存の情報源に依存した報道ではなく、非組織的で偶発的な一般市民を重要取材源としたという点で、『京郷新聞』は『朝中東』とは違う報道姿勢をとったといえる。『朝中東』は様々なコラムニストたちを動員して米国産牛肉に問題がないという報道を堅持した。国民の考えが間違っているという報道姿勢だった。

キャンドルデモが繰り返し強力に拡散したのは、きっかけになった何人もの人たちがいたからだ。『京郷新聞』はきっかけをつくった人物何人かに焦点を当てて、インタビュー記事化した。『京郷新聞』の報道姿勢は、キャンドルデモ参加者の声を十分に代弁しようとするものであり、民衆の声を反映し、民衆へ寄り添うという報道をしようとした。

一方、李明博政府は保守新聞を通して「キャンドルデモの背後には黒幕がいるはずだ」とデモの群集に対して攻撃を加えた。保守新聞は、政府のこのような発言は忠実に報道しながらも、デモの群集の声は正確に反映しなかった。「朝中東」の歪曲報道が口から口へ伝わり、「朝中東」の報道に対する不信が深くなったと考えられる。一部の保守的な学者は、『京郷新聞』はデモに便乗して販売部数を伸ばそうという目的から群集の声を反映したのではないかと言っているが、そうではない。むしろデモに参加した群集の声を反映したところ、自発的な購読者が増えたと見るのが正しい。

政府の路線に反対する報道をするのはそんなに簡単ではない。『京郷新聞』は、米国産牛肉はＢＳＥの憂慮から完全に自由とは言えないという点を一貫して主張するために、様々な専門家の見解を取り上げて報道した。このような姿勢だったため、政府がどのような攻撃をしてくるのかわからないという状況があった。政府の攻撃を批判し、政府の攻撃に対して防御する準備をしながら報道に従事した。

Ｓ記者は、『京郷新聞』の報道姿勢の基本が「キャンドルデモが民意を表出した現象として見て、政府という既存の情報源に異存した報道ではなく、非組織的で偶発的な一般市民を重要取材源とし」ながら「キャンドルデモ参加者の声を十分に代弁しようとするものであり、民衆の声を反映し、民衆へ寄り添うという報道」にあったと述べた。Ｓ記者が語る『京郷新聞』の、キャンドルデモに対する基本的な報道姿勢は、『ハンギョレ新聞』とあまり違いはない。この点については前述のキムドソンも「以前は進歩論調の新聞といえば『ハンギョレ新聞』だったが、今は『ハンギョレ新聞』『京郷新聞』とセットで呼ばれている。編集におけるポイントや論調の違いはあまりないと思う」と述べている。では、『ハンギョレ新聞』と『京郷新聞』の報道の違いはないのだろうか。Ｓ記者は次のように述べた。

『京郷新聞』と『ハンギョレ新聞』は、まるで競争でもしているように、お互いに抜き抜かれながら米国産牛肉やBSEの問題点を報道した。『ハンギョレ新聞』は、キャンドルデモの報道で自発的新聞購読がどれほど増えたのかという記事を書き、『京郷新聞』も同様の記事を書いたことがある。お互い「ギブ（give）&テイク（take）」するかのように、BSE・米国産牛肉の問題点を競争して報道した。

『京郷新聞』編集局長と『ハンギョレ新聞』編集局長が「お互いに助け合いましょう」と約束したわけではないが、いざ新聞をつくってみれば、お互い似ている論調となった。キャンドルデモ報道は親李明博新聞と反李明博新聞をはっきりと分ける重要なきっかけだった。『ソウル新聞』『韓国日報』『国民日報』などはキャンドルデモ報道でさほど目立った印象を残すことができなかった。

S記者は、『京郷新聞』と『ハンギョレ新聞』の論調が似ていたという点を認めたうえで、それがデモ参加者の声を伝えようとした点にあったため自然にそうなった現象であるとした。また、S記者は「重要なのは、李明博政府の政策に対する野党紙として『京郷新聞』が国民の間に新しく認識され始めたという点だ。『ハンギョレ新聞』は元々進歩的な新聞であるという認識が国民の間であったが、『京郷新聞』はそのような認識が少し弱かった。ところが、今回の報道をきっかけに『京郷新聞』の認知度が高まったと評価できるだろう」と述べた。『京郷新聞』が進歩言論として社会的な認定を受けたことを重視したのである。

これは、『京郷新聞』が保守層・進歩層両方に与える影響力が以前より大きくなったことを意味する。この点についてS記者は、影響力の内容を、①新聞の配布部数が増えてより多くの人々が読むようになった、②たとえ新聞の配布部数が増えなかったとしても国民たちが『京郷新聞』の報道に注目をするようになった、という二点に分けた上で次のように答えた。

『京郷新聞』の場合、二つを同時に達成したということができる。国民は『京郷新聞』に対して自分たちの声を歪曲せずに伝えてくれる友軍を新しく発見したという感覚を持っている。『京郷新聞』が何を報道するのかに大きな関心を持たれているのだ。このような趨勢があと何年も続くならば、韓国内で進歩的な声を代弁する『京郷新聞』が確固とした地位を占めるのではないか。広場に集まった数多くの群衆の口から口へ『京郷新聞』の報道姿勢が伝わり、『京郷新聞』はデモの群集の叫びを歪曲せずに報道するというある程度の合意がなされたのであろう。自発的に購読する人たちが数万人増えた。最近、韓国の新聞業界では新聞を購読してもらうこと自体が非常に難しい。そのような状況で新聞何万部が自発的購読で増えたことは、決して小さな意味ではない。デモの群集が紙面に後援広告を載せることで、『京郷新聞』への実質的な支持を見せたこともあった。後援広告は企業の広告のように値段が高いものではないが、大きな意味がある。

また、S記者は『京郷新聞』の報道の問題点・改善点については次のように述べた。

「扇動的になりすぎているのではないか、デモの群集の声を過度に反映しているのではないか」という声が編集局内部から出た。しかし、ソンヨンスン編集局長のスタイルは「強く押せ」だった。このためなのか、デモに関する報道量がかなり多かった。二五年以上『朝鮮日報』で勤務した親しい知人は、「『京郷新聞』はチラシのような紙面づくりをやめたらどうか」と私に言った。『京郷新聞』の報道が結果的にデモを扇動したかもしれないという蓋然性を私は否定することができない。

しかし、「朝中東」が、存在すらしない勢力が背後からデモを操ったなど報道したことよりは、『京郷新聞』の報道がましなのではなかったか。事実、「朝中東」は、予備役軍人が広場へ出てキャンドルデモ参加者と向き合ったときに、予備役軍人の背後にはどのような勢力がいるのかにはまったく言及しなかった。キャンドルデモの背後には黒幕がいると頑固に言うならば、予備軍人たちの背後にも何か黒幕がいるのではないかと思うのが普通であるのにもかかわらず、だ。

李明博政権は『ハンギョレ新聞』や『京郷新聞』の報道に不満を表しながらも、結局は米国に向かって牛肉輸入の再交渉をした。『京郷新聞』のように李明博政権に批判的な言論が重要な役割をしたためだろうと私は信じる。もし新聞と放送が批判的な報道をしなかったとしたら、韓国と米国の牛肉輸入交渉はあまり修正なく履行されたことだろう。

前述のキムドソンは、「『ハンギョレ新聞』の立場から『京郷新聞』を見た場合、ライバルとは思わない。ライバルはあくまで『朝中東』、特に『朝鮮日報』だ。言論界全体の保守対進歩の割合はまだまだ保守が大きい。これから『ハンギョレ新聞』も『京郷新聞』も発行部数を伸ばし、ジャーナリズム全体での保守対進歩のバランスがとれればいい」として、進歩系マスメディアの個別の成長よりも、進歩系マスメディア全体の成長と保守・進歩の勢力均衡の重要性に言及した。

『ハンギョレ新聞』と『京郷新聞』の二人の証言を比較すると、①両紙ともデモを行っている市民の立場で報道した、②報道内容は非常に似通った、③『京郷新聞』が影響力（具体的には部数）を伸ばした、④『ハンギョレ新聞』とともに『京郷新聞』が進歩的な新聞であることが市民に認知された、ということになる。

進歩言論陣営に『京郷新聞』が本格的に「参入」することによって、進歩言論の総合力は多少なりとも強化されたと見ることができる。一方、保守言論と進歩言論を比較する視点から、進歩言論が影響力をどのくらい伸ばしたのかという点に関しては、保守系マスメディア購読者が進歩言論に乗り換えたというよりは、『ハンギョレ新聞』購読者が『京郷新聞』に移動したと考えることが可能である。つまり、新しく認知された進歩言論に購読者が移動しただけだという説明も成り立ってしまうからである。この点についての厳密な検証は本書ではできていないが、韓国ジャーナリズム研究では重要な点である。

３　「朝中東」への不信と『ハンギョレ新聞』への信頼度

キャンドルデモに積極的に参加した市民たちは、「朝中東」への不信感をあらわにし、『ハンギョレ新聞』『京郷新聞』への信頼を示すというのが、全体的な傾向だった。キャンドルデモの現場でこれを示す例には枚挙に遑《いとま》がない。例えば、二〇〇八年六月九日のキャンドルデモ時に『東亜日報』本社前では、女子高生たちを中心にした市民たちが、『東亜日報』社旗を踏みつけるパフォーマンスを行っていた。また、同日の『朝鮮日報』本社ビル前では、市民団体が「アンチ朝鮮日報」の旗を立て、駐車禁止の道路標識をパロディ化した「アンチ朝鮮日報」ロゴの入ったＴシャツを売り、「朝鮮日報を購読しないように」と演説していた。『朝鮮日報』本社ビル玄関前には「キャンドル少女」（キャンドルデモのマスコットキャラクター）のシールが隙間なく貼られていた。さらに、全国言論労働組合の関係者らは「朝中東ＯＵＴ！」という横断幕を道いっぱいに広げて行進していた[60]。

翌一〇日の集会時の『朝鮮日報』本社ビル前には、参加者のゴミが集積していた。デモ参加者に聞いてみたが、『朝鮮日報』の報道に怒りを覚えたキャンドルデモ参加者が、抗議の意味を込めてわざと置いていったものだということだった。この様子は『オーマイニュース』が写真入りで大きく報道した。一一日には、集会参加者たちは座り込みの抗議に入り、拡声器で「朝中東は歪曲報道をやめよ。『ハンギョレ新聞』『京郷新聞』のようにきちんと報道すべきだ」と叫んだ。本書筆者がデモの現場で話を聞いたある中年男性は、「朝中東はデモ側からの取材はできないだろう。歪曲報道をするから嫌われるのは当たり前だ。デモの現場では危ないから、記者は記者とわかる腕章をつけて取材するのが普通だが、朝中東の記者は時々腕章をわざとつけないでデモ側から取材しようとする。いわゆる潜入取材だ。それがわかったときは、私たちはその記者を追い出す」と答えた。前述の角南［2009］によると「警察はとにかくデモ現場にいる人を無差別連行するので、私も何度も危ない目にあった。市民にも神経質な人が増え、保守メディアや警察、私服警察が写真を撮って指名手配に利用することがあるため、カメラを持って取材していると『どこの社だ、何のために使うんだ』と詰問されることが増えた。市民側ではスパイ騒ぎが何度もあり、みな疑心暗鬼になっている。何とも嫌な空気が流れている」と報告し、「朝中東」など保守系マスメディアが、デモ参加者の情報を警察という公権力に提供している可能性について指摘している［角南 2009：121-122］。

「朝中東」が問題のある報道を繰り広げたことについては、識者も指摘している。例えば、孫錫春《ソンソクチュン》［2009］は[61]、キャンドルデモ関連の『東亜日報』報道を、①事実歪曲、②キャンドルデモ=反米というレッテル、③イデオロギー攻撃、④権力批判の放棄、というように分析した上で、「朝中東」の広告スポンサーへの不買運動を行った「言論消費者主権国民キャンペーン」が急速に拡大した現象に注目し、その理由を「市民が、事実を歪曲した新聞の横暴に気づいたためだ」と分析した［孫錫春 2009：97］。

一方、『ハンギョレ新聞』記者や映像チームがキャンドルデモの現場に行くと、参加者たちから「『ハンギョレ新聞』頑張れ！」「ファイト！」などという声がかけられた。筆者はこのようにデモ参加者たちが、『ハンギョレ新聞』の報道姿勢を支持している状況を何度も目撃した。

4　キャンドルデモ報道から考察する『ハンギョレ新聞』の課題

『ハンギョレ新聞』によるキャンドルデモ報道に問題点はあったのであろうか。あったとすればどのような点が考えられるのであろうか。ジャーナリズム論の視点からキャンドルデモ報道を分析した尹栄喆《ユンヨンチョル》は[62]、この点について、まずマスメディア報道全体の問題点を挙げた。

新聞の場合は、『朝中東』があり、その反対の立場として『ハンギョレ新聞』『京郷新聞』があり、両者の中間的存在として『韓国日報』がある。放送では、ＫＢＳとＭＢＣは九時のニュース番組で、キャンドルデモの報道量を増やし、プロデューサーが主導してつくる時事番組では『朝中東』を強く批判し、実際にはイコール李明博政府批判だった。MBCの『PD手帳』では、米国産牛肉がBSEをすぐ引き起こすような印象を与え、事実確認を怠った。大部分の新聞は、李明博政府が牛肉問題をアマチュア的にかつ急いで進めすぎだという点についてはほぼ一致しているが、人々が集会・デモをやり、過激化する点について見解がすれ違っている。まず、集会・デモにどんな人が出てきているかについて、『朝中東』は相当けなした。『職業が不安定で、日頃の不満のはけ口のためにデモに出て来ている』という趣旨だった。反面、『ハンギョレ新聞』『京郷新聞』は『市民たちが自発的に政治参加し、民主主義の新しい窓が開いた』と報道した。次に、『警察による鎮圧』という点では、『朝中東』は『道路を占拠して過激化した不法なデモだ』との主張をし、『ハンギョレ新聞』『京郷新聞』と放送は、『そもそも警察の鎮圧が過剰だからこのような結果が生まれた』と告発的に報道した。私はこのような状況のジャーナリズムを『独眼ジャーナリズム』と呼ぶ。つまり、両方の目で見ず、片目だけで自分が見たい部分だけ見て報道するジャーナリズムだ。このようなジャーナリズムには問題がある。(63)

尹栄喆が指摘する「独眼ジャーナリズム」に似た危惧は、実は『ハンギョレ新聞』内部からも聞かれる。創刊から『ハンギョレ新聞』に勤めるある幹部は次のように言及した。

私たち『ハンギョレ新聞』は、一九八八年の創刊時から権力監視報道や言論の自由獲得を実践する報道を続けてきた。また、すすんで弱者の視点に立って報道してきた。それが市民の信頼を得てマスメディアの中で信頼度が一位になった原動力だと思う。しかし、近年では、『朝中東』の報道に対して、『ハンギョレ新聞』が批判し、『ハンギョレ新聞』の報道に対して『朝中東』が批判し返すなど、お互いに批判合戦になっている状態が続いている。これは、ある意味で『ハンギョレ新聞』は『朝中東』とは立場が正反対なだけだと見ることができる。このままでは、新聞全体の信頼度を落とし、〔購読率が〕急落している新聞市場に拍車をかけることになると非常に危惧している。『ハンギョレ新聞』は、正確な情報提供を第一に行う『報道』としての役割にもっと力を入れるべきではないか。(64)

韓国の有力時事月刊誌である『時事IN』が二〇〇九年八月に行った「大韓民国信頼度調査」の言論部門では、「最も信頼できるメディアは?」という質問項目で一位がMBC(三二・一%)、二位がKBS(二九・九%)、三位が『ハンギョレ新聞』(一九・二%)という結果が出た。逆に、「最も信じられないメディアは?」という質問項目では一位が『朝鮮日報』(三四・二%)で飛び抜けて高く、二位が『中央日報』(二〇・八%)、三位が『東亜日報』(一八・九%)四位が『ハンギョレ新聞』(一〇・三%)であった。(65)この結果を見る限り、『ハンギョレ新聞』は最も信頼できるメディアであると同時に最も信頼できないメディアであるという二律背反の状態に置かれている。この調査結果は、『ハンギョレ新聞』幹部の憂慮に通じるものがあり、『ハンギョレ新聞』が現在対処しなければならない問題の一つと指摘できる。

韓国言論財団研究委員(当時)のキムヨンウク(김영욱)は「『ハンギョレ新聞』はキャンドルデモを観察して報道し論評を提供する役割を超えて、一緒にキャンドルを掲げて集会に参加した主体として見えた。私が見た限り『ハンギョレ新聞』の一面記事は、一日たりとも抜けることなくキャンドルデモであり、違う面も関連記事でぎっしり埋まっていた。他の重要な事件はなかったのだろうか」「『ハンギョレ新聞』がキャンドルデモを強化し主導しようと努力する印象を受けた。新聞が中立であることは不可能であるし、そうしてもいけない。特定の立場をとるだろう。しかし、相反した事実関係はすべて提供しなければならない。そして、論評を通して評価をすればよい。『ハンギョレ新聞』はそれができなかった」と指摘した。(66)

キムヨンウクは、キャンドルデモ報道における『ハンギョレ新聞』の姿勢についてそれを「問題点」として指摘したが、このような『ハンギョレ新聞』の性向については、以前から様々な批判があったようだ。前述の『ハンギョレ新聞』記者の金度亨は、キャンドルデモが発生する以前に、すでに次のような指摘をしていた。

私はメディア担当[67]も一九九四年から六年半したので、マスコミの現状について自分なりの認識は持っている。これは『ハンギョレ新聞』だけの問題ではなく、韓国メディアのあり方の問題だ。新聞界は信頼性が危機的状況で読者数は減る一方だ。『朝鮮日報』も絶頂期は二〇〇万部くらいあったが、今は相当落ちており、昔ほど力を持っていない。韓国〔国内〕の政治的な変化のために新聞も政治的な役割を背負い、〔事実〕報道よりは〔意見を〕主張するという方向になり、その過程で信頼性を失った。マスコミの役割として、事実を報道する、事実に基づいて闘うことが挙げられる。韓国のマスコミは事実を追求してはいるが、事実を誇張したり小さい事件を大きく見せる報道をしたりと、攻撃のための攻撃をする。『朝鮮日報』は北朝鮮問題で特にひどい[68]。

キャンドルデモ報道においては、『ハンギョレ新聞』の課題も浮かび上がった。対象にどのくらい近づくべきなのか、ニュースバリュー（News values）の選択をどのように考えなければいけないのかといった、報道機関としての根幹について考え直す時期に差し掛かっている。事実報道を増やすべきなのか、論評を増やして『ハンギョレ新聞』のカラーを強く出すべきなのか、読者を広く集める大衆紙を目指すのか、知識人やオピニオン・リーダーにターゲットをより絞った高級紙を目指すのか、速報性を重視して映像配信に力を入れていくべきなのか、それとも長期的な取材を必要とする調査報道に力を入れていくべきなのかという選択も迫られている。

小結　ジャーナリズム実践――市民参加型、公共圏創出、進歩言論

本章では、一九八七年六月の「民主化宣言」以降の金大中政権期以降の『ハンギョレ新聞』の動向について、ジャー

ナリズム論およびメディア論の視角から再検討した。

第1節では、市民参加型ジャーナリズム論およびメディア論の視点から、ニューメディア時代の『ハンギョレ新聞』を分析した。『ハンギョレ新聞』が始めた市民参加型のハニレポーターを中心に扱った。ハニレポーターは、『オーマイニュース』などと同じ市民参加型ジャーナリズムを志向するものであり、その意味ではニューメディア時代の特性を的確にとらえていたが、原稿料システムの破たんや人的資源の不足、『オーマイニュース』など相似モデルの他媒体との競争に負けたことによって、中断せざるを得なかった。

ハニレポーターの精神は、『ハンギョレ新聞』が創刊時から志向してきた市民参加型ジャーナリズムの延長線上にあった。市民の代弁紙を自認した『ハンギョレ新聞』にとっては、市民による『ハンギョレ新聞』紙面への様々な形での参与を保障することは、メディアアクセス権の一形態として当然の結論であった。読者からの投書欄である「国民記者席」や、読者が社会的イシューを議論する場を紙面上に提供した「なぜなら」(討論のフォーラム)、オンラインにおいて市民参加型ジャーナリズムを志向したハニレポーターなど、基本的にはハンギョレ新聞のコンテンツにいかに読者を参加させるかという発想がその根底にあった。

第2節では、盧武鉉政権の言論政策を検討した上で、それに対する『ハンギョレ新聞』の反応を見ることで、政権とジャーナリズムの距離について考察した。その結果、『ハンギョレ新聞』の記者らは、盧武鉉政権による記者クラブ解体については、言論民主化にプラスになると評価していることが分かった。

第3節では、李明博政権における報道様態の事例研究として、二〇〇八年のキャンドルデモ報道を取り上げた。キャンドルデモをどのように報道をしてきたのかを検証することを通して、『ハンギョレ新聞』が近年どのような報道活動を実践・志向しているかについて検証した。その結果、『ハンギョレ新聞』はデモ参加者の側に立って報道し、政治権力に批判的なスタンスを貫いた。その意味では民衆(多数のデモ参加者)の支持をある程度得られたものの、『ハンギョレ新聞』の報道がデモを扇動した。また、デモが発生した原因の解明や、デモの全体像の把握という視点が不足しており、デモにおける相反する事実を適切に俎上に載せて論評する姿勢も不十分だったことが確認できた。

注

（1）例えば花田達郎は、「ジャーナリズム研究（Journalism Studies）は『マスコミ論』とは別のものである。と同時に、メディア論やメディア研究（Media Studies）とも別のものである。ジャーナリズム研究とはそれらとは区別される、自立した研究領域なのであり、またそうでなければならない。それが一つの条件である。ジャーナリズム研究が自立した固有の研究領域をなして初めて、メディア研究などの隣接する他の研究領域との関係をテーマにすることができる〔中略〕ジャーナリズム研究とはどのような問いを立てるのであろうか。何を問題にするのであろうか。究極のところはジャーナリズムの社会的機能と構造の分析という問題関心である」と述べ、ジャーナリズム研究とメディア研究を分けて扱い、ジャーナリズム研究を一つの研究領域として確立すべきだとしている［伊藤 2009：159-160］。この花田の主張について、基本的に筆者も同意見である。しかし同時に、技術進歩などメディアの在り方がジャーナリズムのあり方に影響も与えるのも事実である。よって、ジャーナリズム研究とメディア研究は、それぞれ独立した研究領域でありながらも、近接研究領域としてお互いに影響を与え合うものであると考える。

（2）『ハンギョレ新聞』の性質について分析するときに、金正鐸は「この目的（『ハンギョレ新聞』の性質分析）に到達するための最も容易く合理的な方法は、ハンギョレ新聞の記事を内容分析することである」と述べている［金正鐸 1990：88］。もちろん、金正鐸の指摘は『ハンギョレ新聞』に限った話ではなく、内容分析は、あらゆる媒体の性質分析をするときに有効な方法の一つであろう。

（3）金孝淳への聞き取りが二〇〇四年二月であるので、二〇〇一年二月から二〇〇四年二月を指していると思われる。

（4）金孝淳への聞き取り調査は、二〇〇四年二月二五日にハンギョレ新聞社内で行った。

（5）前掲の権貴順への聞き取り調査より。

（6）『ハンギョレ新聞』と金大中政権の関係性については、上記の二点を峻別して精査していかなければならない。この議論については今後の課題としたい。

（7）具本権は、当時インターネットハンギョレ社に所属し、ハニレポーター制度創設から廃止まで約四年間を中心になって牽引した。具本権への聞き取り調査は、二〇〇九年八月二一日にソウル市内で実施した。聞き取り調査当時の職位は『ハンギョレ新聞』経済部記者であった。

（8） インターネットハンギョレ社が開発した知識共有サービスの代表的なものに、二〇〇〇年一〇月にサービスを開始した知識検索サービス「dbdic（ディービーディック）」がある。「dbdic」とは「データベース（datebase）」と「辞書（dictionary）」の合成語であり、質問を投げかけるとそれに対して誰かが答えるシステムである。日本では「Ｙａｈｏｏ！知恵袋」や「人力検索はてな」がこのサービスに該当する。インターネットハンギョレ社が「dbdic」を開始して以来、人気が上昇しビジネスモデルとして成功したが、二〇〇二年一〇月に有料化に踏み切ってから低迷し始め、結局、インターネットハンギョレ社は「dbdic」をエンパス（www.empas.co.kr）に売却した。この「dbdic」モデルをほぼそのままキャッチアップして成功したのが韓国最大手のポータルサイト「ネイバー」の「知識ｉｎ」である。具本権は「知識ｉｎ」の成功の理由を「持続的な投資および利用者のプール（pool）規模が違った。（知識検索サービスには）より多くの人が参加すれば、よりよい知識がでる。その点で、（「dbdic」と「知識ｉｎ」は）差があった。資本力の差異だ。dbdic はうまく設計されていたから、「知識ｉｎ」はそれを真似した。大きい会社がマーケティングをしたから効果もそれだけ出たということだろう」と分析した。

（9） 「市民記者団」という腕章をつけて、プロに勝るとも劣らない重装備のカメラを持ち報道活動に従事していた市民記者も現場では多数いた。

（10） 前掲の具本権への聞き取り調査より。

（11） 김은국「운영원칙：하니리포터 등록과 기사 작성 및 송고에 관한 Q&A 입니다」〔キムウングッ「運営原則――ハニレポーター登録と記事作成に関するQ&Aです」〕『ハニレポーター』に「当分の間、新規加入者を募集する計画はございません。しかし、これから募集の必要性と日程が確定したら、すぐに公示するようにいたします」「ハニレポーターは随時募集は致しません。定期募集期間にハニレポーターに新規申請をクリック、登録様式を埋めてくだされればけっこうです。志願して合格された方たちは、管理者がハニレポーターＩＤ申請案内公示文を発送します」と明確に書かれている。（URL：http://legacy.www.hani.co.kr/section-014000000/QandA.html）

（12） 오용석「〝시민기자와 편집자는 ‘동지’ 입니다〟 인터넷 신문、시민기자 그리고 대안언론① 오마이뉴스·하니리포터 편집자 인터뷰」『오마이뉴스』〔オヨンソク「〝市民記者と編集者は‘同志’です〟インターネット新聞、市民記者そし代案言論① オーマイニュース・ハニレポーター編集者聞き取り」『オーマイニュース』〕二〇〇三年一月二四日。（URL：http://star.OhmyNews.com/NWS_Web/view/at_pg.aspx?CNTN_CD=A0000104273）

(13) 同前。

(14) 同前。

(15) 同前。

(16) 同前。

(17) 前掲注12、오용석「〝시민기자와 편집자는 '동지' 입니다〟 인터넷 신문、시민기자 그리고 대안언론① 오마이뉴스」

(18) 백종호「원고료제도 폐지에 부쳐〈하니리포터 원고료 제도 폐지에 대하여〉」『hani reporter』〔ペクジョンホ「原稿料制度廃止に付して〈ハニレポーター原稿料制度廃止について〉」『ハニレポーター』〕二〇〇二年一二月二〇日 http://legacy.www.hani.co.kr/section-014005507/2002/12/014005507200212200001001.html

(19) オーマイニュースの呉連鎬代表は、これを「ニュースゲリラのニュース連帯」と表現している。

(20) 本書では、ハーバーマス（Jürgen Habermas）の主張する「Öffentlichkeit（独）」＝「public sphere（英）」の日本語訳として、花田達郎の議論を踏まえて「公共圏」とした〔花田達郎 1996〕。ただし、韓国では「公論の場（공론장）」「公共の広場（공룡의 마당）」と言われることが多い。

(21) 前掲の具本権への聞き取り調査より。

(22) 最近では、市民記者が特ダネを書いたり、「オーマイニュース市民記者」として官公庁へ取材に行く例も多い。

(23) 二〇〇四年九月一五日に同志社大学で行われた呉連鎬の講演（主催は同志社大学浅野健一ゼミ）において、呉自身が述べた。

(24) 第2章第1節参照。

(25) もちろん、『オーマイニュース』の呉代表は、常勤記者の力で政治と社会のイシューに焦点を当てた特ダネをとることと、市民記者によるエッセイ形式のゲリラ的なニュースの両方が重要だと力説している。

(26) 二〇〇五年五月二六日にハンギョレ顧客センターが出した公示による。ただし、サイトの一部閲覧は現在でも可能である。http://notice.hani.co.kr/customer_view.html?bid=notification&page=31&no=316

(27) 一九九二～九五年に初代東京特派員。編集委員長、大記者を歴任して二〇一二年三月に定年退職。なお、大記者とは、『연세춘추』〔『延世春秋』〕（延世大学の学生新聞）の記事「대기자제도 정착은 우리나라 언론 발전의 척도」〔「大記者制度定着はわが国の言論発展の尺度」〕で紹介されている『中央日報』の金永熙大記者（当時）へのインタビュー内容によると、「役員級の専門記者」であるという。http://chunchu.yonsei.ac.kr/news/articleView.html?idxno=7500　を参照されたい。

(28) 金孝淳への聞き取り調査は、二〇〇四年二月二五日にハンギョレ新聞社で行った。
(29) 前掲の権貴順への聞き取り調査より。
(30) 韓国新聞放送編集協会［2003］を参照。
(31) 「Media Times 改革?・弾圧?・韓国大揺れ　省庁の記者室統廃合計画」『朝日新聞』二〇〇七年六月一九日。
(32) 「韓国が記者クラブ縮小案　大統領側『取材を正常化』　メディア『知る権利制限』」『読売新聞』二〇〇七年五月二四日。
(33) 「청와대·정부 가판신문 구독금지　기사 좀 빼달라는 ‘소주파티’ 안해　정권과 언론의 유착관계　끊겠다」『OhmyNews』〔「青瓦台・政府、街販新聞購読禁止　記事掲載やめてほしいという〝焼酎パーティー〟せず　政権とメディアの癒着関係を終わらせる」『オーマイニュース』〕二〇〇三年二月二二日。
(34) 「中央庁舎ブリーフィング室など運営に関する規定」第四条第四項「出入記者として登録せず一時的に取材しようとする者は国政弘報処処長へ取材要請書を提出した後、一時出入証の発給を受けてブリーフィング参席など取材活動をすることができる。」
(35) 「中央庁舎ブリーフィング室など運営に関する規定」第四条第五項「国政弘報処海外弘報院から発給を受けた外信記者証を持っている外信記者は第一項の規定によって登録された出入記者とみなす。」
(36) ファンスングへの聞き取り調査は、二〇〇四年二月二六日に韓国中央庁舎五階記事送稿室で実施した。
(37) ソンジョンユンへの聞き取り調査は、二〇〇八年五月六日に文化体育観光省で実施した。以下、ソンの発言を引用する場合は、特に断りがない限り、同日に実施した聞き取り調査に基づくものとする。
(38) 前掲のファンスングへの聞き取り調査より。
(39) 二〇〇九年七月当時、金永旭は韓国言論財団メディア研究室室長兼首席研究委員であった。
(40) この調査が合計何人を対象にしたのかは不明であり、今後『メディア今日』に問い合わせる必要がある。
(41) 「〈신년특집 二〇〇二년 전국 지자 여론조사〉 기자실 폐지 등 언론계 현안」『미디어오늘』〔「〈新年特集二〇〇二年全国記者世論調査〉　記者室廃止など言論界の懸案」『メディア今日』〕二〇〇二年一月三日。
(42) 長野県の記者クラブ解体については、浅野健一［2003］に詳しい。
(43) 長野県方式は現在まで維持されている。
(44) 一九七九年に貿易会社の駐在員としてパリ赴任中、韓国で起こった南朝鮮民族解放戦線準備委員会事件により亡命生活を始めた。一九九五年に出版した『私はパリのタクシー運転手』創作と批評社〔日本語訳『コリアン・ドライバーはパリで眠らない』米津篤八訳、みすず書房、一九九七年〕で韓国でその名が知られた。

(45) いわゆる「access to the public records（公文書へのアクセス）」という概念である。

(46) なお、キャンドルデモとマスメディア報道については、森類臣［2009b］でも論じている。

(47) 一九八七年六月一〇日、ソウル市松坡区の蚕室体育館で、全斗煥率いる民政党大統領候補指名大会が行われたが、同日、同市の大韓聖公会ソウル主教聖堂をはじめとする全国各地で「朴鍾哲君拷問致死でっち上げ・隠蔽糾弾および護憲撤廃国民大会」が開かれた。この「朴鍾哲君拷問致死でっち上げ・隠蔽糾弾および護憲撤廃国民大会」が「六月民主抗争」の本格的な始まりとされる。ソウルでは、「護憲撤廃」「独裁打倒」をスローガンに、大規模なデモが繰り広げられ、ソウル市庁前広場から続く韓国銀行前の交通の要所はデモ隊が占拠した。同時に、韓国国内の二二の地域で、合計二四万人がデモに参加した。この大規模デモは、六月一〇日から一五日まで断続的に五日間続いた。詳細は第1章参照。

(48) 『朝鮮日報』二〇〇八年六月一一日一面記事による。

(49) 二〇〇二年六月一三日に、ソウル市京畿道楊州市（事件当時は楊州郡）で、女子中学生二人（申孝順と沈美善）が国家支援地方道（都市間や空港、観光地をつなぐ主要道路）を通行中に、訓練のために移動していた米軍装甲車に轢かれて死亡した事件。加害者である米軍人は七月に過失致死罪で米軍事法院に起訴されたが、一一月に無罪判決が下った。この事件により韓国世論は米軍を非難、責任追及する方向に傾き、デモが頻発した。

(50) 朝鮮半島では、一九四五年八月一五日を日本による植民地支配が終了した日と捉えている。韓国では「光復節」、朝鮮民主主義人民共和国では「祖国解放記念日」という呼称を採用している。

(51) 韓国では、「建国節」をいつと見なすかについて論争が続いている。代表的なのは次の三つの主張である。

① 中国の上海において大韓民国臨時政府が成立した一九一九年四月一一日

② 日本の植民地支配からの解放を記念する一九四五年八月一五日

③ 大韓民国が成立した一九四八年八月一五日

このうち、李明博政権は③の説を採用してそれを事実化する政策を進めた。具体的には、李明博大統領は、二〇〇八年八月一四日に大統領訓令第二二五号「大韓民国六〇周年記念事業委員会の設置および運営に関する規定」を施行した。この訓令によって、国務総理（当時）傘下に「大韓民国建国六〇年記念事業委員会」（委員長は当時国務総理であった韓昇洙）が発足した。委員会は、「建国六〇周年」を広報するキャンペーンや教育事業などを計画していたが、「建国節」をめぐる論争が社会問題になってくると具体的な事業を展開できず、委員会も事実上活動を中止した。なお、大統領訓令第二二五号「大韓民国六〇周年記念事業委員会の設置および運営に関する規定」は、二〇一三年一月に「大統領訓令第三〇二号」によって廃止された。

(52) 「狂牛病」は本来不適切な言葉であり、正式名は「牛海綿状脳症（BSE, Bovine Spongiform Encephalopathy）」であるが、「狂牛病国民対策委員会」は固有名詞なので、ここではそのまま使用した。

(53) 二〇一二年二月一三日に党名を「セヌリ党」と変え、さらに二〇一七年二月に党名を「自由韓国党」とした。ここでは二〇〇八年当時の党名である「ハンナラ党」と表記した。

(54) 二〇〇三年度調査、各新聞社の自主申告により韓国新聞協会が作成。

(55) 韓国新聞協会の独自調査による。

(56) 『ハンギョレ新聞』の主体は新聞であるが、放送コンテンツセンターも所有しており、二〇〇八年のキャンドルデモを機に、ホームページ上における映像配信を本格的に始めた。二〇〇九年にはインターネットを通じた本格的なTV局として「hani TV」を開局した。現在は名称を変え、「ハンギョレTV」となっている。

(57) キムドソンへの聞き取り調査は、二〇〇八年九月二五日にハンギョレ新聞社内で実施した。以下、キムの発言を引用する場合は、特に断りがない限り、同日に実施した聞き取り調査に基づくものとする。

(58) 回答は匿名が条件であった。S記者は二〇〇八年当時、『京郷新聞』の幹部であった。

(59) 二〇〇八年一〇月一〇日に回答を受け取った。

(60) 『朝鮮日報』『東亜日報』『中央日報』はそれぞれ労働組合が存在するが、完全に〝御用組合〟となっており、全国言論労働組合には、結成当初から加盟していない。例えば、『中央日報』では、労組幹部を務めるとその後は重要な海外支局（派員・支局長）のポストが約束されるなど、労組が完全に会社に取り込まれている現状がある。労組幹部になることは出世コースの一部になっていると認識されているという。

(61) 当時、新しい社会を創る研究所所長。二〇一九年三月現在は建国大学コミュニケーション学科教授。

(62) 二〇一九年三月現在、延世大学大学院言論弘報学研究科教授。

(63) 尹栄喆への聞き取り調査は、二〇〇八年九月一〇日に延世大学で実施した。また、尹栄喆はメディアからの聞き取りにも

同様に答えている。例えば、「포커스　조선인터뷰〝한쪽 몰고간　PD수첩、정확성도 공정성도 잃었다〟『Choson.com』（「フォーカス　朝鮮聞き取り〝鮪一方的に進んだPD手帳、正確性も公正性も失った〟」『Choson.com』）など。http://issue.chosun.com/site/data/html_dir/2009/02/10/2009021001033.html

（64）インタビュー調査に対する回答は、匿名表記が条件であった。

（65）『時事ＩＮ』ｗｅｂ版二〇〇九年八月一〇日号記事「『朝中東』信じずＭＢＣを信じる」http://www.sisain.co.kr/news/articleView.html?idxno=5030

（66）「〝촛불〟 보도와 〝디케〟」『진보언론』（「『キャンドル』報道と『ディケー』」『進歩言論』）第一九三号（二〇〇八年七月一〇日発行）七頁

（67）韓国内外のメディア状況について取材・報道する部署。

（68）金度亨への聞き取りは、二〇〇八年二月一八日にハンギョレ新聞社東京支局で行った。

結　論　言論民主化運動と韓国ジャーナリズムの変容――ダイナミズムとしての『ハンギョレ新聞』

本書のテーマは、韓国における民主化運動とジャーナリズムの関係について考察することであった。とりわけ、『ハンギョレ新聞』に着目し、同新聞創刊の背景と過程および理念や報道活動を中心に分析することを通して、言論民主化運動から『ハンギョレ新聞』創刊へ、さらにその『ハンギョレ新聞』による言論民主化運動の展開というダイナミズムを解明することを目的としていた。

その目的に対してどのように解答を導出できたのであろうか。以下、五つの観点から述べたい。

1　言論民主化運動から『ハンギョレ新聞』創刊へ

第1章では、言論民主化運動の概念を分析した上で、各政権期における政治権力による言論弾圧・統制とそれに対するマスメディアの反応について述べた。この結果、李承晩政権、朴正熙政権、全斗煥政権による言論統制の中で、ジャーナリズムが変容していったことがわかった。

李承晩政権期は、言論政策七項目・国家保安法改定・地方自治法改定案などを通して、ジャーナリズムは法的に権力監視報道が難しい状況に置かれたが、ジャーナリズムは李承晩政権のメディア政策に一斉に反発し、全面的な政権批判を展開した。この動きは、李承晩政権退陣を求める民衆の動きと一体となり、四月革命が達成されるに至った。つまり、民衆革命とジャーナリズムが一定程度連携していた時期であった。

ところが、朴正熙政権期になるとこのような状況に変化が生じた。朴正熙政権は、国家に言論を従属させる言論政策を基本にし、軍を背景にした権威主義体制下において徹底弾圧と懐柔の両面から言論を絡め取るプロセスを進捗させた。朴正熙政権による利益誘導もあって、強権的な朴正熙政権にマスメディアは屈服し、政権と言論が癒着する構造が深化・内面化してしまった。「権言癒着」の時代であった。マスメディア記者らは、このような状況を改善しようと、「自由言論実践宣言」など現場レベルで言論内部から民主化運動を開始したが、マスメディア経営者は、このような内部の言論人を言論界の外に放逐した（七五年解職事件）。放逐された記者らは、東亜闘委・朝鮮闘委などを結成し、マスメディアの外部からマスメディアに働きかけ、原状回復と名誉回復、言論界の正常化を求めた。その運動は現在に至るまで目的を達成することはできていないものの、『ハンギョレ新聞』創刊に連なる言論民主化運動が基礎となった。

それに続く全斗煥政権は、光州における非暴力デモを軍隊によって鎮圧、虐殺するなどの強権的性格を持つ政権であり、言論統制・言論弾圧の苛烈さは前政権と同等かそれ以上であった。マスメディアは光州民主化運動に対して強度の報道規制を敷かれるなど厳しく統制されたが、光州民主化運動の真相を究明する動きが民衆レベルで起こり、この経験は言論民主化運動に合流していくことになった。

さらに、全斗煥政権（国家保衛非常対策委員会）は、定期刊行物一七二種類を強制的に廃刊し、一九八〇年一一月から「言論統廃合」政策によって、地方においては新聞社を統合し一道一紙制とし、ソウルにおいても朝刊三紙、夕刊二紙にするなどの統廃合を強行した。放送界に対しても同様の統廃合措置が取られた（言論統廃合）。同時に、政権の意向を汲んだマスメディア幹部によって、政権に批判的な記者が大量解雇された。これらの一連の言論統制・言論弾圧を「八〇年言論大虐殺」という。このような過度の強権的な措置に対して、解職された記者・ジャーナリストらは「八〇年解職言論人協議会」を作り、原状回復と名誉回復、言論界の正常化を求めて言論民主化運動を展開した。その後、東亜闘委・朝鮮闘委の一部と八〇年解職言論人協議会、言論民主化運動を推進してきた出版人の一部が合流する形で、民主言論運動協議会が結成された。この民主言論運動協議会は、言論民主化運動の広範囲にわたる勢力を結集した運動体であり、機関紙月刊『言葉《マル》』を発行して、全斗煥政権に対抗していった。『言葉』は、既存マスメディアにはできない報道を行ったが、もう一つ重要な使命があった。それは、新たな言論機関設立に向けた基礎のメディアとなることであった。創刊号には新たな言論機関の青写真が展開され、民主言論運動協議会の主要メンバーはのちに『ハンギョレ新聞』創刊に参加していくことになる。

この一連の過程を分析していくと、『ハンギョレ新聞』は言論民主化運動の流れを継承して創刊された新聞であり、民主化を進める韓国民衆に支持された正統性があるといえる。

2　『ハンギョレ新聞』と言論民主化運動の同質性

言論民主化運動の正統性は、『ハンギョレ新聞』創刊準備過程においても発揮された。『ハンギョレ新聞』の創刊は、言論民主化運動を牽引してきた人物が中心となって行われた。解職記者の一人であった鄭泰基が実務の中心になった。鄭泰基が民主言論運動協議会の中心人物らとともに「新言論創設研究委員会」を作り、「民衆新聞創刊のための試案」を準備したことが計画の第一段階であった。その後、『ハンギョレ新聞』創刊を自発的に支援した社会主導層（大学教授や弁護士などの知的エリート、キリスト教関係者や仏教徒などの宗教人、在野の社会運動家）が創刊メンバーを中心に固まるように集まり、組織を発展させていった。組織体としては、「新言論創設研究委員会」が発展解消する形で「新たな新聞創刊発議準備委員会」が立ち上がり、さらに「新たな新聞創刊発議推進委員会」へ改編された。その後、一九八七年一〇月三〇日に、ハンギョレ新聞発起人大会が行われ。発起人五六人で「ハンギョレ新聞創刊委員会」が構成された。このように、民主化運動を推進してきた著名な人物と幅広い人的ネットワークが、『ハンギョレ新聞』の創刊を支えた。

民主化運動を推進していた人物らの支援と同じくらい重要なことは、「国民株方式」とそれに賛同した韓国民衆の力である。国民株方式を採用しなかったら『ハンギョレ新聞』創刊は難しかったかもしれない。「国民株方式」という構想は、『ハンギョレ新聞』創刊メンバーの思いつきではなく、歴史的・社会的条件のもとで生まれた必然的な方法であった。それは、安鍾柲の構想、『言葉』における新たな新聞構想、鄭泰基ら『ハンギョレ新聞』創刊メンバーの構想など、時期を追ってイメージと計画がより具体化されていることからもわかる。この構想が実行に移されるきっかけは六・二九民主化宣言だったとしても、構想の現実化そのものを支えたのは、韓国民衆の支持であった。すなわち、国民株方式が成立する背景には、韓国における言論民主化運動の歴史があり、運動に対する民衆（民主化運動勢力）の積極的な理解と支援があったと指摘できる。この歴史的・社会的条件なくしては、国民株方式は成立しえなかった。

このような意味で、民衆は『ハンギョレ新聞』創刊を支持することを通して、言論民主化運動を支持したと言える。民衆が新聞創刊に積極的に参加した理由は、『ハンギョレ新聞』創刊が、民主化を促進する運動そのものであり、民主主義社会が機能するためにメディア界を民主化する運動そのものであったからである。韓国の民衆が民主化の基礎となる「言論の自由」を渇望し、既存大手企業メディアに失望・反感を持ち、自分たちの声を代弁してくれる新しい新聞の登場を期待した結果生まれた新聞が『ハンギョレ新聞』である。民主化を達成するプロセスと、ジャーナリズムの原則を実践しようとするメディアを民衆が勝ち取るプロセスは一体となって進んだ。

『ハンギョレ新聞』は、言論民主化運動および韓国民衆の支持という正統性を背負って創刊された。したがって、創刊の理念は民主化運動の正統性を表現したものとなった。それが「民主言論」「民衆言論」「民族言論」である。「民主言論」とは、政治的あるいは経済的な権力から独立したジャーナリズムを指しており、いわゆるジャーナリズム規範論を韓国の実情に合わせて展開したものである。「民主言論」の概念は、ジャーナリズムが真実を追求すること、民衆（市民）へ奉仕すること、「独立した権力の監視役（watch dog）」となること、客観報道を実践することなど普遍的なジャーナリズムの原則を含んだ概念である。宋建鎬の言葉を借りれば、「歴史は前進・発展するもの」という観点から、「構成的事実」を伝えることを報道の使命とすることが民主言論を実践する上での核心的な要素だった。「民衆言論」は、被抑圧者・奪われた者・社会的弱者としての「民衆」の側に立つ言論であった。より具体的に言えば、「労働、農民部門をはじめとした様々な分野で自分たちの声を知らせる自生的な言論」であり、制度言論が伝えない民衆の声を伝える言論でもあり、「一切の表現手段を奪われた民衆が、いまや自ずから自身を表現するしかない現実の中から不可避に要請された」言論なのであった。「民族言論」には「朝鮮半島の統一を志向するジャーナリズム」と「抵抗のジャーナリズム」という二つの意味があった。民族言論は、朝鮮半島における民族の統合および統一された民族国家樹立を志向し、朝鮮民族の自主性を守るためのジャーナリズムなのである。

これらの理念は、ジャーナリズムとしての普遍性と、朝鮮半島の現状を踏まえた独自性という二つの側面から構成されている。言論民主化運動を核として、広範囲な民主化勢力の支持を得た『ハンギョレ新聞』の理念には、既存権力層の横暴を否定して民主主義社会実現のために努力するという正統性があり、この正統性は『ハンギョレ新聞』を敵視した政治権力や保守派勢力も全面的には否定することが困難であった。『ハンギョレ新聞』の持つ正統性にはそのような強さがあった

3　運動団体からマスメディアへのアイデンティティ移行

このように、ジャーナリズムを通して韓国社会の民主化に寄与することが『ハンギョレ新聞』には当初から求められていたし、それが『ハンギョレ新聞』のアイデンティティでもあった。しかし、このように民主化運動と一体となり、理念的な正統性を保持していた『ハンギョレ新聞』にも、限界性や問題がなかったわけではない。政治的な志向性が明確である分、「社会運動」として推進する面が強すぎる点があったことである。それは社会運動体かジャーナ

リズムかという問題を含むことであった。例えば、編集方針である。理念そのものには否定しえない正統性を持っていた『ハンギョレ新聞』も、実際に紙面をつくり取材・報道活動に従事するようになると、社会運動の党派性が表出することもあった。この点については、現場の記者から疑問が出されている。この問題は、二〇〇八年のキャンドルデモ報道にも噴出した。ジャーナリズムとして対象にどのくらい近づき寄り添うべきなのか、ニュース・バリューの選択をどのように行っていくのかといった報道機関としての根幹部分を検討し再考し続けることが求められている。強権的な政治権力・経済権力が民主化の進捗を妨げていた時期は、『ハンギョレ新聞』のとるべきスタンスは明確であった。しかし、政治的な民主化が一定程度達成され、政権も金大中政権および盧武鉉政権という、『ハンギョレ新聞』の主張に比較的近い政権が誕生すると、『ハンギョレ新聞』の紙面作りが問われた。社会運動なのかジャーナリズムなのかという問題がわかりやすい形で突きつけられたのである。事実報道を増やすべきなのか、論評を増やして『ハンギョレ新聞』のカラーを強く出すべきなのか、読者を広く集める大衆紙を目指すのか、知識人やオピニオン・リーダーにターゲットを絞った高級紙を目指すのかという問題が提起されると同時に、ニューメディア時代に入って、速報性を重視して映像配信に力を入れていくべきなのか、それとも長期的な取材を必要とする調査報道に力を入れていくべきなのかという選択も迫られた。ジャーナリズムとしての『ハンギョレ新聞』とマス・コミュニケーション機関としての『ハンギョレ新聞』の両側面が求められる時代になった。言論媒体（マスメディア）としての『ハンギョレ新聞』の価値観や哲学が試される時代となった。

4　独自の「ハンギョレモデル」を確立

言論民主化運動の流れを受け継いで創刊され、報道・論評活動を展開していった『ハンギョレ新聞』であるが、他のマスメディアとは大きな違いを持つ、非常に独創的な「ハンギョレモデル」とでもいうべき形態を確立した。

「ハンギョレモデル」の核心は、第一に国民株方式である。国民株方式は、権威主義体制下で典型的だった政治権力と大株主の癒着による言論統制モデルに対抗できるだけの強い構造を持っており、この点で強権的な政治権力に対しても「報道の自由」を守り通すことができた。ただし、国民株方式も弱点がなかったわけではない。大株主を通した政治権力の編集権への干渉（権威主義体制下の言論統制モデル）を根本的に排撃するシステムとしては実際に効果があったものの、政治権力が連行や逮捕などの物理的暴力によって直接行う干渉・介入に対しては、直接的な効果を発揮することは少なかった。また、新聞発行維持に伴う収益の多くを広告費に依存する現在の韓国のメディア状況の中、国民株方式は、広告掲載を通した経済権力の圧力に対しては、直接的に効果を発揮しづらくなっている。

第二に、言論権力監視機能が備わっていることである。『ハンギョレ新聞』編集局の「世論媒体部」がこの機能を遂行した。「権言癒着」状態であった制度言論を徹底的に批判し、その解体・克服を主張した言論民主化運動から誕生した『ハンギョレ新聞』としては、言論権力監視機能は、アイデンティティを構成する重要な一要素であった。この言論権力監視機能が最も特徴的に発揮されたのが、「保険社会省記者クラブ巨額寸志授受事件」報道であった。この報道は、権言癒着の重要な要素として機能していた記者クラブの構造と実態を暴露する内容であり、権言癒着の構造の一角を崩す効果をもたらした。この点で、「保険社会省記者クラブ巨額寸志授受事件」報道は言論権力監視機能を十分に発揮した事例とみることができ、言論民主化に貢献した。

第三に、経済権力に対抗する精神が挙げられる。構造的に見ると、『ハンギョレ新聞』は国民株方式によって、編集権を脅かされる決定的な干渉はほとんどすべてはねつけて防御してきた。一方で、過度に広告収入に依存する経営方式のため、広告主によって圧力がかかりやすい構造になっていた。このような構造的問題が、二〇〇七年一一月から始まった「三星広告問題」の背景にあった。三星からの広告費がなければ経営が危機に陥る危険性が高かったものの、ハンギョレ新聞社は「三星への徹底抗戦」を主張し、経営規模を縮小しつつ耐え抜く戦略を選んだ。広告主に対して膝を屈するのではなく、ジャーナリズムとしての矜持・言論民主化運動の思想を守ることを選択した。

第四に、市民参加型ジャーナリズム志向が挙げられる。一般的には、市民参加型ジャーナリズムは、インターネットがコミュニケーションツールとして韓国社会に浸透し始めた一九九〇年代末から登場した概念である。『ハンギョレ新聞』の場合、遡及的ではあるが、一九八八年の創刊当初から一貫して市民参加型ジャーナリズムを追及してきたことが、第5章第2節で確認できた。紙媒体では、読者が記事を投稿できる「国民記者席」欄の設置に始まり、一ページをそのまま読者に開放し一つのテーマについて議論をする「なぜなら（왜냐면、討論のフォーラム）」でそれを確認することができ、ニューメディア時代の「ハニレポーター」制度、また市民が編集に参加できる「市民編集人」制度設置からも確認できる。これらは、民衆が言論に接触するのを保障する「メディアアクセス権」という考え方、および公共圏の創出という視角から説明することが可能である。

5　代案言論（オルタナティブメディア）から主流言論（メインストリームメディア）へ

『ハンギョレ新聞』は二〇一二年で創刊二四年目を迎え、民主化が進展しつつある韓国においてその存在意義が問われている。

一九八八年当時には、組織・理念・論調とも進歩的だった『ハンギョレ新聞』だが、金大中政権・盧武鉉政権という『ハンギョレ新聞』の主張と近い理念を志向する政権になった韓国社会で、ジャーナリズムとしての真価が問われた。「政権党に近い新聞」「もうひとつの『朝鮮日報』ではないか」との厳しい批判も多々噴出した。また、二〇〇二年に登場した独立系インターネット新聞『オーマイニュース』、ウェブにおけるクオリティーペーパー（高級紙）を目指す『プレシアン』、新聞界では近年急激に『京郷新聞』など、進歩的傾向の強いメディアが続々と登場するようになり、『ハンギョレ新聞』の存在意義が相対的に弱まってきたという指摘も強くある。さらに、二〇〇八年の「ろうそくデモ」では、韓国公共放送（KBS）、文化放送（MBC）が市民の側に立った報道を広げ、シェアを広げた。

全体的に発行部数・信頼感がともに負のスパイラルになっている新聞界に比べ、市民の信頼は新聞より放送に移ることもあった(1)。

『朝鮮日報』『東亜日報』『中央日報』という韓国の三大紙の発行部数がそれぞれ一八四万部、約一二八万部、約一三〇万部を数える中、『ハンギョレ新聞』の発行部数は約三〇万部であり、発行部数だけを見ると三大紙に大きく差をつけられている。

近年、進歩論調を持つメディアが多数勃興してきたとはいえ、三大紙が「保守」陣営の論調を堅持しており圧倒的な影響力を持っている状況においては、保守論調対進歩論調の均衡がよいと言えない。進歩派メディアの代表格としての『ハンギョレ新聞』に課せられた役割はいまだ大きいだろう。

言論民主化運動を核として、民主化運動の正統性を踏まえて創刊された『ハンギョレ新聞』は、代案言論として出発した。言論民主化運動がなければ創刊されておらず、その意味で『ハンギョレ新聞』は韓国の言論民主化運動の歴史性と正統性（正当性）を背負ったメディアである。

『ハンギョレ新聞』は、創刊後に「社会運動」を推進するのか、ジャーナリズムを実践するメディアであるのかという問いが時々浮上してきた。『ハンギョレ新聞』は今や「社会運動体」「代案言論」のレベルではなく、大きな影響力を持つ「主流言論」となった。今後は、言論民主化運動の正統性を基礎に据えながらも、「主流言論」としてどのような哲学を持って報道論評活動を実践すべきなのかが問われている。

6　補論――『ハンギョレ新聞』の展望(2)

『ハンギョレ新聞』は二〇一八年五月一五日で創刊三〇周年を迎えた。一九八八年に理念・システム・報道論評活動など、ジャーナリズム活動の面で革新的であり実験的であった『ハンギョレ新聞』は、創刊三〇年が経過し、韓国社会に深く根を下ろしている。もはや『ハンギョレ新聞』なき韓国社会・韓国言論界は考えられなくなっていると言っても過言ではないだろう。言論民主化運動から生まれ代案言論的な存在であった『ハンギョレ新聞』が主流言論になり、確固たる存在感を韓国社会に示しているのである。『ハンギョレ新聞』が持つジャーナリズム精神を考えるとき、そしてそのジャーナリズム精神が民主化運動の正統性・正当性を代弁してきたと考えるとき、今日の『ハンギョレ新聞』の存在は韓国社会が誇るべき財産であるともいえる。

一方で、代案言論から主流言論になった『ハンギョレ新聞』は、その理念も活動も、従来から一段階上の次元に上らなければならなくなった。

言論民主化運動から創出された『ハンギョレ新聞』の持つ核心的な価値を押さえながら、これからの方向性について次の通り三つ提示したい。

(1)「ポスト真実」との闘い

ニューメディアの時代になり、ジャーナリズム環境が激変を遂げる中、新しい状況が到来した。「ポスト真実」という状況である。特にフェイクニュース（Fake news）、ヘイトスピーチは世界的な問題となっており韓国も例外ではない。「ポスト真実」はジャーナリズムの存在を否定する大きな危険性を持っている。実際にフェイクニュースはジャーナリズム全体の信頼を貶め、ニュースの社会的価値自体を否定し始めている。ジャーナリズムの存在意義を破壊し始めている。

このような危機的な状況に対して、『ハンギョレ新聞』はジャーナリズムを守るための闘いの最前線に立つべきである。ジャーナリズムを守るための闘いにおいては、保守も進歩もないが、残念ながら韓国は、ジャーナリズムの危機さえもイデオロギー対立に集約されていく傾向が高い。『ハンギョレ新聞』の理念とこれまでの報道姿勢からみると、「ポスト真実」の状況に抗っていくことは重要である。もちろん、「ポスト真実」にハンギョレ新聞社だけで立ち向かっていくことは難しい。それに、これはジャーナリズム界全体の問題、民主主義の根幹にかかわる問題であるので、政界・言論界・学界・市民を含めた大きなうねりをつくって対処していく問題であると思われる。ただし、言論民主化運動の歴史性・正統性を引き継いでいるハンギョレ新聞社は、この戦いの先頭に立つ力がある。したがって、『ハンギョレ新聞』紙上における継続的なキャンペーンなどを通して率先して問題提起および問題解決等の提示をしていくことが望ましい。

(2) 東アジア民衆／市民共同体への志向

『ハンギョレ新聞』は創刊以来の理念である「民族言論」を大切にしてきており、これからも「民族言論」を全うすることは正しい道であると考える。二〇一八年に南北関係が劇的に好転したが、過去に金大中・盧武鉉政権時の安定した南北関係がその後李明博政権・朴槿恵《パククネ》政権時に後退・断絶したことを考えると、これから南北関係が安定し発展し続けるという保証はない。したがって、『ハンギョレ新聞』がこれからも「民族言論」の原則を守り続けることは重要であると考える。

一方で、『ハンギョレ新聞』は東アジア[3]により強く目を向ける時期に差し掛かっているのではないか。

二〇一五年にハンギョレ新聞社の新しい使命（ミッション）として提示されたのは「国民株の言論として共に幸せな世の中をつくることに寄与する」である。ハンギョレ新聞社は、この「幸せな世の中」を国民国家である韓国内に限定する必要はないだろう。「幸せな世の中」は当然朝鮮半島全体に拡大させて解釈するべきであるし、さらにいえば東アジアに波及させていくべきである。東アジアの民衆（市民）が和解から信頼醸成へ、そして連帯から緩やかな共同体へ志向していくことが、「幸せな世の中」のためにますます重要になってくる。そのための明確なコンセプトと実践要綱をハンギョレ新聞社が具現化してはどうだろうか。国民国家を前提とした東アジア論、特に経済統合と域内経済活性化を目指す東アジア論はこれまで国家主導で主張されてきたが、一方で国家主導ではなく民衆／市民が主体となって民衆／市民ネットワーク、民衆／市民外交を中心にした「東アジア民衆／市民共同体」を目指すことも重要である。それは、ハンギョレ新聞社がこれまで目指してきたもの、これから目指していく「幸せな世の中」に合致した考え方である。そのようなハンギョレ新聞社になるための方策として、例えば「国民株主」募集を東アジアに向けて開放してもよいだろう（その場合は「国民株主」ならぬ「民衆／市民株主」になるのかもしれない）。

ハンギョレ新聞社は朝鮮半島の時代状況から芽を出した新聞社であるが、これからは東アジアのハンギョレ新聞社／『ハンギョレ新聞』を志向すべきときがきたと考える。『ハンギョレ新聞』らしい報道は東アジアに必要である。『ハンギョレ新聞』は韓国国内では代案言論から主流言論になり、主流言論としての姿勢が求められているが、韓国以外の東アジア、特に日本ではまだまだ代案言論的な価値を持つメディアである。朝鮮半島関係の報道では特にそうである。そのような意味で、ハンギョレ新聞社がウェブ上で中国語版・日本語版を立ち上げたことは評価すべきである[4]。

(3) 研究教育機関としてのハンギョレ新聞社

ジャーナリズムの役割は民主／市民に奉仕することである。ジャーナリズムは報道論評活動で市民の知る権利に奉仕することが第一義的な役割であるが、ジャーナリズム実践する報道機関つまりマスメディアはこの原則に基づいて、民主／市民のための研究教育機関としての役割もこれからはより積極的に担うべきであろう。

① 研究機関について

二〇一八年現在、ハンギョレ新聞社内にはハンギョレ経済社会研究院がある。ハンギョレ経済社会研究院は、社会的経済・CSR（企業の社会的責任）・共同経済・非営利組織・福祉政策などハンギョレ新聞社らしい価値観を追及する研究機関であり、他にはなかなか見られないユニークな研究を行っている。今後も政策提言型・課題解決型の情報発信力をより強め、ティーチング（teaching）ではなくコーチング（coaching）重視のコンサルティングを拡大していくなどの活動が望ましい。

一方で、専門的な能力を持った研究員の確保が問題である。研究院が扱う分野の範囲は広いが、それに比べて、研究員が少ない。人材確保の問題が解決したのちの将来的な構想になるかもしれないが、研究領域を広げ、次のような研究機関を増設することを提案したい。

第一に、ジャーナリズム研究所を立ち上げることである。ハンギョレ新聞社はジャーナリズムを実践する報道機関である。そこには、普遍的なジャーナリズムの原則が存在するし、一方ではハンギョレ新聞社が創刊当時から大事にしている理念や編集方針が存在している。これらの理念と実践（取材・報道）を定期的にチェックし、ジャーナリズムとしての『ハンギョレ新聞』の在り方を研究していく常設機関が会社内部に必要である。また、「ポスト真実」の時代に対処していく情報リテラシー教育の研究も必須であると思われる。ジャーナリズムを実践する組織にこそ、内部的にジャーナリズムを終わりなく深めていく研究機関が必要ではなかろうか。

第二に、東アジア研究所を新設することを提案したい。ハンギョレ経済社会研究院は、アジア未来フォーラム事務局をその内部に置き、これまで二〇一九年八月現在、九回もの「アジア未来フォーラム」を開催し、アジアに共通する多様な課題に向けて知識を結集・共有する場を提供してきた。この取り組みは高く評価できる。この経験をもとに、事務局ではなく研究所を新設し、アジア未来フォーラムの運営のみならず、東アジアの各地域研究を専門とする研究員を配置し、東アジア市民による民衆／市民外交と連帯ひいては共同体形成のための研究を始めることが今後は重要ではないか。

マスメディアにおける研究機関と大学における研究機関は当然のことながらその役割と志向性が違うものである。マスメディアにおける研究機関の長所は、取材報道活動によって蓄えた膨大な知識データベースがあること、政策提言型・課題解決型の研究結果を出しやすいこと、スピード感のある研究ができること、組織力があること、情報発信力が非常に強いことである。この強みを更に生かすべきではないだろうか。

② 教育機関について

ハンギョレ新聞社は現在、関連会社として株式会社ハンギョレ教育を運営しており、ここで生涯教育、初中高教育、教育コンテンツ提供などを始めとした多様な講座を提供している。

教育機関としてのハンギョレ新聞社を考えた場合、最終的には「ハンギョレ・アカデミー（仮称）」のような統合的な教育体系をそなえた組織を設立することが望ましい。技術ではなく価値観を育てることを重視する教育である。

当面は二つの教育が重要になる。

一つは、情報リテラシー教育である。「ポスト真実」の時代、体系的な情報リテラシー教育が幼児の時から必要になる。教材開発を大学と共同で行うことも考えられる。

二つ目は、市民ネットワーク、市民外交を担うための人材を育てる教育を行うことである。語学力はもちろん、短期から長期の留学プログラムを用意し、民衆／市民外交的な感覚を持つ国際人を育てる教育である。「東アジア平和紀行」のような社会学習的な短期海外旅行プログラムを開発してもよい。

重要なのは研究機関と教育機関が有機的につながるべきであるということである。ハンギョレ新聞社の研究機関・教育機関をみると、連携の実践があまり強くないと思われる。研究成果を教育に生かすという循環を強化する必要がある。

注

（1）詳細は森類臣「ろうそくデモと韓国メディア」『ろうそくデモを越えて——韓国社会はどこに行くのか』（川瀬俊治・文京洙編、東方出版、二〇〇九年）を参照。

（2）補論で展開した内容は、本書筆者が二〇一八年五月一〇日に韓国プレスセンターで開催されたハンギョレ新聞創刊三〇周年記念学術セミナー「ハンギョレと韓国社会、また別の三〇年」（主管・韓国言論学会、ハンギョレ経済社会研究院、後援・ハンギョレ新聞社）で発表したものを一部修正・加筆したものである。

（3）東アジアの範囲は広いが、本書筆者は歴史的・文化的な紐帯が強い東北アジア、つまり朝鮮半島・中国・台湾・日本が念頭にある。

（4）二〇〇九年、染井順三氏が中心となり、本書筆者が参画する形で「ハンギョレ・サランバン」というサイトを立ち上げた。ハンギョレ新聞社の許可を得たうえで、『ハンギョレ新聞』の記事のうち、重要なものいくつかを日本語に翻訳しサイトに掲載し、日本の市民に向けて発信した。この「ハンギョレ・サランバン」が、現在の『ハンギョレ新聞』日本語版の基礎になっている。

引用・参考文献

※文献リストは、大きく「資料」（一次資料）と「論文・書籍」（二次資料）と分けたが、あくまで本書構成上の便宜的なものにすぎない。「資料」についてはジャンル別にカテゴライズした。「論文・書籍」については、まず書かれた言語に従って日本語、韓国・朝鮮語、英語に区分し、その上で日本語文献は著者名の五十音順、韓国・朝鮮語は刊行年順、英語は著者名のアルファベット順に配列した。なお韓国・朝鮮語の論文については〔　〕内に日本語訳を付けた。「資料」については、原則として本文において脚注形式で参照し、「論文」は（著者　発行年度：頁数）という形式で参照している。

〈資料〉

1　新聞

（1）日本語

『毎日新聞』
『読売新聞』
『朝日新聞』

（2）韓国・朝鮮語

『京郷新聞』
『東亜日報』
『새신문소식』一〜二호〔『新たな新聞便り』第一〜二号〕
『오마이뉴스（OhmyNews）』〔『オーマイニュース』〕
『朝鮮日報』
『中央日報』
『한겨레신문』〔『ハンギョレ新聞』〕

『한겨레신문 소식』등사판、一～三호〔『ハンギョレ新聞便り』謄写版、第一～三号〕
『한겨레신문 소식』활판인쇄판、一～一〇호〔『ハンギョレ新聞便り』活版印刷版、第一～一〇号〕

2 雑誌

『저널리즘』一九八九년 가을・겨울호、韓國記者協會〔『ジャーナリズム』一九八九年秋・冬号、韓国記者協会〕
『시민과 언론』특권 제八八호、二〇〇九가울、민주언론시민연합〔『市民と言論』特巻第八八号、二〇〇九年秋、民主言論市民連合〕
『신문과 방송』한국언론진흥재단〔『新聞と放送』、韓国言論振興財団発行〕
『말』창간호、一九八五년、민주언론운동협의회〔月刊『言葉《マル》』創刊号、一九八五年、民主言論運動協議会〕
『월간 사회와 사상 창간一주년기념 전권특별기획 八〇년대 사회운동논쟁』一九八九년 가을、한길사〔『月刊 社会と思想 創刊一周年記念特別企画 八〇年代社会運動論争』一九八九年秋、ハンギル社〕
「특별좌담 새 신문울 내고야 말겠다」『샘이깊은물』〔「特別座談 新たな新聞を必ず出す」『深い泉の水』〕一九八七年一〇月号、四八～五三頁
『한겨레二一』한겨레신문사〔『ハンギョレ二一』ハンギョレ新聞社〕

3 その他

국정홍보처〔2007〕『참여정부五년정책 홍보백서』국정홍보처〔国政弘報処〔2007〕『参与政府五年の政策 弘報白書』国政弘報処〕
金三雄〔1984〕『민족 민주 민중선언』일월서각〔金三雄〔1984〕『民族民主民衆宣言』イルウォル書閣〕
동아일보노동조합『동아자유언론실천운동백서』상화인쇄주식회사〔東亜日報労働組合『東亜自由言論実践運動白書』サンファ印刷株式会社〕一九八九年一一月一八日
동아자유언론수호투쟁위원회〔1987〕『동아투위는 어떻게 싸웠나――자유언론을 위한 투쟁 一二년』〔東亜自由言論守護闘争委員会〔1987〕『東亜闘委はどのように闘ったか――自由言論のための闘争一二年』〕一九八七年一〇月二四日
동아자유언론수호투쟁위원회〔2005〕『자유언론 一九七五～二〇〇五 동아투위三〇년발자취』해담솔〔東亜自由言論守護闘争委員会〔2005〕『自由言論 一九七五～二〇〇五 東亜闘委三〇年の足跡』ヘダムソル〕
임재경「길을 찾아서 세상을 바꾼 사람들」『한겨레』〔任在慶「道を探して 世界を変えた人々」『ハンギョレ新聞』〕二〇〇八年五月一四日～二〇〇八年七月一七日連載

진실・화회를위한과거사정리위원회［2006］『二〇〇六년 하반기 조사보고서』〔真実・和解のための過去事整理委員会［2006］『二〇〇六年下半期調査報告書』〕

진실・화회를위한과거사정리위원회［2008］『二〇〇八년 하반기 조사보고서』〔真実・和解のための過去事整理委員会［2006］『二〇〇八年下半期調査報告書』〕

한국신문방송편집협회［2003］『노무현정권 언론탄압백서』한국신문방송편집회〔韓国新聞放送編集協会［2003］『盧武鉉政権 言論弾圧白書』韓国新聞放送編集協会〕

한국언론학회［2008］『《특별세미나》한겨레와 한국사회 二〇년』〔韓国言論学会『《特別セミナー》ハンギョレと韓国社会 二〇年』韓国言論学会〕二〇〇八年五月一三日

한겨레신문시민편집인실『제二대 시민편집인 활동 보고 및 평가』〔ハンギョレ新聞市民編集人室『第二代市民編集人活動報告と評価』〕二〇〇八年一月二二日

한겨레신문사전략기획팀『〝재성장〟을 위한 선택 업 마겟（고급화 전략）』한겨레신문사 내부문서〔ハンギョレ新聞社戦略企画チーム『〝再成長〟のための選択 アップ・マーケット（高級化）戦略』ハンギョレ新聞社内部文書〕二〇〇六年八月

金明準［2010］「韓国の李明博政権と市民メディアの現状――デモクラシーとコミュニケーション権利の歩み」『アジア記者クラブ通信』第二一八号、アジア記者クラブ

〈論文・書籍〉

1 日本語

青地晨・和田春樹［1977］『日韓連帯の思想と行動』現代評論社

浅野健一編［1998］『英雄から爆弾犯にされて』三一書房

浅野健一［1993］『客観報道――隠されるニュースソース』筑摩書房

――［1996］『メディア・ファシズムの時代』明石書店

――［1996］『マスコミ報道の犯罪』講談社

――［1996］「日帝支配化の韓国の言論――「東亜日報」日章旗抹消事件を中心に」『評論・社会科学』第五五号

――［2011］『記者クラブ解体新書』現代人文社
――［2003］「田中康夫知事の「脱・記者クラブ」宣言と「表現センター」の意義」（同志社大学人文学会『評論・社会科学』第七〇号、同志社大学人文学会
浅野健一・李其珍・森類臣［2004］「市民参加型ジャーナリズムの国際連帯――オーマイニュースと韓国民主化・記者クラブ解体」『評論・社会科学』第七四号、同志社大学人文学会
新井直之［1979］『ジャーナリズム』東洋経済新報社
板垣竜太［2008］『朝鮮近代の歴史民族誌――慶北尚州の植民地経験』明石書店
伊藤高史［2010］『ジャーナリズムの政治社会学』世界思想社
伊藤千尋［2001］『たたかう新聞「ハンギョレ」の12年』岩波書店
伊藤守編［2009］『よくわかるメディア・スタディーズ』ミネルヴァ書房
ウィッカム・スティード［1998］『理想の新聞』みすず書房
鵜飼孝造［1985］「集合行動の歴史社会学序説――C・ティリーの研究を中心に」『年報 人間科学』第六巻、大阪大学人間学部
江尻進・渡辺忠恕・阪田秀［1983］『ヨーロッパの新聞 上』日本新聞協会
大石裕［2005］『ジャーナリズムとメディア言説』勁草書房
大畑裕嗣［2011］『現代韓国の市民社会論と社会運動』（明治大学人文科学研究所叢書）成文堂
大森実［1972］『虫に書く――ある若きジャーナリストの死』潮出版社
吾連鎬著、大畑龍次・大畑正姫訳［2005］『オーマイニュースの挑戦――韓国「インターネット新聞」事始め』太田出版
梶谷素久［1991］『新・ヨーロッパ新聞史』ブレーン出版
金山勉・魚住真司編著［2011］『「知る権利」と「伝える権利」のためのテレビ――日本版FCCとパブリックアクセスの時代』花伝社
川瀬俊治［2005］「対抗軸から『制度』化へ――韓国・文解運動の軌跡と日韓識字交流」『部落解放研究』第一六二号
――［2007］「言論の自由を求めた韓国言論改革運動の歴史と『新聞法』」『天理大学人権問題研究室紀要』第一〇号
――・文京洙編［2009］『ろうそくデモを越えて――韓国社会はどこに行くのか』東方出版
韓国民衆史研究会編著［1998］『韓国民衆史 近現代編』木犀社
木村幹［2003］『韓国における「権威主義的」体制の確立――李承晩政権の崩壊まで』ミネルヴァ書房
木村幹［2001］「『正統保守野党』の変質と『東亜日報グループ』の政治的解体――韓国における『権威主義的』体制成立を巡る一考察」『国

際協力論集』第九巻第二号
木宮正史［2003］『韓国――民主化と経済発展のダイナミズム』ちくま新書（筑摩書房）
金勇澈［2012］『サムソンの真実　告発された巨大企業』バジリコ株式会社
光州広域市五・一八史料編纂委員会『5・18民主化運動』五・一八紀念文化センター
高峻石［1974］『韓国言論抵抗史』二月社
佐々木凜一・渡辺忠恕・堀義明・阪田秀［1984］『ヨーロッパの新聞　下』日本新聞協会
佐藤卓己［1998］『現代メディア史』岩波書店
――［2008］『輿論と世論――日本的民意の系譜学』新潮社
C・ティリー著、小林良彰ほか訳［1984］『政治変動論』芦書房
新聞労連新聞研究部［1994］『提言　記者クラブ改革』日本新聞労働組合連合
J・カラン・朴明珍編、杉山光信・大畑裕嗣訳［2003］『メディア理論の脱西欧化』勁草書房
角南圭祐［2009］「ろうそくデモの現場から」川瀬俊治・文京洙編『ろうそくデモを越えて――韓国社会はどこに行くのか』東方出版社
孫錫春著・川瀬俊治訳［2004］『言論改革――韓国・新聞権力の世論支配に挑む』みずのわ出版
孫錫春［2009］「ろうそくの炎が明らかにした〝韓国言論の夜〟」（川瀬俊治訳）『ろうそくデモを越えて――韓国社会はどこに行くのか』（川瀬俊治・文京洙編）東方出版社
宋石允［2006］「韓国憲政史における国家緊急権」徐勝編『現代韓国の安全保障と治安法制』
鈴木雄雅・蔡星慧編［2012］『韓国メディアの現在』岩波書店
徐仲錫著、文京洙訳［2008］『韓国現代史六〇年』明石書店
徐勝［1994］『獄中19年――韓国政治犯のたたかい』岩波書店
――監修・原著、金津日出美・庵逧由香編［2008］『現代韓国民主主義の新展開』御茶の水書房
鄭在貞［1993］『韓国近現代史』桐書房
池明観［1995］『韓国民主化への道』岩波新書
ノーム・チョムスキー、エドワード・S・ハーマン著、中野真紀子訳［2007］『マニュファクチャリング・コンセント――マスメディアの政治経済学』ⅠⅡ、トランスビュー
――著、鈴木主悦訳［2003］『メディア・コントロール――正義なき民主主義と国際社会』集英社

花田達郎［1996］『公共圏という名の社会空間――公共圏、メディア、市民社会』木鐸社
林香里［2004］「『オルターナティヴ・メディア』は公共的か――その再帰的公共性の考察」『マス・コミュニケーション研究』第六五号、日本マス・コミュニケーション学会
――［2003］『マスメディアの周縁、ジャーナリズムの核心』新耀社
ハンギョレ新聞社著、川瀬俊治・森類臣訳［2012］『不屈のハンギョレ新聞――「韓国市民」が支えた言論民主化20年』現代人文社
ハンギョレ新聞社編、高賛侑訳［1993］『山河ヨ、我ヲ抱ケ――発掘韓国現代史の群像』上下、解放出版社
韓洪九［2003］『韓洪九の韓国現代史――韓国とはどういう国か』平凡社
韓永學［2010］『韓国の言論法』日本評論社
朴秀姫［2008］『韓国における「記者クラブ」制度解体の過程』（同志社大学大学院社会学研究科メディア学専攻修士論文）
平石隆敏［2008］「プレスの自由と社会的責任理論」『京都教育大学紀要』№一一二、京都教育大学
ビル・コヴァッチ、トムローゼンスティール著、加藤岳文、斎藤邦泰訳［2002］『ジャーナリズムの原則』日本経済評論社
玄武岩［2005］『韓国のデジタル・デモクラシー』集英社
ブライアン・マクネア著、小川浩一・赤尾光史監訳［2006］『ジャーナリズムの社会学』リベルタ出版
ブルース・カミングス著、横田安司・小林知子訳［2003］『現代朝鮮の歴史――世界の中の朝鮮』明石書店
別府三奈子［2006］『ジャーナリズムの起源』世界思想社
裵仁俊「韓国の記者クラブ問題とその改革」［1994］日本新聞労働組合連合新聞研究部編、日本新聞労働組合連合『提言　記者クラブ改革』
彭元順［1991］『韓国のマス・メディア』電通出版事業部
堀部政男［1978］『アクセス権とは何か――マス・メディアと言論の自由』岩波書店
本多勝一［1984］『事実とは何か』朝日新聞社
――［1999］『マスコミかジャーナリズムか』朝日新聞社
マーチン・メイヤー著、大谷堅志郎・川崎泰資訳［1989］『ニュースとは何か――不屈のジャーナリズム』ＴＢＳブリタニカ
マイケル・クロージャー著、川上宏・岩崎千恵子訳［1988］『創刊――インディペンデント紙の挑戦』サイマル出版
牧野武章［2010］『朝鮮半島における「１９８７年民主体制」――「ハンギョレ新聞」の分析を中心にして』成蹊大学法学政治学研究所

博士学位論文
水野邦彦［2010］『抵抗の韓国社会思想』青木書店

ミッチ・ウォルツ著、神保哲生訳・解説［2008］『オルタナティブ・メディア――変革のための市民メディア入門』大月書店
村上直之［1995］『近代ジャーナリズムの誕生』岩波書店
文京洙［2005］『済州島現代史――公共圏の死滅と再生』新幹社
――［2005］『韓国現代史』岩波書店
――［2008］『済州島四・三事件「島（タムナ）のくに」の死と再生の物語』平凡社
文富軾・板垣竜太訳［2005］『失われた記憶を求めて』現代企画室
森類臣［2009］「韓国・盧武鉉政権による『記者クラブ』解体の研究」『評論・社会科学』第八九号、同志社大学社会学会
――［2009］「ろうそくデモと韓国メディア」川瀬俊治・文京洙編『ろうそくデモを越えて――韓国社会はどこに行くのか』東方出版社
――［2010］「宋建鎬のジャーナリズム論の研究――「民主言論」「民族言論」概念を中心に」『次世代研究者フォーラム論文集』第三号、立命館大学コリア研究センター
――［2010］「『ハンギョレ』の報道姿勢の一考察――２００８年韓国・ろうそく集会報道から見る現状と課題」『コリア研究』創刊号、立命館大学コリア研究センター
――［2013］「韓国メディア企業における資本調達および構造の一考察――『ハンギョレ』の「国民株方式」を事例に」『マス・コミュニケーション研究』第八二号、日本マス・コミュニケーション学会
――［2015］「日韓連帯運動の一断面――日本における東亜日報支援運動に関する考察」『東アジア研究』第一七号
――［2016］「韓国における代案言論メディア創出のダイナミズム――言論民主化運動の系譜から」奥野昌宏・中江桂子編『メディアと文化の日韓関係――相互理解の深化のために』新曜社
柳井道夫、内川芳美編［1994］『マス・メディアと国際関係』学文社
梁ガンス［1994］『韓国民族民主運動の軌跡』柘植書房

２　韓国・朝鮮語文献

송건호［1964］「지성의 사회참가」『청맥』〔宋建鎬［1964］「知性の社会参加」『青脈』〕一一月号
이응호［1974］『미 군정기의 한글 운동사』성청사〔イウンホ［1974］『米軍政期のハングル運動史』ソンチョン社〕
邊衡尹・宋建鎬編［1982］『歷史와 人間』도서출판두레〔邊衡尹・宋建鎬編［1982］『歴史と人間』図書出版ドゥレ〕
송건호［1987］『민주언론 민족언론』두레〔宋建鎬［1987］『民主言論　民族言論』ドゥレ〕

민주언론운동협의회〔1988〕『보도지침』도서출판두레〔民主言論運動協議会〔1988〕『報道指針』図書出版ドゥレ〕

高明辰〔1989〕「현장속의 사진기자、오해와 수난의 대명사였던가」『저널리즘』一九八九년 가을・겨울호、韓國記者協會〔高明辰〔1989〕「現場の中の写真記者、誤解と受難の代名詞だったのか」『ジャーナリズム』一九八九年秋・冬号、韓国記者協会〕

金東銑〔1989〕「원고자 一장에 징역一년」『저널리즘』一九八九년 가을・겨울호、韓國記者協會〔金東銑〔1989〕「原稿用紙一枚につき懲役一年」『ジャーナリズム』一九八九年秋・冬号、韓国記者協会〕

金有源〔1989〕「民族紙 논쟁의 實相――동아・조선 社主의 주장을 중심으로」『저널리즘』一九八八년 겨울호、韓國記者協會〔金有源〔1989〕「民族紙論争の実相――東亜日報・朝鮮日報の社主の主張を中心に」『ジャーナリズム』一九八八年冬号、韓国記者協会、一九八九年二月〕

金正鐸〔1989〕「言論自由의 概念定立――한국의 언론상황을 중심으로」『저널리즘』一九八八년겨울호、韓國記者協會〔金正鐸〔1989〕「言論の自由の概念定立――韓国のジャーナリズム状況を中心に」『ジャーナリズム』一九八八年冬号、韓国記者協会〕

金鍾澈〔1989〕「東亞 자유언론수호투쟁위원회」『저널리즘』一九八八년 겨울호、韓國記者協會〔金鍾澈〔1989〕「東亜自由言論守護闘争委員会」『ジャーナリズム』一九八八年冬号、韓国記者協会〕

金周彦〔1989〕「언론학살과五共 핵심언론인 집중탐구――李振義・李元洪・許文道」『저널리즘』一九八八년겨울호、韓國記者協會〔金周彦〔1989〕「言論虐殺と第五共和国の核心的ジャーナリストの探求――李振義・李元洪・許文道」『ジャーナリズム』一九八八年冬号、韓国記者協会〕

文學振〔1989〕「『전기고문기술자』李根安을 확인하라」『저널리즘』一九八八년 겨울호、韓國記者協會〔文学振〔1989〕「『電気拷問者』の李根安を確認せよ」『ジャーナリズム』一九八八年冬号、韓国記者協会〕

白基範〔1989〕「원상회복과 한국언론의 위상」『저널리즘』一九八八년、겨울호、韓國記者協會〔白基範〔1989〕「原状回復と韓国ジャーナリズムの位相」『ジャーナリズム』一九八八年冬号、韓国記者協会〕

梁熙澤〔1989〕「權力과 金力으로부터 진정한 독립을 위해」『저널리즘』一九八九년 가을・겨울호、韓國記者協會〔梁熙澤〔1989〕「権力と筋力から真の独立するために」『ジャーナリズム』一九八九年秋・冬号、韓国記者協会〕

呉効鎭〔1989〕「암울한 시절의 문학청년」『저널리즘』一九八九년 가을・겨울호、韓國記者協會〔呉効鎭〔1989〕「暗鬱な時代の文学青年」『ジャーナリズム』一九八九年秋・冬号、韓国記者協会〕

李珍魯〔1989〕「언론통폐합하의 신문기업 성장 연구」『저널리즘』一九八八년 겨울호、韓國記者協會〔李珍魯〔1998〕「言論統廃合下における新聞企業の成長の研究」『ジャーナリズム』一九八八年冬号、韓国記者協会〕

李春發기타［1989］「대책방안 종합토의」『저널리즘』一九八八년 겨울호、韓國記者協會〔李春發ほか［1989］「対策法案総合討論」『ジャーナリズム』一九八八年冬号、韓国記者協会〕

鄭尚模［1989］「八〇년 언론대학살」『저널리즘』一九八八년 겨울호、韓國記者協會〔鄭尚模［1989］「八〇年言論大虐殺」『ジャーナリズム』一九八八年冬号、韓国記者協会〕

崔龍益［1989］「『기회주의적 속성』의 한계를 절감하며」『저널리즘』一九八九년 가욷・겨울호、韓國記者協會〔崔龍益［1989］「『機会主義的属性』の限界を痛感して」『ジャーナリズム』一九八九年秋・冬号、韓国記者協会〕

黃憲植［1989］「朝鮮자유언론수호투쟁위원회」『저널리즘』一九八八년겨울호、韓國記者協會〔黃憲植［1989］「朝鮮自由言論守護闘争委員会」『ジャーナリズム』一九八八年冬号、韓国記者協会〕

東亞日報社 노동조합［1989］『東亞자유언론실천운동白書』삼화인쇄주식회사、非賣品〔東亜日報社労働組合［1989］『東亜自由言論実践運動白書』サンファ印刷株式会社、非売品〕

강덕환［1990］「언론현장에서――도민의 대변지로 새로운 탄생을 다짐하는 제주참언론동지회」『월간 제주』一九九〇년二월호〔カンドッカン［1990］「言論の現場から――道民の代弁紙として新しい誕生を準備する 済州の真の言論同志会」『月刊 済州』一九九〇年二月号〕

金正鐸［1990］「黨派紙냐 不偏不黨紙냐」『신문연구』一九九〇년 여름호（제三一권 제一호、통권 제四九호）、寛勳클럽〔金正鐸［1990］「党派紙か、不偏不党紙か」『新聞研究』一九九〇年夏号（第三一巻第一号、通巻第四九号）、寛勳クラブ〕

文學振［1990］「만리재에서 달음박질을……」『신문연구』一九九〇년 여름호（제三一권 제一호、통권 제四九호）、寛勳클럽〔文学振［1990］「萬里峙から駆け足を……」『新聞研究』一九九〇年夏号（第三一巻第一号、通巻第四九号）、寛勳クラブ〕

安秉峻［1990］「혁명아인가、저항아인가」『신문연구』一九九〇년 여름호（제三一권 제一호、통권 제四九호）、寛勳클럽七월〔安秉峻［1990］「革命児か、抵抗児か」『新聞研究』一九九〇年夏号（第三一巻第一号、通巻第四九号）、寛勳クラブ〕

嚴基衡［1990］「言論倫理문제의 고찰과 과제――新聞倫理委기능의 활성화시급하다」『신문연구』一九九〇년여름호、寛勳클럽〔嚴基衡［1990］「メディア倫理の問題に対する考察と課題――新聞倫理委の機能の活性化が急務である」『新聞研究』一九九〇年夏号、寛勳クラブ〕

任慶祿［1990］「한국의현실」『신문연구』一九九〇년여름호、寛勳클럽〔任慶禄［1990］「韓国の現実」『新聞研究』一九九〇年夏号、寛勳クラブ〕

鄭晋錫［1990］「民族日報와 혁신계언론 필화사건」『신문연구』一九九〇년 여름호（제三一권 제一호、통권 제四九호）、寛勳클럽〔鄭

晋錫［1990］「民族日報と進歩系メディアの筆禍事件」『新聞研究』一九九〇年夏号、寛勲クラブ〕

최준［1990］『한국신문사』일조각〔崔埈［1990］『韓国新聞史』一潮閣〕

彭元順［1990］「記者團과 우리取材構造」『신문연구』一九九〇년여름호、寛勲클럽〔彭元順［1990］「記者団とわれわれの取材構造」『新聞研究』一九九〇年夏号、寛勲クラブ〕

함승보［1990］「済州新聞事態――사태、남겨진 것은 무엇인가?」『월간제주』一九九〇년二월호〔ハムスンボ［1990］「済州新聞事態――事態が残したものとは何か?」『月刊済州』一九九〇年二月号〕

홍훈기［1990］「위장폐업을 딛고「참언론」의 횃불을 들다」『민주언론』九〇호〔ホンフンギ［1990］「偽装廃業から立ち直って『真の言論』の松明を掲げる」『民主言論』第九〇号〕

宋鍾吉「〝公衆統制〟와 〝자기통제〟의 조화를」『신문연구』一九九〇년 여름호（제三一권 제一호、통권 제四九호）、寛勲클럽〔宋鍾吉「〝公衆統制〟と〝自己統制〟の調和律」『新聞研究』一九九〇年夏号（第三一巻第一号、通巻第四九号）、寛勲クラブ〕

金正鐸［1991］「韓國言論學 研究方法論――言論社와 言論人 분석을통해서」『사회과학』제三〇권 二호（통권 三四호）、一九九一년〔金正鐸［1991］「韓国言論学 研究方法論――マスメディアとジャーナリスト分析を通して」『社会科学』第三〇巻二号（通巻三四号）〕

임재경［1991］「한국언론의 문제점 언론인들은 고도한 직업적인 윤리관을」『한국논단』二八호〔任在慶［1991］「韓国ジャーナリズムの問題点――言論人たちは高度の職業的倫理観を備えよ」『韓国論壇』第二八号〕

고홍철［1993］「済州언론 비화――八〇년 언론 대학살」『제주저널』창간호〔高弘哲［1993］「済州ジャーナリズム秘話――八〇年言論大虐殺」『済州ジャーナル』創刊号〕

박해전 편저［1994］『다시 태어나야할 겨레의 신문』一～三권、울도서적〔パクヘジョン編著［1994］『もう一度生まれ変わらなければならない同胞の新聞』第一～三巻、ウルド書籍〕

鄭晋錫［1995］『韓國言論史研究』（重版）一潮閣

김태홍［1997］「80년해직언론인협의회와 민주언론운동 협의회」『八〇년 五월의 민주언론――八〇년 언론인 해직 백서』나남출판〔金泰弘［1997］「80年解職言論人協議会と民主言論運動協議会」『八〇年五月の民主言論――八〇年ジャーナリスト解職白書』ナナム出版〕

李文教［1997］『済州言論史』나남출판〔李文教［1997］『済州言論史』ナナム出版〕

한국기자협회・80년 해직언론인 협의회 공편［1997］『八〇년 五월의 민주언론――八〇년 언론인 해직 백서』나남출판〔韓国記者協会・八〇年解職ジャーナリスト協議会共編［1997］『八〇年五月の民主言論――八〇年ジャーナリスト解職白書』ナナム出版〕

심산、이인우［1998］『세상을 바꾸고 싶은 사람들　한겨레산문 一〇년의 이야기』한겨레신문사〔李寅雨・沈山［1998］『世の中を変えたい人々――ハンギョレ新聞一〇年の物語』ハンギョレ新聞社〕

이인우・심산［1998］『세상을 바꾸고 싶은 사람들』한겨레신문사〔李寅雨・沈山［1998］『世の中を変えたい人たち』ハンギョレ新聞社〕

한동섭［1998］「국민주언론에서의〝경영자통제〟――한겨레신문의 사례를 중심으로」『언론학보』一七집〔韓東燮［1998］「国民株言論での〝経営者統制〟――ハンギョレ新聞の例を中心として」『言論学報』第一七集〕

손석춘［2000］「언론 권력의 출현과 언론 개혁 운동」『한국 언론 바로보기』（윤덕한・박지동・손석춘・송건호・최민지 저、다섯수레）〔孫錫春［2000］「言論権力の出現と言論改革運動」『韓国言論展望一〇〇年』タソッスレ〕

송건호・최민지・박지동・윤덕한・손석춘・강명구［2000］『한국언론 바로보기 一〇〇년』다섯수레〔宋建鎬・チェミンジ・朴智東・ユンドクハン・孫錫春・カンミョング著［2000］『韓国言論を正しくみること一〇〇年』タソッスレ〕

한동섭［2000］『한겨레신문과 미디어 정치경제학』커뮤니케이션북스〔韓東燮［2000］『ハンギョレ新聞とメディア政治経済学』コミュニケーションブックス〕

김민남、김유원、박지동、유일상、임동욱、정대수 지음［2001］『새로 쓰는 한국 언론사』（二판）、도서출판 아침〔金敏男・金有源・朴智東・柳一相・林東旭・鄭大秀［2001］『新しく書く韓国言論史』（第二版）図書出版アチム〕

서정우、한태열、차배근、정진석［2001］『신문학이론』박영사〔徐正宇・韓泰烈・車培根・鄭晉錫［2001］『新聞学理論』博英社〕

고승우［2002］『한겨레신문의 창간과정에 관한 사회학적 연구――언론민주화 운동의 관점에서』고려대학교 사회학과 박사논문〔高昇羽［2002］『ハンギョレ新聞創刊過程における社会学的研究――言論民主化と運動の観点から』高麗大学大学院社会学科博士論文〕

송건호［2002］『송건호 전집』한길사〔宋建鎬［2002］『宋建鎬全集』ハンギル社〕

이원락［2002］「〈한겨레〉〝왜냐면〟민주주의、신문업계 그리고 한겨레신문의 딜레마에 대한 도전」『계간 열린 미디어 열린사회』二〇〇二년 봄호、사단법인 열린미디어센터〔イウォンラク［2002］「〈ハンギョレ〉〝なぜなら〟民主主義、新聞業界そしてハンギョレ新聞のディレンマに対する挑戦」『季刊　開かれたメディア　開かれた社会』二〇〇二年春号、社団法人開かれたメディアセンター〕

강준만［2003］『노무현 죽이기』인물과사상사〔康俊晩［2003］『盧武鉉殺し』人物と思想社〕

강준만［2003］『노무현 살리기』인물과사상사〔康俊晩［2003］『盧武鉉生かし』人物と思想社〕

김영욱［2003］『기자실 개방 이후의 취재현실――저널리즘의 위기와 뉴스가치에 대한 성찰』한국언론재단〔金永旭［2003］『記者室開放以後の取材の現実――ジャーナリズムの危機とニュース価値に対する省察』韓国言論財団〕

고승우［2004］『한겨레 창간과 언론민주화』나남〔高昇羽［2004］『ハンギョレ創刊と言論民主化』ナナム出版〕
유시춘［2004］『六월민주항쟁』민주화운동기념사업회〔ユシチュン［2004］『六月民主抗争』民主化運動記念事業会〕
김민환［2005］『한국언론사　개정二판』나남출판〔金珉煥［2005］『韓国言論史　改定二版』ナナム出版〕
제주시五〇년사편찬위원회［2005］『제주시五〇년사』제주시〔済州市五〇年史編纂委員会［2005］『済州市五〇年史』済州市〕
리영희［2006］『리영희 저작집』한길사〔李泳禧［2006］『李泳禧著作集』ハンギル社〕
국정원과거사건진실규명을통한발전위원회［2007］『과거와 대화 미래의성찰』국가정보원〔国家情報院過去事件真実究明を通した発展委員会［2007］『過去と対話　未来の省察』国家情報院〕
김미란［2007］「시민 소시민 논쟁-주체 정립 방식을 중심으로 본 시민・소시민의 함의」『현대문학의 연구』二九호〔キムミラン［2007］「市民・小市民論争の政治学――主体定立方式を中心に見る市民・小市民の合意」『現代文学の研究』第二九号〕
송기호［2007］『참여정부의 언론정책』한국학술정보〔ソンギホ［2007］『参与政府の言論政策』韓国学術情報〕
서중석［2007］『한국 현대사六〇년』역사비평사〔徐仲錫［2007］『韓国現代史六〇年』歴史批評社〕
양승혜［2007］「서형수 한겨레 신임 사장――八七년 새신문 창간 경영실무자、〝통합적 리더십 창출 제도화할 것〟」『신문과 방송』四三八호、한국언론재단、〔ヤンスンヘ［2007］「聞き取り・徐炯洙ハンギョレ新社長〝八七年新しい新聞創刊　経営実務者「統合的リーダーシップ創出を制度化すること〟」『新聞と放送』第四三八号、韓国言論財団〕
임상원 김민환 양승목 이재경 임영호 윤영철［2007］『민주화이후의 한국언론』나남〔イムサンウォン・キムミンファン・ヤンスンモク・イジェギョン・イムヨンホ・ユンヨンチョル［2007］『民主化以後の韓国ジャーナリズム』ナナム出版〕
민주화운동기념사업회 한국민주주의연구소 엮음［2008］『한국민주화운동사一――제一공화국부터 제三공화국까지』돌베개〔民主化運動記念事業会韓国民主主義研究所編［2008］『韓国民主化運動史一――第一共和国から第三共和国まで』トルペゲ〕
윤창빈［2008］「스무살 청년 한겨레가 걸어온 길――시대 변화에 대처하며 창간정신 지켜야」『신문과 방송』四五〇호、한국언론재단［2008］〔ユンチャンビン「二十歳の青年ハンギョレが歩いてきた道――時代の変化に対処し創刊精神を守らなければ」『新聞と放送』第四五〇号、韓国言論財団〕
이상기［2008］「고광헌 한겨레신문 신임 사장〝권력과 성역을 향한 감시와 비판이 숙명〟」『신문과 방송』四四八호、한국언론재단〔イサンギ［2008］「高光憲ハンギョレ新聞新社長〝権力と聖域に対して監視と批判が宿命〟」『新聞と放送』第四四八号、韓国言論財団〕
한겨레 二〇년　사사 편찬위원회［2008］『희망으로 가는 길――한겨레 二〇년의 역사』한겨레신문사〔ハンギョレ二〇年社史編纂委員会［2008］『希望へ向かう道――ハンギョレ二〇年の歴史』ハンギョレ新聞社〕

황치성〔2008〕「정부부처 브리핑시스템에 대한 진단과 제안」『MEDIA INSIGHT』二〇〇八년五월 통권三호〔黄到成〔2008〕「政府省庁ブリーフィングシステムに対する診断と提案」『MEDIA INSIGHT』二〇〇八年五月通巻三号〕

김주언〔2008〕『한국의 언론통제』리북〔金周彦〔2008〕『韓国の言論統制』リーブック〕

권기순〔2009〕『〈한겨레〉편집 변천에 관한 연구——가로짜기 전형의 정립과정을 중심으로』연세대 언론홍보대학원 석사논문〔権貴順〔2009〕『『ハンギョレ』編集変遷に関する研究——横組み典型の定立過程を中心として』延世大学言論弘報大学院修士論文〕

민주화운동기념사업회 한국민주주의연구소 엮음〔2010〕『한국민주화운동사三　서울의 봄부터 문민정부　수립까지』돌베개〔民主化運動記念事業会韓国民主主義研究所編〔2010〕『韓国民主化運動史三　ソウルの春から文民政府樹立まで』トルペゲ〕

한윤형〔2010〕『대한민국 현대사를 관통하는 또 하나의 역사 안티조선운동사』도서출판텍스트〔ハンユンヒョン〔2010〕『大韓民国現代史を貫くもう一つの歴史　アンチ朝鮮運動史』図書出版テキスト〕

김명희〔2011〕「한국의 국민형성과 '가족주의'의 정치적 재생산——한국전쟁 좌익 관련 유가족들의 생애체험 및 정치사회화 과정을 중심으로」『기억과 전망』二一호〔キムミョンヒ〔2011〕「韓国の国民形成と〝家族主義〟の政治的再生産——朝鮮戦争の左翼関連遺族たちの生涯経験および政治社会化過程を中心に」『記憶と展望』第二一号〕

노태우〔2011〕『노태우 회고록　上巻　국가、민주화 나의 운명』조선뉴스프레스〔盧泰愚〔2011〕『盧泰愚回顧録　上巻　国家、民主化私の運命』朝鮮ニュースプレス〕

황병주〔2011〕「一九六〇년대 비판적 지식인 사회의 민중인식」『기억와 전망』二一호〔黄秉周〔2011〕「一九六〇年代の批判的知識人社会の民衆認識」『記憶と展望』第二一号〕

채백〔2015〕『한국언론사』컬처룩〔チェベク〔2015〕『韓国言論史』カルチャールック〕

한겨레三〇년사 편찬위원회〔2018〕『진실의 창、평화의 벗——서른 살 한겨레의 기록』한겨레신문사〔ハンギョレ三〇年史編纂委員会〔2018〕『真実の窓、平和の友——三〇歳のハンギョレの記録』ハンギョレ新聞社〕

한국언론재단『보도기관 윤리강령집——중안일보、한겨레、연합통신』〔韓国言論財団『報道機関倫理綱領集——中央日報、ハンギョレ新聞、聯合通信』〕

3　英語文献

Freeman, Laurie Anne [2000], *Closing the Shop: Information Cartels and Japan's Mass Media*, Princeton University Press

Kim, Tackwhan, Sangbok Lee,Youngeun Lee [2005], *Media Big Bang, Challenge and Change in the Media World*, Communication-

Books

Kovach, Bill, Tom Rosenstiel [2000], *The Elements of Journalism: What Newspeople Should Know And the Public Should Expect*, THREE RIVERS PRESS

Leigh, Robert, Commission on Freedom of the Press [1947], *A Free and Responsible Press, a General Report on Mass Communication: Newspapers, Radio, Motion Picture, Magazines, and Books*, Univ of Chicago Press

Mori, Tomoomi [2007], *Japan's News Media — Voice of the Powerful, Neglecter of the Voiceless*, Peter Phillips & Project Censored, *Censored 2007: The Top 25 Censored Stories*, Seven Stories Press, pp.367-382

Nerone, John C. [1995], *Last Rights: REVISITING FOUR THEORIES OF THE PRESS*, University of Illinois Press

Siebert, Frederick S., Theodore Peterson, Wilbur Schramm [1963], *Four Theories of the Press: The Authoritarian, Litertarian, Social Responsibility, and Soviet Communist Concepts of What the Press Should Be and Do,* University of Illinois Press

Suzuki, Kazue [1982], *The press club system in Japan*, Iowa State University

巻末資料

インタビュー調査の主な対象者一覧（가나다順、敬称略）

名前	インタビュー調査当時の職位	インタビュー調査日時
柳在壎	『ハンギョレ新聞』国際部記者	二〇〇四年二月二五日
金孝淳	『ハンギョレ新聞』編集局長	四月二五日
金度亨	『ハンギョレ新聞』東京特派員	二〇〇八年二月一八～一九日
李仁哲	前『ハンギョレ新聞』記者	三月三日
任在慶	前『ハンギョレ新聞』副社長	九月二日
金孝淳	『ハンギョレ新聞』大記者	一一月二五日
咸釋鎭	『ハンギョレ新聞』メディア戦略研究所所長	一一月二五日
金度亨	『ハンギョレ新聞』東京特派員	二〇〇九年七月一四日
権貴順	『ハンギョレ新聞』世論チーム長	八月二〇日
具本権	『ハンギョレ新聞』経済部記者	八月二一日
徐炯洙	『慶南道民日報』代表取締役社長	八月二三日
成漢鏞	『ハンギョレ新聞』編集局長	八月二五日
金孝淳	『ハンギョレ新聞』大記者	八月二六日
権台仙	『ハンギョレ新聞』論説委員	八月二六日
鄭泰基	前『ハンギョレ新聞』社長	八月二九日
金甫協	全国言論労働組合ハンギョレ新聞支部委員長	九月四日
姜熙澈	『ハンギョレ新聞』社会部門副編集長（法曹・事件）	九月三〇日
鄭南求	『ハンギョレ新聞』東京特派員	二〇一一年三月一日
池明観	前翰林大学教授	三月七日
朴孟洙	円光大学教学部円仏教学科教授	六月一日
成裕普	社団法人希望レール理事長	八月一六日

『ハンギョレ新聞』創刊の辞（1988年5月15日第1面）

創刊の辞
――国民の代弁をする真の新聞であることを誓う

われわれは感激で震えながら今日この創刊号を発行した。世界でこれまで類を見ない国民募金によって新聞が創刊されたというニュースが知らされるや否や、数十名の外信記者たちが訪ねてきた。われわれはやはり押さえられない感激で、全く新しい新聞制作について、創造的緊張と興奮とともにこの日を迎えた。

ハンギョレ新聞のすべての株主たちは、お金があるから投資をしたのでは決してない。貧しい市民層が、あるべき姿の新聞、真実をもって国民大衆の立場を代弁してくれる誠《まこと》の新聞を渇望し、余裕のない懐のお金をつぎこんで投資してくれた。よって、ハンギョレ新聞は、個々の利益を追求することから抜け出せていない従来のすべての新聞とは違い、一途に国民大衆の利益と主張を代弁するという意味において、真の国民新聞であることを自認する。

このような点を念頭に置いて、われわれは次のような原則を守ってこれから新しい新聞を製作する。

第一に、ハンギョレ新聞は、ある一部の特定政党や政治勢力を支持したり反対することを目的とは決してしないのであり、必ず独立した立場、すなわち国民大衆の立場からこれからの政治・経済・文化・社会問題などを報道し論評する。

なぜこのような点を強調するのかといえば、今までほとんどすべての新聞が、言葉では中立云々《うんぬん》と言いながら、現実にはいつも権力の見方を反映し、一時は〔朴正熙政権の〕維新体制を支持していたのに、全斗煥政権になるといつの間にか維新体制を罵倒しつつ新時代の新秩序を強調し、盧泰愚政権になった途端、〔今度は〕今まで尊敬し仕えていた全斗煥政権を一斉に罵倒したように、一夜のうちに豹変する自主性のないその新聞製作態度こそ、社会の混乱を助長するこの上なく危険なことと認識しなければならないからである。

われわれは、特に野党と政権党の区別なく、どんな政治勢力とも特別に接近せず、特別に敵対視もしない。〔われわれが〕ひたすら国民大衆の利益と主張だけを代弁するという理由がここにあるのである。

既存新聞社の多くの記者たちがこのように豹変するその原因は、記者の倫理と道徳に求められるのではなく、今日の韓国のメディア企業の構成がすでに純粋性を失い、独立性を喪失していることが理由である。

ハンギョレ新聞が政治勢力の前に公正でいられる力があるのは、何よりも新聞社の資本構成が国民大衆を基礎としているからである。

われわれは、ハンギョレ新聞が政治的に絶対に自主独立的であることをもう一度はっきりさせる。

二つ目に、ハンギョレ新聞は、絶対に特定思想を無条件に支持したり反対したりせずに、終始一貫この国の民主主義実現のために、奮闘努力する。

われわれは、今日の現実から大きく逸脱しない範囲内で思想的に自由な立場であることを再び明確にする。

ハンギョレ新聞は、この社会に民主主義の基本秩序を確立しようとする念願を除いては、どのような思想や理念とも理由なく近づいたり遠ざかったりしないことを明らかにする。

今まで、わが国は一部の政治軍人たちがクーデターで政権を奪取してから高度成長を達したと謳歌した。〔しかし、〕内では貧富の差を深化させる反面、外には隷属的経済構造を固めた。成長すればするほどむしろ社会不安が造成されるという、この上なく危険な状況に置かれている。

反抗的な民衆が、経済成長すればするほどより激しく抵抗する理由がここにある。これを看過してはいけない。

今まで権力者たちは、このような不安定を経済政策を民主化することによって改革しようとはせず、安保を強調しつつ反抗する民衆を弾圧するかと思えば、一方では、様々な理屈を用いて言論の自由を圧迫し、情報を独占し、その後ろでは権力を奮って不正と盗みをほしいままにし、そうして天文学的な財産をため込んだ。これがわが国の権力の一般的な姿だった。

自由で独立した言論は、したがって権力の放縦と腐敗を止めさせ、国民の民権を伸張し、社会の安定を期することのできる最も信頼できる運動だろう。

南北間の関係改善のために、特に同族の軍事対立を止揚して統一を成し遂げることにおいて、この国の民主化は絶対的な条件になるのである。

金持ちになるために狂奔すればするほど、南北間の軍事対決を必要とするのであり、安保を強調して情報を独占し独裁をほしいままにすることが、これまでこの国の独裁政権の特徴でもあった。

したがって、民主化は南北問題の解決に不可欠の条件となり、一方で南北関係の改善は民主化のための不可欠の条件になり、離して考えることのできない一つの問題の表裏をなしているということを悟らなければならない。

南北統一問題は全民族の利害関係と直結した、生死をかけた問題として、誰もがこれを独占することができず、このような意味においても民主化は必ず実現されなければならない。

ハンギョレ新聞は、したがってこの国に今までイデオロギーとしてのみ利用されていた民主主義と自由な言論を実現するために先頭に立って努力する。

ハンギョレ新聞社には、〔前職場の〕給料の二分の一にも満たない収入を甘受して、真の新聞記者になるという〔志で〕他の既存新聞社から移ってきた野心的な記者たちが数十人に達する。また、他のどの新聞社よりも熾烈な競争を突破し合格した有能な修習社員たちがたくさんいる。そして、十数年の間、あらゆる困難を克服してあるべき姿の新聞をつくろうと、様々な苦難を今日まで耐え忍んできた数十名の解職記者たちが中心となって制作に参加している。ゆえに、ハンギョレ新聞の登場は間違いなく惰性と安楽の中に浸っている既存メディア界に、大変大きな衝撃と波紋を起こし、韓国メディアに一つの画期的転機をもたらすことと信じて疑わない。

ハンギョレ新聞の三万名に達する株主たちは、真の新聞をつくるという一心で貧しい懐をはたいて投資をした。しかし、このような念願は、今日、四千万の全国民大衆の夢であって、どうしてハンギョレ新聞の株主たちだけの夢であろうか。

ハンギョレ新聞はまさに四千万国民の念願を一心に受けていると言っても過言ではない。したがって、ハンギョレ新聞は既存メディアとは違い、執権層ではない国民大衆の立場から国の政治・経済・社会・文化を、上からではなく下から見るのである。既存メディアとは視角を変えて見るのである。

五月一五日の創刊日を迎えて、寝る間も惜しんで創刊準備に心血を注いだ三〇〇余名の社員たちの苦労を国中の読者たちに知らせる。真の言論を志向するハンギョレ新聞に熱い激励と声援を送ってくださることを、手を合わせて祈る。

ハンギョレ新聞社　倫理綱領・倫理綱領実践要綱

〈ハンギョレ新聞倫理綱領〉

ハンギョレ新聞は、この地に民主主義と民主言論を実現しようとする国民の長い間の念願と誠意が集まり創刊された。

ハンギョレ新聞のすべての社員は、ハンギョレ新聞が国民によってつくられた国民の新聞であることを常に心に刻み、われわれの言論活動は国民の意思を表現して実現するためのものであることを忘れない。

ハンギョレ新聞は、われわれの社会の民主化を実現して分断を克服し、民族の自主的平和統一を早めて民衆の生存権を確保・向上させるのに貢献しなければならない歴史的課題を抱えている。

このような使命を果たすためには、ジャーナリズムの社会的責務に従う言論人［ジャーナリスト］自身の道徳的決断と実践の中で、真実の報道と健全な批判というジャーナリズム本来の役割が遂行されなければならないことをわれわれは信じる。

したがって、ハンギョレ新聞社員一同は次のような倫理綱領をつくり、これを守ることによって民主言論を実践し、言論人として姿勢を正すことを誓う。

一　言論の自由の守護

（一）われわれは、言論の自由と表現の自由が人間の基本的な権利であり、すべての自由の基礎であることを信じる。したがって、言論の自由を守ることは、ハンギョレ新聞社で働くわれわれ全員の義務である。

（二）われわれは自らの判断に従って新聞を作り、政治権力を始めとする外部からのどんな干渉も排撃する。

（三）われわれはハンギョレ新聞が特定資本から独立するために、寡占株主が会社の経営権を私有化することを防ぐ。政治権力と資本からの独立は、ハンギョレ新聞の揺らぐことのない原則である。

二　事実と真実報道の責任

（一）われわれは商業主義、扇情主義の言論を排撃する。

（二）われわれは国と民族、そして世界の重大事に関して国民が知らなければならない真実を明らかにする。事実と真実を正しく伝達しないのは、言論人として知らせる権利と義務を違えることであり、国民の知る権利を侵害することである。

（三）われわれは不義と不正に対する批判者として奉仕し、政治権力などによる人権侵害を暴く。

（四）われわれは広告主および特定利益団体の請託や圧力を排除する。

三　読者の反論権の保障

われわれは読者の反論権を保障する。

四　誤報の訂正

われわれは、誤って報道したことを確認した時、これを認めてすぐに正す。

五　取材源の保護

われわれは、記事の出処を明らかにしない約束を必ず守り、記事内容を提供した人を保護する。

六　私生活の保護

われわれは公益のためでない限り、報道対象の名誉と私生活を尊重する。

七　政党および宗教活動に対する姿勢

われわれは政党に加入せず、特定政党や特定宗教および宗派の立場を代弁しない。

八　言論人の品位

（一）われわれは新聞製作と関連して金品その他不当な利益を得ることをしない

（二）われわれは個人の利益のために記事を書かず、扱わない。

九　販売および広告活動

われわれは常軌を逸した取引きをしない。

一〇　社内民主主義の確立

われわれは社内の問題に対して自由に意見を出し、これを集めて新聞製作と会社の運営に反映する。

一一　倫理実践要綱

この倫理綱領を実践するために実践要綱を別途用意する。

一二　倫理委員会

この倫理綱領と実践要綱を守るために倫理委員会を置く。倫理委員会に関する規定は別途準備する。

一三　施行

この倫理綱領は一九八八年五月五日から施行する。

〈ハンギョレ新聞倫理綱領実践要綱〉

ハンギョレ新聞社のすべての社員は、倫理綱領を基礎として次のような実践要綱を守ることを誓う。

一　言論の自由の守護

（一）われわれは、外部の干渉や圧力による編集権の侵害を防ぐために、あらゆる努力をつくす。

（二）われわれは、捜査・情報機関員の新聞社への出入りおよび新聞製作と関連した不法連行を拒否して不当に連行された時には、原状回復のために力を合わせて対処する。

二　金品

（一）われわれは、倫理綱領に反する金品を丁重に断る。自分の職務に関連して配偶者に渡される金品も同様である。金品とは、次のいずれかに該当するものをいう。

①　金銭、有価証券、不動産、物品、宿泊券、会員券、入場券、割引券、招待券、観覧チケット、不動産などの使用権など一切の財産的利益

②　食べ物・酒類・ゴルフなどの接待・供応や交通・宿泊などの利便性を提供

③　債務免除、就職の提供、利権の付与など、その他の有形・無形の経済的利益

（二）金品が自分も知らない間に自分または配偶者に渡されたとき、倫理委員会に遅滞なく書面（電子文書を含む、以下同様）で申告するとともに、これを提供者に直ちに返還しなければならない。ただし、受信した金品が、次の各項のいずれか一つに該当する理由で返還しにくいときは、倫理委員会にこれを引き渡した後、倫理委員会の処分に従う。

①　滅失・腐敗・変質等の恐れがある場合

②　該当金品の提供者を把握できない場合

③　その他提供者への返却に困難な事情がある場合

（三）社交・儀礼などの目的のために提供される食べ物・慶弔費・贈り物として、法定額の範囲内の金品は、上記（一）、（二）項の例外とすることができる。ここで、①食べ物は提供者と一緒に取った食事、茶菓、アルコール、飲み物などを、②贈り物は金銭および食物を除く一切の物品を、③慶弔金はご祝儀、弔慰金など各種の祝儀・香典と花輪・弔花など祝儀・香典の代わりになる贈り物・食べ物をいう。

（四）上記（三）項の「例外とすることができる金品」の基準は、食べ物三万ウォン、贈り物五万ウォン、慶弔金一〇万ウォン以下とする。ただし、食べ物や贈り物を一緒に受けた場合は、その額を合算して、五万ウォン以下とする。慶弔金と贈り物、食べ物を一緒に受け取った場合は、その価額を合算して一〇万ウォン以下とする。この基準価額を超過する贈り物を受け取る場合は、直ちに倫理委員会に帰属させ、倫理委員会がこれを処理する。

（五）われわれは、新聞社の地位を利用して商品を無料または割引して購入するなど、商取引で不当な利益を得たりその他の個人的利益を図らない。

三　報道および論評資料

われわれは報道および論評に必要な書籍やレコードおよびテープなどの資料を受け取ることができる。このような資料は会社の所有物として、使用が終われば情報資料部署へ移管する。

四　取材費用と旅行

（一）われわれは、取材に必要な経費を自ら負担する。ただし一般的に承認された取材便宜が提供された場合にはそうでない。

（二）われわれは、職務と関連し、公式行事で、主催者が通常の範囲内で一律に提供する交通、宿泊、飲食物などの場合を除いては、他人の費用で出張や旅行、研修に行かない。

（三）倫理委員会は、出張と研修が倫理綱領に外れるかどうかを定期的に点検する。

（四）外部の支援が全体または一部を含む取材、出張および旅行などの申請書は、事前に倫理委員長を経由しなければならない。

五　他の目的のための情報活動禁止

われわれは、言論活動以外の目的で情報や資料を収集することも、提供することもしない。また、会社の運営や新聞製作の機密を漏洩しない。

六　外部活動

われわれは、公共の利益と本人の発展のために、会社の業務以外の外部活動に従事することができる。しかし、この過程でハンギョレの名誉と利益に反してはならず、倫理委員会が定めた指針に従わなければならない（二〇〇九年六月一九日改訂）。

※対価を受けて行う外部の講義などの外部活動に関する倫理委員会の指針は別途制定

七　不正請託の禁止

（一）われわれはどのような否定請託もしたりされてはならない。もし、不正請託を受けたときは不正請託をした者にこれを拒絶する意思を明確に表さなければならない。

（二）上記（一）項による措置をしたにもかかわらず、同一の不正請託を再度受けた場合には、これを倫理委員会に書面で申告しなければならない。

（三）上記（二）項の申告を受けた倫理委員会は、申告の経緯・趣旨・内容・証拠資料などを調査して申告内容が不正の請託に該当するかどうかを迅速に確認し、必要な措置を取らなければならない。

八　違反行為の届出

誰でも、会社内でこの実践要綱の違反行為が発生し、又は発生しているという事実を知った場合には、倫理委員会に申告することができる。

九　倫理委員会

倫理委員会は倫理綱領と実践要綱が守られているかを審議・判断して必要な措置を取る。

十　施行

（一）この実践要綱は一九八八年五月五日から施行する。

（二）この実践要綱は二〇〇一年八月一〇日から改正施行する。

（三）この実践要綱は二〇〇九年六月一九日から改正施行する。

（四）この実践要綱は二〇一三年一一月五日から改正施行する。
（五）この実践要綱は二〇一六年九月二〇日から改正施行する。

ハンギョレ新聞社　取材報道準則

前文

一九八八年に国民の献金を土台として成し遂げられたハンギョレ新聞の誕生は、韓国言論史において非常に大きな意味を持つ事件だった。これは権力と資本からの独立した新聞の登場だっただけではなく、軍事独裁の下で飼い慣らされ忘却されてきたジャーナリズムの倫理を生き返らせる広野の火種になった。

ハンギョレ新聞は、創刊と同時に個別の報道機関としては初めての「倫理綱領」を制定し、「事実と真実を正しく伝えないことは、報道機関としての知らせる権利と義務を違えることであり、国民の知る権利を侵害すること」だとして宣言したのである。

今日、わが国のメディアは内外で深刻な信頼の危機を経験している。荒っぽい取材状態、自分勝手な記事の判断と編集、均衡を失った論調、編集権に対する内外の圧力と干渉、読者の批判に耳を傾けない独善、公益と社益の混同などが蔓延しており、それらが互いに相乗効果を引き起こしてジャーナリズムに対する総体的な不信を呼び起こしている。ハンギョレ新聞もまた、信頼の危機を自ら招いた責任から決して自由ではないことを謙虚な気持ちで受け入れる。

一九年前、この国で初めて厳格で自律的なジャーナリズムの倫理の実践を主唱したハンギョレ新聞は、この地のメディアがおのずから積んできた不信の壁を崩して、もう一度、真のジャーナリズムを実現する先頭に立とうと定款と倫理綱領に基礎を置いた取材報道準則を作り公表する。

取材および報道行為に関する準則を新しくつくる理由は、正しい真実と正確な事実を追求する新聞の本来の使命を一層充実させるためである。報道と論評部門に従事するハンギョレ新聞のすべての構成員たちは、取材報道準則の制定趣旨を充分に理解して、これを誠実に履行する義務を負う。

われわれはこの準則を外部に広く知らせ、読者と市民社会がその履行の可否を厳格に監視して鋭く叱責してくれることを願う。われわれは内部に制度的装置を備えて準則の履行の可否を持続的に点検し、読者と市民社会の批判と助言を傾聴し、不足な点は補完していくことを誓う。

二〇〇七年一月　ハンギョレ新聞社記者一同

第1章　ハンギョレ記者の責務

報道と論評に従事するハンギョレ新聞社のすべての構成員たちは、いかなる権力からも独立して言論の自由を守る。国民の知る権利を実現するために正確で公正な報道を通して真実を追究し、民主主義の完成と人権の伸張、世界平和に寄与する。

1　〈真実追求〉

国内外の重要事案または事件の真実をできうる限り完全に取材して読者へ知らせる。すべての状態の権力を監視して、不当な権力と不正、腐敗に立ち向かい、事実を捜し出し、真実を明らかにすることに最善を尽くす。

2　〈公共の利益の優先〉

公共の利益を取材と報道の最優先の価値とする。どのような報道が公共の利益に一致するのかは、事実と良心を基礎として独立して判断する。公益優先の原則に反したり、これを侵害する圧力など不当な干渉を一切排撃する。

3　〈人権擁護〉

様々な人権侵害を監視し、暴露してこれを正すようにすることは、ハンギョレ新聞の重要な使命の中の一つである。人権を侵害するすべての形態の不法、暴力にきっぱりと立ち向かう姿勢で取材と報道に臨む。

・年齢、性別、職業、学歴、地域、信念、宗教、民族、人種による差別と偏見をなくすために努力する。
・政治的、経済的、社会的弱者が、公正でない待遇や不当な差別を受けないように監視者の役割を果たす。
・言論の自由と人権擁護が対立するときには、両者が最大限の調和を成し遂げるように努力し、個人または団体の名誉と私生活を尊重する。

4　〈偏見の排除〉

取材および報道過程で偏見と先入観を排除し、事実そのままを伝えるために最善を尽くす。記者個人や特定集団の政治的、経済的、思想的、宗教的、理念的信念または利益のために真実を歪曲したり、事実をわざと欠落させたりしない。

5 〈読者の尊重〉

正確な報道を要求し伝達を受けるという読者の権利を尊重する。報道と論評に間違いが確認される場合、最大限迅速に訂正する。

第2章　公正な報道

6 〈充分な取材と報道〉

報道する価値がある事案はわれわれの力が及ぶ限り十分に取材して読者へ伝える。読者が事案の本質と全貌を把握するように様々な側面と多様な性格を広く掘り下げる。

7 〈論争中の事案を扱うとき〉

論争中の事案の報道で、均衡を忘れないように努力する。記者はこのような事案に関して予断を持たないようにしなければならないし、どちらか一方へ偏らないように、立場と観点が違う人たちに広く会って取材しなければならない。

8 〈社会的弱者を扱うとき〉

社会的弱者を取材するときには、その境遇を最大限調べる。しかし、これらに配慮しようと事実を縮小・過大・隠蔽・歪曲しないように、報道は公正に行う。

9 〈対立する利害関係を扱うとき〉

個人または集団の対立する利害関係を扱うときには、当事者の立場を公平に聞く。

10 〈国益〉

現存する緊急で明白な事由が存在しない限り、国益を理由としてわれわれが取材した真実または事実の報道を放棄しない。

11 〈南北関係を扱うとき〉

南北関係、北韓の諸般の現実などを扱うとき、同胞の恒久的平和を望む分断国家の言論人として対決的な視覚を排斥する。

12 〈反論の機会の保障〉

記事で不利に扱われてしまった人には、自身を守り弁護する十分な時間と機会を保障する。記者はなるべく当事者と直接対面して主張を聞く誠実な努力を傾けなければならない。緊急の状況に従って記事をまず載せたときは、事後にでも当事者の正当な反論は記事として書く。ただ、明確に事実として確認される場合や、真実であると信じるに足る相当の理由があるときはこの限りではない。

第3章　偽りなき報道

13 〈確認報道〉

確認された事実を記事として書く。事実かどうかは複数の取材源に確認するようにする。迅速な報道はメディアの重要な機能であるが、確認されない情報を速報競争において先んじるためにみだりに報道したりしない。取材源の一方的な暴露的な主張は、独自の取材を通して事実であるかどうかを確認する。

14 〈事実と意見の区別〉

ある事件や事案を報道するとき、確認された事実と記者の主観的見解・主張などが混ざり読者へ混乱を起こさないように格別に注意する。記事や論評、小説とコラムなどで主語の明示、正確な引用表示のように読者が明確にわかるような方法を使用し、事実や事実に対する主張、それと関連する筆者の意見や判断などを明確に区分する。

15　〈取材源の実名表記〉

すべての記事には取材源の実名と身分を書く。ただし、次のような例外的条件に限り、取材源を匿名として表記する。

意見や推測ではなく、事実と関連した重要な情報を持っている取材源が、匿名を前提としてのみ言うとした状況で、その情報を入手するための他の方法や経路がないと判断されるとき。

取材源の実名が表に出ると、各種の危害や身分上の不利益にさらされる危険があるとき。

事実に関連した情報ではなく、意見や主張、推測などを収集して報道するときには、実名表記を原則とする。

16　〈実名表記の例外〉

各種犯罪の被害者、女性と子どもを含む性暴力事件の被害者、犯罪嫌疑を受けていたり有罪判決を受けた満一四歳未満（刑事未成年）の子どもなどを取材源として引用するときには匿名とする。

17　〈匿名取材源の表記〉

上記第一六項を除外して、取材源を匿名として書くときにはその理由を記事で明らかにする。取材源の保護という基本枠の中で、匿名取材源の一般的な地位をなるべく詳細に書く。

18　〈匿名取材源保護と秘密厳守の義務〉

記者は記事において取材源を匿名として表記しても、その実名と身元、匿名として表記した理由などを担当編集長へ報告しなければならない。報告を受けた担当編集長または編集局長は取材源の身元を秘密にする義務を負う。

19　〈出処の明示〉

記事の基礎となるすべての情報の出処はできる限り正確かつ明確にする。

20　〈引用〉

文書、文献、図書などの引用は正確かつ厳密にする。取材源の言葉を直接引用するときには、話したそのままを書くことを原則とする。ただ、取材源の発言を読者が理解しにくいと判断されるときには、発言趣旨を最大限生かすという方向において変更したり適切な説明を付け加えることができる。

・取材源が話した発言それ自体ではなく、趣旨のみを伝えるときには直接引用句（二重括弧）に入れないようにする。

・間接引用をするときには、読者が間接引用であることを明確にわかるように引用した事実と出処などを書く。

21　〈記名の表記〉

記事の記名欄には該当記事を取材して作成した記者の名前を書く。一つの記事を書くのに二名以上の記者が関与したときには、中心的な取材・記事作成に寄与が大きかった記者の名前をまず書く。

22　〈嘘の引用・捏造・剽窃の禁止〉

記事はもちろん、取材と関連した記録・報告などに嘘の引用、捏造、剽窃した内容を絶対に書かない。ニュースを扱う記事には架空の名称、年、場所、日付などを使用しない。企画記事などでは、読者の理解を助けるために仮名や架空の人物を使用することができるが、その理由を記事に必ず明らかにしなければならない。

23 〈写真の根本的変形の禁止〉
写真は撮影された原本を使う。鮮明で正確な写真のための修正であっても、最小限にとどめなければならない。原本の写真の内容を変えること、捏造すること、根本的な変形があってはならない。

24 〈情報グラフィックの表示〉
情報グラフィックをつくるために写真の原本イメージを強化したり抽出または抜粋したときには、該当イメージが変形したことを明らかにする。情報グラフィックに使用された資料の原本とその出処を明示する。

25 〈記事立証の責任〉
記者は、自身が取材して作成した記事の正確性を立証する最終的な責任を負う。取材源から直接引用した内容が事実ではないことがわかった場合にも最終責任は記者にある。

26 〈訂正〉
誤った記事内容は積極的に訂正する。訂正記事は十分に、明確に、丁寧に書く。

第4章　取材・報道の基本姿勢

27 〈取材する時の態度〉
真実を粘り強く追求することは記者の本分である。取材をするときには当事者に直接会うことを基本とする。取材源は個人であれ団体であれ最大限尊重し、礼儀正しく誠実な態度で向かい合う。

28 〈取材の手段と方法〉
取材の手段や方法は取材しようとする事案の社会的意義と必要性、緊急性などを総合的に考慮して判断する。

29 〈取材の記録〉
取材対象の発言は記録として残す。補完手段として録音も可能である。記者会見や公式インタビューなどを除いた録音には必ず取材源の承諾をもらうようにする。ただし、権力の不正や非道、反社会的事案を取材するときは例外とすることができる。このときは、取材に先だって担当編集長の承諾を得るか、即座に事後報告をするようにする。

30 〈写真取材〉
特定の個人を撮影する時には対象者の同意を得る。ただし、開放された空間に公開されている人や、公人またはこれに準ずる人物、公的関心事に該当する人文などの撮影は例外とする。写真は演出しないことを原則とし、撮影対象が意識して写っている写真は、読者がわかるようにその情況を写真説明に入れる。

31 〈インターネットの活用〉
国家機関や企業、社会・市民団体などが運営する公式ホームページの内容は、公式的な資料と見なす。ただ、その情報の正確性と時宜性は必ず確認する。個人ホームページとブログなども取材の端緒として活用することができる。このときにも事実関係は徹底的に確認して、事実と違う場合の最終責任は記者が負う。

32〈身分の表示〉
取材のために身分を偽造したり詐称したりしない。取材する時は「ハンギョレ記者」だと明らかにする。状況によって無理に身分を示す必要がない場合、公益のために緊急で重大な事案を取材するときは名前を明らかにしなくともよい。ただ、後者の場合に記者は取材に先立って、担当編集長の承諾を受けるか、即座に事後報告をするようにする。

33〈取材源の保護〉
取材源と約束した実名および身元の保護は、記者個人はもちろん、新聞社の基本倫理としていかなる場合にも厳格に遵守する。

34〈私生活の尊重〉
取材源の私生活（プライバシー）を尊重する。明白で緊要な公的関心事に該当しない限り、取材を大義名分とした個人の私的領域またはそのような場所で営まれる生活を侵害しない。

35〈犠牲者、被害者の配慮〉
事件事故の犠牲者、犯罪被害者やその家族を取材するときには、心の傷が悪化したり被害が大きくならないように最大限配慮する。

36〈記事提供の対価〉
金銭的補償を前提とした取材源の情報提供や協力を受けない。ただ、外部筆者のコラム、定期的または善意の寄稿と座談・諮問、インタビュー参加者などは例外とする。

37〈差別的な表現の排除〉
性別、年齢、職業、学歴、信念、宗教、人種、皮膚の色、地域、国籍、民族的背景はもちろん個人の性的アイデンティティー、身体的特性、肉体的・精神的疾病および障がいなどと関連して先入観を反映した用語を使ったり、軽蔑的、偏頗的表現を使用したりしない。

38〈不快な表現の排除〉
暴力、残虐行為、性に関する表現などで、読者が不快感をもよおさないように最大限配慮する。

39〈犯罪報道〉
自殺事件と各種の犯罪を報道するときには情況と手段などを具体的に描写しない。特に性暴力事件の報道では刺激的・扇情的に描写しない。

40〈関連の法律の遵守〉
憲法で保障されている言論の自由の範疇の中で、最大限積極的に取材活動をし、取材過程では法の適正手続きに従う。ただし、権力の不正・非道や公共の関心が高い事件、公共の利益に符合すると判断される事案など国民の「知る権利」のために必要な場合を例外とすることができる。このような事案の報道の可否などはハンギョレ新聞社の中の適切な機構で判断する。このような事案の報道結果としてもたらさるであろう社会的・法的責任にたいしては、これを回避しない。

第5章　利害衝突の排除

41〈真実の報道を優先〉
新聞社や記者個人の利益より、真実を優先する。読者へ真実を知らせるために必要ならば新聞社や記者の不利益も甘受する。

42〈報道目的外の使用禁止〉

取材過程で得た情報はハンギョレ新聞社の財産として、報道活動にのみ使用する。記者個人がこれを外部の出版、講演、その他の活動に活用しようとするときは事前にハンギョレ新聞社の承諾を得るようにする。

43〈私的利益追求の禁止〉

取材過程で得た情報で記者個人とハンギョレ新聞社の利益を追求しない。取材過程で知った未公開または非公開情報を株や不動産投資などに利用して金銭的利益を得たり損失を回避する行為も含める。

44〈利害関係の留意〉

記者自身はもちろん、親戚・姻戚の政治的、経済的、社会的利害関係が、取材および報道行為に影響を及ぼさないように最大限の注意を注ぐ。

45〈利害衝突可能性の排除〉

ハンギョレ新聞社記者の公正性を疑わせる対外活動、ハンギョレ新聞社の信頼と名誉を毀損する憂慮がある行動をしない。

付記

46〈拡張可能性〉

この準則は紙新聞と活字メディア以外にインターネットと移動通信等を土台とする各種電子メディアにも適用される。ハンギョレ新聞社の構成員たちは、この準則を新しく確定し発展させていく義務を負う。

47〈細部指針の準備〉

この準則の具体化、取材が難しい特別の分野と専門的な領域などに対する細部の指針は、早い時期に別途準備して施行する。

48〈関連機構の設置・運営〉

われわれはこの準則の誠実で迅速な施行のために読者を始めとした外部の批判を謙虚に受け止める。社内外の人間を網羅した管理機構を設置して、その評価を読者に知らせる。

49〈倫理綱領遵守〉

準則に含まれない行動の基準は「ハンギョレ倫理綱領」とその実践要綱に従う。

50〈改定手続き〉

この準則は必要にしたがって適切な手続きを経て改定することができる。

あとがき

本書は、二〇一三年に同志社大学大学院社会学研究科メディア学専攻博士課程（後期課程）に提出した博士学位請求論文「言論民主化運動から『ハンギョレ新聞』へ――韓国ジャーナリズムの変動過程に関する一考察」に加筆・修正したものである。本書の内容には左記の既発表論文を加筆・修正したものの一部が組み込まれていることを断っておきたい。

「韓国・盧武鉉政権による『記者クラブ』解体の研究」（『評論・社会科学』第八九号、二〇〇九年、三一～八七頁）

「『ハンギョレ』の報道姿勢の一考察――2008年韓国・ろうそく集会報道から見る現状と課題」（『コリア研究』第一号（創刊号）立命館大学コリア研究センター、二〇一〇年、五七～七四頁）

「韓国メディア企業における資本調達および構造の一考察――『ハンギョレ』の「国民株方式」を事例に」（『マス・コミュニケーション研究』日本マス・コミュニケーション学会、第八二号、二〇一三年、二一一～二三〇頁）

また、本書にも示してあるが、結論における補論部分は、次のシンポジウム発表文に加筆修正したものである。

「韓国ジャーナリズムの現実と『ハンギョレ新聞』の歴史的役割」（ハンギョレ創刊三〇周年記念学術セミナー「ハンギョレと韓国社会、また別の三〇年」、主管・韓国言論学会、ハンギョレ経済社会研究院、後援・ハンギョレ新聞、於・韓国プレスセンター、二〇一八年五月一〇日）

なお、本書は、日本学術振興会二〇一八年度科学研究費助成事業（科学研究費補助金）研究成果公開促進費（学術図書、課題番号18HP5174）の助成を受けて刊行するものである。関係者の皆様に厚く感謝申し上げたい。

本書を書き上げられたのは、私を支えてくださった多くの方々のおかげである。形になるかどうかわからない私の研究に何かしらの意義を感じ、あまりにも未熟な私という人間を信じてくださった方々によって、私はこれまで何とか研究を続けられた。そのような意味で、本書は私一人の「単著」ではなく「共著」ではないだろうかというのが、今の私の正直な感想である。支えてくださった方々に伏して感謝を申し上げたい。

本書刊行に当たって私がお礼を申し上げたい方々は数え切れない。

まず、私が学部生の時にお会いし、修士課程・博士課程の指導教授であった浅野健一先生に厚くお礼を申し上げたい。二二年間ジャーナリストとして働いた後に大学教員に転身した浅野先生は、私にジャーナリズムの精神と哲学を教えてくださった。私にはジャーナリスト経験がない。したがって、浅野先生の授業は私にとっては大切な学びの場となった。浅野先生のもとでの「修業」が私のジャーナリズム研究の基礎になっている。できの悪い学生を、博士学位取得まで公私にわたって叱咤激励してくださった浅野先生、本当にお世話になりました。感謝申し上げます。

次に、博士論文審査の副査を務めてくださった板垣竜太先生にも深くお礼を申し上げたい。私が私淑している先生である板垣先生は、韓国現代史のとらえ方から『ハンギョレ新聞』を分析する重要な視座に至るまで総合的にご指導くださった。板垣先生の博識と学問に対する厳しい姿勢に、私はいつも気が引き締まる思いであった。心からお礼を申し上げます。

同じく副査を務めてくださった佐伯順子先生も、貴重な助言をしてくださり折に触れ指導してくださったお礼を申し上げたい。佐伯先生、ありがとうございました。

韓国ジャーナリズムと言論民主化運動について、現地で長期間調査をしたいと思い韓国に留学したのが二〇〇八年二月である。手探りで留学生活を始めたが、周囲の方々の助けと導きにより、運良くハンギョレ新聞社の方々と交流ができ、同社を内部からじっくり観察する機会に恵まれ、さらに社所蔵資料を閲覧し関係者への聞き取り調査を進めることができた。今考えてもとても恵まれた環境だったといえ、感謝がこみ上げてくる。

私の研究を理解して応援し便宜を図ってくれた金玄大《キムヒョンデ》さん・咸釋鎭《ハムソクジン》さん・李源宰《イウォンジェ》さん・徐在教《ソジェギョ》さん・イファジュさん・ハスジョンさん・キムスジョン・イギョンジュさん・鄭仁澤《チョンインテク》さんを始めハンギョレ経済研究所（当時）・ハンギョレメディア戦略研究所（当時）などの皆さんに感謝を申し上げたい。

本研究は言論民主化運動、そして『ハンギョレ新聞』創刊・発行に関わった様々な方から聞き取りをし、それを一次資料として活用している（インタビュー対象者については巻末資料参照）。インタビューに応じてくださった皆様にお礼を申し上げたい。特に、ハンギョレ新聞社の元副社長である任在慶《イムジェギョン》さんと元東京特派員で編集委員長・大記者まで務められた金孝淳《キムヒョスン》さん、論説委員を務められた權台仙《クォンテソン》さんには、インタビュー内容もさることながら、会うたびに、筆者がわかっていない点を鋭く尽きつつ叱咤激励くださった。心よりお礼を申し上げたい。

ここで筆者のインタビューに応じてくださった後に亡くなったお二人について言及したい。李仁哲《イインチョル》さんは元『東亜日報』の記者であり、『ハンギョレ新聞』論説委員まで務められた方である。訳あって『ハンギョレ新聞』創刊後四年で同社を離れたが、言論民主化運動・『ハンギョレ新聞』創刊の生き証人のような人だった。私が留学中に何度も会ってくださり、コーヒーショップで長時間のインタビューに付き合ってくださったことが忘れられない。残念ながら李さんは二〇一一年に亡くなった。

成裕普《ソンユボ》さんは『ハンギョレ新聞』創刊メンバーで、初代編集委員長であった。自身の経験を交えながら、『ハンギョレ新聞』創刊に至る言論民主化運動の意味と運動団体の系譜について詳細に言及してくださった。成さんも二〇一四年に亡くなった。お二人のご冥福をお祈りしたい。

また、留学中、韓国言論振興財団のスタッフの方々、特に当時同財団の研究委員だった金成海《キムソンヘ》先生（大邱大学メディアコミュニケーション学科教授）と職員のカンヘジュさんには、韓国ジャーナリズムへの見解を教えていただくのみならず、資料の提供や資料室の利用などについて大きな助けを得た。感謝申し上げたい。

韓国留学時代には延世大学でいくつか大きな出会いがあった。そのうち、大きな影響を受けたのは白永瑞《ベクヨンソ》先生（延世大学名誉教授）である。白先生の柔和で包み込むような人柄と講義の明晰さに私はあっという間に虜になった。白先生のおかげで東アジアをとらえる見方に変化が生じたと思う。そして、尹栄喆《ユンヨンチョル》先生（言論弘報映像学部教授）にもお礼を申し上げたい。尹先生はジャーナリズム論の視点から、当時韓国で大規模に行われていたキャンドルデモとメディアの関係性について、筆者の質問に答えてくださり有益な視座をご提供くださった。両先生にお礼申し上げたい。

韓国留学から帰国した私は、韓国留学の成果をどのようにまとめてよいか迷っており、また生活においても設計に見通しが立たず途方にくれていた。そのときに手をさしのべてくれたのは、立命館大学と同志社大学の先生方であった。

まず、立命館大学コリア研究センターの先生方にお礼申し上げたい。当時センター長でいらっしゃった徐勝《ソスン》先生（現同センター研究顧問、又石《ウソク》大学校東アジア平和研究所所長）は、私が立命館大学で働くきっかけをつくってくださった恩人である。経験と読書量に裏打ちされた徐勝先生の深い哲学と、東アジアの「現場」を飛び回るずば抜けた行動力と胆力にはいつも驚嘆し、よき学びを得た。先生、本当にありがとうございました。

長年センター長を務められた勝村誠先生（政策科学部教授）は、いつも研究員に気を配ってくださるやさしい先生であった。勝村先生が「研究をしながら関心はいろいろと広がると思いますが、初心を大切に」とおっしゃってくださったことをいまだに覚えている。関心が広がりがちな私に釘を刺してくださったと思う。勝村先生と一緒に仕事ができて幸せだった。ありがとうございます。

副センター長を務められた文京洙《ムンギョンス》先生（国際関係学部特任教授）と運営委員の鄭雅英《チョンアヨン》先生（経営学部教授）にも常日頃からお世話になっている。文先生には、韓国の市民社会・民主主義の研究を一緒にさせていただきながら学ばせていただいた。鄭雅英先生には、学会活動でもお世話になっているが、在外コリアンから見た韓国の姿について折に触れ言及することから多くを学ばせていただいた。お二人とも困っているときにかならず私を助けてくださった。お礼申し上げたい。

シンポジウムや同センター学術ジャーナルの編集などで数多くのお仕事をご一緒させていただいた中戸祐夫先生（国際関係学部教授）には、国際関係の視点から朝鮮半島を見ることを勉強させていただいた。私の研究は内在的な視点に立脚するものであったので、国際政治経済学がご専門の中戸先生からの学びは新鮮であった。中戸先生は私の可能性を信じてくださり私に目をかけてくださっている。先生の温かさが身にしみ、感謝に堪えない。

庵迫由香先生（文学部教授）は、研究員時代に、センターの運営や企画などでお世話になった。私は二〇一二年から立命館大学文学部で非常勤講師として専門科目を担当し始めたが、自分の専門（韓国ジャーナリズム）そのものについて学期を通して教える場を与えられたのはこのときが初めてであり忘れられない経験となった。佐々充昭先生（文学部教授）と庵迫先生のご尽力が大きい。伏してお礼申し上げたい。

コリア研究センター運営委員の秋葉武先生・李康国《イガング》先生・石川亮太先生・大久保史郎先生・綛田芳憲先生・桂島宣弘先生・金丸裕一先生・金友子《キムウジャ》先生・権学俊《クォンハクチュン》先生・高屋和子先生・松本克美先生・山下高行先生（あいうえお順）にも今に至るまで大変お世話になっている。ありがとうございます。

コリア研究センターで「修行中」に私の大事な同僚だった呉仁済《オインジェ》さん・裵姈美《ベヨンミ》さんに心から感謝したい。お二人との友情は今に至るまで続いている。仕事が一段落した後、関心の赴くままにお互いの研究や朝鮮半島情勢、日韓・日朝関係に至るまでいろいろなことを話し学ばせていただいたことは、私の中で血肉になっていると思う。そしてコリア研究センターで出会った先輩や後輩――咸章鉉《ハムジャンヒョン》さん・申東洙《シンドンス》さん・原祐介さん・曺燦炫《チョチャニョン》さん・閔智君《ミンジフン》さんなどここでは紹介しきれない――も私にとっては大切な人たちである。

研究員時代に学んだことはとてつもなく大きい。今の私を形作ってくれたのはコリア研究センターだとも言える。関係者すべての皆様にお礼を申し上げたい。

次に、同志社大学の先生方にもお礼を申し上げたい。私が同志社大学で嘱託講師（非常勤講師）を始めたのが二〇〇九年であるが、油谷幸利先生（同志社大学名誉教授）を始めとする言語文化教育研究センター（当時）の先生方には大変お世話になり、ご助力を賜った。本当にありがとうございました。

そして、二〇一二年から始まった京都コリア学コンソーシアムの先生方にもお礼を申し上げたい。特に水野直樹先生（京都大学名誉教授）・太田修先生（同志社大学グローバル・スタディーズ研究科教授）には大変お世話になっている。水野先生は貴重な資料を提供くださり、また太田先生は研究会での私の発表にアドバイスをくださった。お礼を申し上げたい。

二〇一七年四月から二年間、私は大谷大学任期制助教として着任したが、国際文化学部の先生方と同僚の助教の皆さんにお世話になった。特に、喜多恵美子先生は、私の研究内容を評価してくださり常々励ましてくださった。また、鄭祐宗《チョンウジョン》先生は大谷大学に着任したばかりの私を親身になって支えてくださった。大谷大学関係者の方々に感謝申し上げたい。

宋南先《ソンナムソン》先生（大阪経済法科大学教授）・朴一《パクイル》先生（大阪市立大学経済学部教授）・尹靖水《ユンジョンス》先生（梅花女子大学国際英語学科教授）・裵光雄《ペグァンウン》先生（大阪教育大学教育学部教授）・伊地知紀子先生（大阪市立大学文学部教授）・奥野昌宏先生（成蹊大学名誉教授）・野村伸一先生（慶應義塾大学名誉教授）・玄武岩先生（北海道大学大学院メディア・コミュニケーション研究院教授）・黄盛彬先生（立教大学社会学部教授）・李香鎮先生（立教大学異文化コミュニケーション学部教授）など（順不同）学会などで縁があってお目にかかってから、私の研究の進展を見守ってくださり、時には発表の場など貴重な機会を与えてくださった先生方にも心からお礼を申し上げたい。

同志社大学大学院時代の友人にも感謝したい。根津朝彦さん（立命館大学准教授）、阿部康人さん（駒沢大学専任講師）はジャーナリズム研究の研究者仲間として今でも仲良く切磋琢磨させてもらっている。彼らの率直な批判と温かい励ましはいつも私を支えてくれた。

また、大学院時代に出会った、親友の許在喆《ホジェチョル》さん（韓国対外経済政策研究院副研究委員）の存在は大きい。私が尊敬している同輩の一人だ。会うといつも誠実で朗らかであり、ヒューマニズムに満ちている。私も彼のようになりたいと思う。

川瀬俊治さんは、「ハンギョレ新聞社が発行した二〇年史を日本語訳して出版したい」という私の途方もない相談を受け入れてくださり、しかも共訳者になって自ら一緒に苦労を背負ってくださった。その結果、二〇一二年に『不屈のハンギョレ新聞――（ハンギョレ新聞社著　川瀬俊司・森類臣共訳　現代人文社）として世に出た。川瀬さんのおかげである。川瀬さんは、未熟な私に今も期待をかけてくださり激励し続けてくださっている。心からお礼を申し上げたい。

玄善允《ヒョンソンユン》先生は、私の拙い論文に最初から最後まで丁寧に目を通してくださり、論理の展開や日本語に至るまで貴重なアドバイスをくださった。お礼申し上げたい。

そのほか、波佐場清さん（元『朝日新聞』記者、ソウル支局長）・山口正紀さん（元『読売新聞』記者）・韓元常《ハンウォンサン》さん（ＹＴＮ記者）・染井順三さん（翻訳家）には折に触れ貴重かつ専門的なアドバイスをいただいた。感謝申し上げます。

本書の刊行を引き受けてくださった日本経済評論社の柿崎均社長を始め関係者の皆様にお礼を申し上げたい。特に、出版部の新井由紀子さんと田村尚紀さんには大変お世話になった。作業が遅々として進まない私に対して根気強く接してくださった。なんとお礼を申し上げて良いかわからない。本当にありがとうございました。

ここに記している以外にも、多くの諸先生方・先輩後輩・友人・知人の皆様にお世話になった。冒頭で述べたとおり、紙幅の関係上、お世話になった全ての方のお名前を挙げることは叶わなく残念である。伏して、心からお礼を申し上げたい。

最後に、最も感謝を伝えたい方々を記したい。それは家族である。私のわがままを受け入れ支えてくれた家族には感謝と申し訳なさでいっぱいである。真っ先に、妻の恩智《ウンジ》には感謝したい。感謝してもしきれない。本当にありがとう。そして、自ら茨の道に突き進んで年月だけを経ているような私の仕事ぶりについて、何も言わずにただただ支えてくれた両親、弟たち、祖父祖母、義父義母にも心から感謝したい。家族の存在が私の力の源泉だと断言できる。

隣国の躍動的なジャーナリズムに関心を持ち、勉強を初歩の初歩から始めたのが二〇〇三年である。そのときは、約一六年後にこのような出版に結びつくとは夢にも思わなかった。出版できたこと自体が奇跡のようなものである。もちろん、内容はまだまだ途上であり、本当の「完成」にはほど遠く、本書籍は研究の「中間報告」のような気がしてならない。本書では答えられなかった課題が山積みである。一生かかっても答えを出すことは難しく「完成」は来ないかもしれないし、そもそも私のような人間がこのような研究をする資格があるのかわからない。これまで、周囲の方々のおかげで能力不足の私は補われ、実力に全く見合わない大きなテーマに対して石にかじりつくように何とか研究を続けてきた。これまでも悩みつつ続けるのだろう。

まずは初心に返り、家族・友人・同僚・知人に感謝しつつ研究に対して襟を正して謙虚に向きあいたいと思う。

二〇一九年

森　類臣

著者紹介

森　類臣（もり　ともおみ）

1979年生まれ。立命館大学コリア研究センター客員協力研究員。大谷大学ラーニング・スクエア（学習支援室）アドバイザー。同志社大学・立命館大学・大谷大学・近畿大学などで非常勤講師等を務める。同志社大学大学院社会学研究科博士課程（後期課程）退学、博士（メディア学、同志社大学）。専門分野は歴史社会学、ジャーナリズム論およびマス・コミュニケーション論、地域研究（現代韓国朝鮮）。主著に「韓国メディア企業における資本調達および構造の一考察――『ハンギョレ』の「国民株方式」を事例に」（『マス・コミュニケーション研究』第82号、日本マス・コミュニケーション学会、2013年）「韓国における代案言論メディア創出のダイナミズム――言論民主化運動の系譜から」（『メディアと文化の日韓関係相互理解の深化のために』新曜社、2016年）、など。

韓国ジャーナリズムと言論民主化運動
『ハンギョレ新聞』をめぐる歴史社会学

2019年8月30日　第1刷発行

定価（本体6800円＋税）

著　者　森　類臣
発行者　柿﨑　均
発行所　株式会社日本経済評論社
〒101-0062 東京都千代田区神田駿河台1-7-7
電話 03-5577-7286　FAX 03-5577-2803
URL　http://www.nikkeihyo.co.jp
印刷：文昇堂／製本：誠製本
装幀＊渡辺美知子

落丁本・乱丁本はお取り換え致します　Printed in Japan

ISBN978-4-8188-2541-3